V. S. Dadajan

# Ökonomische Gesetze des Sozialismus und optimale Entscheidungen

V. S. Dadajan

# Ökonomische Gesetze des Sozialismus und optimale Entscheidungen

AKADEMIE-VERLAG · BERLIN
1973

*Russischer Originaltitel:*

ЭКОНОМИЧЕСКИЕ ЗАКОНЫ СОЦИАЛИЗМА И
ОПТИМАЛЬНЫЕ РЕШЕНИЯ

Ins Deutsche übersetzt von *Klaus-Dieter Goll*, Eberswalde
Wissenschaftlich bearbeitet von Dr. *Gernot Zellmer*, Berlin
Bearbeiter des mathematischen Teils: Dr. *H.-D. Anders*, Berlin

Erschienen im Akademie-Verlag, 108 Berlin, Leipziger Straße 3—4

Lizenznummer: 202 · 100/41/73
Gesamtherstellung: IV/2/14 VEB Druckerei »Gottfried Wilhelm Leibniz«,
445 Gräfenhainichen/DDR · 4038
Umschlaggestaltung: H. Kurzhahn
Bestellnummer: 752 191 1 (6011) · LSV 0325
Printed in GDR
EVP 19,50

*Meinem Freund Boris Suvorov gewidmet*

# Inhaltsverzeichnis

# Vorwort des Autors

Dieses Buch ist entstanden, weil es um die Probleme der ökonomischen Theorie Auseinandersetzungen gegeben hat und gibt. Diese Auseinandersetzungen können niemandem gleichgültig sein, der sich mit der Ökonomie beschäftigt oder auch nur über die Ökonomie nachdenkt.

Der Begründer der sowjetischen mathematisch-ökonomischen Schule, Akademiemitglied V. S. Nemčinov, schrieb 1959: „Nunmehr kommt es darauf an, die Ökonomen zu ‚Sozialingenieuren' und die Wirtschaftswissenschaft zu einer exakten Wissenschaft zu entwickeln. Die wirtschaftlichen Untersuchungen dürfen nicht auf der Verarbeitung von Literaturquellen basieren, sondern müssen auf den konkreten Fakten und Daten der lebendigen Wirklichkeit fußen ... Zahlen und Fakten sind für die ökonomische Wissenschaft die Luft zum Atmen ..."[1].

Die marxistische Analyse der Geschichte der Wissenschaftsentwicklung zeigt, daß ein Wissenszweig erst dann zur exakten Wissenschaft wird, wenn seine Hauptkriterien und grundlegenden Gesetzmäßigkeiten einen quantitativen, mathematisch formulierten Ausdruck erhalten. Die ökonomische Wissenschaft macht dabei keine Ausnahme. Eine Hauptarbeitsrichtung, von der man die Erzielung grundlegender Ergebnisse erwarten kann, ist dabei die Aufstellung, Analyse und nachfolgende Interpretation von ökonomisch-mathematischen Modellen der verschiedenen wirtschaftlichen Erscheinungen und Prozesse. Nicht zufällig wird der Behandlung des Begriffes „Modell" in den Werken der Vertreter der mathematischen Ökonomie so starke Beachtung geschenkt.

[1] *V. S. Nemčinov*, Ökonomisch-mathematische Methoden und Modelle, Berlin 1965, S. 12–13.

Unter einem ökonomischen Modell versteht man im allgemeinen eine formalisierte theoretische Abstraktion, die ein Analogon jener objektiven Eigenschaften eines realen wirtschaftlichen Prozesses darstellt, die bezüglich der subjektiven Aufgaben bei der Analyse dieses Prozesses am wichtigsten sind. Ein Modell wird entweder für die experimentelle Anwendung der theoretischen Vorstellungen über den Verlauf des Prozesses konstruiert oder dient der Weiterentwicklung dieser theoretischen Vorstellungen auf der Grundlage von experimentellen Fakten.[2]

Mit diesem Buch wird dem Leser das Ergebnis eines solchen Experiments vorgelegt. Es wurde versucht, ausgehend von der Analyse einer Reihe ökonomisch-mathematischer Modelle sowie ihrer anschließenden Synthese zu einem einheitlichen Modellsystem der opti-

[2] „Ein Modell ist eine Abstraktion eigener Art, ein Zwischenglied zwischen dem abstrakten theoretischen Gedanken und der objektiven Realität", schrieb V. S. Nemčinov. „. . . Das die objektive Realität abbildende Modell vereinfacht die Wirklichkeit, indem es alles Zweitrangige und Nebensächliche beiseite läßt. Diese Vereinfachung darf jedoch nicht willkürlich und zu grob erfolgen. Die Hauptforderung an ein Modell besteht darin, daß es der objektiven Realität adäquat sein muß. Das Ausmaß der Analogie und der Unterschiede zwischen Modell und Wirklichkeit muß klar formuliert und genau umrissen sein. Der Forscher kann sich der Methode des Modells bedienen, wenn er den Weg von der Beobachtung, der Praxis, zur Theorie oder aber den umgekehrten Weg einschlägt: von abstrakten theoretischen Überlegungen zur konkreten Realität. Im Verlaufe der Untersuchungen kann das Modell ebenfalls in zwei Richtungen entwickelt werden: *von der Beobachtung der realen Welt zur Theorie und umgekehrt*. Somit ist die Konstruktion eines Modells einerseits eine wichtige Stufe zur Theorienbildung und andererseits ein Mittel der experimentellen Analyse" (Hervorhebung – V. D.). (V. S. Nemčinov, Ökonomisch-mathematische Methoden und Modelle, a. a. O., S. 32–33.)

„Zwischen Modell und Original existiert eine Analogierelation, die es auch ermöglicht, das modellierte Objekt durch die Untersuchung des Modells zu erforschen . . .

Der Erkenntniswert des Modells besteht eben darin, daß Gegenstand der Modelluntersuchung letzten Endes die Interpretation des Modells ist . . . Für die Mathematik ist dieser Punkt von besonders prinzipieller Bedeutung, denn andernfalls würde die Mathematik entweder in ein Spiel mit Zeichen ausarten oder ihren Forschungsgegenstand überhaupt verlieren. Wenn irgendein formales System als Modell betrachtet werden soll, dann muß als Untersuchungsobjekt des ersteren die Interpretation des Modells, nicht aber das Modell selbst akzeptiert werden. Dasselbe trifft auch auf die anderen Arten von Modellen zu." (Моделирование как метод научного исследования (гносеологический анализ), М., 1965, стр. 18, 44.)

malen Leitung der sozialistischen Wirtschaft zu gewissen allgemeintheoretischen Schlußfolgerungen zu kommen.

Alles, was in diesem Buch geschrieben steht, ist das Ergebnis von Überlegungen, die sich an Gespräche über die Ökonomie – und das sind immer Streitgespräche – sowie an die Lektüre von Büchern anschlossen, in denen sich die Spuren solcher Diskussionen niedergeschlagen haben. Deshalb drängt es mich, dieses Buch mit einem Wort des Dankes an alle jene Freunde und Kollegen zu beginnen, mit denen mich die Gespräche über unsere Ökonomie und besonders über ihre Theorie zusammengeführt haben.

Natürlich sind darunter vor allem Menschen, mit denen mich nicht nur Freundschaft, sondern auch der gemeinsame „Arbeitsplatz“ im weitesten Sinne dieses Wortes verbindet: N. P. Fedorenko, V. A. Volkonskij und S. S. Šatalin, S. M. Višnev und V. V. Kossov, N. I. Šechet, Ju. N. Čeremnych, E. Z. Majminas, Ju. N. Gavrilec, I. V. Nit, A. I. Pokrovskij, B. L. Isaev, A. A. Modin, L. E. Minc, E. F. Baranov, V. V. Kiseleva, E. S. Turmačev und viele andere.

Mein besonderer Dank gilt dem verschworenen Kollektiv meiner Kollegen vom Lehrstuhl für mathematische Methoden der Wirtschaftsanalyse an der Moskauer Staatlichen Lomonosov-Universität, Menschen, die es verstanden haben, um sich eine Atmosphäre des Schöpfertums und des Wohlwollens zu schaffen und zu bewahren, eine Atmosphäre, in der eine Auseinandersetzung stets Hoffnung und das Forschen eine Freude ist.

Ich fürchte, daß die wenigen Worte herzlicher Dankbarkeit, die ich hier an S. G. Rudina und A. I. Michaev richten kann, welche mir bei der Vorbereitung des Buches zum Druck unschätzbare Hilfe geleistet haben, nur einen geringen Teil des Gefühls ausdrücken, das die Einstellung dieser beiden zu dieser umfangreichen und schweren Arbeit bei mir ausgelöst hat.

Das Gesetz offenbart seine wohltuende Wirkung
nur jenen, die sich ihm unterwerfen

Demokrit

TEIL I

# Das Ziel der sozialistischen Produktion und Effektivitätskriterien wirtschaftlicher Entscheidungen

KAPITEL 1

## Die funktionale Grundlage des Systems der ökonomischen Gesetze des Sozialismus

### *Das grundlegende Produktionsverhältnis und die Kategorie „ökonomisches Gesetz“*

Die ökonomische Grundlage des sozialistischen Wirtschaftssystems bildet das gesellschaftliche Eigentum an den Produktionsmitteln in seinen zwei Formen: dem gesamtstaatlichen Eigentum und dem genossenschaftlichen Eigentum. Das Verhältnis der Menschen zu den Dingen, die sie als Produktionsmittel benutzen, und in dem sie ihr Recht auf das gesellschaftliche Eigentum an den Produktionsmitteln verwirklichen, ist das *grundlegende Produktionsverhältnis des Sozialismus*. Ähnlich wie der Samen den durch die Natur chiffrierten Kode enthält, der alle Eigenschaften des künftigen Baumes bestimmt, ist im grundlegenden Produktionsverhältnis des Sozialismus das Wesen der objektiven Eigenschaften des sozialistischen Wirtschaftssystems konzentriert.[1]

Wenn das Eigentum an den Produktionsmitteln unmittelbar gesellschaftlichen Charakter besitzt, so entsteht die objektive Möglichkeit, im Interesse der Gesellschaft als Ganzes zu produzieren. Der Grad der Befriedigung beliebiger materieller Bedürfnisse der Menschen wird jedoch in jedem Moment begrenzt durch den Umfang der materiellen und Arbeitsressourcen, die in diesem Moment zur Verfügung stehen. Damit die Bedürfnisse der Menschen maximal befriedigt werden, müssen diese Ressourcen mit maximaler Effektivität genutzt werden. Wenn aber die Produktionsmittel Objekt des gesellschaftlichen Eigentums sind, so kann dies nur durch eine im Maßstab der gesamten Volkswirtschaft organisierte, zielgerichtete Leitung der Produktion auf der Grundlage eines einheitlichen Planes erreicht werden.[2] Befinden sich die Produktionsmittel in gesellschaftlichem Besitz, so können sie natürlich niemandem im einzelnen gehören. Das bedeutet, daß jeder Akt der Wirtschaftstätigkeit durch ein bestimmtes System der materiellen Stimulierung reguliert werden muß, um im Gesamtergebnis dieser Tätigkeit der einzelnen Menschen oder Kollektive eine maximale Effektivität der Ressourcennutzung zu erreichen (und folglich die maximale Befriedigung der Bedürfnisse aller Mitglieder der Gesellschaft und nicht nur der jeweiligen Personen oder Kollektive). Außerhalb dieses Systems können die unmittelbaren materiellen Interessen der einzelnen Menschen in Widerspruch zu den Interessen der Gesellschaft insgesamt geraten.

Die dialektische Wechselwirkung zwischen dem Ziel der sozialistischen Produktion und den Bedingungen und Methoden der Erreichung dieses Ziels wird durch objektive ökonomische Gesetze reguliert. Unter einem objektiven Gesetz eines beliebigen Systems kann man eine wissenschaftliche Abstraktion verstehen, die die objektive Notwendigkeit ausdrückt, daß sich dieses System gewissen erkennbaren Normen unterordnet, außerhalb derer das System seine innere Ganzheit verliert und aufhören kann, es selbst zu sein (in den Termini der Ausgangsdefinition). Daher werden wir im allgemeinsten Sinne als ökonomisches Gesetz einer beliebigen sozial-ökonomischen Formation eine *wissenschaftliche Abstraktion* verstehen, *die die objektive Notwendigkeit der Wirkung eines gewissen Systems erkennbarer Normen ausdrückt, welche sich aus dem grundlegenden Produktionsverhältnis der jeweiligen Formation ergeben, außerhalb dessen die letztere ihre innere Ganzheit verliert.*

„Ökonomische Gesetze sind die Gesetze der Entwicklung der Produktionsverhältnisse der Menschen", heißt es in einem der Lehrbücher der politischen Ökonomie. „Sie drücken die wesentlichen Seiten jeder Produktionsweise, des Austauschs und der Verteilung der materiellen Güter auf den verschiedenen Entwicklungsstufen der Gesellschaft aus. In den ökonomischen Gesetzen kommt das Wesen der ökonomischen Prozesse, die innere kausale Verbindung und Abhängigkeit zum Ausdruck, die in der gesellschaftlichen Struktur der Produktion vorhanden ist."[3] In einem anderen Lehrbuch wird unter einem ökonomischen Gesetz eine „objektive ökonomische Notwendigkeit"[4] verstanden. In einem dritten endlich finden wir den Versuch einer strengen Definition: „Ein ökonomisches Gesetz stellt eine wissenschaftliche Abstraktion dar. Es ist der in höchstem Maße verallgemeinerte Ausdruck der objektiven Wechselbeziehungen und wechselseitigen Abhängigkeiten, die es in der Gesellschaft gibt."[5]

Vom Standpunkt der Erkenntnistheorie ist ein ökonomisches Gesetz selbstverständlich eine wissenschaftliche Abstraktion. Es ist ganz natürlich, daß jedes ökonomische Gesetz irgendeine der wesentlichsten Seiten der jeweiligen Produktionsweise ausdrückt. Und schließlich muß das Gesetz eine objektive ökonomische Notwendigkeit ausdrücken. Dennoch reicht dies alles nicht aus, um zu definieren, was denn letzten Endes ein ökonomisches Gesetz des Sozialismus ist.

„Das Gesetz ist die zentrale Kategorie jedes Systems der Wissenschaft." „Es stellt die objektive, wesentliche innere Form einer Beziehung dar, die durch das jeweilige Produktionsverhältnis gebildet wird, oder aber einer Beziehung zwischen verschiedenen Produktionsverhältnissen." „... das Gesetz ist ein Verhältnis, das durch eiserne Notwendigkeit charakterisiert wird, oder – mit anderen Worten – es ist nicht einfach ein funktionales Verhältnis, sondern ein notwendiges kausales Verhältnis"[6], schreibt Ja. A. Kronrod.

Worin besteht denn aber nun jenes Wesen der Produktionsverhältnisse, das durch das ökonomische Gesetz ausgedrückt wird? Und wie wird es durch das Gesetz ausgedrückt? Wie ist ein ökonomisches Gesetz mit dem grundlegenden Produktionsverhältnis des Sozialismus verbunden? Anstelle einer Antwort auf diese Kardinalfragen werden allgemeine Redensarten geboten, wie: „... ebenso unerschöpflich, wie die Welt der objektiven ökonomischen Realität, der ökonomischen Verhältnisse ist, ebenso unerschöpflich ist auch die Welt der Gesetze, die das Wesen dieser Verhältnisse ausdrücken"[7].

In der oben angeführten Definition des ökonomischen Gesetzes – das ist ganz offensichtlich – muß der Begriff „System erkennbarer Normen" hervorgehoben werden, der in der Definition die konstruktive Rolle des tragenden Elements spielt. Durch diese Normen werden in erster Linie bestimmt: das objektive Ziel der Produktionstätigkeit in der jeweiligen sozial-ökonomischen Formation sowie die notwendigen und hinreichenden Bedingungen für die Erreichung dieses Ziels.

Als ökonomisches Gesetz des Sozialismus werden wir folglich bezeichnen: eine wissenschaftliche Abstraktion, die die objektive Notwendigkeit ausdrückt, daß unter den Bedingungen der sozialistischen Formation ein solches System erkennbarer Normen wirkt, welches sich aus dem grundlegenden Produktionsverhältnis des Sozialismus als dem Verhältnis des gesellschaftlichen Eigentums an den Produktionsmitteln ergibt, das objektive Ziel der Produktionstätigkeit sowie die notwendigen und hinreichenden Bedingungen zur Erreichung dieses Zieles bestimmt und dessen Verletzung dazu führt, daß die grundlegenden objektiven Vorzüge des sozialistischen Wirtschaftssystems unvollständig genutzt werden.

Die so definierten ökonomischen Gesetze des Sozialismus bilden ein einheitliches, innerlich verflochtenes System, zu dem jedes einzelne Gesetz nicht als ein mechanischer Summand, sondern als organischer Bestandteil des einheitlichen Ganzen gehört.

Wir unterscheiden in diesem System drei Elemente, die, wie wir meinen, seine funktionale Grundlage bilden. Das sind die Gesetze, die das ökonomische Ziel des gesellschaftlichen Produktionsprozesses sowie die Bedingungen und Wege zu seiner Erreichung bestimmen – das ökonomische Grundgesetz des Sozialismus, das Gesetz der planmäßigen und proportionalen Entwicklung der Volkswirtschaft und das Wertgesetz.

### *Das ökonomische Grundgesetz des Sozialismus – das Gesetz des Zieles der sozialistischen Produktion*

„Die in der Gesellschaft herrschenden Eigentumsverhältnisse bestimmen das Ziel der Produktion, das als Gesetz die Handlungen der Menschen und entsprechend auch die Methoden bestimmt, mit denen die Menschen dieses Ziel anstreben.“[8] Diese Feststellung, die von der Form her umfassend und dem Wesen nach konstruktiv ist, kann kaum bestritten werden. Welche Formulierungen des ökonomischen Grundgesetzes des Sozialismus werden nun in der ökonomischen Literatur vorgeschlagen? Hier sind einige von ihnen.

„Das ökonomische Grundgesetz der kommunistischen Formation, ihr Bewegungsgesetz, ist die immer vollständigere Befriedigung der wachsenden materiellen und kulturellen Bedürfnisse der ganzen Gesellschaft und die Gewährleistung der allseitigen Entwicklung der Mitglieder der Gesellschaft durch das ständige Wachstum und die Vervollkommnung der gesellschaftlichen Produktion.“ „Die Erreichung des vollen Wohlstandes und der freien allseitigen Entwicklung aller Mitglieder der Gesellschaft in unmittelbar gesellschaftlicher Weise auf der Grundlage ständig wachsender Produktivität der gesellschaftlichen Arbeit stellt das ökonomische Grundgesetz der kommunistischen Produktionsweise dar.“[9]

Unserer Ansicht nach muß zumindest die Formulierung der drei obengenannten wichtigsten ökonomischen Gesetze der sozialistischen Gesellschaft die Tatsache widerspiegeln, daß diese Gesetze ein einheitliches organisches System bilden. Insbesondere ist die Formulierung des Gesetzes, das das ökonomische Ziel der gesellschaftlichen Produktion bestimmt, unvollständig, wenn darin die Festlegung der allgemeinsten Bedingungen und Wege zur Verwirklichung dieses Zieles fehlt. Ebenso wird die Formulierung des Gesetzes der planmäßigen und proportionalen Entwicklung der sozialistischen Volkswirtschaft sowie des Wertgesetzes ihrer Funktion nur dann gerecht, wenn sie zeigt, daß die Forderungen jedes dieser Gesetze auf die Erreichung des Zieles der gesellschaftlichen Produktion gerichtet sind.

In diesem Zusammenhang erscheint es zweckmäßig, in die Formulierung des ökonomischen Grundgesetzes wenigstens eine allgemeine Charakteristik jener materiellen und kulturellen Bedürfnisse aller Mitglieder der Gesellschaft aufzunehmen, auf deren Befriedigung das Gesetz gerichtet ist. Natürlich können das nicht die laufenden, vorübergehenden Interessen der Menschen sein. Der Prozeß des menschlichen Seins, der von einer intensiven Verdichtung des Menschenstroms in jedem Zeitintervall und von einer sich beschleunigenden Entwicklung der Bedürfnisse begleitet wird, ist ein stetiger Prozeß, der kein Ende kennt. Eine Gesellschaft, die im Interesse aller ihrer Mitglieder produziert, muß integral die Bedürfnisse sowohl der heute Lebenden als auch der morgen erst Geborenen berücksichtigen. Folglich gilt es zu klären, was als integrale stoffliche und geistige Interessen der Mitglieder der Gesellschaft bezeichnet werden kann.

Doch selbst wenn dieser überaus wichtige Faktor berücksichtigt wird, ist die sozialistische Gesellschaft nicht imstande, ihren Produktionsapparat in jedem Moment auf die Schaffung von Gütern zu konzentrieren, die allein für die Befriedigung der Bedürfnisse der Menschen bestimmt sind. Die imperialistischen Staaten, die der Welt einen Rüstungswettlauf aufzwingen, nötigen die sozialistische Gesellschaft, materielle und Arbeitsressourcen ihrer unmittelbaren sozialökonomischen Bestimmung direkt zu entziehen, um die Verteidigungsfähigkeit auf dem modernsten Stand zu halten. Das Maß der Befriedigung der Bedürfnisse der Menschen hängt deshalb bei sonst gleichen Bedingungen in jedem Moment von der internationalen Situation ab, die einer der Faktoren ist, welche den inneren Zustand der Wirtschaft stark und direkt beeinflussen.[10] Außerdem können die internationalen Verpflichtungen des sozialistischen Staates in bestimmten Etappen ebenfalls ein gewisses Gewicht bei der Nutzung der eigenen wirtschaftlichen Ressourcen erlangen.

Folglich muß der beschränkende Einfluß des außenpolitischen Faktors in der Formulierung der Forderungen des ökonomischen Grundgesetzes einen entsprechenden Platz finden.

Unter Berücksichtigung der dargestellten Überlegungen können diese Forderungen im ganzen folgendermaßen formuliert werden: *die unter den gegebenen sozialen und außenpolitischen Bedingungen maximal mögliche Befriedigung der integralen materiellen und geistigen Interessen aller Mitglieder der Gesellschaft durch die Verwirklichung der grundlegenden Vorzüge des sozialistischen Wirtschaftssystems auf der Basis der planmäßigen Erhöhung der Effektivität der gesellschaftlichen Produktion sowie der zielstrebigen materiellen Stimulierung der Interessiertheit der Produzenten an den unmittelbaren Ergebnissen ihrer Arbeit.*

Das auf diese Weise formulierte ökonomische Gesetz kann unserer Meinung nach das *Gesetz des Zieles der sozialistischen Produktion* genannt werden.

### *Das Gesetz der planmäßigen, proportionalen Entwicklung der Volkswirtschaft – das Gesetz der maximalen Effektivität der gesellschaftlichen Produktion*

Wenden wir uns dem Gesetz der planmäßigen und proportionalen Entwicklung der sozialistischen Produktion zu.

„Das Gesetz der planmäßigen, proportionalen Entwicklung der Volkswirtschaft drückt erstens die Notwendigkeit und Möglichkeit der einheitlichen und planmäßigen Führung der Wirtschaft durch den sozialistischen Staat aus, zweitens die Gewährleistung der planmäßigen Entwicklung der Wirtschaft, die Aufrechterhaltung des optimalen Verhältnisses zwischen allen Zweigen und Sphären der gesellschaftlichen Produktion und drittens die Gewährleistung der effektiven Nutzung aller materiellen Ressourcen, des Arbeitskräftepotentials, der finanziellen Ressourcen und der Naturschätze der Gesellschaft“ [11], heißt es in einem der Lehrbücher der politischen Ökonomie. „Die Wirkung des ökonomischen Gesetzes der planmäßigen und proportionalen Entwicklung bedeutet, daß sich die Volkswirtschaft in der sozialistischen Gesellschaft krisenlos und proportional, entsprechend den von der Gesellschaft festgelegten Richtungen und Tempi des Wachstums, entwickelt und daß die Gesellschaft ständig und bewußt die Proportionalität aufrechterhält“, heißt es in einem anderen Lehrbuch der politischen Ökonomie. „Der Inhalt des Gesetzes der Planmäßigkeit besteht auch in der objektiven Notwendigkeit ... der Planmäßigkeit der Bewegung der ökonomischen Verhältnisse und der Wirkung der sie ausdrückenden ökonomischen Gesetze“ [12], stellt

Ja. A. Kronrod fest. Das hieße: der Inhalt des Gesetzes besteht in der objektiven Notwendigkeit der Wirkung des diesen Inhalt ausdrückenden Gesetzes. Oder vielleicht mehr noch – in der Planmäßigkeit der Wirkung der Gesetze, die die „Bewegung der ökonomischen Verhältnisse“ ausdrücken?

Um die grundlegenden Vorzüge der sozialistischen Gesellschaft zu verwirklichen, die ihrer Natur immanent sind, und damit den Forderungen des Gesetzes des Ziels der sozialistischen Produktion gerecht zu werden, müssen notwendige und hinreichende Bedingungen erfüllt sein. Uns scheint, daß die Definition der notwendigen Bedingungen für die Erreichung des Zieles der sozialistischen Produktion identisch sein muß mit der Definition der Forderungen des Gesetzes der planmäßigen, proportionalen Entwicklung der Produktion. Indessen ist keine der oben angeführten Formulierungen in irgendeiner Weise mit den Forderungen des ökonomischen Grundgesetzes verbunden. Dadurch kommt es, daß selbst dort, wo festgestellt wird, daß die ökonomischen Gesetze des Sozialismus ein einheitliches System bilden, diese Feststellungen einfach unbegründet bleiben, weil die Summe der Forderungen jedes Gesetzes auf einer rein autonomen Basis bestimmt wird. Deshalb erweist sich in der Darstellung jedes Gesetz als ein von den anderen unabhängiger und völlig sich selbst genügender Kodex von objektiven Forderungen an das sozialistische Wirtschaftssystem.

In der gesuchten Formulierung muß jene offensichtliche Tatsache ihren Niederschlag finden, daß die Effektivität der gesellschaftlichen Produktion bei im übrigen gleichen Bedingungen durch den Zustand und die Dynamik der volkswirtschaftlichen Proportionen bestimmt wird. Es genügt nicht, daß die verschiedenen wertmäßigen und materiell-stofflichen Komponenten des gesellschaftlichen Gesamtprodukts untereinander streng bilanziert sein müssen. Die bilanzierten Komponenten des gesellschaftlichen Produkts müssen von sich aus die maximale Effektivität der Wirtschaftstätigkeit des gesamten Produktionsapparats gewährleisten. Das Maß der Effektivität der gesellschaftlichen Produktion jedoch wird bei gegebenen ökonomischen Proportionen immer durch die Effektivität der Tätigkeit der unteren Wirtschaftsebenen bestimmt. Der Produktionsapparat der sozialistischen Gesellschaft wird folglich nur dann mit maximaler Effektivität arbeiten, wenn die optimalen volkswirtschaftlichen Proportionen auf den Ergebnissen der maximalen effektiven Tätigkeit jeder unteren Produktionseinheit beruhen. Was die Effektivitätskriterien betrifft, so müssen sie natürlich auf den Forderungen des Gesetzes des Ziels der sozialistischen Produktion basieren.

Berücksichtigt man alle diese Überlegungen, so kann man die Gesamtheit der Forderungen des Gesetzes der planmäßigen und proportionalen Entwicklung der Produktion folgendermaßen formulieren:

*Sicherung der notwendigen Bedingungen für die Erreichung des Zieles der sozialistischen Produktion durch die im Maßstab der gesamten Gesellschaft organisierte und nach einem einheitlichen Plan durchgeführte zielgerichtete Tätigkeit bei der Auswahl der effektivsten ökonomischen Entscheidungen auf allen Ebenen der Wirtschaftstätigkeit.*

Ausgehend von den genannten Überlegungen, kann das so formulierte ökonomische Gesetz das *Gesetz der maximalen Effektivität der gesellschaftlichen Produktion* genannt werden.

In der traditionellen Bezeichnung dieses Gesetzes gibt es selbstverständlich nichts, gegen das etwas einzuwenden wäre. Man muß nur unter Planmäßigkeit optimale Planmäßigkeit und unter Proportionalität optimale Proportionalität verstehen: es reicht heute nicht aus, einfach die Proportionalität aufrechtzuerhalten. Heute bedarf es einer maximal effektiven Proportionalität. Und ausschließlich der Bequemlichkeit halber, um überflüssige Dechiffrierungen zu vermeiden, schlagen wir auch vor, diesem Gesetz seinen entsprechenden Namen zu geben.

### *Das Wertgesetz – das Gesetz der materiellen Stimulierung der Produktion und der Arbeit*

Wenn die Gesellschaft die Forderungen des Gesetzes der maximalen Effektivität der Produktion erfüllt hat, hat sie die notwendigen, jedoch noch nicht die hinreichenden Bedingungen für die Erreichung ihres ökonomischen Zieles geschaffen. Die Bestimmung der notwendigen und hinreichenden Bedingungen hängt mit den Forderungen eines anderen ökonomischen Gesetzes zusammen, das das System der ökonomischen Gesetze des Sozialismus von der Seite der finanziellwertmäßigen Beziehungen abschließt.

Jede untere Produktionseinheit verwirklicht seine Tätigkeit nach einem eigenen Plan, dessen Richtung nicht immer den Forderungen des Volkswirtschaftsplans zu entsprechen braucht, ebenso wie die unmittelbaren lokalen Interessen jeder Produktionseinheit in Widerspruch zu den Interessen der Gesellschaft insgesamt geraten können. Die Wechselbeziehung der wirtschaftlichen Interessen, die sich auf diesen beiden Ebenen herausbilden, wird durch die Wirkung des Wertgesetzes reguliert.

Wenn die politische Ökonomie die Wirkung des Wertgesetzes im Sozialismus analysiert, geht sie vom Weiterbestehen der Ware-Geld-Beziehungen in der sozialistischen Gesellschaft aus und sieht das Wesen dieses Gesetzes „darin, daß in der Warenwirtschaft die Produktion und der Austausch der Waren auf der Grundlage des gesellschaftlich notwendigen Aufwands von lebendiger und vergegenständlichter Arbeit erfolgen, der mit Hilfe von Wertkategorien (Geld, Preise) ausgedrückt wird. In Übereinstimmung mit dem Wertgesetz wird die Wertgröße einer Ware ... gemessen durch die Menge der gesellschaftlich notwendigen Arbeit, die in der Ware enthalten ist. Den Preisen, zu denen die Waren verkauft werden, liegt nicht der individuelle, sondern der gesellschaftliche Wert zugrunde". „Die Menge der Arbeit wird ihrerseits durch ihre Dauer, durch die Zeit gemessen. Die Wertgröße einer Ware wird also letzten Endes durch die Menge der Arbeitszeit gemessen, die für die Herstellung der Ware aufgewendet worden ist. Dabei ist das Wertmaß nicht eine beliebige individuell aufgewendete Arbeitszeit, sondern die gesellschaftlich notwendige Zeit."[13]

„Das Wertgesetz, das ist das Gesetz der Bestimmung des Warenwertes durch den Aufwand an gesellschaftlicher, abstrakter Arbeit", schreibt Ja. A. Kronrod. „Das grundlegende Produktionsverhältnis des Sozialismus bedingt ... die Notwendigkeit zweier Formen von Beziehungen, in denen die planmäßige Bewegung der ökonomischen Verhältnisse abläuft – der grundlegenden, direkten, nichtäquivalenten Form und der indirekten, äquivalenten Warenform – und damit die Notwendigkeit der Wirkung des Wertgesetzes, das dieser zweiten Form entspricht ... Solange das Eigentum sozialistisches Eigentum ist, ... bleibt im Verlauf der gesamten Phase des Sozialismus ... unvermeidlich ... auch die Wirkung des Wertgesetzes erhalten. Das bedeutet aber nicht, daß das letztere sich im Prozeß der Entwicklung des Sozialismus nicht verändert ... Das Wertgesetz fördert, indem es der Entwicklung kommunistischer Produktionsverhältnisse dient (ein Bedienungsgesetz? – V. D.), dialektisch die Herausbildung der Bedingungen für seine eigene Abschaffung", schreibt Kronrod.[14] D. D. Kondrašev stellt fest: „Im Sozialismus spielt das Wertgesetz nicht die Rolle des Regulators der Produktion. Es ist hier gebändigt, in den Rahmen des Plans eingeordnet und dem Gesetz der planmäßigen, proportionalen Entwicklung der Volkswirtschaft untergeordnet."[15]

Obgleich ein derartiger Typ von Darstellungen in der ökonomischen Literatur praktisch universal geworden ist, läßt er eine Reihe überaus wichtiger Fragen ungelöst. Diese Fragen besitzen sowohl rein theoretische (wenn man davon überhaupt sprechen kann) als auch unmittelbar praktische Bedeutung.

Der Arbeitsaufwand wird in Zeiteinheiten gemessen, die Preise dagegen besitzen eine geldliche Dimension. Wovon man sich beim Übergang von der Messung des Arbeitsaufwands zur Festsetzung der geldlichen Größe des Preises leiten lassen muß, ist den angeführten Überlegungen jedoch nicht zu entnehmen. Dabei wird die Angelegenheit noch dadurch stark kompliziert, daß es bis heute keine allgemein anerkannte und hinreichend gut begründete Methode gibt, um komplizierte und einfache Arbeit vergleichend zu messen.

Möglicherweise können diese Schwierigkeiten dem hohen Abstraktionsgrad zugeschrieben werden, mit dem die Untersuchung der Wirkung des Wertgesetzes betrieben wird. Tatsächlich zeigen sich diese Schwierigkeiten dort, wo es um den Übergang von theoretischen Konstruktionen zur Lösung konkreter Fragen des sozialistischen Wirtschaftslebens geht. Wahrscheinlich können auf einem derart hohen Abstraktionsniveau nur adäquate Schlußfolgerungen gezogen werden, die sich dann als unzureichend für die Erfüllung jener Funktionen erweisen, die der modernen ökonomischen Theorie durch den objektiven Verlauf der Ereignisse auferlegt worden sind.

Unter den Bedingungen der einfachen Warenproduktion und später der kapitalistischen Warenproduktion war es allein der Markt, auf dem die individuellen Arbeitsaufwendungen ihre gesellschaftliche Anerkennung fanden oder nicht fanden. Erst im Stadium des Austauschs, aposteriori zum Akt der Arbeit selbst, wurde das Maß der Übereinstimmung des individuellen Aufwands an Arbeitszeit mit den gesellschaftlich notwendigen Aufwendungen festgestellt.

In der sozialistischen Wirtschaft erhält die Kategorie des gesellschaftlich notwendigen Arbeitsaufwands einen Inhalt, der sich im Verhältnis einer eindeutigen Übereinstimmung mit der semantischen Form dieser Kategorie befindet. *Unter dem gesellschaftlich notwendigen Arbeitsaufwand ist hier der Aufwand einer solchen Menge von Arbeit jedes Kompliziertheitsgrades zu verstehen, mit der die sozialistische Gesellschaft das Ziel ihrer Produktion verwirklicht.* Die planmäßige Grundlage der sozialistischen Wirtschaftsführung bestimmt die Möglichkeit, den gesellschaftlich notwendigen Aufwand vor Beginn des Aktes der Arbeit selbst zu planen. *Wenn der Volkswirtschaftsplan so aufgestellt wird, daß seine Erfüllung streng den objektiven Forderungen des Gesetzes des Ziels der sozialistischen Produktion entspricht, dann besitzen die (nach Umfang und Struktur) durch diesen Plan vorgesehenen Arbeits-*

*aufwendungen den Charakter von unmittelbar gesellschaftlich notwendigen Aufwendungen.*

Theoretisch aufschlußreich ist folgender hypothetischer Fall, in dem ein Produzent jeweils die gleiche Menge reduzierter Arbeit aufwendet, um verschiedene Gebrauchswerte zu schaffen, von denen die einen den Forderungen des optimalen Volkswirtschaftsplans entsprechen, die anderen aber aus irgendwelchen Gründen nicht. Nehmen wir zum Beispiel die Herstellung einer neuen Lokomotive. Wird die Arbeit aufgewendet, um ein Modell zu produzieren, das bei einem gegebenen technischen Niveau vom Stand der gewählten technisch-ökonomischen Parameter nicht das effektivste ist, so kann dieser Arbeitsaufwand nicht als *gesellschaftlich* notwendig anerkannt werden, ungeachtet der Tatsache, daß diese in technisch-ökonomischer Hinsicht unvollkommene Lokomotive in unserer Volkswirtschaft praktisch verwendet wird.

Der Preis, dessen Lohnanteil als das Maß der Stimulierung der individuellen Produzenten und dessen Reineinkommensanteil als Maß der Stimulierung der Produktionskollektive (der Betriebe und Zweige) zur Erfüllung des einheitlichen Volkswirtschaftsplans bestimmt wird, ist das Hauptglied in der Kette der notwendigen und hinreichenden Bedingungen, durch die die Erreichung des Ziels der gesellschaftlichen Produktion gewährleistet wird.[16]

Insgesamt können die Forderungen des Wertgesetzes wie folgt definiert werden: *Sicherung der notwendigen und hinreichenden Bedingungen für die Erreichung des Ziels der gesellschaftlichen Produktion durch die vermittels eines Geld-Wert-Mechanismus erfolgende Herstellung der mittelbaren Übereinstimmung zwischen den unmittelbaren materiellen Interessen der einzelnen Produzenten und Produktionskollektive und den ökonomischen Interessen der gesamten Gesellschaft, die durch das Kennziffernsystem des Volkswirtschaftsplans ausgedrückt werden.*

Das so formulierte ökonomische Gesetz kann als *Gesetz der materiellen Stimulierung der Produktion und der Arbeit* bezeichnet werden.

Natürlich sind die Bezeichnungen nicht das wichtigste. Aber die Ökonomie muß eine genaue Terminologie benutzen. Deshalb ist unserer Ansicht nach die vorgeschlagene Bezeichnung des Gesetzes vorzuziehen.

Der Charakter der Wechselwirkung der behandelten ökonomischen Gesetze kann in allgemeinsten und groben Zügen mit Hilfe eines Schemas illustriert werden (s. Schema 1). Bei der Betrachtung des Schemas ist daran zu denken, daß es ganz auf der Ebene des Erforder-

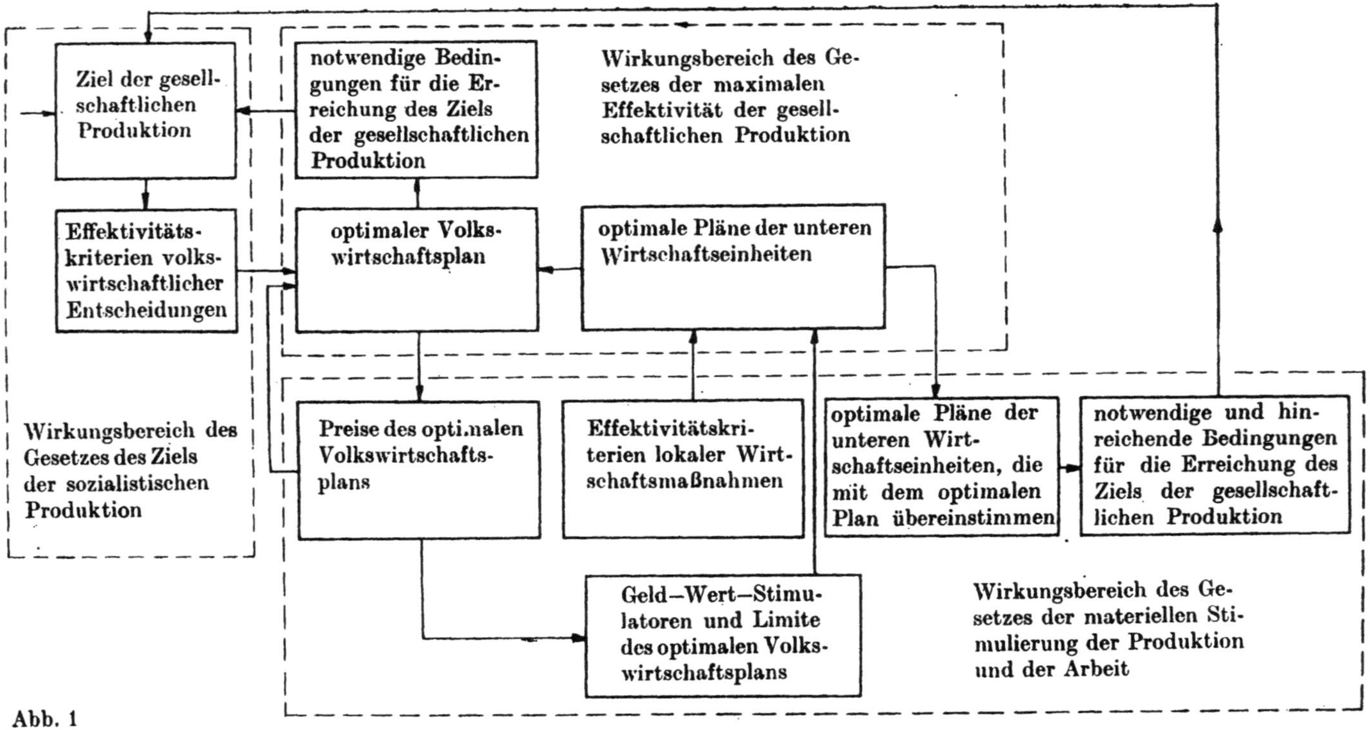


Abb. 1
Schema der Wechselwirkung der ökonomischen Gesetze des Sozialismus

lichen, Normativen und in diesem Sinne Idealen liegt. Deshalb stellen die optimalen Tempi, die optimalen Proportionen und die Preise des optimalen Plans eine objektive Norm dar, die im Prozeß der subjektiven Einwirkung der Menschen auf das System der gesellschaftlichen Produktion erfüllt werden muß.[17]

KAPITEL 2

# Synthetische Effektivitätskriterien volkswirtschaftlicher Entscheidungen

## *Das Problem der Einschätzung des Optimums von Konsumtion und Akkumulation*

Die modernen ökonomisch-mathematischen Methoden und die elektronische Rechentechnik ermöglichen es, die Planung der Volkswirtschaft variantenreich zu gestalten. Die Gesellschaft erhält die Möglichkeit, bei gleichem Umfang und gleicher Struktur der Ausgangsressourcen jene Variante des Plans auszuwählen, die den Forderungen des ökonomischen Grundgesetzes des Sozialismus am meisten entspricht. Um auszuwählen, muß man jedoch vergleichen, und um zu vergleichen, braucht man ein Vergleichskriterium. Welcherart müssen nun die Effektivitätskriterien der Entscheidungen sein, die in dieser wichtigsten Etappe der Tätigkeit der Menschen zur Bestimmung der Wege und Verfahren zur Erreichung des ökonomischen Hauptziels der gesellschaftlichen Produktion gefällt werden?

Um diese Frage zu beantworten, müssen eine Reihe komplizierter methodologischer Aufgaben gelöst werden, die von erstrangiger theoretischer und wirtschaftspolitischer Bedeutung sind.[18]

Unmittelbare Quelle für die Befriedigung der Bedürfnisse der Menschen ist jener Teil des gesellschaftlichen Gesamtprodukts, der die materielle Form von Gebrauchsgegenständen, von verschiedenen Dienstleistungsarten sowie von Grundfonds der nichtproduktiven Sphäre besitzt. (Der Kürze halber werden wir diesen Teil des Gesamtprodukts den Fonds der Bedürfnisbefriedigung nennen.) Nach den Quellen, aus denen die Bevölkerung die genannten Elemente des gesellschaftlichen Produkts erhält, können die letzteren in zwei Gruppen eingeteilt werden. Die erste Gruppe erreicht die Werktätigen über das Einzelhandelsnetz, die kommunalen Dienstleistungseinrichtungen, die kulturellen Einrichtungen und dergleichen sowie über die Betriebe und Organisationen, die Transport-, Post- und Telegrafendienste und andere Dienstleistungen erweisen. (Hierzu gehört auch jener Teil des Zuwachses der Grundfonds der nichtproduktiven Sphäre, den die Bevölkerung aus ihrem Einkommen den staatlichen Bauorganisationen zum Zwecke des genossenschaftlichen Wohnungsbaus zahlt.) Die andere Gruppe von Produktion wird von der Gesellschaft bargeldlos finanziert und kommt der Bevölkerung unentgeltlich aus den gesellschaftlichen Konsumtionsfonds zugute. Das betrifft die Organisationen des Gesundheitswesens, der Volksbildung und der Kultur, Kindergärten und -krippen und andere Einrichtungen. (Hierzu gehört auch der gesamte Umfang des Wohnungsbaus, der über die genossenschaftlich bezahlten Bauarbeiten hinausgeht.)

Vergleicht man auf die einfachste Weise mit Hilfe eines Systems unveränderlicher Preise, so ergibt sich, daß je höher die Wertgröße des Fonds der Bedürfnisbefriedigung ist, die Bedürfnisse der Mitglieder der Gesellschaft in desto höherem Maße befriedigt werden. Wenn jedoch in einer ersten und überaus groben Annäherung an die Formulierung eines Effektivitätskriteriums des Volkswirtschaftsplans die Forderung aufgestellt wird, in jedem Jahr eine maximale Größe des Fonds der Bedürfnisbefriedigung zu sichern, dann wird dabei eine der wichtigsten Forderungen des ökonomischen Grundgesetzes ignoriert: die Maximierung der Befriedigung nicht der laufenden, sondern der langfristigen Bedürfnisse der Gesellschaft.

Das Hauptmittel für die Erweiterung der Produktion des gesellschaftlichen Produkts und folglich auch jenes Teils des Produkts, das den Fonds der Bedürfnisbefriedigung bildet, ist das Wachstum des Akkumulationsfonds materieller Güter in Form von Arbeitsinstrumenten und Arbeitsmitteln sowie von Reserven an Roh- und Brennstoffprodukten, die im Prozeß der erweiterten Reproduktion die Rolle von Arbeitsgegenständen spielen. (Wir werden diesen Teil des Akkumulationsfonds Fonds der erweiterten Reproduktion nennen.)

Für einen kurzen Zeitraum betrachtet, bilden die beiden Fonds, der Fonds der Bedürfnisbefriedigung und der Fonds der erweiterten Reproduktion, einen Antagonismus: Je größer in einem Jahr der Fonds der erweiterten Reproduktion ist, desto kleiner ist der Fonds der Bedürfnisbefriedigung und umgekehrt. Erweitert man jedoch den zeitlichen Rahmen und betrachtet die Wechselbeziehung zwischen ihnen über einen längeren Zeitraum, so erweist sich, daß der Fonds der erweiterten Reproduktion ein Mittel zum Wachstum des Fonds der Bedürfnisbefriedigung bildet.

*Die Lösung der Frage, welche Relation zwischen dem Fonds der erweiterten Reproduktion und dem Fonds der Bedürfnisbefriedigung in jedem Zeitpunkt den Forderungen des ökonomischen Grundgesetzes am meisten entspricht, ist Gegenstand wirtschaftspolitischer Entscheidungen, die strategische Bedeutung für die Entwicklung des gesamten ökonomischen Systems der sozialistischen Gesellschaft besitzen.*

Die methodologische Begründung dieser Entscheidungen bildet eine der wichtigsten Aufgaben der ökonomischen Theorie des Sozialismus. Schon der XV. Parteitag hat in seinen Direktiven zur Aufstellung des ersten Fünfjahrplans der Entwicklung der Volkswirtschaft unseres Landes darauf hingewiesen: „Bei der Relation zwischen *Produktion und Konsumtion* ist zu beachten, daß nicht *gleichzeitig* von der maximalen Ziffer der einen oder der anderen ... oder vom einseitigen *Interesse an der Akkumulation* ... oder ... vom einseitigen *Interesse an der Konsumtion* ausgegangen werden darf. Man muß sowohl die relative Widersprüchlichkeit dieser Momente als auch ihre Wechselwirkung und Verbindung beachten (wobei vom Standpunkt der langfristigen Entwicklung diese Interessen im ganzen übereinstimmen) und von einer optimalen Verbindung dieser beiden Momente ausgehen“[19].

Gegenwärtig gibt es verschiedene Lösungen des Problems der Konstruktion von Effektivitätskriterien des Volkswirtschaftsplans, wobei dieses Problem unter verschiedenen Aspekten betrachtet wird. Dessen ungeachtet weisen diese Lösungen ein gemeinsames Merkmal auf. Gemeint ist die Forderung, nicht die momentane, ein Jahr betreffende Größe des Fonds der Bedürfnisbefriedigung zu maximieren, sondern eine integrale Größe, die als kumulative Summe für einen längeren Zeitraum errechnet wird.[20]

Ein solches Vorgehen, das offensichtlich eine rationale Grundlage besitzt, wirft seinerseits eine Reihe von sekundären Problemen auf. Vor allem ergibt sich die Notwendigkeit, die Dauer der Planperiode zu begründen, von der in wesentlichem Maße die quantitativen Ergebnisse abhängen, die dem Vergleich der Effektivität der verschiedenen Planvarianten zugrunde gelegt werden. Je länger diese Periode ist, desto größer kann der über den gesamten Zeitraum berechnete Umfang des Fonds der Bedürfnisbefriedigung sein, desto größer ist die Möglichkeit des zeitlich beweglichen Einsatzes des Fonds der erweiterten Reproduktion, aber desto später wirkt sich das Wachstum des Fonds der erweiterten Reproduktion produktiv auf das Wachstum des Fonds der Bedürfnisbefriedigung aus.

In diesem Zusammenhang entsteht ein anderes Problem, das eine große selbständige Bedeutung besitzt. Das ist das Problem des zweckmäßigen Vergleichs der Fonds der Bedürfnisbefriedigung, die in verschiedenen Zeitabschnitten geschaffen werden. Eine Reihe von Ökonomen vertreten dazu folgenden Standpunkt: Wenn jeder jährliche Fonds der Bedürfnisbefriedigung in die

Formel des Kriteriums mit einem Gewichtskoeffizienten eingeht, dessen Größe um so kleiner wird, je weiter das jeweilige Jahr vom Anfang der Periode entfernt ist, so haben die Fonds der Bedürfnisbefriedigung der späteren Jahre auf die Ergebnisse der Planung einen verschwindend geringen Einfluß. Deshalb braucht die Dauer der Planperiode nicht durch irgendeine konkrete Endzahl begrenzt zu werden. Im Ergebnis wird der Prozeß der Ausarbeitung des Plans automatisch bei jenem Fonds der Bedürfnisbefriedigung enden, dessen zahlenmäßiger Einfluß auf die Endergebnisse noch in den gegebenen Genauigkeitsgrenzen gemessen werden kann.

Die Anhänger der Benutzung von Gewichtskoeffizienten sehen die selbständige Bedeutung ihrer Bestimmung darin, daß diese Koeffizienten die Rolle von Vergleichsmaßen des sozialen Werts der Fonds der Bedürfnisbefriedigung übernehmen sollen, die in den verschiedenen Zeitabschnitten geschaffen werden. Tatsächlich ist es den Menschen nicht gleichgültig, wann sie das, was sie wünschen, erhalten. Und obwohl die Gesellschaft, die sich auf die Befriedigung der langfristigen Bedürfnisse ihrer Mitglieder orientiert, unvermeidlich die zukünftigen Bedürfnisse berücksichtigt, hat sie gleichsam das Recht, dies mit einer Korrektur im Hinblick auf die Interessen der lebenden Generation zu tun. Aber wie einleuchtend dieser Standpunkt auch ist, es ergibt sich sofort die Frage: Wie findet man ein objektives Maß für die Vergleichskoeffizienten?

Um diese Aufgabe zu lösen, wird gewöhnlich die Idee der Reduktion produktiver Effekte, die in der Zukunft erzielt werden, auf einen Zeitpunkt, in der Regel den Ausgangszeitpunkt, benutzt. Diese Idee beruht auf einer vollen Analogie zum Prinzip der Zinsbildung. Wenn der Zinssatz gleich einer bestimmten Zahl $\lambda$ ist, die natürlich kleiner als Eins ist, so kann man, wenn man einen Rubel investiert, nach Ablauf eines Jahres $(1 + \lambda)$ Rubel erhalten. Die im folgenden Jahr vorgenommene Einzahlung der Summe $(1 + \lambda)$ ergibt wiederum nach einem Jahr die zusätzliche Größe $\lambda(1 + \lambda)$, und die Gesamtsumme des Einkommens aus der Einzahlung eines Rubels beträgt $(1 + \lambda) + \lambda(1 + \lambda)$, d. h. $(1 + \lambda)^2$. Es ist leicht zu sehen, daß nach Verlauf von $t$ Jahren diese Summe $(1 + \lambda)^t$ beträgt. (Wenn zum Beispiel $\lambda = 0{,}04$ und $t = 5$ sind, dann beträgt im fünften Jahr die Gesamtsumme des Einkommens $1{,}04^5 = 1{,}21$). Wenn der Wert des zukünftigen Einkommens, das auf diese Weise erzielt wird, niedriger als der Wert der heutigen Güter angesetzt wird, heißt das, daß der $(1 + \lambda)^t$-te Teil der langfristigen Interessen geopfert wird. Mit anderen Worten, das Gewicht eines zukünftigen Gutes der Größe $(1 + \lambda)$ ist vom Standpunkt der heutigen Interessen gleich $1 : (1 + \lambda)^t$.

„Die weitverbreitete Vorstellung, daß die heutigen Güter gegenüber den zukünftigen vorzuziehen seien, gründet sich offenbar mindestens auf zwei in der Realität vorkommende Tatsachen: 1) Der technische Fortschritt erlaubt es mit der Zeit, den Aufwand für die Produktion von Gütern zu verringern. 2) Jeder folgende Zuwachs eines Konsumtionsmittels erbringt einen geringeren Effekt als die früheren Zuwächse“[21], schreibt eine Gruppe von Wissenschaftlern des Ökonomisch-mathematischen Zentralinstituts der Akademie der Wissenschaften der UdSSR. Unserer Ansicht nach ist diese Argumentation unzureichend. Die

Verringerung des Aufwands unter dem Einfluß des wissenschaftlich-technischen Fortschritts wirkt sich vor allem in den Kostennormen aus, die in der Formulierung des Effektivitätskriteriums überhaupt nicht vorkommen (sie sind an der Darstellung der Bilanzforderungen für die Verausgabung der materiellen und Arbeitskräfteressourcen beteiligt, die alle zusammen das sogenannte Beschränkungssystem der optimalem Planungsaufgabe bilden). Was die abnehmende Effektivität der folgenden Zuwächse von Verbrauchsgütern angeht, so gibt es sie wirklich, nur nicht auf dem Niveau der verallgemeinerten Betrachtung des ökonomischen Systems insgesamt, sondern auf jener Ebene, auf der andere Regeln gelten.[22]

Hinsichtlich der Auswahl dieser oder jener Zahlenwerte der Gewichte sind die verschiedensten Vorschläge gemacht worden.[23] Die theoretische Analyse des Problems hat jedoch mit aller Deutlichkeit gezeigt, daß bei einer solchen Fragestellung die Aufgabe, ein Effektivitätskriterium des Volkswirtschaftsplans aufzustellen, kaum gelöst werden kann.[24]

Dieser Umstand hat viele Ökonomen veranlaßt, solche Formulierungen der Effektivitätskriterien volkswirtschaftlicher Maßnahmen zu suchen, die es gestatten, das Problem apriorischer Festlegungen der Dauer der Planperiode und des Maßes der Akkumulation und Konsumtion zu umgehen. Der allgemeine Schluß, zu dem die Mehrheit der Wissenschaftler kommt, besteht jedoch darin, daß *dieses Problem ein Problem der Wirtschaftspolitik bleibt.* Am klarsten ist dies von J. N. Gavrilec, J. R. Lejbkind und B. N. Michalevskij formuliert worden. Nach ihrer Meinung ist „das Perspektivplankriterium immer ein Charakteristikum einer sozialökonomischen Entscheidung in bezug auf die allgemeine künftige Entwicklung der Volkswirtschaft und der Gesellschaft".[25]

Die folgende Vergleichsrechnung bietet die Möglichkeit zu beurteilen, inwieweit diese Schlußfolgerungen richtig sind.

## *Aufstellung und Analyse der Varianten eines optimalen Plans in synthetischen Kennziffern (auf der Grundlage von Daten über die erste Hälfte der sechziger Jahre)*

Der Berechnung liegen reale statistische Daten zugrunde. Als Berechnungseinheit wurde 1 Million Rubel Investitionen zur Erweiterung der Produktionsgrundfonds gewählt; das Volumen des gesellschaftlichen Gesamtprodukts und des Konsumtionsfonds wurde proportional dieser Einheit errechnet.

Folgende Daten seien gegeben:

1. Volumen des gesellschaftlichen Gesamtprodukts ($P$) . . 20513 Mill. Rubel
   davon:
   a) Investitionen zur Erweiterung der Produktionsgrundfonds ($I$) . . . . . . . . . . . . . . . . . . . . . . 1000 Mill. Rubel
   b) Konsumtionsfonds ($K$) . . . . . . . . . . . . . . . . . 7000 Mill. Rubel

2. Spezifisches Normativ der Fondsintensität des gesellschaftlichen Produkts (oder der Investitionsintensität seines Zuwachses $\omega = I : \Delta P$, wobei $\Delta P$ der Zuwachs des gesellschaftlichen Gesamtprodukts ist) . . . . . . . . 0,65*
3. Der Zuwachs der zahlungsfähigen Nachfrage ($\Delta H$), der durch die Schaffung einer zusätzlichen Einheit des gesellschaftlichen Produkts hervorgerufen wird . . . . . . . 0,3**
4. Der durch Berechnungen festgestellte Anteil des Konsumtionsfonds und der Investitionen am gesellschaftlichen Produkt ($\sigma = (K + I) : P$) . . . . . . . . . . . . . . 0,39

Nehmen wir an, daß der Konsumtionsfonds die Rolle des Fonds der Bedürfnisbefriedigung und der Investitionsfonds die Rolle des Fonds der erweiterten Reproduktion spielt. Der Einfachheit halber nehmen wir weiter an, daß alle relativen Größen in der Zeit konstant bleiben. Das bedeutet insbesondere, daß die Größe $\sigma$ auch auf die Zuwächse von $K$, $I$, $P$ angewandt werden kann, d. h., daß $\sigma = (\Delta K + \Delta I) : \Delta P = 0{,}39$ ist.

Es ist offensichtlich, daß unter diesen Voraussetzungen alle in die Berechnung eingehenden dynamischen Charakteristika des Reproduktionsprozesses durch die Relation zwischen den Konsumtionsfonds und den Investitionsfonds, die innerhalb der jährlichen Zuwächse des gesellschaftlichen Produkts geschaffen werden, also durch die Größe $\Delta I : \Delta K$ bestimmt werden.

Wir bezeichnen diese Relation mit $r_t$*** und bestimmen die Grenzen, innerhalb derer die Veränderung dieser wichtigsten ökonomischen Proportion planmäßig reguliert werden kann. Als untere theroretisch zulässige Grenze wählen wir Null; dem entspricht ein minimaler Investitionszuwachs, der ebenfalls gleich Null ist. Was nun die obere Grenze betrifft, so wird sie einen Wert annehmen, bei dem der *Zuwachs* des Konsumtionsfonds eine minimale ökonomisch zulässige Größe besitzt, die ihrerseits durch den Zuwachs der zahlungsfähigen Nachfrage der Bevölkerung bestimmt wird[26]. Da entsprechend den Ausgangsdaten diese letztere Größe immer 30% vom Umfang des gesellschaftlichen Produkts betragen wird, so kann folgende Bedingung aufgestellt werden: Minimum $\Delta K = 0{,}3\,\Delta P$. Da man zugleich weiß, daß die Summe des Konsumtionsfonds und der Investitionen 39% vom Umfang des Gesamtprodukts beträgt, daß also $\Delta I + \Delta K = 0{,}39\,\Delta P$ ist, so kann der Wert von $\Delta I$, der dem minimalen Zuwachs der Konsumtion entspricht, leicht bestimmt werden.

Die Gleichung $\Delta I + \text{Min}\,\Delta K = 0{,}39\,\Delta P$ impliziert $\Delta I + 0{,}3\,\Delta P = 0{,}39\,\Delta P$, so daß sich der gesuchte Wert von $\Delta I$ folgendermaßen ergibt:

$$\Delta I = (0{,}39 - 0{,}30)\,\Delta P = 0{,}09\,\Delta P.$$

* 650 Taus. Rubel Investitionen je 1 Million Rubel Zuwachs des gesellschaftlichen Produkts.

** 300 Taus. Rubel zusätzliche Nachfrage je 1 Million Rubel Zuwachs des gesellschaftlichen Produkts.

*** Mit dem Index $t$ wird hier und im weiteren der betrachtete Zeitabschnitt gekennzeichnet: $r_t = \Delta I_t : \Delta K_t$. (Anm. d. Herausg.)

Dividieren wir ihn durch das Minimum von $\Delta K$, das gleich 0,3 $\Delta P$ ist, gelangen wir zur oberen Grenze unserer Proportion: Max $r_t = 0{,}09 : 0{,}30 = 0{,}3$. Damit also einerseits das Wachstum der zahlungsfähigen Nachfrage der Bevölkerung, das durch das Wachstum des Produktionsvolumens hervorgerufen wird, immer durch ein entsprechendes Angebot an Konsumgütern gesichert ist und andererseits die Basis der erweiterten Reproduktion nicht eingeengt wird, darf das Verhältnis zwischen den Zuwachsraten der Investitionen und des Konsumtionsfonds nicht kleiner als Null ($r_t \geqslant 0$) und nicht größer als 0,3 ($r_t \leqslant 0{,}3$) sein. Es gilt also: $0{,}3 \geqslant r_t \geqslant 0$. Dies sind die Ausgangsbedingungen für die Berechnungen.

Wir werden die folgende Aufgabe lösen. Den Planungszeitraum begrenzen wir auf 15 Jahre ($T = 15$) und stellen unter Verwendung eines einfachsten quantitativen Modells * einige Varianten des Volkswirtschaftsplans in synthetischen Kennziffern auf; dabei soll jede Variante hinsichtlich ihres Kriteriums am effektivsten sein.

Als erstes Kriterium wählen wir die einfache Summe der jährlichen Konsumtionsfonds, die in den 15 Jahren geschaffen werden; diese Summe soll maximiert werden. Als zweites und drittes Kriterium wird das Maximum derselben Summe gewählt, jedoch mit Gewichtskoeffizienten. Der Gewichtskoeffizient des zweiten Kriteriums soll $1 : (1{,}04)^t$, der des dritten Kriteriums $1 : (1{,}08)^t$ betragen (der analoge Zinssatz unter kapitalistischen Verhältnissen beträgt demnach 4% bzw. 8%). Als Vergleichsbasis errechnen wir eine Planvariante, bei der die Proportion $r = \Delta I : \Delta K$ unverändert bleibt und dem Verhältnis zwischen den Investitionen und der Konsumtion im Basisjahr entspricht: $r_0 = 1000 : 7000 = 0{,}143$. (Bei dieser Planvariante werden die Akkumulationen nicht verändert: der Investitionsfonds wächst in einem konstanten Verhältnis.)

Die Berechnungen zeigen, daß nach dem ersten und dem zweiten Kriterium ein- und dieselbe Planvariante die effektivste ist (vgl. die zweite Planvariante in der Tabelle 1). Aus der Tabelle 1 folgt, daß sich im Ergebnis der ersten fünf Jahre die zweite und die dritte Variante als

* In seiner allgemeinen Form wird dieses Modell durch die folgenden Abhängigkeiten beschrieben:

1. $K_\tau = K_0 + \sum_{t=0}^{\tau-1} \Delta K_t;$

2. $I_\tau = I_0 + \sum_{t=0}^{\tau-1} \Delta I_t;$

3. $\Delta K_t = \frac{\sigma}{b} \cdot \frac{1}{1 + r_t} \cdot I_t;$

4. $\Delta I_t = \frac{\sigma}{b} \cdot \frac{r_t}{1 + r_t} \cdot I_t;$

5. $\frac{d}{\sigma - d} \geqslant r_t \geqslant 0\,.$ $(b, \sigma, d = \text{const.})$

absolut gleichwertig erweisen, obwohl beide ein geringeres Ergebnis als die erste Variante erbringen, die als Vergleichsbasis gewählt wurde. Nach zehn Jahren nimmt die dritte Variante den ersten Platz ein, und die erste Variante erweist sich als die am wenigsten effektive. Im Gesamtergebnis des fünfzehnjährigen Zeitraums wird jedoch das absolute Maximum des als kumulative Summe errechneten Konsumtionsfonds bei der zweiten Planvariante erreicht. Bemerkenswert ist, daß gerade diese Variante der folgenden Planperiode, die nach Ablauf der 15 Jahre beginnt, den größten Investitionsfonds zur Verfügung stellt.

In der allgemeinsten Form kann ein beliebiges synthetisches Kriterium des Typs, von dem die Rede war, folgendermaßen dargestellt werden:

$$\text{(1)} \qquad M_1 G_1 + M_2 G_2 + \cdots + M_{T-1} G_{T-1} + M_T G_T \to \text{Max},$$

oder, was dasselbe ist:

$$\text{(1a)} \qquad \sum_{t=1}^{T} M_t G_t \to \text{Max},$$

wobei $G_t$ — der Fonds der Bedürfnisbefriedigung, der im Jahre t geschaffen wird;

$M_t$ — der Gewichtskoeffizient (der gleich $1 : (1 + \lambda)^t$ ist und in dem $\lambda$ je nach den sozialökonomischen Überlegungen alle Werte zwischen Null und Eins einschließlich annehmen kann)

ist.

Welche der in der Tabelle 1 vorgestellten Varianten ist nun die beste – die zweite oder die dritte? Es gibt keine eindeutige Antwort auf diese Frage. Beide Varianten sind gut, jede im Hinblick auf ihr Kriterium. Man braucht anscheinend noch ein Kriterium, um unter diesen auf ihre Weise besten Varianten eine Auswahl treffen zu können. Dabei kann auch ein solches Kriterium der letzten Instanz nur auf wirtschaftspolitischen Überlegungen beruhen.

Sieht man davon ab, nach welchen Effektivitätskriterien sie aufgestellt worden sind, so besteht der *einzige* Unterschied zwischen diesen beiden Varianten tatsächlich darin, wann die Priorität der Akkumulation zugunsten der Nutzung der akkumulierten Mittel für die Erweiterung des Fonds der Bedürfnisbefriedigung der Gesellschaft aufgegeben wird. Das heißt, *zuerst* muß dieser Moment festgelegt werden, und erst dann kann eine entsprechende Planvariante ausgearbeitet werden.

Das heißt, für Effektivitätskriterien von Entscheidungen, die hinsichtlich solcher Größen wie der synthetischen Kennziffern des Fonds

*Tabelle 1*

**Varianten eines optimalen Plans, der nach verschiedenen Kriterien aufgestellt wurde***
**(Mrd. Rubel je 1 Mrd. Rubel Investitionen in das Wachstum der Produktionsgrundfonds der Volkswirtschaft)**

| Jahr | 1. Variante (Vergleichsbasis) | | 2. Variante (Kriterien 1, 2) | | | | 3. Variante (Kriterium 3) | | | |
|---|---|---|---|---|---|---|---|---|---|---|
| | Akkumulation der Produktionsgrundfonds | Konsumtion | *r* | Akkumulation der Produktionsgrundfonds | Konsumtion | Gewichtskoeffizient | *r* | Akkumulation der Produktionsgrundfonds | Konsumtion | Gewichtskoeffizient |
| 0 | 1,00 | 7,00 | 0,3 | 1,00 | 7,00 | 1,00 | 0,3 | 1,00 | 7,00 | 1,00 |
| 1 | 1,08 | 7,54 | 0,3 | 1,14 | 7,47 | 0,96 | 0,3 | 1,14 | 7,47 | 0,93 |
| 2 | 1,16 | 8,12 | 0,3 | 1,31 | 8,02 | 0,92 | 0,3 | 1,31 | 8,02 | 0,86 |
| 3 | 1,25 | 8,75 | 0,3 | 1,49 | 8,64 | 0,89 | 0,3 | 1,49 | 8,64 | 0,79 |
| 4 | 1,35 | 9,42 | 0,3 | 1,71 | 9,34 | 0,86 | 0,3 | 1,71 | 9,34 | 0,74 |
| 5 | 1,45 | 10,15 | 0,3 | 1,95 | 10,15 | 0,82 | 0,3 | 1,95 | 10,15 | 0,68 |
| Insgesamt für 5 Jahre | — | 43,98 | — | — | 43,64 | — | — | — | 43,62 | — |
| 6 | 1,56 | 10,93 | 0,3 | 2,23 | 11,08 | 0,79 | 0,3 | 2,23 | 11,08 | 0,63 |
| 7 | 1,68 | 11,77 | 0,3 | 2,55 | 12,14 | 0,76 | 0,3 | 2,55 | 12,14 | 0,58 |
| 8 | 1,81 | 12,68 | 0,3 | 2,91 | 13,34 | 0,73 | 0,078** | 2,91 | 13,71 | 0,54 |
| 9 | 1,95 | 13,66 | 0 | 3,33 | 14,72 | 0,70 | 0 | 3,04 | 15,38 | 0,50 |
| 10 | 2,10 | 14,71 | 0 | 3,33 | 16,77 | 0,68 | 0 | 3,04 | 17,04 | 0,46 |

Fortsetzung von Tabelle 1

| Jahr | 1. Variante (Vergleichsbasis) | | 2. Variante (Kriterien 1, 2) | | | | 3. Variante (Kriterium 3) | | | |
|---|---|---|---|---|---|---|---|---|---|---|
| | Akkumulation der Produktionsgrundfonds | Konsumtion | $r$ | Akkumulation der Produktionsgrundfonds | Konsumtion | Gewichts koeffizient | $r$ | Akkumulation der Produktionsgrundfonds | Konsumtion | Gewichtskoeffizient |
| Insgesamt für 10 Jahre | — | 107,73 | — | — | 111,67 | — | — | — | 112,97 | — |
| 11 | 2,26 | 15,84 | 0 | 3,33 | 18,83 | 0,65 | 0 | 3,04 | 18,71 | 0,43 |
| 12 | 2,44 | 17,06 | 0 | 3,33 | 20,88 | 0,62 | 0 | 3,04 | 20,38 | 0,40 |
| 13 | 2,62 | 18,38 | 0 | 3,33 | 22,94 | 0,60 | 0 | 3,04 | 22,05 | 0,37 |
| 14 | 2,82 | 19,80 | 0 | 3,33 | 24,99 | 0,58 | 0 | 3,04 | 23,72 | 0,34 |
| 15 | 3,04 | 21,32 | 0 | 3,33 | 27,04 | 0,56 | 0 | 3,04 | 25,38 | 0,32 |
| Insgesamt für 15 Jahre | — | 200,13 | — | — | 226,35 | — | — | — | 223,21 | — |

* Kriterium 1: $\sum_t K_t \to \text{Max}$ Kriterium 2: $\sum_t 1{,}04^{-t} K_t \to \text{Max}$ Kriterium 3: $\sum_t 1{,}08^{-t} K_t \to \text{Max}$

** Dieser Wert für $r_3$ wurde so gewählt, daß das Volumen des Investitionsfonds im letzten, dem fünfzehnten Jahr gleich dem Volumen ist, das nach der ersten Variante erreicht wird (3,04 Mrd. Rubel).

der erweiterten Reproduktion und des Fonds der Bedürfnisbefriedigung getroffen werden, bleibt kein Raum. Und dann kann willkürlich entschieden werden, in welchem Maße die ausgewählte Planvariante den Forderungen des ökonomischen Grundgesetzes des Sozialismus entspricht. Oberflächlich betrachtet ist dies alles so. Für das Auge unsichtbar schleicht sich hier jedoch die Unterschiebung eines Alltagsbegriffes ein. Wenn Varianten eines optimalen Plans vorliegen, der auf der Grundlage exakter quantitativer Methoden ausgearbeitet wurde, dann gewinnt der Begriff der willkürlichen Entscheidung einen prinzipiell neuen Inhalt. Dieser Inhalt entspricht völlig der objektiven Bestimmung des Systems von Maßnahmen des sozialistischen Staates auf sozialökonomischem Gebiet. Diese Feststellung entspricht um so mehr der Wirklichkeit, als jede willkürliche Maßnahme in strenge Übereinstimmung mit einem ökonomischen Effektivitätskriterium der getroffenen Entscheidung gebracht werden kann, das in exakten quantitativen Termini formuliert wird.[27] Die Ausarbeitung synthetischer Effektivitätskriterien für volkswirtschaftliche Entscheidungen bildet folglich einen Bestandteil des Systems von Untersuchungen, deren Ziel die Schaffung einer Theorie und Methodologie der optimalen Planung der sozialistischen Wirtschaft ist.

## *Die Grundlagen der heutigen Vorstellungen von den Effektivitätskriterien volkswirtschaftlicher Entscheidungen*

Das Problem der Aufstellung volkswirtschaftlicher Optimalitätskriterien wird in der ökonomisch-mathematischen Literatur recht umfassend behandelt. Bei aller Vielfalt der Gesichtspunkte bezüglich der Verfahren zur Lösung dieses Problems lassen sich die vorgeschlagenen Kriterien in zwei große Gruppen einteilen: das Maximum an „Dingen“ (Endprodukt, Nationaleinkommen oder Komponenten der beiden) und das Maximum an „Nutzen“ (direkte Befriedigung der materiellen und kulturellen Bedürfnisse der Menschen auf der Grundlage des Studiums der Verbraucherpräferenzen).[28]

So schlagen Ju. N. Gavrilec, Ju. R. Lejbkind und B. N. Michalevskij als Optimalitätskriterium des Volkswirtschaftsplans den maximalen Umfang der Erzeugung des Endprodukts ($Y$) im Verlauf eines bestimmten Zeitraums ($T$) vor, und zwar unter der Bedingung, daß den verschiedenen Zweigkomponenten des Endprodukts ($Y$), das *in ein und demselben Jahr* erzeugt wird, ihr Gewichtskoeffizient zugeordnet wird ($d_j$). Demzufolge geht in die Formel für das Optimalitätskriterium jedes $Y_j$ als Produkt $d_j \cdot Y_j$ ein. Dabei durchläuft der Index des

Produktionszweiges $j$ so viele Werte, wie Zweigkomponenten innerhalb des Endprodukts unterschieden werden. Im allgemeinen Fall nimmt $j$ folglich die Werte 1, 2, . . ., n ($j$ = 1, 2, . . ., n) an. Summieren wir alle $d_j^{(t)} \cdot Y_j^{(t)}$ eines Jahres $t$ über sämtliche Produktionszweige (über $j$), so erhalten wir das Gesamtvolumen des Endprodukts, jedoch nicht im absoluten Ausdruck, sondern unter Berücksichtigung einer gewissen Präferenzskala seiner Zweigelemente:

$$d_1^{(t)} Y_1^{(t)} + d_2^{(t)} Y_2^{(t)} + \ldots + d_n^{(t)} Y_n^{(t)} = \sum_{j=1}^{n} d_j^{(t)} Y_j^{(t)}.$$

Summieren wir diese Größen über die einzelnen Jahre

$$\sum_{j=1}^{n} d_j^{(1)} Y_j^{(1)} + \sum_{j=1}^{n} d_j^{(2)} Y_j^{(2)} + \ldots + \sum_{j=1}^{n} d_j^{(T)} Y_j^{(T)},$$

so erhalten wir als allgemeine Formulierung des Kriteriums:

$$(2) \qquad Z = \sum_{t=1}^{T} \sum_{j=1}^{n} d_j^{(t)} Y_j^{(t)} \rightarrow \text{Max.}$$

Die Gewichtskoeffizienten $d_j^{(t)}$ werden, wie bereits festgestellt wurde, so beberechnet, daß sie eine gewisse Präferenzskala bilden. Jeder dieser Koeffizienten mißt die Gesamteffektivität der lebendigen Arbeit und der Produktionsgrundfonds, die in dem jeweiligen Zweig eingesetzt werden. Das Maß der Effektivität bildet dabei der spezifische Zuwachs der Zielfunktion (2). Dabei wird behauptet, daß ein derartiger Aufbau des Optimalitätskriteriums ermöglicht, widersprüchliche Ziele (es geht um immer dasselbe Dilemma – zu konsumieren oder zu akkumulieren) zu bilanzieren und einen gewissen Kompromiß zwischen ihnen herzustellen.[29]

Die ökonomischen Argumente, die zur Begründung eines solchen Standpunktes herangezogen werden, sind jedoch unserer Ansicht nach unzureichend. In der Tat, auf welcher ökonomischen Grundlage wird der erwähnte Kompromiß hergestellt, wenn innerhalb des Endprodukts jedes Zweiges die Elemente der Konsumtion und Akkumulation ein- und dasselbe Gewicht besitzen, wodurch die innere Differenzierung des Endprodukts nach der ökonomischen Bestimmung seiner Elemente unmöglich wird? Wie kann man die Tatsache ökonomisch sinnvoll erklären, daß die Koeffizienten der Zielfunktion selbst Effektivitätskennziffern sind, die in Einheiten des Zuwachses eben dieser Funktion gemessen werden? Diese Kalamität wird durch die Gewichtskoeffizienten $d_j^{(t)}$, die von den Autoren der betrachteten Konstruktion in die Zielfunktion eingeführt werden, um zeitlich verschiedene Ergebnisse auf einen Zeitpunkt zu reduzieren, nicht behoben: solange keine volle Klarheit in der Frage der rein qualitativen, ökonomischen Grundlagen besteht, auf deren Basis die Auswahl der Werte für die Gewichtskoeffizienten $d_j^{(t)}$ erfolgt, so lange spielen Formulierungen des Typs (2) entweder nur die Rolle von hieroglyphischen Formeln, die erst noch zu entziffern sind, oder die Rolle von rein formalen Definitionen, die selbst noch willkürliche (im engeren Sinne natürlich) Deutungen zulassen.

V. V. Novožilov schlägt vor, als Effektivitätskriterium des Volkswirtschaftsplans zwei gekoppelte Funktionen zu benutzen. Eine dieser Funktionen fordert die Maximierung des Endprodukts oder des Nationaleinkommens der Gesellschaft, die andere fordert die Minimierung der Arbeitsaufwendungen, die zur Erzeugung dieses Produkts oder des Nationaleinkommens erforderlich sind.[30] Dabei wird die Möglichkeit der Variation und somit der Auswahl mit dem Ziel, die beste Planvariante zu finden, dadurch gewährleistet, daß eine bestimmte Menge technologischer Produktionsverfahren ein- und derselben Erzeugnisart in die Betrachtung einbezogen wird. Im ganzen soll die Lösung der Aufgabe zur Bestimmung zweier Gruppen von Größen führen. Einerseits sollen Kennziffern für die Intensität der Nutzung jedes technologischen Verfahrens ($x_j^{(k)}$, wobei $k$ der Index des technologischen Produktionsverfahrens des jeweiligen Produkts $j$ ist) gefunden werden, und andererseits sind Bewertungen* ($w_s$), die den Aufwand an limitierten Ressourcen ($R_s$, wobei $s$ der Index der Ressourcenart ist) messen, sowie Bewertungen* ($\hat{w}_j$) des Endprodukts ($Y_j$, wobei $j$ der Index des Zweigelements des Endprodukts ist) zu finden. Wenn $\hat{l}_j^{(k)}$ der volle Arbeitsaufwand für die Produktion des Endprodukts $j$ nach dem technologischen Verfahren $k$ bei einer Nutzungsintensität von 1 ist, so ergibt die Summe

$$\hat{l}_j^{(1)} x_j^{(1)} + \hat{l}_j^{(2)} x_j^{(2)} + \ldots + \hat{l}_j^{(m)} x_j^{(m)} = \sum_{k=1}^{m} \hat{l}_j^{(k)} x_j^{(k)}$$

den Gesamtumfang der Arbeitsaufwendungen für die Herstellung des Endprodukts $j$ nach sämtlichen Verfahren. Wenn man die Arbeitsaufwendungen für die Produktion aller Komponenten des Endprodukts addiert, erhält man die Kennziffer für den Gesamtarbeitsaufwand, der dann zu minimieren ist:

$$\sum_{k=1}^{m} \hat{l}_1^{(k)} x_1^{(k)} + \sum_{k=1}^{m} \hat{l}_2^{(k)} x_2^{(k)} + \ldots + \sum_{k=1}^{m} \hat{l}_n^{(k)} x_n^{(k)} = \sum_{j=1}^{n} \sum_{k=1}^{m} \hat{l}_j^{(k)} x_j^{(k)}.$$

Andererseits erhält man, wenn man das physische Volumen des Endprodukts ($Y_j$) mit seiner Bewertung ($\hat{w}_j$) multipliziert und alle diese Produkte addiert, eine Gesamtbewertung des Endprodukts:

$$Y_1 \hat{w}_1 + Y_2 \hat{w}_2 + \ldots + Y_n \hat{w}_n = \sum_{j=1}^{n} Y_j \hat{w}_j.$$

Subtrahieren wir von dieser Größe die Summe der Produkte aus den Ressourcenbewertungen ($w_s$) und dem physischen Umfang der Ressourcen ($R_s$)

$$R_1 w_1 + R_2 w_2 + \ldots + R_l w_l = \sum_{s=1}^{l} R_s w_s,$$

so erhalten wir eine Gesamtbewertung der „reinen Produktivität" der Produktion bezüglich des Endprodukts, die zu maximieren ist. Insgesamt kann dieses Kri-

* Auf die Berechnung und den ökonomischen Inhalt dieser Bewertungen wird im 3. Teil des Buches näher eingegangen (Anm. d. Herausg.).

terium folgendermaßen formalisiert werden:

(3) $$Z_1 = \sum_{j=1}^{n} \sum_{k=1}^{l} \hat{l}_j^{(k)} x_j^{(k)} \rightarrow \text{Min};$$

$$Z_2 = \sum_{j=1}^{n} Y_j \hat{w}_j - \sum_{s=1}^{l} R_s w_s \rightarrow \text{Max}.$$

Die Aufgabe, die von V. V. Novožilov gelöst wird, verfügt über eine bemerkenswerte, in der mathematischen Struktur des hier benutzten Modells begründete Eigenschaft*. Sie besteht darin, daß $Z_2$ das Maximum erreicht, wenn $Z_1$ das Minimum erreicht (und umgekehrt), wobei – und darin besteht eben die bemerkenswerte Eigenschaft der Aufgabe – das Minimum $Z_1$ gleich dem Maximum $Z_2$ ist. Kürzer ausgedrückt: Im optimalen Plan gilt

(4) $$\text{Min}\, Z_1 = \text{Max}\, Z_2.$$

Die Meßgröße für $Z_1$ ist jedoch der Arbeitsaufwand. Das heißt, $Z_2$ mißt nichts anderes als die Effektivität dieser Arbeitsaufwendungen, und demnach besitzen die Bewertungen $w_j$ und $w_s$ die gleiche Dimension wie $\hat{l}_j^{(k)}$. Hieraus können folgende Schlüsse gezogen werden: „Das heißt, daß das in Arbeit ausgedrückte Nationaleinkommen den zu seiner Herstellung notwendigen Arbeitszeitaufwand nicht zu übersteigen vermag.** Das Maximum des Nationaleinkommens entspricht dem minimalen Arbeitszeitaufwand zu seiner Erzeugung ... Die Gleichung (4) *bestimmt die gesellschaftlich notwendige Arbeit im Maßstab der gesamten Gesellschaft.* Im optimalen Plan ist für die Produktion, die dem Bedarf maximal entspricht, ein minimaler Arbeitszeitaufwand gesellschaftlich notwendig."[31]

Es ist theoretisch bewiesen, daß die so formulierte Aufgabe eine Lösung besitzt. Vom formalen Gesichtspunkt her gibt es also gegen diese Aufgabenstellung keinerlei Bedenken. Was dagegen ihren ökonomischen Gehalt angeht, so ist vor allem zu bemerken, daß diese Aufgabe statisch gestellt wird – es gibt keine dynamischen Elemente in ihr. Deshalb ist es auf der Grundlage des betrachteten Vorgehens nicht möglich, irgendwelche bestimmten Urteile über eine rationelle Kombination von Konsumtion und Akkumulation oder über effektive Wege zur Steuerung dieser Relation abzugeben. Außerdem kann die Forderung kaum als absolut unstrittig betrachtet werden, den Gesamtumfang des Arbeitsaufwands in der Volkswirtschaft zu minimieren und darin eines der Ziele der gesellschaftlichen Produktion zu sehen. Wenn man in das Optimalitätskriterium des Volkswirtschaftsplans die Forderung nach Minimierung des Arbeitsaufwands aufnimmt, so ist diese Forderung unserer Ansicht nach nur im relativen Sinne zu verstehen und zu formalisieren. Der Arbeitsaufwand muß lediglich in Hinsicht auf den maxi-

* Das Modell wird im dritten Teil des Buches ausführlicher erläutert. (Anm. d. Herausg.)

** Diese Aussage folgt streng genommen nicht aus der Gleichung (4), sondern aus einem allgemeineren Satz der mathematischen Dualitätstheorie: Der Wert der Zielfunktion $Z_2$ ist nicht größer als der Wert der Zielfunktion $Z_1$. (Anm. d. Herausg.)

malen stofflichen Nutzen minimiert werden, um dessen willen dieser Aufwand ja erfolgt. Zweifel sind schließlich an der Möglichkeit anzumelden, in Berechnungen, die die ganze Volkswirtschaft umfassen, Informationen über technologische Produktionsverfahren zu benutzen. Die Unterschiede in der Effektivität dieser Verfahren können sich als verschwindend gering im Vergleich zu jenem Genauigkeitsmaß erweisen, das in derartigen globalen Berechnungen zulässig ist.

Andere Optimalitätskriterien benutzt A. L. Lurje. Es sind dies entweder das Maximum des gesellschaftlichen Gesamtprodukts am Ende des festgelegten Planzeitraums oder das Maximum des Konsumtionsfonds in jedem Jahr dieses Zeitraums mit Ausnahme des letzten Jahres, in dem das Maximum des gesellschaftlichen Produkts diese Funktion wahrnimmt. Übrigens bildet bei Lurje das Problem des Kriteriums nie den Gegenstand einer selbständigen Betrachtung; seinen Kriterien ist deshalb ein Platz zuzuordnen, der jenen Ausgangsaufgaben entspricht, die er bei der Arbeit mit seinen Modellen stellt. Wir haben es hier mit einer formalen, abstrakt-theoretischen Analyse allgemeinster quantitativer Gesetzmäßigkeiten des Funktionierens der sozialistischen Wirtschaft zu tun, einer Analyse, die in diesem Stadium der Untersuchung keinen Anspruch auf eine angewandte Aufgabenstellung erhebt und die demzufolge das Recht für sich in Anspruch nehmen kann, beliebige bedingte Optimalitätskriterien des Plans zu benutzen.[32]

Interessant ist die Feststellung, daß fast alle Wissenschaftler, deren Untersuchungen auf dem Gebiet der Optimalitätskriterien zur ersten Gruppe zu rechnen sind, eine Auffassung vertreten, die die Existenz nicht nur eines einzigen Kriteriums des optimalen Funktionierens der sozialistischen Wirtschaft, sondern einer gewissen Menge solcher Kriterien zuläßt. Das kann von den Anhängern der Konzeption des „Nutzens" in der Regel nicht gesagt werden[33].

Am umfassendsten und konsequentesten findet sich die Konzeption des „Nutzens" in den Arbeiten von V. A. Volkonskij[34]. Er vertritt folgenden Standpunkt: Da das Ziel der gesellschaftlichen Produktion im Sozialismus die Maximierung der Befriedigung der menschlichen Bedürfnisse ist und da dem Erwerb dieser oder jener Waren und Dienstleistungen durch die Menschen die verschiedensten Motive zugrunde liegen, beginnend mit dem „Anvisieren" in Richtung Bedürfnis – Preis (oder Einkommen – Preis) und endend mit individuellen Geschmäckern, Gewohnheiten oder sogar mit der Stimmung, müssen unsere Kenntnisse darüber, welche materiellen Güter (und Dienstleistungen) in welchem Grade die Bedürfnisse der Menschen befriedigen, nicht nur qualitativ bestimmt werden, sondern auch ein strenges quantitatives Maß erhalten. Nur in diesem Falle findet die Forderung nach der Maximierung der Bedürfnisse einen konstruktiven Ausdruck.

Dabei wird behauptet, daß es möglich sei, auf der Grundlage von Informationen über die Einkommen der verschiedenen Verbrauchergruppen sowie über die Einzelhandelspreise eine strenge quantitative Beschreibung der Präferenzen des Konsumenten zu erhalten. Die entsprechende formale Konstruktion wird Zielfunktion der Konsumtion genannt. Sie stellt eine gewisse Funktion einer Menge von Gütern und Dienstleistungen dar, die in einer Zeiteinheit verbraucht werden, und zeigt an, in welchem Grade die Bedürfnisse des individuellen Konsumenten oder des Gruppenkonsumenten befriedigt werden. Aber *die Zielfunktion zeigt nur die Reihenfolge der Präferenzen, die der Konsument den einen Gütern gegenüber anderen zuordnet.* Bei der Anordnung der Verbrauchssortimente ist keineswegs gemeint, daß jedes vorangehende Sortiment die Bedürfnisse in höherem Grade als das folgende befriedigt; es wird lediglich behauptet, daß unter dem Einfluß einer ganzen Menge von Faktoren, die die Wahl des Konsumenten bestimmen, *jedes vorangehende Sortiment von Gütern vom Konsumenten häufiger ausgewählt wird als alle folgenden.* V. A. Volkonskij meint, daß, wenn der Charakter der Zielfunktion der Konsumtion bestimmt ist, diese Funktion dazu benutzt werden kann, einerseits die quantitative Seite des Gebrauchswerts der Waren zu untersuchen und andererseits ein Optimalitätskriterium für volkswirtschaftliche Entscheidungen zu konstruieren: Die Maximierung des Wertes dieser Funktion unter Beachtung der Bilanzgleichung zwischen den Geldeinnahmen und -ausgaben der Bevölkerung gewährleistet, diesem Standpunkt zufolge, die Erfüllung der Forderungen des ökonomischen Grundgesetzes des Sozialismus.

V. F. Pugatčov, der die genannte logische Basis für die Konstruktion eines Optimalitätskriteriums voll teilt, formuliert das letztere folgendermaßen*:

$$Z = \sum_{t=1}^{\infty} \frac{1}{(1+\lambda)^t} u_t(K(t)) \to \text{Max}, \quad (5)$$

wobei $u_t$ – die Zielfunktion der Konsumtion und $\frac{1}{(1+\lambda)^t}$ – der uns bereits bekannte Gewichtskoeffizient sind.[35]

Läßt man die Frage nach der praktischen Realisierbarkeit des erörterten Vorgehens beiseite und geht davon aus, daß eine rein theoretische Konzeption, die noch nicht mit Methoden zur Lösung ihrer angewandten Aufgaben ausgerüstet ist, ein Recht auf Existenz und Entwicklung besitzt, dann kann offensichtlich mit gutem Grund festgestellt werden, daß die Konzeption des „Nutzens“[36] als Basis für die Aufstellung des Optimalitätskriteriums des Plans durchaus akzeptabel ist, jedoch auf dem entsprechenden Niveau ihrer Ausarbeitung.

Uns scheint ein Vorgehen aussichtslos, bei dem die Arbeit an der Konstruktion des Kriteriums mit der Aufstellung der Zielfunktion der Konsumtion beginnen und *enden* soll. Es erscheint uns zweckmäßiger, ein hierarchisch organisiertes System von Kriterien zu schaffen, als zu versuchen, die ganze vielfältige und verschiedenartige Struktur der ökonomischen Beziehungen, die mit der Bewertung der Effektivität des Volkswirtschaftssystems verbunden sind, durch eine einzige, und sei es noch so gründlich durchdachte und überlegt konstruierte Zielfunktion zu erfassen. Versucht man es durch einen Vergleich auszudrücken, so kann man sagen: Unsere Aufgabe besteht darin, auf dem uns zugeteilten Stück Acker einen Wald mit Buschwerk und Gräsern heranzuziehen, nicht aber einen gigantischen Riesenbaum, wie ungewöhnlich und anziehend er uns auch erscheinen mag.

Von der Existenz einer Präferenzfunktion gehen A. I. Kacenelinboigen, J. V. Ovsienko und E. J. Faerman aus. Sie sind jedoch der Ansicht, daß diese Funktion wesentlich von verschiedenen Parametern der Lebenstätigkeit des Menschen als

* Die Formulierung Pugačovs wird in diskreter Darstellung wiedergegeben.

eines biosozialen Elements abhängt und daß der Wert der Funktion in Einheiten ausgedrückt werden kann, die solche Parameter messen, z. B. in Einheiten der durchschnittlichen Lebensdauer. Nach Ansicht der genannten Autoren müssen für verschiedene Zustände der Wirtschaft verschiedene Modifikationen des Kriteriums angewendet werden, das sich auf die solchermaßen interpretierte Präferenzfunktion gründet. Dabei unterscheiden sie zwei Zustände des ökonomischen Systems: den stationären Zustand, bei dem alle das System beschreibenden grundlegenden Variablen unverändert bleiben, und den Übergangszustand, wenn das ökonomische System unter dem Einfluß des wissenschaftlich-technischen Fortschritts umgestaltet wird[37].

Schließt man sich diesem Standpunkt an, so wird für die Übergangsperiode, in deren Verlauf die Gesellschaft aus einem konkreten ökonomischen Zustand in den gerade beschriebenen stationären Zustand übergehen soll, ein eigenes Kriterium notwendig, das zur Minimierung jenes Schadens führen muß, den die Gesellschaft im Verlauf dieser ganzen Periode (über die Jahre summiert) dadurch erleidet, daß sie sich nicht im idealen — dem stationären — Zustand befindet.

Es ergibt sich ein recht eigenartiges Bild: so etwas wie eine Gesellschaft, die ständig ihrem sich unendlich verlängernden Schatten nachjagt.

Um die Charakteristik der Konzeption des „Nutzens" abzuschließen, müssen wir uns nun noch den Ansichten ihrer Vertreter darüber zuwenden, wieweit es möglich ist, diese Konzeption auf die Planung der gesellschaftlichen Konsumtion, auszudehnen. Wendet man sich dieser Frage zu, so wird man kaum umhin können, den Autoren der bereits erwähnten Arbeit des Zentralen ökonomisch-mathematischen Instituts der Akademie der Wissenschaften der UdSSR „Wege zum Aufbau eines Systems der optimalen Planung und Leitung der sozialistischen Wirtschaft" zuzustimmen. Sie vertreten folgende Meinung: „... die Zielfunktion der Konsumtion für die Gesellschaft muß natürlich nicht nur die individuelle Konsumtion der Mitglieder der Gesellschaft, sondern auch alle Arten der gesellschaftlichen Konsumtion widerspiegeln. Die vollständige Formalisierung der Zielfunktion erscheint vor allem wegen der ungenügenden Entwicklung der Soziologie und der anderen Gesellschaftswissenschaften gegenwärtig nicht möglich".[38]

Nachdem wir diese Äußerung zitiert haben, bleibt uns nur übrig, unsere volle Übereinstimmung mit ihr auszudrücken und die Darlegung unseres Standpunktes damit abzuschließen, daß wir uns der Frage zuwenden, von welcher Art die Kriterien zur Bewertung der Effektivität solcher ökonomischen Entscheidungen sein müssen, die auf der höchsten Ebene des Leitungssystems der gesellschaftlichen Produktion gefällt werden.

## *Über die Maximierung des integralen Wachstumsindex der Produktivkraft der Gesellschaft*

Eine Untersuchungsrichtung zum Problem der Aufstellung von Effektivitätskriterien volkswirtschaftlicher Entscheidungen betrifft die Konstruktion rationeller Meßgrößen der Dynamik der Gesamtproduktivkraft der gesellschaftlichen Arbeit.[39] Wenn solche Meßgrößen gefunden werden, so kann man, wenn man als Produktivitätskennziffer des Produktionssystems die Größe des Fonds der Bedürfnisbefriedigung benutzt, analog zu ihnen eine Reihe von synthetischen Effektivitätskriterien volkswirtschaftlicher Entscheidungen aufstellen.

Der Autor hatte bereits die Möglichkeit, seine Auffassung darüber darzulegen, wie auf der Grundlage der marxistisch-leninistischen Lehre von den Produktivkräften Kennziffern gefunden werden können, die die Dynamik der Gesamtproduktivkraft der Gesellschaft messen.[40] Als eine erste Annäherung an solche Kennziffern können Koeffizienten benutzt werden, die das Verhältnis zweier Tempi des Wachstums (oder des Zuwachses) angeben: des Wachstumstempos des produktiven Ausstoßes des Produktionssystems und des Wachstumstempos des Aufwandes an lebendiger Arbeit. Wenn der produktive Ausstoß des Produktionssystems im allgemeinen Fall mit dem Buchstaben $\Pi$ und der Gesamtarbeitsaufwand mit dem Buchstaben L bezeichnet werden, dann ist die gesuchte Meßgröße das folgende Verhältnis:

$$(6) \qquad \mathrm{n} = \frac{\Delta \Pi}{\Pi} : \frac{\Delta L}{L}.$$

In unserer Aufgabe wird die Rolle von $\Pi$ offensichtlich vom Fonds der Bedürfnisbefriedigung wahrgenommen, den wir in den folgenden Formeln mit dem Buchstaben G bezeichnen werden:

$$(7) \qquad \mathrm{n}' = \frac{\Delta G}{G} : \frac{\Delta L}{L}.$$

Wenn der Koeffizient n (6) mit einer gewissen Annäherung die Dynamik der Produktivkraft der gesellschaftlichen Arbeit mißt, so gilt das gleiche offensichtlich auch für seine Modifikation (7), nur dient als Maß für die Produktivität der gesellschaftlichen Produktion nun die Größe des Fonds der Bedürfnisbefriedigung. Wird ein Perspektivplan für einen Zeitraum $T$ aufgestellt (d. h. für 5, 7, 10 oder 15 Jahre), so muß entsprechend dem ökonomischen Grundgesetz natürlich die Maximierung dieses Fonds im gesamten Zeitraum gefordert werden. Als Effektivitätskriterium des Volkswirtschaftsplans kann dann folgendes Verhältnis benutzt werden:

$$(8) \qquad \mathrm{Z}_g = \frac{\sum_{t=1}^{T} G_t}{\sum_{t=1}^{T} L_t} \rightarrow \mathrm{Max.}$$

Es ist der sozialistischen Gesellschaft nicht gleichgültig, um den Preis welchen Aufwands an lebendiger Arbeit das Maximum der gesamten Bedürfnisbefriedigung im Verlauf von $T$ Jahren erreicht wird. *Die Forderung, das Verhältnis (8) zu maximieren bedeutet, danach zu streben, ein maximales Wachstum des produktiven Effekts bei einem minimalen Wachstum der lebendigen Arbeit, die für dieses Ziel aufgewendet wird, zu erreichen.*

Als vollkommener kann sich möglicherweise eine solche Form des vorgeschlagenen Kriteriums erweisen, in der die Kennziffern des Arbeitsaufwands durch Kennziffern des volkswirtschaftlichen Lohnfonds ersetzt werden, die eine Differenzierung der Arbeit nach dem Grad ihrer Kompliziertheit berücksichtigen. Schließlich kann man noch zu einer anderen Modifikation gelangen, indem man zum Lohnfonds der Werktätigen der materiellen Produktion den Lohnfonds der Werktätigen der nichtproduktiven Sphäre hinzurechnet. Über diese Kriterien sowie über die auf ihrer Grundlage gewonnenen Varianten des Perspektivplans kann dasselbe gesagt werden wie über die hier betrachteten Kriterien. Die Entscheidung über die praktische Zweckmäßigkeit der Verwendung dieser oder jener Kriterien wird letzten Endes auf der Grundlage entsprechender sozialökonomischer Überlegungen gefällt.

KAPITEL 3

# Effektivitätskriterien für wirtschaftliche Maßnahmen auf mittleren und unteren Produktionsebenen

## *Effektivitätskriterien für wirtschaftliche Entscheidungen auf mittleren Produktionsebenen*

Der Hauptinhalt der Wirtschaftspolitik des sozialistischen Staates besteht darin, die Bedingungen für die Erreichung des objektiven Ziels der gesellschaftlichen Produktion zu gewährleisten. Durch die Auswahl eines synthetischen Effektivitätskriteriums bringt die sozialistische Gesellschaft den Inhalt ihrer ökonomischen Politik und die konkrete Ausdrucksform dieser Politik in Form der Hauptaufgaben des optimalen Perspektivplans in eine wechselseitige Übereinstimmung. Von diesem Moment an müssen alle folgenden wirtschaftlichen Maßnahmen – welches Ausmaß sie auch immer haben mögen – im ökonomischen Raum eindeutig ausgerichtet sein, ähnlich den Kompaßnadeln, die sich in jedem Punkt des geographischen Erdraums automatisch ausrichten. Jede wirtschaftliche Maßnahme muß nun vor allem danach beurteilt werden, wie sie sich auf die Erreichung des im synthetischen Kriterium konkretisierten Ziels auswirkt.

In einem rein abstrakten Plan ist durchaus ein Vergleichssystem zulässig, mit dessen Hilfe jede lokale wirtschaftliche Maßnahme nach der Größe des Zuwachses des einheitlichen volkswirtschaftlichen Kriterium bewertet wird. Aber damit erschöpft sich auch die Fähigkeit eines solchen Systems, eine nützliche Funktion wahrzunehmen. Sobald die abstrakten Konstruktionen „lokale wirtschaftliche Maßnahme" und „volkswirtschaftliches Kriterium" eine reale Dimension annehmen, hören sie augenblicklich auf, kommensurabel zu sein. In der Tat, wie will man den ökonomischen Nutzen, der sich aus der Einführung einer neuen spanabhebenden Werkzeugmaschine in die Produktion ergibt, mit dem Wachstum des volkswirtschaftlichen Kriteriums vergleichen, das sich aus dieser Maßnahme ergibt? Ein synthetisches Kriterium wird auf solche mikroskopisch kleinen Einwirkungen gar nicht reagieren.

Einen Ausweg aus dieser Situation liefert der Aufbau eines *hierarchischen Systems von Kriterien* für die Effektivität wirtschaftlicher Entscheidungen auf den verschiedenen Ebenen der Wirtschaftstätigkeit. In einem solchen System verhalten sich das synthetische Kriterium und die rangniederen Kriterien zueinander wie das Ziel zu den Mitteln, obgleich jedes der letzteren Kriterien seinerseits ein unmittelbares ökonomisches Ziel formuliert, das auf dessen „eigener" Wirkungsebene erreicht werden soll.

Das Produktionssystem besitzt eine Blockstruktur. Diese Struktur ist nicht das Ergebnis unserer geordneten Vorstellungen über das Produktionssystem und noch weniger der Entwicklung der Organisationsformen der Produktionsleitung. Es ist eher umgekehrt: sowohl unsere geordneten Vorstellungen über die innerlich abgegrenzte Struktur des Produktionssystems, als auch die entstandenen Leitungsformen dieses Systems sind durch dessen eigene, objektive Eigenschaften bedingt. Die Wurzeln dieser Eigenschaften liegen einerseits in der technologischen Natur der Produktion und andererseits im historisch entstandenen Typ der makroökonomischen Arbeitsteilung. So sprechen wir vom spezifischen Zweig der Erdölförderung nicht deswegen, weil es bei uns ein Ministerium für erdölgewinnende Industrie gibt, sondern weil auf Grund der technologischen Besonderheiten dieser Zweig keinem der anderen Zweige ähnlich ist.

Die Blockstruktur des Produktionssystems ist zuerst von Karl Marx entdeckt worden. In seinen klassischen Schemata der erweiterten Reproduktion unterschied er die Zweige, die Produktionsmittel herstellen, von den Zweigen, die Konsumtionsmittel produzieren. Dies kann man schematisch auf folgende Weise darstellen:

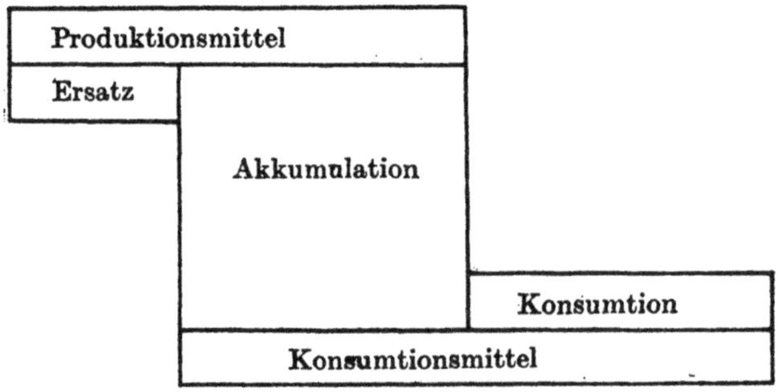


Abb. 2

Die Produktionsmittel nehmen hier nicht an der Bildung des Konsumtionsfonds teil, und die Konsumtionsmittel werden ihrerseits nicht zum Ersatz der materiellen Aufwendungen benutzt. Dies wird noch anschaulicher, wenn wir dieses Schema als Tabelle darstellen, in der wir anstelle der ausgefüllten Felder eine Eins und anstelle der leeren Felder eine Null einsetzen.

| Elemente des gesellschaftlichen Produkts | Ersatz | Akkumulation | Konsumtion |
|---|---|---|---|
| I. Produktionsmittel | 1 | 1 | 0 |
| II. Konsumtionsmittel | 0 | 1 | 1 |

Geht man von der mit der Wirklichkeit übereinstimmenden Annahme aus, daß der Vorrat an Konsumtionsmitteln nicht ganz so starr wie in den Marxschen Schemata mit den Erfordernissen der Produktionserweiterung verbunden ist und daß man ihn deshalb ganz dem Fonds der Bedürfnisbefriedigung zurechnen kann, so nimmt das oben angeführte Schema eine andere Form an, in der die Blockstruktur des Produktionssystems weitaus deutlicher zum Ausdruck kommt:

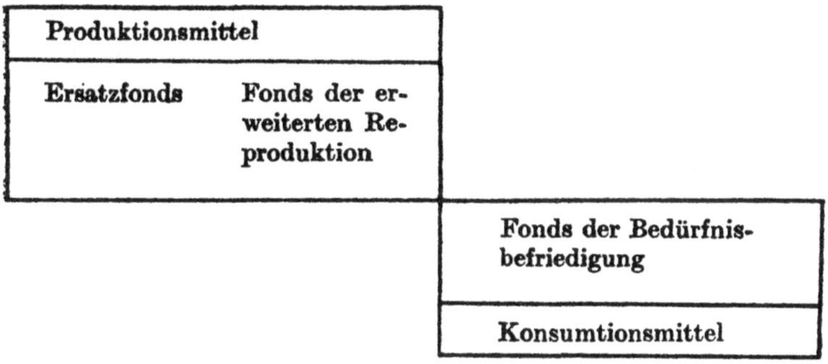


Abb. 3

Die diesem Schema entsprechende Tabelle, in der zudem der Ersatzfonds und der Fonds der erweiterten Reproduktion nach den beiden Abteilungen aufgeschlüsselt sind, hat dann folgendes Aussehen:

| Elemente des gesellschaftlichen Produkts | Ersatzfonds | | Fonds der erweiterten Reproduktion | | Fonds der Bedürfnisbefriedigung |
|---|---|---|---|---|---|
| | I | II | I | II | |
| I. Produktionsmittel | 1 | 1 | 1 | 1 | 0 |
| II. Konsumtionsmittel | 0 | 0 | 0 | 0 | 1 |

Ein derartiger Aufbau der Struktur des Produktionssystems bedeutet nicht, daß die einzelnen Blöcke überhaupt nicht untereinander verbunden sind. Die Tabelle bezeugt gerade das Gegenteil: Ihre erste Zeile zeigt, daß der Umfang der Produktion in der zweiten Abteilung ganz von den Produktionslieferungen der ersten Abteilung abhängt. Eine Rückkopplung aber, die die Aufwendungen von Konsumtionsmitteln für die Bedürfnisse der Produktion zum Ausdruck brächte, fehlt völlig.

Das Vorhandensein von Blöcken im Produktionssystem bedeutet also, daß zwischen den einzelnen Elementen des Systems direkte Beziehungen hergestellt werden und daß Rückkopplungen fehlen. Folglich ist jeder Block von irgendeinem anderen abhängig, und zwar über seinen Eingang, durch den er die Produkte erhält, die zur Aufrechterhaltung seiner Lebenstätigkeit notwendig sind. Er ist jedoch unabhängig, was seinen Ausgang, d. h. die Ergebnisse seines Funktionierens, betrifft. Dabei kann die Aufgliederung in Blöcke weit über die Aggregationsebene hinausgehen, auf der die Schemata der erweiterten Reproduktion aufgestellt werden.

Zum Beispiel erscheinen am Ausgang jenes nach der Anzahl der erzeugten Produkte so gewaltigen und nach der inneren Struktur so komplizierten Produktionskomplexes, den wir gewöhnlich „chemische Industrie“ nennen, unvergleichlich weniger Produkte, als in ihrem „Zauberkessel“ geschaffen werden. Deshalb kann unabhängig davon, wie diese Produkte später genutzt werden – als Arbeitsgegenstände, als Konsumtionsmittel usw. –, die Planung der chemischen Industrie auf der Basis eigener Kriterien erfolgen, die unabhängig von den Effektivitätskriterien jener Pläne sind, nach denen sich die Viehzucht, die Polygraphie, der Wohnungsbau und eine Vielzahl anderer Produktionszweige entwickeln.

Natürlich bedeutet das keineswegs, daß die Entwicklungspläne der chemischen Industrie nicht mit den Entwicklungsplänen der Energetik, des Maschinenbaus, der Metallurgie, der brennstofferzeugenden Zweige usw. koordiniert werden müssen, denn die wechselseitige Abhängigkeit der Zweige ist allumfassend. Wir werden uns jedoch erst später dazu äußern, wie eine solche Koordinierung erreicht wird. Jetzt interessiert uns allein das Problem der Aufstellung einer Vergleichsbasis der Planvarianten für jede relativ unabhängige (wir wiederholen – nur über den Ausgang) Produktionseinheit.

Nach ihrer ökonomischen Bestimmung können alle von der Gesellschaft geschaffenen Produkte in fünf große Gruppen eingeteilt werden

1. Arbeitsinstrumente und Arbeitsmittel,
2. Arbeitsgegenstände und materielle Dienstleistungen,

3. Konsumtionsmittel,
4. Elemente der Grundfonds der nichtproduktiven Sphäre,
5. Verteidigungsproduktion.

Bei der Konstruktion eines Schemas der erweiterten Reproduktion bezüglich dieser fünf Abteilungen bildet jede Abteilung einen hinsichtlich des Ausgangs unabhängigen Block. Deshalb ruft eine Unterteilung eines Blocks in eine beliebige Anzahl von Zweigen und eine Unterteilung der Zweige nach einzelnen Produkten natürlich nirgends das Erscheinen neuer, im allgemeinen Ausgangsschema nicht schon enthaltener rückläufiger Beziehungen hervor. Das zeigt die Tabelle, die das Schema 3 interpretiert:

| Elemente des gesellschaftlichen Produkts | Ersatz und Akkumulation von Arbeitsinstrumenten und -mitteln | Ersatz und Akkumulation von Arbeitsgegenständen | Konsumtion | Ersatz und Akkumulation von Grundfonds der nicht produktiven Sphäre | Ersatz und Vergrößerung des Verteidigungspotentials |
|---|---|---|---|---|---|
| 1. Arbeitsinstrumente und -mittel | 1 | 0 | 0 | 0 | 0 |
| 2. Arbeitsgegenstände | 0 | 1 | 0 | 0 | 0 |
| 3. Konsumtionsmittel | 0 | 0 | 1 | 0 | 0 |
| 4. Elemente der Grundfonds der nichtproduktiven Sphäre | 0 | 0 | 0 | 1 | 0 |
| 5. Verteidigungsproduktion | 0 | 0 | 0 | 0 | 1 |

Die objektive Geordnetheit des Produktionssystems, die sich im Block-Charakter der diesem System zugrunde liegenden Konstruktion ausdrückt, ermöglicht es, seine Entwicklung ebenfalls in geordneter Weise zu planen. In unserem Falle sind darunter zwei grundlegende Dinge zu verstehen. Erstens die Möglichkeit, die Entwicklungspläne des ganzen makroökonomischen Systems insgesamt und seiner einzelnen Teilsysteme in streng festgelegter Reihenfolge auszuarbeiten: Zuerst wird der Plan des Makrosystems (z. B. nach dem Kriterium des Maximums der Nutzensfunktion) aufgestellt, und anschließend teilt sich der Gesamtumfang der Planungsarbeit in eine Reihe paralleler Ströme, deren Anzahl gleich der Anzahl der unabhängigen Blöcke, d. h. der Teilsysteme des einheitlichen Makrosystems, ist. Zweitens bedeutet dies die Möglichkeit, die Planvarianten jedes Blocks nach Kriterien zu vergleichen, die nicht von den Effektivitätskriterien der anderen Blöcke abhängig sind.

Obgleich die letzte Schlußfolgerung eine gewisse Autonomie der Blöcke bedeutet, ist es auch hier möglich, eine gewisse Reihenfolge festzulegen, die bestimmt, in welcher Folge die fertigen Ergebnisse der Ausarbeitung optimaler Pläne der einzelnen Blöcke auf der Makroebene behandelt werden. Die relative Freisetzung von Makroressourcen (als Ergebnis der Aufstellung des effektivsten Produktionsprogramms) in den einen Blöcken bildet die Quelle für die Erweiterung dieser Ressourcen in anderen Blöcken. Danach werden alle nach Blöcken lokalisierten Pläne (und wenn notwendig, auch der Plan des Makrosystems) von neuem durchgerechnet. Darauf wird die ganze Prozedur wiederholt usw. usf.

Es ist offensichtlich, daß bei sonst gleichen Bedingungen die Konvergenz eines solchen iterativen Prozesses nur dann erreicht wird, wenn die Reihenfolge, in der die Planungsergebnisse der einzelnen Blöcke auf der Makroebene behandelt werden, unverändert bleibt. Da die Überlegungen, die der Bestimmung einer solchen Reihenfolge zugrunde gelegt werden können, nicht formalisierbar sind, und da die Reihenfolge, in der die optimalen Pläne der Blöcke analysiert werden, augenscheinlich von den konkreten sozialökonomischen Bedingungen abhängt, führen wir der Bestimmtheit halber folgende Reihenfolge der Betrachtung ein (sie entspricht im übrigen unserer Ansicht nach völlig dem gegenwärtigen Stand der Dinge):

1. der Block der Verteidigungsproduktion,
2. der Block der Grundfonds der nichtproduktiven Sphäre,
3. der Block der Konsumtionsmittel,
4. die Blöcke der Arbeitsmittel und Arbeitsgegenstände.

Vergleicht man die Numerierung der Blöcke in dieser Aufstellung mit der Anordnung der Zeilen im vorhergehenden Schema, so wird man leicht feststellen, daß die erste Reihenfolge eine einfache Umkehrung der zweiten ist.

Die Abhängigkeit aller fünf Unterabteilungen von der ersten bezüglich der Versorgung mit Arbeitsinstrumenten und Arbeitsmitteln, die den Ersatzfonds und das Potential für die Produktionserweiterung bilden, und von der zweiten – bezüglich der Bereitstellung der notwendigen Menge von Arbeitsgegenständen – führt objektiv dazu, daß alle Blöcke gegenüber den beiden ersten eine untergeordnete Rolle spielen und somit einen entsprechenden Platz in der Reihenfolge der Ausarbeitung der Plankennziffern einnehmen. Der Umfang der Produktion von Arbeitsmitteln und Arbeitsgegenständen über einen längeren Perspektivzeitraum muß in Abhängigkeit von der Lösung von Aufgaben anderer Ordnung festgelegt werden. Zu diesen Aufgaben gehört die Planung des Fonds der Bedürfnisbefriedigung sowie des Verteidigungspotentials des Landes.

Die Verteidigungsbedürfnisse werden durch Überlegungen bestimmt, die zur Ökonomie in indirekter Beziehung stehen. Deshalb wird im Block der Verteidigungsbedürfnisse der Umfang und das Sortiment der zu erzeugenden Produktion auf der Grundlage militärpolitischer Kriterien bestimmt, die nicht formalisiert werden können. (Die Frage nach der Berücksichtigung von Limits der materiellen und der Arbeitskräfteressourcen hat keine Beziehung zur Festlegung der Planungskriterien.) Wenn jedoch der Plan für die Produktion von Verteidigungsmaterial für jedes Jahr aufgestellt ist, so können verschiedene Wege zu seiner Erfüllung gewählt werden. Wie jeder andere Produktionszweig verfügt auch die Verteidigungsindustrie über eine Vielzahl technologischer Verfahren, mit denen ein und dieselben Ziele erreicht werden können. Für die Auswahl des effektivsten – jetzt schon unter rein ökonomischen Gesichtspunkten – Verfahrens zur Erfüllung der verbindlich vorgeschriebenen Planaufgaben müssen ökonomische Kriterien benutzt werden. Wenn die Kennziffern des Produktionsausstoßes aus einem Teilsystem der gesellschaftlichen Produktion eindeutig festgelegt sind, dann kann eine Steigerung der Effektivität des Arbeitsaufwands in diesem Teilsystem nur dadurch erreicht werden, daß der Arbeitsaufwand absolut verringert wird. Darum dient in diesem Falle als Kriterium für die Steigerung der Arbeitsproduktivität das Minimum des Gesamtarbeitsaufwands innerhalb des Blocks für die Erfüllung des vorgegebenen Produktionsprogramms.

Es seien $P_1$, $P_2$ usw. die Naturalkennziffern für den Produktionsumfang der Verteidigungsindustrie, $\lambda_1$, $\lambda_2$ usw. – die spezifischen Arbeitsaufwendungen (möglicherweise in Lohneinheiten) und $L$ – der Gesamtumfang des Arbeitsaufwands, der mit der Verwirklichung des Programms $P_1, P_2, \cdots, P_k$ verbunden ist (wobei $k$ die Anzahl der Positionen in der Zweignomenklatur angibt). Dann betragen die summarischen Arbeitsaufwendungen für die Verwirklichung des Produktionsprogramms des Jahres $t$:

$$L^{(t)} = \lambda_1^{(t)} P_1^{(t)} + \lambda_2^{(t)} P_2^{(t)} + \cdots + \lambda_k^{(t)} P_k^{(t)} = \sum_{j=1}^{k} \lambda_j^{(t)} P_j^{(t)},$$

und für den gesamten Planzeitraum:

$$L = \sum_{t=1}^{T} L^{(t)} = \sum_{j=1}^{k} \lambda_j^{(1)} P_j^{(1)} + \sum_{j=1}^{k} \lambda_j^{(2)} P_j^{(2)} + \cdots + \sum_{j=1}^{k} \lambda_j^{(T)} P_j^{(T)}$$
$$= \sum_{t=1}^{T} \sum_{j=1}^{k} \lambda_j^{(t)} P_j^{(t)}.$$

Das Minimum dieser Größe muß unserer Ansicht nach als Kriterium für die ökonomische Effektivität des Verfahrens dienen, das zur Verwirklichung des Verteidigungsprogramms des Landes benutzt wird:

$$(9) \qquad Z_v = \sum_{t=1}^{T} \sum_{j=1}^{k} \lambda_j^{(t)} P_j^{(t)} \to \text{Min.}$$

Da in diesem Ausdruck die Kennziffern des Produktionsprogramms $P_j^{(t)}$ konstante Größen sind, kann die Minimierung des Gesamtarbeitsaufwandes nur dadurch erreicht werden, daß die spezifischen Arbeitsaufwendungen vermindert werden. Eben darauf orientiert das vorgeschlagene Kriterium. (Wenn man bei der Formulierung des Kriteriums anstelle der spezifischen Normative $\lambda_j^{(t)}$ die Koeffizienten des vollen Arbeitsaufwandes einsetzen würde (die neben dem Arbeitsaufwand in den Zweigen der Verteidigungsindustrie auch den Arbeitsaufwand in den Zweigen berücksichtigen, die mit der Verteidigungsindustrie in verschiedenem Grade verknüpft sind), so würde dies die Klarheit der in der Formel (9) ausgedrückten Forderung verwischen: Es wäre dann nicht möglich, auf der Basis dieses oder jenes Wertes der Größe $Z_v$ über die Effektivität der Arbeit in der Verteidigungsindustrie selbst zu urteilen, weil die Minimierung durch Arbeitseinsparung in den angrenzenden Zweigen, d. h. in anderen Blöcken des Systems entstanden sein könnte.)

In der in Formel (9) angegebenen Form kann das Kriterium der ökonomischen Effektivität des Verteidigungsprogramms in jedem Glied der mittleren Ebene des Leitungssystems bis hin zu den Produktionsvereinigungen benutzt werden. Natürlich können je nach den konkreten Bedingungen die mit $\lambda_j^{(t)}$ bezeichneten spezifischen Normative die Verausgabung von defiziten Materialien, Rohstoffen sowie anderen limitierten oder defiziten Ressourcen widerspiegeln. Was nun die Betriebe angeht (und je nach den konkreten Produktions- und Planungsbedingungen auch die bereits genannten Vereinigungen), so wird von den Bewertungskriterien ihrer Wirtschaftstätigkeit noch die Rede sein.

Gehen wir zur nächsten, auf der Hauptdiagonale des vorhergehenden Tabellenschemas liegenden Stufe über, so gelangen wir zu dem

Block, der die Elemente der Grundfonds der nichtproduktiven Sphäre herstellt.

Unter sonst gleichen Bedingungen gilt, daß es um so besser ist, je mehr Produkte dieser Block erzeugt. Beachtet man, daß diese Produktion verschiedenartig ist (Wohnhäuser, Gebäude und Einrichtungen sozial-kultureller Bestimmung, Bauten und Ausrüstung für Schulen, Krankenhäuser usw.) und daß die Proportionalität zwischen den einzelnen Produkten relativ einfach bestimmt werden kann (die Anzahl der Schulbänke je $m^2$ Fläche und die Menge der Einheiten von Lehrausrüstung je Schulgebäude eines bestimmten Typs), ist es begründet, im Plan ein Sortimentsverhältnis der einzelnen Produkte vorzugeben, die von den Zweigen dieses Blocks produziert werden. Dadurch ist die Forderung, das Produktionsvolumen im vorgegebenen Sortiment zu maximieren, gleichbedeutend mit der Forderung, die Anzahl der „Standardsortimente" von Erzeugnissen (wir bezeichnen diese Anzahl mit $z$) zu maximieren. Gehen wir von derselben Überlegung wie im letzten Abschnitt des Kapitels 2 aus, so kommen wir zu folgender Kennziffer für das Wachstum der Arbeitsproduktivität in den Zweigen, die Elemente der Grundfonds der nichtproduktiven Sphäre erzeugen:

$$n^{(t)} = \frac{\Delta z^{(t)}}{z^{(t)}} : \frac{\Delta L^{(t)}}{L^{(t)}}.$$

Summieren wir die Kennziffern für das Ergebnis und den Arbeitsaufwand in allen Jahren des Planzeitraums, so kommen wir zu folgender Schreibweise des Kriteriums:

$$\text{(10)} \qquad Z_n = \frac{\sum_{t=1}^{T} z^{(t)}}{\sum_{t=1}^{T} L^{(t)}} \to \text{Max.}$$

Dieses Kriterium kann wie im vorhergehenden Fall auf allen Planungsebenen benutzt werden. Was die Sortimentsstruktur der Erzeugnisse betrifft, so verändert sie sich natürlich von Jahr zu Jahr je nach den konkreten Umständen. Da der Gesamtumfang des Arbeitsaufwands wie im vorhergehenden Fall als die Summe der Produkte der spezifischen Normative und der einzelnen Produktionsvolumina definiert wird, so kann man über die stimulierenden Eigenschaften des Kriteriums (10) dasselbe sagen wie über die des Kriteriums (9).

Die nächste Stufe, den Konsumtionsmittel erzeugenden Block, wollen wir überspringen, da den Effektivitätskriterien für sein Funktionieren ein besonderer Abschnitt gewidmet wird. Wir stellen lediglich fest, daß als Kriterium das Maximum des Wertes der Zielfunktion der Konsumtion dienen muß. Wird der Plan für $T$ Jahre aufgestellt, läßt sich dieses Kriterium daher auf folgende Weise darstellen:

$$(11) \qquad Z_k = \sum_{t=1}^{T} \frac{1}{(1+\lambda)^t} u_t(K_t) \rightarrow \text{Max}.$$

Bleiben noch die beiden letzten Blöcke, in denen die Arbeitsmittel und Arbeitsgegenstände erzeugt werden. Ihr Produktionsprogramm muß an letzter Stelle auf der Basis der Ergebnisse der Produktionsplanung in allen übrigen Blöcken festgelegt werden, und zwar im buchstäblichen Sinne als ein Programm zur Sicherung der Ziele, die in den ersten drei Blöcken gestellt werden. Die Produktionsmittel besitzen keine andere Bestimmung, als eben Mittel der Produktion zu sein. Sobald diese Versorgungsfunktion im Volkswirtschaftsplan (genauer – in seinen drei „Ausgangs"blöcken) quantitativ vor jenem Teil des Produktionsapparates widergespiegelt wird, der der Entwicklung eben dieser Versorgungsbasis dient, kann diesen Blöcken ein eigenes Ziel gesetzt werden. Wie das Produktionsprogramm der ersten beiden Abteilungen aufgestellt werden muß, werden wir im weiteren sehen. Unserer Ansicht nach kann das Ziel, das die Gesellschaft diesen Abteilungen stellt, in der Minimierung des summarischen Arbeitsaufwands bestehen, ebenso, wie das bei der Verteidigungsindustrie der Fall ist. Dann erweist sich das Kriterium (9) auch für die optimale Planung der Zweige als anwendbar, die Produktionsmittel erzeugen.

Wenn wir eine solche *Form* des Kriteriums als mehr oder weniger universell (in den obengenannten Grenzen) vorschlagen, so beharren wir jedoch keineswegs auf der gleichen Universalität seines Inhalts. In Abhängigkeit von den konkreten Bedingungen des Ortes und der Zeit, von der Produktionsspezifik des zu modellierenden Objekts, von seinen Maßstäben, den damit verbundenen Dimensionen der Aufgabe und anderen Umständen können als variable Größen in der Formel (9) entweder die spezifischen Normative für die Fondsintensität der Produkte (wenn der Gesamtaufwand des Maschinenzeitfonds minimiert wird), oder die spezifischen Verbrauchsnormen für defizite Materialien oder irgendwelche anderen spezifischen Aufwandsnormen gewählt werden. Die logische Grundlage für die Aufstellung der Kriterien dieser Gruppe bleibt hingegen in allen Fällen dieselbe. Sie besteht darin, daß, wenn die Volkswirtschaft exakt und verbindlich ihren Bedarf an Produkten, die von dem zu modellierenden Objekt erzeugt werden, bestimmt hat, das Effektivitätskriterium für die Arbeit dieses Objekts nichts anderes als die Forderung sein kann, die wirtschaftliche Last des *ökonomischen Systems als Ganzes* zu erleichtern. Das bedeutet, von dem genannten Objekt zu fordern, bei der Erfüllung der übertragenen Aufgabe ein Minimum an materiellen Ressourcen, an Arbeitskräften und an sonstigen Ressourcen, die der Gesellschaft nur in begrenztem Umfang zur Verfügung stehen, in Anspruch zu nehmen.

### *Verbrauchernachfrage, Nutzen und Effektivitätskriterien für Konsumtionsmittel erzeugende Zweige*

Große Bedeutung für die Formulierung von Effektivitätskriterien jener Zweige, die Verbrauchsgüter produzieren, besitzt die Berücksichtigung der Verbrauchernachfrage, des Nutzens.

Selbstverständlich bedeutet das nicht, daß der marxistische Begriff des Nutzens mit den Anschauungen der bürgerlichen Ökonomen übereinstimmt, von denen die Theorie des Grenznutzens propagiert wird.[41] „Die Grenznutzentheorie interessiert sich nur für das Verhalten des einzelnen Individuums, nicht aber für das Gesamtergebnis der Konsum- und Kaufakte", schrieb V. S. Nemčinov. „Indessen ist das Ganze nicht die einfache Summe der Elemente, die das jeweilige Ganze ausmachen. Das Verhalten des Ganzen und das seiner Elemente kann außerordentlich verschieden sein. Der Grenznutzentheorie muß eine Theorie der Konsumtion der Bevölkerung und eine Theorie der Verbraucherbewertungen entgegengestellt werden. Die Prämissen einer Konsumtionstheorie sind unserer Meinung nach folgende: 1. Die Befriedigung der Bedürfnisse hängt von der Produktion ab . . . 2. Die Sphäre der Konsumtion unterscheidet sich von der Sphäre der Produktion. Ihre Gesetzmäßigkeiten sind andere als die Gesetzmäßigkeiten der Sphäre der Produktion. Das Maß der Konsumtion ist ebenfalls überaus verschieden vom Maß der Arbeit. 3. Das Maß der Konsumtion spiegelt die objektiven Eigenschaften des Massenprozesses der Konsumtion wider, z. B. die Abstufung der Bedürfnisse nach ihrer Dringlichkeit, Notwendigkeit und Reihenfolge . . . oder nach der Präferenz der einen Verfahren zur Befriedigung der Bedürfnisse gegenüber anderen Verfahren. In der Konsumtionstheorie muß der Nutzen eines Dings so definiert werden, daß er unter den gegebenen Bedingungen die Unbestimmtheit bei der Auswahl von Gegenständen beseitigt."[42]

Schon zu Beginn unseres Jahrhunderts schrieb der russische Ökonom und Mathematiker E. E. Sluckij: „Der Nutzen irgendeiner Kombination von Gegenständen . . . besitzt die Eigenschaft, um so größere

Werte anzunehmen, je mehr diese Kombination bevorzugt wird."[43] A. G. Granberg stellt dazu fest: „Die eine Zusammenstellung von Gegenständen besitzt gegenüber einer anderen deshalb einen größeren Nutzen, weil sie bevorzugt wird. Die umgekehrte Schlußfolgerung – eine Kollektion von Gegenständen *wird bevorzugt*, weil sie einen größeren „inneren" Nutzen besitzt – ist falsch. Es wird kaum möglich sein, ein Gerät zu erfinden, das den „inneren" Nutzen von Gütern messen kann. Das einzig reale Verfahren zum Studium des Nutzens basiert darauf, die tatsächlichen Präferenzen festzustellen, die täglich im Massenverhalten zum Ausdruck kommen ... Für die Aufstellung einer Funktion, die den Nutzen vergleichend mißt, ist es keineswegs unbedingt notwendig, vorher den absoluten Nutzen der einzelnen Güter oder Güterkombinationen zu messen. Notwendig ist lediglich die Möglichkeit, den Nutzen zu *vergleichen* ... Die Vergleichbarkeit des Nutzens darf nicht mit seiner *Meßbarkeit* verwechselt werden, wie man ja auch Ordnungsgrößen und quantitative Größen nicht miteinander verwechseln darf"[44].

Wenn die Gesellschaft über $n$ Arten von Konsumgütern verfügt, wobei das erste Gut in der Menge $X_1$, das zweite in der Menge $X_2$ usw., das $n$-te in der Menge $X_n$ vorhanden sind, so kann leicht bestimmt werden, welcher Umfang jedes Gutes im Jahr durchschnittlich auf einen Konsumenten entfällt. Es seien dies die Mengen $x_1, x_2, \cdots, x_n$. Die Gesamtheit der Zahlen $x_1, x_2, \cdots, x_n$ nennen wir die Verbrauchsstruktur. In seiner Auswahl ist der Gesamtverbraucher immer durch den Umfang seines Einkommens beschränkt. Wenn $\hat{p}_1, \hat{p}_2, \cdots, \hat{p}_n$ die Einzelhandelspreise sind und $\bar{s}$ das mittlere Einkommen des Verbrauchers, so wird die Gesamtsumme der Käufe unter sonst gleichen Voraussetzungen immer gleich $\bar{s}$ sein:

$$\sum_{j=1}^{n} \hat{p}_j x_j = \bar{s}.$$

Es ist ganz natürlich, daß jeder Konsument (oder jede Konsumentengruppe) mit einem mittleren Einkommen $\bar{s}$ eine hinreichend große Freiheit bei der Auswahl verschiedener eigener Verbrauchsstrukturen besitzt. Letzten Endes wählt jeder Konsument irgendeine bestimmte Struktur, d. h. eine Zusammenstellung von Gütern aus. „Ein Modell des Konsumentenverhaltens aufzustellen", schreibt in diesem Zusammenhang V. A. Volkonskij, „heißt das Gesetz der Auswahl dieser einen Struktur aus der Gesamtmenge der Möglichkeiten anzugeben."[45]

Es wird angenommen, daß auf der Grundlage einer systematischen Beobachtung des Verhaltens großer Konsumentengruppen die Angabe einer solchen Funktion $u(x)$ möglich ist, von der gesagt werden kann, daß der Gesamtverbraucher nach ihrem Maximum strebt. Eben dies ist die Nutzensfunktion oder, wie sie häufiger bezeichnet wird, die Zielfunktion der Konsumtion. Wenn die Charakteristika der realen Parameter dieser Funktion bekannt sind, bedeutet eine Beurteilung der Wirtschaftstätigkeit der Konsumgüter produzierenden Zweige nach dem Grad der Maximierung der Nutzensfunktion, daß die Gesellschaft danach strebt, eben das zu maximieren, nach dessen Maximierung seinen eigenen Angaben zufolge auch der Konsument selbst strebt. Eine solche Methode der Bewertung der Effektivität jener Zweige, die zu dem entsprechenden Block gehören, wird voll den Forderungen gerecht, die das Gesetz des Ziels der sozialistischen Produktion stellt.

Ein anderer Weg zur Aufstellung eines Effektivitätskriteriums für Wirtschaftsentscheidungen, die im Block der Konsumgüterproduktion getroffen werden, besteht im Aufbau eines Systems von Normativen, die das Niveau des Wohlstands der Gesellschaftsmitglieder charakterisieren.[46] Die Anhänger dieses Herangehens lösen jedoch den wichtigsten Teil des Problems nicht bis zu Ende, nämlich die Methodologie der Normierung des Lebensstandards selbst. Dennoch lassen die neuesten Forschungen auf diesem Gebiet hoffen, daß auch dieser Teil der Arbeit mit der Zeit eine konstruktive Lösung erfährt.[47]

## *Die Effektivitätskriterien für wirtschaftliche Entscheidungen auf den unteren Produktionsebenen*

Die kybernetische Untersuchung großer und komplizierter Objekte verschiedenster Art sowie der Steuerungssysteme dieser Objekte zeigt, daß es einheitliche, allgemeine Prinzipien gibt, die den Schemata einer rationellen Steuerung sowohl in der lebenden Natur und der Technik als auch in der gesellschaftlichen Produktion zugrunde liegen. Eines dieser Prinzipien besteht in der Notwendigkeit, die Leitungssysteme großer und komplizierter Objekte auf einer Hierarchie der einzelnen Teilsysteme aufzubauen.

Den kompliziertesten und im Grad seiner Vollkommenheit unübertroffenen Steuerungsmechanismus eines komplizierten Systems, der noch lange Zeit das unerreichbare Muster für derartige Mechanismen bleiben wird, hat die Natur selbst geschaffen – den menschlichen Organismus. Das Steuerungssystem dieses Organismus bildet eine Hierarchie, in der man drei Ebenen unterscheiden kann – die höchste, die mittlere und die untere, wobei „die Autonomie ... der unteren Regulierungssysteme die Zuverlässigkeit und „Lebensfähigkeit" der Steuerung gewährleistet und die höheren Ebenen von der Notwendigkeit befreit, ständig an den lokalen Regulierungsprozessen teilzunehmen. Dies macht es den höheren Ebenen möglich, nur dann in die Regulierung einzugreifen, wenn das durch besondere Umstände notwendig wird".[48]

Als wir das Problem der Aufstellung von Kriterien zuerst für die höchsten und dann für die mittleren Ebenen des dreistufigen, hierarchischen Leitungssystems der Produktion untersuchten, haben wir uns nicht damit befaßt, von welchen Motiven sich diese Ebenen leiten lassen, wenn sie eben jene Kriterien wählen, von denen die Rede war. Der Motivationsfaktor muß jedoch im System der optimalen Planung eine der wichtigsten Rollen spielen.

Was die oberste Ebene des Leitungssystems angeht, ergeben sich die Motive zur Wahl dieser oder jener Kriterien hinreichend offensichtlich bereits aus der Definition, wie die Mathematiker sagen. Die mittlere Ebene aber besitzt so viele Möglichkeiten, daß es bislang weder die Wissenschaft, noch die Praxis vermocht haben, sich eine hinreichend genaue und dabei auf einer bestimmten logischen Grundlage beruhende Vorstellung darüber zu verschaffen, wovon sich diese Ebene in ihrer Wirtschaftstätigkeit leiten lassen soll – von administrativen Weisungen von oben oder vom Streben nach maximaler Rentabilität, das unabhängig von „oben" ist.

Welche Ausmaße das Privateigentum in den kapitalistischen Ländern auch erreichen mag, das einzige und unveränderliche Maß für die Effektivität der Wirtschaftstätigkeit *in den Grenzen jeder „Portion" dieses Eigentums* bleibt das Maximum des Gewinns. Die entsprechende Tätigkeitsebene kann man bedingt als ungefähres Analogon dessen betrachten, was wir unter der mittleren Ebene des Leitungssystems der sozialistischen Produktion verstehen. Es ist bekannt, daß innerhalb des privaten Großeigentums, z. B. in den Vereinigten Staaten von Amerika, ein hinreichend hocheffektives System zur Planung und Leitung der Produktion geschaffen worden ist, das sich auf die Anwendung ökonomisch-mathematischer Methoden stützt und einen tief gestaffelten Park von Elektronenrechnern benutzt. Je kleiner das Eigentum einer Firma ist und je weniger sich folglich die Produktion der Betriebe dieser Firma voneinander unterscheidet, desto geringer ist der Unterschied zwischen dem Maximum des Gewinns, nach dem die Firma strebt, und der Summe der Gewinnmaxima, die die einzelnen Betriebe erhalten können. In diesem Falle bleibt das

Kriterium des Gewinnmaximums auf beiden Tätigkeitsebenen einheitlich. Je größer dagegen das Kapital der Firma ist, je spezialisierter die Produktion in ihren einzelnen Betrieben ist und je umfassender und komplizierter die Zulieferbeziehungen zwischen ihnen sind, desto mehr kann sich das „Firmenmaximum" des Gewinns von der Summe der Betriebsmaxima unterscheiden, und zwar im allgemeinen nicht zugunsten des ersteren. Das Maximum an Gewinn kann jetzt nicht als Kriterium der effektiven Tätigkeit des Betriebes dienen, und die Firma ersetzt dieses Kriterium durch ein anderes. Den einzelnen Betrieben wird von der Direktion ein starres Produktionsprogramm vorgeschrieben, dessen Nichterfüllung durch scharfe administrative Maßnahmen geahndet wird.

Unter den Bedingungen des unteilbaren und einheitlichen sozialistischen Eigentums an den Produktionsmitteln, dessen Umfang und Struktur entsprechend dem einheitlichen Volkswirtschaftsplan verändert werden, würde die Stimulierung der mittleren Ebenen des Leitungssystems durch den Gewinn widernatürlich sein. Jede der mittleren Ebenen – ein ganzer Produktionszweig (z. B. der Gerätebau) oder sein Teilzweig (z. B. die Uhrenindustrie), *in sehr begrenzter Zahl* auch einzelne Produktionskomplexe (z. B. das Kohle- und Metallurgiekombinat Ural-Kusnezk) – nimmt im System der gesellschaftlichen Arbeitsteilung eine *unmittelbar volkswirtschaftliche Funktion* wahr. Ihre Kriterien müssen deshalb die Erreichung der maximalen Effektivität des entsprechenden Blocks der gesellschaftlichen Produktion stimulieren. Was die *untere Ebene* angeht, *so besteht die unmittelbar gesellschaftliche Funktion jeder seiner Einheiten (Betrieb, Firma, Produktionsvereinigung) darin, die Bedingungen für die Erreichung der Ziele zu sichern, die im mittleren Glied formuliert werden.*

Die untere Ebene stellt keine homogene Gesamtheit dar, in der man einen typischen Vertreter finden könnte. Es ist ein Konglomerat von Produktionseinheiten, die weder nach ihren Ausmaßen, noch nach der Kompliziertheit der Verbindungen innerhalb der Produktion und auch nicht nach dem Charakter der technologischen Prozesse Ähnlichkeit miteinander haben. In einer großen Zahl von Fällen ist die Produktion der unteren Ebenen eine kombinierte Produktion. Und wenn man die Nebenproduktion der spezialisierten Betriebe sowie den komplexen Charakter der Wirtschaftstätigkeit der überwiegenden Zahl der Firmen berücksichtigt, so wird klar, daß es ungeachtet der Blockstruktur des Produktionssystems selbst innerhalb der einzelnen Blöcke überaus schwierig ist, spezifische Effektivitätskriterien für die Einschätzung der Tätigkeit der unteren Ebenen anzugeben.

Noch komplizierter wird die Lösung des Problems bei Berücksichtigung des Zeitfaktors. Wenn man die Effektivität der Wirtschaftstätigkeit der unteren Ebene nach den Ergebnissen längerer Zeiträume beurteilt, so werden die in den Effektivitätskriterien der mittleren Ebene ausgedrückten unmittelbaren gesellschaftlichen Interessen direkt von Entscheidungen abhängig gemacht, die im lokalen Maßstab auf der Ebene der einzelnen Betriebe, Vereinigungen und Firmen gefällt werden. Um aber die Gesamtsumme der lokalen Entscheidungen in eine maximale Übereinstimmung mit den Interessen der ganzen Volkswirtschaft zu bringen, müßte ein halbphantastischer Apparat geschaffen werden, der gewaltige Ausmaße besitzen und mit zerbrechlichen, launenhaften und unzuverlässigen Instrumenten ausgestattet sein würde. Es ist praktisch unmöglich, ein arbeitsfähiges System zu schaffen, in dem sich jede untere Produktionseinheit nach eigenen *Perspektiv*plänen entwickelt, von denen jeder sein *eigenes*, besonderes Optimalitätskriterium besitzt, und in dem die Resultante aller lokalen Entscheidungen auf die Erreichung der volkswirtschaftlichen Ziele gerichtet ist.

Das bedeutet, daß die Lösung des Problems unvermeidlich mit einer gewissen universalen Kennziffer für die Effektivität der unteren Ebene verbunden sein muß. Eine solche Meßgröße kann nur wertmäßiger Natur sein. Unter den Bedingungen der relativen wirtschaftlichen Selbständigkeit der Produktionsbetriebe erweist sich die Kennziffer des Gewinns als ideal geeignet für die Erfüllung der genannten Funktionen. Sie ist auch ideal, weil sie für die zielgerichtete Stimulierung der unteren Ebene bezüglich der indirekten Beachtung der volkswirtschaftlichen Interessen benutzt werden kann.

Im dritten Teil des Buches werden wir uns mit den Prinzipien des Aufbaus eines solchen Preissystems befassen, durch das die untere Ebene zur Ausführung eben der Planvariante angeregt wird, die der effektivsten Entscheidung der Leitungsebene entspricht. An dieser Stelle beschränken wir uns auf folgende Bemerkungen. Wenn ein solches System stimulierender Preise im Prinzip möglich ist, so sind seine eigentlich stimulierenden Eigenschaften an eine bestimmte Planvariante gebunden (andernfalls wäre es sinnlos, ein solches Preissystem zu suchen).

Bekanntlich ist es nicht zweckmäßig, die Aufschlüsselung des Perspektivplans eines Zweiges, eines Teilzweiges oder selbst eines großen Produktionskomplexes auf die einzelnen Jahre im voraus, am Beginn des Planzeitraums vorzunehmen. Es ist günstiger, dies entsprechend der Planerfüllung zu tun. Nur dann können begründete Korrekturen im Perspektivplan vorgenommen werden, die in den Kennziffern des laufenden Plans für jedes folgende Jahr konkretisiert werden. Folglich muß auch das System der Stimulatoren für die Erfüllung der nach den Kriterien der mittleren Ebene effektiven Pläne nicht im voraus, für einen längeren Zeitraum, sondern jeweils für das folgende Jahr festgelegt werden. Nur in diesem Falle wird die stimulierende Wirkung des Preissystems in der Richtung erfolgen, die beim Aufbau dieses Systems beabsichtigt war. Berechnet man dagegen die Preise für eine Reihe von Jahren im voraus, ohne dabei die möglichen Veränderungen zu berücksichtigen, die der Plan im Verlauf seiner Erfüllung erfährt, so kann es geschehen, daß die Preise des Perspektivzeitraumes durchaus nicht die Produktion dessen stimulieren, was erforderlich ist.

*Der Aufbau eines Systems von stimulierenden Preisen, das die hinreichenden Bedingungen für die Erfüllung der Forderungen gewährleistet, die das Gesetz des Zieles der sozialistischen Produktion stellt, gewährleistet lediglich die notwendige Bedingung für die Erreichung des Ziels der mittleren Ebene* – solcherart ist die dialektische Inversion des Notwendigen und Hinreichenden, bezogen auf das Preissystem des optimalen Plans. Um die hinreichenden Bedingungen für die Erreichung der Ziele der mittleren Ebene zu schaffen, muß das Regime der Wirtschaftstätigkeit der unteren Ebenen durch einen ganzen Komplex von Kredit- und Finanzmaßnahmen, organisatorischen und sonstigen Maßnahmen reglementiert werden. Der Inhalt dieser Maßnahmen wird voll und ganz von den konkreten Produktionsbedingungen abhängen. Juristisch werden sich die Maßnahmen entweder in direkten Verträgen zwischen den Betrieben oder in Planaufträgen niederschlagen, die die mittlere Ebene den unteren erteilt.[49]

Eines der Elemente dieser Reglementierung muß die Präzisierung der Preise für eine detaillierte Erzeugnisnomenklatur sein. Stimulierende Preise, die auf der mittleren Ebene ausgearbeitet werden, können ihrem Wesen nach nur gewisse Richtpreise, Durchschnittspreise sein, auf deren Grundlage ein gewisser „durchschnittlicher“ Vertreter der jeweiligen Warengruppe realisiert werden soll. Mehr kann die Zweigebene über solche Produkt-Vertreter nicht wissen, und folglich kann sie auch die unteren Produktionseinheiten nicht dazu stimulieren, ihre Produktionsprogramme *in voller Nomenklatur* aufzustellen und sich dabei *nur* vom System der stimulierenden Richtpreise leiten zu lassen.

Die Aufschlüsselung der Gruppenkennziffern des Plans der unteren Ebene bis hin zur vollständigen Nomenklatur muß Faktoren berücksichtigen, die auf einer anderen Ebene liegen. Diese Faktoren werden in der Hauptsache durch die Forderungen der Auftraggeber und die sich daraus ergebenden Bedingungen der Finanzierung und Kreditierung der Produktion, durch die Art und Weise der Präzisierung der Richtpreise (in den Grenzen, die vorher von der mittleren Ebene als dem Verfasser der Preislisten festgelegt werden) sowie durch die übrigen Produktionsbegrenzungen bestimmt. Die Gesamtheit dieser Forderungen, die in Wirtschaftsverträgen und Planaufträgen fixiert werden, bildet zusammen mit den gesetzlichen Normen, die die finanziellen Rechte und Verpflichtungen der Betriebe regeln, das System der hinreichenden Bedingungen für die Erreichung des Zieles der mittleren Ebene.[50] Es ist charakteristisch, daß im System der auf der wirtschaftlichen Rechnungsführung beruhenden Planung und Leitung der Produktion diese Bedingungen nicht auf der mittleren Ebene, sondern in den unteren Produktionseinheiten angewendet werden, wo das Produktionsprogramm der Volkswirtschaft unmittelbar verwirklicht wird (vgl. Schema 4).

Die Forderung nach maximalem Gewinn in der unteren Produktionseinheit wird außerordentlich einfach formalisiert. Wenn $m_1$, $m_2$ usw. der Gewinn von der Realisierung einer Einheit des Produkts 1, 2 usw. und $Q_1$, $Q_2$ usw. bis $Q_n$ die Kennziffern für den Produktionsaussstoß im Naturalausdruck sind (wobei $n$ die Anzahl der Produkte ist, die im jeweiligen Betrieb erzeugt werden können), so ergibt sich folgende Formel:

$$(12) \qquad Z_e = m_1 Q_1 + m_2 Q_2 + \cdots + m_n Q_n = \sum_{j=1}^{n} m_j Q_j \rightarrow \text{Max.}$$

Natürlich erschöpft sich der Kreis der Fragen, die sich im Zusammenhang mit der Aufstellung von Effektivitätskriterien für wirtschaftliche Maßnahmen auf der unteren Ebene ergeben, nicht mit der Konstruktion eines universellen Kriteriums für vorhandene Produktionsbetriebe. Er umfaßt so außerordentlich wichtige Aufgaben wie die Aufstellung von Effektivitätskriterien für die Standortverteilung neu zu errichtender Objekte, von Optimalitätskriterien für die Größe dieser Objekte und viele andere Aufgaben, die von nicht geringerer Bedeutung sind.

Ungeachtet der Tatsache, daß ein erheblicher Teil dieser Aufgaben schon heute eine effektive praktische Lösung erfährt, lassen wir sie hier außer Betracht. Wir meinen, daß sich unsere Analyse auf die allgemeinsten und charakteristischen Erscheinungen beschränken kann, die nicht unterhalb jener Ebene liegen, auf der es zweckmäßig erscheint, den maximalen Gewinn als einheitliches Maß für die Effektivität von lokalen wirtschaftlichen Entscheidungen zu benutzen. Wegen der besonderen Bedeutung jedoch, die das Problem der Messung der ökonomischen Effektivität bei der Einführung substituierbarer Varianten technischer Verbesserungen besitzt, widmen wir dieser Frage ein besonderes Kapitel.

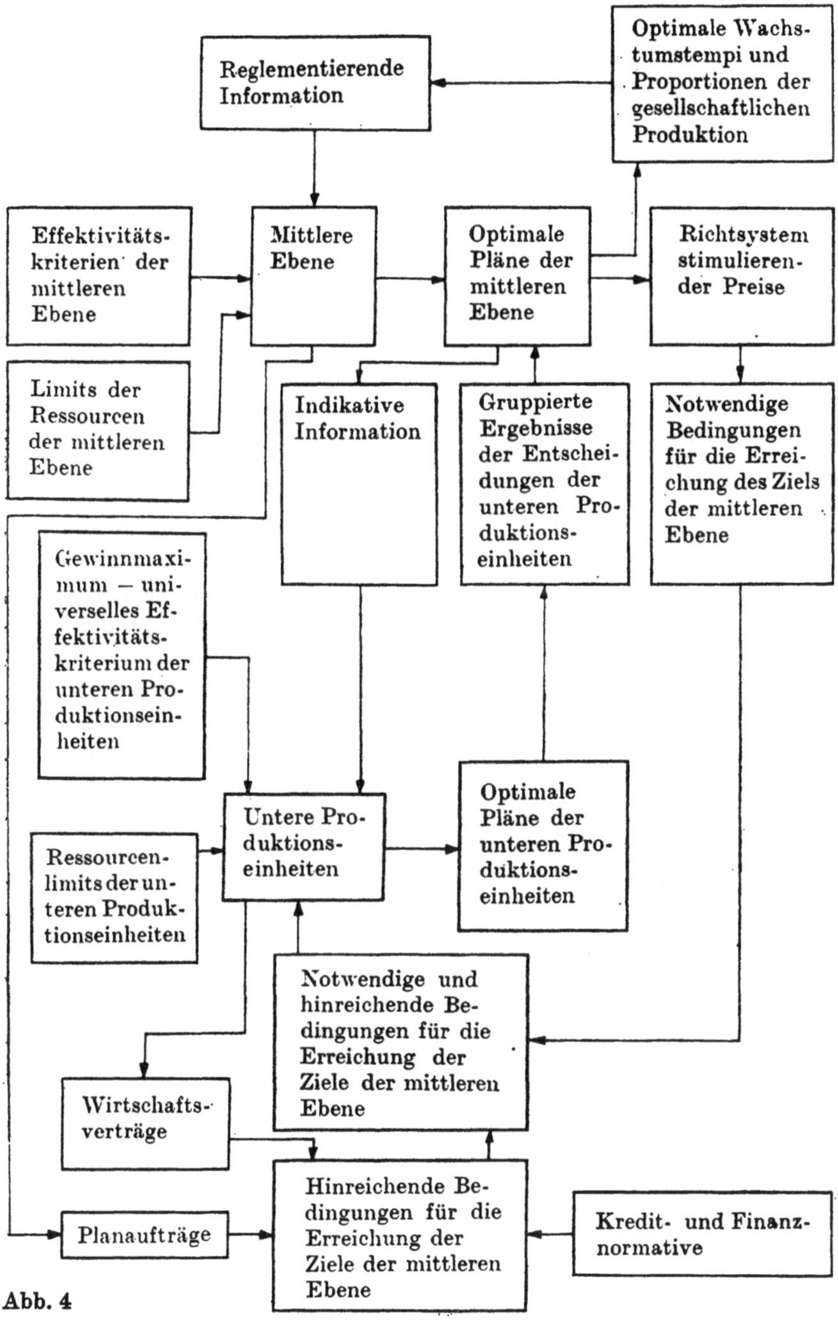
Reglementierende Information
Optimale Wachstumstempi und Proportionen der gesellschaftlichen Produktion
Effektivitätskriterien der mittleren Ebene
Mittlere Ebene
Optimale Pläne der mittleren Ebene
Richtsystem stimulierender Preise
Limits der Ressourcen der mittleren Ebene
Indikative Information
Gruppierte Ergebnisse der Entscheidungen der unteren Produktionseinheiten
Notwendige Bedingungen für die Erreichung des Ziels der mittleren Ebene
Gewinnmaximum – universelles Effektivitätskriterium der unteren Produktionseinheiten
Untere Produktionseinheiten
Optimale Pläne der unteren Produktionseinheiten
Ressourcenlimits der unteren Produktionseinheiten
Notwendige und hinreichende Bedingungen für die Erreichung der Ziele der mittleren Ebene
Wirtschaftsverträge
Hinreichende Bedingungen für die Erreichung der Ziele der mittleren Ebene
Planaufträge
Kredit- und Finanznormative

**Abb. 4**

KAPITEL 4

# Kriterien der relativen Effektivität von Investitionen

## *Der normative Effektivitätskoeffizient und die Formel der „reduzierten Aufwendungen“*

Das Problem der Effektivitätsmessung von Investitionen zerfällt, so wie es in der ökonomischen Literatur behandelt wird, in zwei Teile. Den ersten Teil bildet das Problem der Messung der sogenannten absoluten Effektivität von Investitionen. Da der Haupteffekt der Investitionen jedesmal in der Vergrößerung des Produktionsausstoßes sichtbar wird, dient als einfachstes Maß für die Effektivität der Investitionen das Verhältnis des Produktionsvolumenzuwachses – oder besser noch des Nettoproduktionszuwachses – zur Größe der Investitionen, die diesen Zuwachs hervorgerufen haben.

Wieso mißt dieses Verhältnis die absolute Effektivität? Wenn der Volkswirtschaftsplan aufgestellt ist, dann werden die Investitionen zu einem eindeutig bestimmten Mittel seiner Verwirklichung: eindeutig in dem Sinne, daß Veränderungen im Umfang und in der Struktur der Investitionen *schon* nicht mehr möglich sind. Zuerst wird der Produktionsplan aufgestellt, danach der Investitionsplan; und wenn der Produktionsplan selbst nicht mehr als eine Variante besitzt (d. h. eigentlich gar keine Varianten besitzt), dann kann auch von einer Variantenrechnung und folglich von einer Vergleichbarkeit gleicher Investitionen keine Rede sein.

Dem Vorgehen bei der Bewertung der Investitionseffektivität auf der zwischenzweiglichen und zweiglichen Ebene lagen lange Zeit Vorstellungen zugrunde, die davon ausgingen, daß es lediglich eine direkte Beziehung zwischen beiden Etappen gäbe, daß der Produktionsplan einseitig die Kennziffern des Investitionsplans beeinflusse. Tatsächlich gibt es zwischen dem Produktionsplan und dem Investitionsplan sowohl eine direkte als auch eine rückläufige Beziehung. Deshalb kann bei ein und demselben Limit der Investitionen, die ein- und dieselbe stoffliche Struktur besitzen, eine bestimmte Anzahl von Produktionsprogrammen der Volkswirtschaft oder eines Zweiges aufgestellt werden. Und dies führt seinerseits dazu, daß sich die gleiche Anzahl von Plänen für die Verteilung der gegebenen Investitionslimite auf die Wirtschaftszweige (oder die einzelnen Produktionen innerhalb eines Zweiges) ergibt.

Den zweiten Teil des Problems der Effektivitätsmessung von Investitionen bildet die Messung ihrer relativen oder vergleichenden Effektivität.

Wenn die Investitionen schließlich auf die einzelnen Zweige verteilt worden sind, ergibt sich nämlich ein andersartiges Problem. Es muß festgelegt werden, mit welchen technischen Mitteln das bereits aufgestellte makroökonomische Investitionsprogramm verwirklicht werden soll. Und da „unten" jeder Tag und jede Stunde der Produktionstätigkeit mit der Notwendigkeit verbunden sind, verschiedene Varianten wirtschaftlicher Entscheidungen zu vergleichen, so tritt die Messung der relativen Effektivität der Investitionen in den Vordergrund.

Der allgemein anerkannte Weg zur Lösung dieser Aufgabe besteht darin, die Effektivität der zur Durchführung vorgesehenen Maßnahme mit einem bestimmten Effektivitätsnormativ zu vergleichen, das vorher festgelegt wird[51]. Was das Verfahren betrifft, nach dem die Normativkoeffizienten errechnet werden, so werden bis heute in den geltenden Methodiken Normativkoeffizienten benutzt, die nicht errechnet, sondern auf Grund der verallgemeinerten Erfahrungen der Projektierungsbetriebe festgelegt wurden.

Die allgemeine Formel für die Bestimmung der ökonomischen Effektivität substituierbarer Investitionsvarianten, die als Formel der reduzierten Aufwendungen bezeichnet wird, hat folgendes Aussehen:

$$R_a = S_r + \lambda^* \hat{I}_r = \text{Min}, \tag{13}$$

wobei $R_a$ — die reduzierten Aufwendungen,
$S_r$ — die laufenden Aufwendungen bei der Investitionsvariante $r$,
$\hat{I}_r$ — die Höhe der Investitionen bei der Variante $r$ und
$\lambda^*$ — der normative Effektivitätskoeffizient

sind.

So wird das Schicksal jeder Variante direkt vom Effektivitätsnormativ abhängig gemacht. Nach Ansicht mancher Ökonomen, z. B. V. N. Bogačevs, „charakterisiert dieses Normativ auf keine Weise den absoluten Effekt der Investitionen (die Investitionsquote)". In der Formel (13) bilden die Investitionen „keinen Faktor der Vergrößerung des Effekts (der Effekt als Befriedigung eines bestimmten Bedürfnisses ist ein und derselbe für alle zu vergleichenden möglichen Varianten), sondern ein Mittel zur Verringerung der laufenden Aufwendungen oder der Produktionskosten. Die Aufgabe reduziert sich auf die Bestimmung jener Größe der Investitionen, die zweckmäßig aufgewendet werden sollten, um die Produktionskosten um eine Einheit zu senken".[52] Es erweist sich also, daß eine wirtschaftliche Maßnahme um so investitionsintensiver ist, je mehr Kosteneinsparung sie ermöglicht. Deshalb ist nach Meinung der Vertreter dieses Standpunkts die Reduzierung der laufenden und der Investitionskosten auf einen gemeinsamen Nenner eben jenes gesuchte Verfahren, das es ermöglicht, die Resultante dieser entgegenlaufenden Bewegungen zu finden.

„Was soll nun als objektive Grundlage für die Bestimmung des Effektivitätsnormativs dienen?" schreibt J. V. Suchotin. „In der ökonomischen Literatur wurden als Ausgangspunkt die verschiedenartigsten Kennziffern vorgeschlagen, die in ihren Zahlenwerten außerordentlich verschieden sind: das Wachstumstempo der Brutto- oder der Nettoproduktion in der Volkswirtschaft, das Verhältnis der Summe der durch die Selbstkostensenkung erzielten jährlichen Einsparung zu den Investitionen, das Wachstumstempo der Arbeitsproduktivität, die durchschnittliche Gewinnrate, die Akkumulationsrate usw. Eine nicht geringe Rolle hat dabei die verführerische Leichtigkeit gespielt, mit der die entsprechenden durchschnittlichen volkswirtschaftlichen Größen auf der Basis von statistischen Daten errechnet werden können. Aber gerade in der Verwendung von Durchschnittswerten liegt der wesentlichste Fehler bei der Bestimmung des Effektivitätsnormativs von Investitionen ... Das Effektivitätsnormativ (wie jedes andere Normativ) darf kein Mittelwert, sondern muß ein Extremwert sein, der die minimalen Anforderungen an die jeweilige Investitionsvariante bestimmt"[53].

Jedoch sind nicht alle Ökonomen mit der Definition des Effektivitätsnormativs als eines Minimalwertes einverstanden. S. G. Strumilin, L. A. Vaag und einige andere schlagen vor, dieses Normativ als Durchschnittswert zu errechnen.[54] Dabei verbinden sie ein solches Verfahren zur Bestimmung des Effektivitätsnormativs direkt mit den von ihnen vertretenen Preisbildungsformeln. Wenn die Preise auf Wertbasis gebildet werden und der Gewinn proportional dem Arbeitslohn in die Preise eingeht (S. G. Strumilin) und wenn das Ziel jeder Investition die Senkung des Wertes des gesellschaftlichen Produkts ist, so muß jede Investition nach ihrer Rentabilität einem durchschnittlichen Vertreter des gesellschaftlichen Produkts entsprechen, und in der Formel (13) muß als Effektivitätsnormativ ein Durchschnittswert $\bar{\lambda}^*$ benutzt werden. Wenn man aber in der Volkswirtschaft ein einheitliches Verhältnis des Wertes des gesamten Mehrprodukts zum Wert aller Produktionsfonds festlegt (L. A. Vaag), so muß jede Investition die gleiche Rate dazu beitragen.

Wir sehen, daß diesen Auffassungen eine innere Konsequenz nicht abgesprochen werden kann. Ob sie gut oder schlecht sind, hängt offensichtlich davon ab, ob die Verfahren zur Bestimmung der entsprechenden Rentabilitätskennziffern gut oder schlecht sind. Hinsichtlich des Preissystems werden die Eigenschaften dieser Verfahren weiter unten analysiert. Unsere Meinung über die normative Methode bei der Effektivitätsmessung von Investitionen werden wir am Ende des Abschnitts äußern. Zunächst geben wir V. V. Novožilov das Wort.

„Die Angleichung des Effektivitätsnormativs der Investitionen an ihre durchschnittliche Effektivität", schreibt er, „führt dazu, daß die Mindesteffektivität der geplanten Investitionen ihrer durchschnittlichen Effektivität gleich ist.* Diese Gleichheit ist nur dann denkbar, wenn die Effektivität aller Investitionen gleich ist. Die Gleichheit der Mindesteffektivität der Investitionen und der durchschnittlichen Effektivität ist nur unter der Voraussetzung möglich, daß die durchschnittliche Effektivität sich auf eine andere Gesamtheit von Investitionen bezieht als die Mindesteffektivität."[55]

Soll es für die gesamte Volkswirtschaft ein einheitliches Effektivitätsnormativ geben, oder soll es nach Zweigen differenziert werden? T. S. Chačaturov meint, daß „die Verwendung einer einheitlichen Effektivitätsnorm nur dann einen Sinn hätte, wenn ein freier Fluß der Mittel von einem Objekt zum anderen und ihre Konzentration auf jene Objekte möglich wäre, bei denen der maximale Effekt je Rubel Investition gewährleistet werden kann". Andererseits vertritt Ju. V. Suchotin die Meinung, daß „das Wesen des Effektivitätsnormativs selbst die Notwendigkeit einschließt, daß es in der gesamten Volkswirtschaft dieselbe Größe besitzt".[56]

A. L. Lur'e und V. V. Novošilov gehen davon aus, daß der volkswirtschaftliche Investitionsfonds begrenzt ist und es notwendig ist, nur die effektivsten lokalen Wirtschaftsmaßnahmen in den Plan aufzunehmen. Sie schlagen vor, alle vorhandenen Investitionsvarianten in der Reihenfolge der Abnahme ihrer Effektivität zu ordnen und an jenem Punkt, an dem die kumulative Summe der Investitionen das volkswirtschaftliche Investitionslimit erreicht, die in den Plan aufzunehmenden Varianten von den übrigen zu trennen. Dabei soll der Wert des Effektivitätskoeffizienten der letzten in den Plan aufgenommenen Variante als Normativkoeffizient gelten. In diesem Falle, so behauptete V. V. Novošilov, wird: „1. das Effektivitätsminimum der angenommenen Varianten maximal; 2. das Effektivitätsmaximum der abgelehnten Varianten minimal; 3. der erste Wert größer oder gleich dem zweiten sein. Daher ist das Normativ für die Effektivität der Investitionen ein Grenzwert besonderer Art: es ist ein sogenanntes Minimax."[57]

* Die folgende Textstelle fehlt in der deutschen Übersetzung des zitierten Werkes. (Anm. d. Herausg.)

Es ist festzustellen, daß diejenigen Ökonomen, die bei ihren Untersuchungen mathematische Methoden benutzen – A. L. Lur'e, V. V. Novožilov, L. V. Kantorovič, B. N. Michalevskij und andere –, an die Effektivitätsmessung von Investitionen von einer spezifischen Ausgangsbasis aus herangehen. Das kennzeichnende Merkmal dieser Ausgangsbasis besteht darin, daß die Effektivitätskriterien für wirtschaftliche Maßnahmen beliebigen, darunter auch lokalen, Maßstabs streng mit den Kennziffern der optimalen Entwicklung der gesamten Volkswirtschaft verbunden werden.

Die Konstruktionen der von den genannten Autoren entwickelten Modelle unterscheiden sich wesentlich voneinander. So untersucht A. L. Lur'e ein abstraktes Einproduktmodell, an dem er die Eigenschaften der sogenannten Differentialaufwendungen untersucht und die Methoden zur Bestimmung der Effektivitätskennziffern lokaler Wirtschaftsmaßnahmen analysiert. V. V. Novošilov und L. W. Kantorovič untersuchen den Volkswirtschaftsplan als eine vollständige Gesamtheit aller möglichen technologischen Produktionsverfahren und aller bei einem gegebenen Akkumulationsfonds zu verwirklichender Investitionsvarianten. B. N. Michalevskij gliedert die Aufgabe in zwei Etappen. Auf der ersten Etappe werden ein optimaler Volkswirtschaftsplan in aggregierten Kennziffern aufgestellt und die Zweilimite für die Investitionen festgelegt; auf der zweiten Etappe erfolgt innerhalb dieser Limite die optimale Aufschlüsselung der Investitionen auf die konkreten Objekte.

Dessenungeachtet besitzen die genannten Modelle mehr Gemeinsamkeiten als Unterschiede. Vor allem treten in diesen Modellen die Kennziffern des optimalen Produktionsprogramms der Volkswirtschaft, die eben dieser Variante des Produktionsprogramms entsprechenden Preise und schließlich die Kennziffern für die Effektivität der Investitionen als organische Teile eines einheitlichen, innerlich verknüpften Systems ökonomischer Charakteristika des optimalen Plans auf. Die allgemeinen Grundlagen der Regeln zur Gestaltung des Preissystems besitzen gleichfalls mehr Ähnlichkeit als Unterschiede. Dasselbe gilt auch für das Berechnungsverfahren und für die Interpretation des ökonomischen Inhalts der normativen Effektivitätskoeffizienten der Investitionen. Unserer Meinung nach findet jedoch bei alledem das Problem einer rationellen Messung der Investitionseffektivität auch in diesen Arbeiten keine endgültige Lösung.

Was stört? In den einen Fällen ist es der statische Charakter des Herangehens. In anderen Fällen ist es die unvorstellbare Dimension, die sich aus der These ergibt, daß es notwendig sei, alle Investitionsvarianten entsprechend der Abnahme ihrer Effektivität zu ordnen. Wenn in diesem Falle irgendein bedeutender Teil der Varianten ausgelassen wird, so muß sich die Abwesenheit dieser „Deserteure" zwangsläufig auf die Effektivität der Wirksamkeit aller anderen „im Glied" verbliebenen Varianten auswirken. Schließlich bedarf die Methode der „Reduktion" des Aufwands durch errechnete (oder „objektiv bedingte") Bewertungen*, die für alle oben angeführten Untersuchungen charakteristisch und an sich nicht anzuzweifeln ist, einer wesentlichen Vervollkommnung hinsichtlich der ökonomischen

* Vgl. Anmerkung zur S. 40.

Begründung der Rolle der objektiv bedingten Bewertungen als optimale Planpreise. Wie wir im dritten Teil des Buches zu zeigen versuchen, ist das nicht ganz gerechtfertigt.

### *Kritik des normativen Herangehens an die Messung der Investitionseffektivität*

Insgesamt ist die Lösung des Problems, die Effektivität von Investitionen zu messen, mit einer Vielzahl von Unklarheiten verbunden. Die Ökonomen, die sich mit diesem Problem befassen, sprechen ausnahmslos von der Effektivität gewisser Zusatzinvestitionen. Wenn aber präzisiert werden soll, bezüglich welcher Basis diese Investitionen zusätzlich sind, so zeigt sich, daß die verschiedenen Autoren hier unterschiedliche Auffassungen vertreten. A. I. Notkin zum Beispiel sagt, daß diese Investitionen als die Differenz zwischen dem Investitionsaufwand für die neue Technik und dem Wert jener Muster dieser Technik gemessen werden, die bei gesellschaftlich notwendigen Aufwendungen geschaffen werden. V. V. Novožilov meint das volkswirtschaftliche Investitionslimit, V. N. Bogačev zählt zu dieser Kategorie jene Investitionslimits, die nach der Sicherung der Mengenkennziffern des Volkswirtschaftsplans durch Investitionen übrigbleiben, und A. L. Lur'e untersucht die Effektivität nur jener Varianten wirtschaftlicher Maßnahmen, die in der Ausgangsvariante des Plans nicht vorgesehen waren und erst im Verlauf der Planerfüllung entstanden sind.

Die Verwendung des Terminus „Rückflußdauer“ führt zu einem noch größeren Durcheinander: die Rückflußdauer wird mit der Nutzungsdauer identifiziert. Schließlich stellt sich heraus, daß „die Lösung vieler Effektivitätsfragen bei der Planung ihre Besonderheiten besitzt“, die, wie V. P. Krasovskij bemerkt, von den Besonderheiten der Lösung derselben Fragen bei der Projektierung unterschieden werden müssen.[58]

Dabei ist offensichtlich gerade das Projektierungsstadium der neuen Technik gemeint. Liegt hier vielleicht jener Schlüssel, der hilft, jene verborgene Antriebskraft zu finden, die den ganzen Mechanismus dieser Untersuchungen in Gang setzt? Befindet man sich nämlich lediglich im Stadium der Projektierung, so hat man anscheinend tatsächlich keinerlei Möglichkeiten der Einwirkung auf den Volkswirtschaftsplan und um so weniger – auf das Preissystem.

Es ist aber alles gerade umgekehrt. Der Volkswirtschaftsplan ist bereits aufgestellt, das Preissystem ausgearbeitet, es bleibt nur noch übrig, ausgehend von diesen fertigen Kennziffern, vernünftig konstruierte Effektivitätskennziffern für das zu suchen, was für die Ausführung „in Metall" und danach für die Inbetriebnahme projektiert wird. Wenn dann das Projekt in seinem ersten Teil verwirklicht, d. h. hergestellt ist, dann ergibt sich als nächstes die Frage nach der Planung seiner Nutzung. Da aber die Effektivität des Musters längst gemessen ist, so bleibt nur noch die Frage zu beantworten, wieviel derartiger Objekte herzustellen sind und wem sie zur Nutzung übergeben werden sollen.

Im Ergebnis erweist sich, daß das Problem der Messung der ökonomischen Effektivität des Objekts aus seinem natürlichen Boden gerissen wurde und in eine Orangerie verpflanzt worden ist, irgendwohin auf eine höhere Ebene, wohin man nur von Zeit zu Zeit von unten nützliche Stoffe in den Boden einbringt. Und es hat Wurzeln geschlagen! Weil alles so bequem war: Es gibt Preise, und es gibt einen Plan, und unter diesen Bedingungen konnte man sich leicht über eine Frage verständigen, die noch unlängst ein unüberwindlicher Stein des Anstoßes zu sein schien – nämlich die Einführung von Gewichtskoeffizienten in die Formel (13), die es ermöglichen, zeitlich verschiedene Effekte auf einen Zeitpunkt zu reduzieren.[59] Als Instrument dieser Reduktion dient der uns schon gut bekannte Koeffizient $1 : (1 + \lambda)^t$. Berücksichtigt man ihn in der Formel (13), so nimmt diese für sämtliche im Verlaufe der Baufrist $T$ zu tätigenden Investitionen folgende Form an (wobei $T$ auch der Planzeitraum oder aber der Zeitraum sein kann, nach dessen Ablauf die Effektivität der verglichenen Varianten gleich ist):

$$(14) \qquad R_a = \sum_{t=1}^{T} \frac{1}{(1+\lambda)^t} (S_r^{(t)} + I_r^{(t)}).$$

An dieser Stelle möchten wir auf die Seite 31 zurück verweisen, wo der Gewichtskoeffizient $1 : (1 + \lambda)^t$ zum erstenmal aufgetaucht ist. Als wir ihn dem Leser vorstellten, benutzten wir eine Analogie mit der Zinsrechnung. Hier ist dieser Koeffizient nun in unveränderter Form, aber in neuer Qualität entstanden. Vielleicht liegt ein gewisser Sinn darin, in beiden Fällen den gleichen Zahlenwert $\lambda$ zu wählen? Tatsächlich ist das der Fall. Allerdings angewandt auf das kapitalistische Wirtschaftssystem. Wenn der wirtschaftliche Mechanismus derart ist, daß der Eigentümer ein und derselben Geldsumme diese entweder dazu benutzen kann, seine Konsumentenbedürfnisse zu befriedigen, oder sie zu einem festgelegten Zinssatz in einer Bank arbeiten zu lassen oder aber diese Summe in die Produktion zu investieren (Aktienerwerb usw.), so besitzt die Bestimmung des Parameters $\lambda$ *im allgemeinsten Fall* eine reale Basis und ein reales Maß. Dieser Parameter kennzeichnet im ersten Fall die Ineffektivität der zurückgestellten Konsumtion und in den beiden letzteren Fällen das Risiko, das mit der zeitweiligen Abgabe der entsprechenden Geldsumme verbunden ist.

Wenn, grob gesprochen, $\lambda$ in diesen Fällen der mittlere Bankzins ist, so können die Kapitalgeber mindestens die gleiche Effektivität auch von ihren Investitionen fordern. Ebenso haben die Konsumenten, die durch die objektive Lage der Dinge gezwungen sind, ihre Interessen ideell an der Größe des Aktionärsprofits und des Bankzinses zu messen, das Recht, ihre relativen Verluste durch die Transformation der Konsumtion in die Zukunft in eben diesen Kategorien und also mit denselben Kennziffern zu messen. Natürlich kann keines dieser ökonomisch handelnden Subjekte, die entsprechend eine personifizierte zahlungsfähige Nachfrage, ein investiertes oder ein deponiertes Kapital verkörpern, die Marktpreise oder gar die absoluten und strukturellen Charakteristika des Produktionssystems bestimmen. Sowohl das eine als auch das andere bestimmt die gegebenen Bedingungen, unter denen sich die wirtschaftliche Tätigkeit der Konsumenten, Kapitalgeber und -deponenten abspielt.

Wenn in der sozialistischen Wirtschaft die Effektivität mehrerer *Projekte* einer Wirtschaftsmaßnahme verglichen wird, so ist der Akt eines solchen Vergleichs selbst nichts anderes als das erste Stadium der Planung. Denn unmittelbar danach muß die Berechnung der Mengenkennziffern des Plans erfolgen, durch welche die Auflagen für die Produktion einer Serie neuer Objekte festgelegt werden. Das heißt, *zuerst* muß die Effektivität gemessen werden, und dann ist mit der Aufstellung des Plans zu beginnen. Es ist klar, daß sich die Gesamtsumme der Investitionen, die für die Erfüllung des vollen Programms der zusätzliche (im Vergleich zu Null – nicht mehr!) Investitionen erfordernden Wirtschaftsmaßnahmen benötigt werden, streng innerhalb des volkswirtschaftlichen Limits bewegen muß.

Auf dieses Limit sind wir bereits bei der Ausarbeitung optimaler Planvarianten in synthetischen Kennziffern gestoßen. Dort fungierte dieses Limit als Quelle für das Wachstum des gesamten Wirtschaftssystems in der Zeit. Jetzt soll mit ihm eine andere Aufgabe gelöst werden: es soll nur zur Finanzierung der unter einem bestimmten Gesichtspunkt effektivsten Varianten des Baus neuer und der Erweiterung alter Betriebe, zur Finanzierung der, ausgehend von bestimmten Kriterien, effektivsten Varianten neuer Technik verwendet werden. Welcher Art eben dieser Gesichtspunkt, von dem letzten Endes abhängt, wie effektiv der volkswirtschaftliche Investitionsfonds genutzt wird, unserer Meinung nach sein muß, wird etwas später gesagt werden.

Wenn die Effektivität von Objekten verglichen wird, von denen jedes hinsichtlich ihrer Fertigung ein neues Erzeugnis darstellt, so dürfen entsprechend den Forderungen des Gesetzes der materiellen Stimulierung der Produktion die Preise für diese Erzeugnisse nicht früher festgelegt werden, als das Produktionsprogramm aufgestellt ist. Den Preis eines sich im Stadium der Projektierung befindlichen Objekts durch den Preis eines analogen, während der Projektierungszeit bereits arbeitenden Musters zu messen, ist gleichbedeutend damit, apriori eines der entscheidendsten Elemente des einheitlichen volkswirtschaftlichen Preissystems vorzugeben. Wenn andererseits der Produktionsplan für Erzeugnisse, an deren Herstellung das zu projektierende Objekt teilnehmen soll, bereits aufgestellt ist, so kann man im allgemeinen auch die diesem Plan entsprechenden Stimulierungspreise als bekannt voraussetzen. Auf Grund dieser Überlegungen werden wir annehmen, daß die Elemente der Betriebskosten mit ihren Preisen in die gesuchte Formel für die Berechnung der relativen Effektivität lokaler Maßnahmen eingehen können.

Nachdem wir diesen Umstand festgestellt haben, müssen wir zugleich unsere Einstellung zu der Idee eines Effektivitätsvergleichs von Investitionen selbst darlegen. Unserer Ansicht nach ist ein solches Vorgehen an sich unproduktiv. Es basiert vor allem auf der Voraussetzung, daß alle möglichen Varianten des Einsatzes der jeweiligen Investitionslimits – sei es der einheitliche volkswirtschaftliche Investitionsfonds oder seien es seine Zweigkomponenten – ausnahmslos vergleichbar sind. Indessen sind Investitionen, die z. B. in der Kohleindustrie und in der Schuhindustrie getätigt werden, schon von ihren Zielen her nicht vergleichbar. Und selbst dann, wenn von einem gewissen einheitlichen volkswirtschaftlichen Gesichtspunkt aus die Effektivität der Investitionen in die Schuhindustrie insgesamt größer als die der Investitionen in die Kohleindustrie ist, bedeutet das nicht, daß der für diese beiden Zweige vorgesehene Teil des Limits ganz oder zum größten Teil der Schuhindustrie zugute kommen muß.

Unter diesen Bedingungen klingt die Forderung wenig überzeugend, alle Investitionsvarianten in einer Reihe anzuordnen, an deren Spitze die Variante mit der maximalen Effektivität steht. Wenn bekannt ist, daß die Gesellschaft zusätzliche Produkte benötigt, die nur durch Investitionen zu erreichen sind, wozu soll dann noch der Effekt der geplanten Investition mit irgendeinem Normativ verglichen werden. Noch dazu, wenn es möglich ist, von einer bestimmten Position aus (zu deren Formulierung wir gleich übergehen) alle vorgeschlagenen Varianten zur Sicherung des endgültigen materiellen Effekts zu vergleichen, ohne dabei irgendwelche Blicke auf die Flanken der eigenen, viel weniger noch einer fremden Reihe zu werfen?[60]

Selbstverständlich darf man auch jene Investitionen nicht außer acht lassen, die eine andere Zielstellung haben – nicht die Erweiterung der Produktionskapazität, sondern die Erleichterung der Arbeitsbedingungen, die Steigerung der Arbeitsproduktivität in den Grenzen der bestehenden Produktionskapazitäten usw. Ein anderes Ziel erfordert auch ein anderes Maß. Aber gerade in diesem Falle zeigt sich mit äußerster Klarheit die Diskrepanz zwischen dem Ziel und den Mitteln, wenn als Effektivitätsmaß die Größe der reduzierten Aufwendungen benutzt wird.

### *Die allgemeine Konstruktion eines Effektivitätskriteriums der Investitionen*

Wenn das unmittelbare Ziel jeder Investition die maximale partielle Einflußnahme der jeweiligen lokalen Wirtschaftseinheit auf die Vergrößerung der Produktivkraft der gesellschaftlichen Arbeit ist, dann muß das Effektivitätskriterium der entsprechenden, neue Investitionen erfordernden Maßnahmen in größtmögliche Übereinstimmung mit jener Meßgröße des Wachstums der Gesamtproduktivkraft der gesellschaftlichen Arbeit gebracht werden, die als Effektivitätskriterium der im Leitungssystem der Produktion übergeordneten Ebene gewählt worden ist.

Die Benutzung von Kennziffern des Arbeitsaufwands für diese Zwecke ist mit Schwierigkeiten bei der Reduktion der Arbeit verbunden. Andererseits berücksichtigt das bestehende Lohnsystem in der einen oder anderen Weise den Unterschied in der Kompliziertheit und Intensität der einzelnen Arbeitsarten und der einzelnen Arbeitsgebiete. Deshalb ist es zweckmäßig, als einheitliches Aufwandsmaß in der gesuchten Formel der relativen Effektivität die Kennziffern des Lohnfondsaufwands zu benutzen. Dabei ist auch die relative Stabilität der durchschnittlichen Tarifsätze zu berücksichtigen.

Unter sonst gleichen Bedingungen wächst die Produktivkraft der Arbeit, wenn ein- und derselbe materielle Effekt mit verringertem Arbeitsaufwand erzielt wird. Der erste Schritt auf dem Wege zur gesuchten Effektivitätsformel muß deshalb darin bestehen, jenen Raum innerhalb des Systems der gesellschaftlichen Arbeitsteilung festzulegen, in dem die mit dem jeweiligen Investitionsobjekt verbundenen Arbeitsaufwendungen getätigt werden sollen. Es geht darum, daß in der Aufwandskomponente der Effektivitätsformel nicht nur der Arbeitsaufwand berücksichtigt werden muß, der direkt mit der Herstellung und Nutzung des projektierten Objekts verbunden ist, sondern auch der Aufwand in allen angrenzenden Zweigen, die in der einen oder anderen Weise sowohl an der Schaffung des Objekts als auch an seiner Nutzung beteiligt sein werden. Nehmen wir der Bestimmtheit halber an, daß es um irgendeine Art von Produktionsausrüstungen geht.

Es seien zwei Varianten der Produktionsausrüstung projektiert, deren Effektivität zu vergleichen ist. In der ersten Etappe der Lösung dieses Problems ist es notwendig, die Gesamtsumme des Arbeitsaufwands (in Lohneinheiten) festzustellen, der in den verschiedenen Bereichen der Volkswirtschaft im Zusammenhang mit der Schaffung und Inbetriebnahme jedes der projektierten Objekte erforderlich ist.

Woraus setzen sich die Aufwendungen zusammen, die mit der Schaffung des Objektes verbunden sind? Vor allem gibt es hier den Aufwand $V_r$ am Herstellungsort des Objekts, den wir auch als den direkten Aufwand bezeichnen (dabei ist $r$ die Nummer der Variante und kann den Wert 1 oder 2 annehmen). Die indirekten Aufwendungen können in zwei große Teile gegliedert werden. Der eine Teil ist in jenen Arbeitsgegenständen vergegenständlicht, die direkt bei der Produktion des Objekts verwendet werden. Dazu gehören das Metall, aus dem das Objekt hergestellt wird, die Farben und Kunststoffe, die für seine Gestaltung verwendet werden, sowie die Brennstoffe und die Elektroenergie, die im Prozeß der Herstellung des Objekts verbraucht werden. Wenn die spezifischen Normative $a_{ir}$ dieser direkten Aufwendungen an Arbeitsgegenständen sowie der Anteil des Lohnfonds $\tilde{v}_i$, der auf jede Erzeugniseinheit der Zulieferzweige (d. h. der $i$-ten Zweige) entfällt, bekannt sind, erkennt man leicht, daß dieser Teil der indirekten Aufwendungen

$$\tilde{v}_1 a_{1r} + \tilde{v}_2 a_{2r} + \cdots + \tilde{v}_n a_{nr} = \sum_{i=1}^{n} \tilde{v}_i a_{ir}$$

beträgt, wobei $n$ die Anzahl der potentiell möglichen Zulieferer im allgemeinsten Fall oder, mit anderen Worten, die Gesamtzahl der in der Zweignomenklatur der Aufgabe enthaltenen Zweige ist.

Der andere Teil der vergegenständlichten Aufwendungen, die auf indirektem Wege den Herstellungsort des Objekts erreichen, entsteht an den Stellen, wo ein wechselseitiger Bedarf an den $i$-ten Arbeitsgegenständen (von denen jeder für die Schaffung unseres Objekts notwendig ist) auftritt.

Dazu gehören z. B. der gesamte Brennstoff und die gesamte Energie, die erforderlich sind, um jene Menge von Metall zu schmelzen, die für die Herstellung der projektierten Ausrüstung benötigt wird. Wenn der spezifische Metallbedarf für die Verwirklichung der Variante $r$ den Betrag $a_{mr}$ ausmacht und für die Gewinnung von einer Tonne Metall $a_{km}$ t Kohle benötigt werden, so beträgt auf dieser Stufe der Zweigverflechtung der indirekte Kohleaufwand für die Produktion des projektierten Ausrüstungsmusters

$$a_{km} \cdot a_{mr}.$$

Wenn dabei für die Förderung einer Tonne Kohle $\tilde{v}_k$ Rubel des Lohnfonds aufgewandt werden, ist der indirekte Aufwand dieses Fonds bei der Schaffung des Objekts $r$ gleich $v_k\, a_{km} \cdot a_{mr}$ Rubel. Insgesamt beträgt die Summe dieses Teils der indirekten Aufwendungen, der mit dem Bedarf am Produkt $i$ verbunden ist,

$$\tilde{v}_i\, a_{i1}\, a_{1r} + \tilde{v}_i\, a_{i2}\, a_{2r} + \cdots + \tilde{v}_i\, a_{in}\, a_{nr} = \tilde{v}_i \sum_{k=1}^{n} a_{ik}\, a_{kr}.$$

Folglich erreicht der Aufwand aller $i$ Produkte, deren Gesamtzahl gleich $n$ ist, die Größe

$$\tilde{v}_1 \sum_{k=1}^{n} a_{1k}\, a_{kr} + \tilde{v}_2 \sum_{k=1}^{n} a_{2k}\, a_{kr} + \cdots + \tilde{v}_n \sum_{k=1}^{n} a_{nk}\, a_{kr} =$$
$$= \sum_{i=1}^{n} \tilde{v}_i \left( \sum_{k=1}^{n} a_{ik}\, a_{kr} \right),$$

und zusammen mit der ersten Gruppe des indirekten Aufwands –

$$\sum_{i=1}^{n} \tilde{v}_i\, a_{ir} + \sum_{i=1}^{n} \tilde{v}_i \left( \sum_{k=1}^{n} a_{ik}\, a_{kr} \right) = \sum_{i=1}^{n} \tilde{v}_i \left( a_{ir} + \sum_{k=1}^{n} a_{ik}\, a_{kr} \right).$$

Fügen wir zu dieser Summe den direkten Aufwand $V_r$ hinzu, erhalten wir die Größe des vollen Lohnfondsaufwands*, der mit der Produktion des $r$-ten Modells der neuen Technik verbunden ist:

$$(15) \qquad \hat{V}_r = V_r + \sum_{i=1}^{n} \tilde{v}_i \left( a_{ir} + \sum_{k=1}^{n} a_{ik}\, a_{kr} \right).$$

Will man den Aufwand feststellen, der mit der Nutzung des projektierten Musters der neuen Technik verbunden ist, so kann man die gerade gewonnene Formel nur zur Lösung eines Teils der Aufgabe benutzen, und zwar zur Messung des Arbeitsaufwands, der in den Elementen der laufenden Betriebskosten vergegenständlicht ist, die bei der Nutzung jedes Musters $r$ entstehen. Dazu ist es erforderlich, mit dem Symbol $a$ den spezifischen Aufwand an Arbeitsgegenständen (Ersatz-

* Streng genommen ist das noch nicht der *volle* Lohnfondsaufwand, da sich die wechselseitige Verflechtung der Zulieferzweige noch über weitere Stufen erstreckt. (Anm. d. Herausg.)

teilen, Energie, Brennstoffen usw.) für eine Betriebsstunde unserer Ausrüstung zu bezeichnen. Alles andere bleibt in der Formel (15) unverändert. So kann man letztere noch einmal in einer neuen Eigenschaft verwenden.

Der andere Teil der Frage ist etwas komplizierter. Es ist ganz offensichtlich, daß sich zwei Varianten ein und derselben Produktionsausrüstung durch ihre unterschiedliche Produktivität unterscheiden können, daß sie für ihre Bedienung lebendige Arbeit unterschiedlichen Kompliziertheits- und Qualifikationsgrades erfordern können, die also unterschiedlich bezahlt wird. Nicht weniger offensichtlich ist, daß die Gesamtsumme des jährlichen Lohnfondsaufwands stark durch das Sortiment der Erzeugnisse beeinflußt werden wird, die mit der jeweiligen Ausrüstung produziert werden sollen. Es wäre deshalb bei aller Bedingtheit eines solchen Vorgehens zweckmäßig, von den Projektanten, die von den zukünftigen Abnehmern ihrer Produktion technische Auflagen erhalten, zu verlangen, daß sie mehr oder minder stabile Typensätze der Produkte (noch besser – der Arbeitsgänge) aufstellen, die mit jeder der projektierten Ausrüstungsarten herzustellen bzw. auszuführen sind.

Diese Maßnahme würde es gestatten, zwei Probleme auf einmal zu lösen: die Bestimmung des Arbeitsaufwands bei der Nutzung des projektierten Objekts in der Produktion und die Messung der Produktivität dieses Objekts (natürlich mit einer gewissen Einschränkung) während seiner gesamten Nutzungsdauer $\tau_r$. Als Ergebnis würde man das letzte Element der Aufwandskomponente der Effektivitätsformel sowie die entsprechende Ergebnisgröße erhalten. Wenn $\varrho_r^{(t)}$ die Kennziffer für den jährlichen Lohnfondsaufwand je Einheit eines Typensatzes von Erzeugnissen (oder Arbeitsgängen) des Modells $r$ und $\mu_r^{(t)}$ die Anzahl der Typensätze ist, die in jedem Jahre $t$ der gesamten Nutzungsdauer des Objekts hergestellt werden, so wird die gesuchte Formel der relativen Effektivität folgendes Aussehen haben:

$$(16)\qquad \operatorname*{Max}_r \frac{\sum_{t=1}^{\tau_r} \mu_r^{(t)}}{\sum_{t=1}^{\tau_r} \varrho_r^{(t)} + V_r + \sum_{i=1}^{n} \tilde{v}_i \left( a_{ir} + \sum_{k=1}^{n} a_{ik} a_{kr} \right)},$$

oder

$$\operatorname*{Max}_r \frac{\sum_{t=1}^{\tau_r} \mu_r^{(t)}}{\sum_{t=1}^{\tau_r} L_r^{(t)}},$$

wobei $L_r^{(t)}$ – die Summe des vollen Lohnfondsaufwands in der Volkswirtschaft ist, der mit der Schaffung und der Nutzung des Objekts im Jahre $t$ verbunden ist;

$\mu_r^{(t)}$ – die Anzahl der Typensätze von Erzeugnissen, die mit dem jeweiligen Objekt hergestellt werden, oder die Anzahl der Typensätze von Arbeitsgängen, die mit diesem Objekt im Verlauf des Jahres $t$ ausgeführt werden können;

$\tau_r$ – die Nutzungsdauer des Objekts

ist.

Die zweite Variante der Formel (16) besitzt eine einfachere Form, in der sie mit den Formeln (13), (14) und (15) verglichen werden kann. Im Unterschied zu diesen Formeln wird der produktive Effekt einer Wirtschaftsmaßnahme in der Formel (16) mit einer gewissen zeitlich unveränderlichen Größe gemessen[61]. Das ist auch natürlich: *wenn die Effektivität der Einführung jedes Objekts in der maximalen Vermehrung der Produktivkraft der gesellschaftlichen Arbeit besteht und wenn diese ihrerseits zu jedem Zeitpunkt durch das Zahlenverhältnis zwischen dem Produktionsertrag des Systems und dem Arbeitsaufwand für die Erreichung dieses Ergebnisses bestimmt wird (d. h. durch ein Verhältnis von Größen, die für jeden Zeitmoment konstant sind), so ist von allen möglichen Investitionsvarianten die eine zu bevorzugen, bei der dieses Verhältnis größer als bei allen anderen ist.*

Der Koeffizient, der nach der Formel (16) ausgerechnet wird und der die Dimensionen Stück/Rubel besitzt, kann nicht nur zum Vergleich von Objekten mit gleicher, sondern auch mit unterschiedlicher Nutzungsdauer benutzt werden. Deshalb wird er als Verhältnis der Jahressummen aufgebaut: je langlebiger das projektierte Objekt ist, desto größer ist unter sonst gleichen Bedingungen der Wert der Kennziffer. Stimmt die Nutzungsdauer der zu vergleichenden Objekte überein, so entfällt die Notwendigkeit der Summierung nach Jahren.

Die Angabe einer Effektivitätskennziffer für Investitionen an Arbeitsmitteln erfordert, wie bereits festgestellt wurde, eine besondere Lösung. Tatsächlich wirken weder Gebäude noch sonstige Anlagen unmittelbar auf die Arbeitsgegenstände. Deshalb hat es keinen Sinn, von ihrer Produktivität zu sprechen. Andererseits ist es zweifellos zweckmäßig, eine Minimierung der Arbeitsaufwendungen (in Lohneinheiten) zu fordern, die die gleiche Zusammensetzung wie in Formel (16) besitzen, und zugleich das Interesse der Gesellschaft an der Schaffung langlebiger Arbeitsmittel zu berücksichtigen. Uns scheint, daß die folgende Kennziffer dazu geeignet ist, ungeachtet der Tatsache, daß sie äußerlich recht plump erscheint:

$$(17) \quad \frac{L_r}{\tau_r}.$$

Beide Komponenten haben dabei denselben Sinn wie in der Formel (16).

Die beiden Meßgrößen (16) und (17) sind, wie dies aus der Art ihrer Konstruktion folgt, nur zum Vergleich der im engen Sinne des Wortes vergleichbar zu nennenden Investitionsvarianten geeignet. Wenn dagegen die Aufgabe gestellt wird, die Effektivität von Investitionen in die Produktion von Puderdosen oder Flugzeugen zu vergleichen und wenn dabei vorausgesetzt wird, daß die Aufgabe, alles zwischen Puderdosen und Flugzeugen Liegende in einer Reihe zu ordnen, gelöst ist, dann ist die Aufgabenstellung selbst schon aussichtslos. Natürlich fällt es schwer, von einer auf den ersten Blick so bequemen (und nicht nur auf den ersten Blick – gewohnten) Meßgröße für die Effektivität abzugehen, wie sie das Geld ist. Das Geld aber steht immer in Beziehung zu den Preisen, und hier beginnt ein neuer Zyklus von Mängeln des normativen Herangehens an die Messung der relativen Effektivität.

Wertkennziffern sind nicht nur aus vielen, bereits erörterten Gründen ungeeignet, sie sind hier einfach überflüssig. Wenn der Produktionsplan aufgestellt ist, so „untermauert" man ihn durch den Investitionsplan. Eben diese Investitionsressourcen, durch die die Mengen- und Strukturkennziffern des Plans gesichert werden, müssen auf effektive Weise auf die einzelnen Objekte verteilt werden.

## *Anmerkungen zu Teil I*

### *Kapitel 1*

1 „Tatsächlich setzt die dialektische Einheit der Produktionsverhältnisse die führende, bestimmende Rolle eines gewissen fundamentalen Verhältnisses in diesem System voraus, setzt sie, mit anderen Worten, das Vorhandensein eines Verhältnisses voraus, das das wichtigste, zentrale, konstituierende Moment, die allgemeine Ausgangsbeziehung und daher die allgemeinste spezifische Beziehung der gegebenen Produktionsweise bildet. Diese Beziehung besteht in den Eigentumsverhältnissen an den Produktionsmitteln. Sie bildet das tiefste, konstituierende, ursprüngliche und daher allgemeine ökonomische Verhältnis der gegebenen Produktionsweise" (*Я. А. Кронрод*, Законы политической экономии социализма, М., 1966, стр. 113.)

2 Im theoretischen Gepäck der modernen Politökonomie gibt es eine Konzeption, die eine kausale Wechselbeziehung etwas anderer Art herstellt. „Ohne Planmäßigkeit gibt es kein sozialistisches Eigentum im ökonomischen Sinne dieses Wortes ... Die Planmäßigkeit bestimmt die spezifische Form der Verwirklichung der Produktionsverhältnisse und der Wirkung *aller* ökonomischen Gesetze der kommunistischen Produktionsweise – das ist die Quintessenz dieses Standpunktes." Es gibt keinen Zweifel, „keine juristischen Dekrete können das sozialistische Eigentum konsolidieren, wenn in Wirklichkeit die Anarchie der Produktion zugelassen wird." Aber die Anhänger dieser Konzeption selbst erkennen an, daß „die Planmäßigkeit dem Volkseigentum als dem allgemeinen Eigentum des gesamten Volkes innerlich eigen ist". („Курс политической экономии", Под ред. Н. А. Цаголова, т. 2, М., 1963, стр. 111–119). Vgl. auch die deutsche Übersetzung „Lehrbuch Politische Ökonomie Sozialismus", Berlin, 1972, S. 119–126. Die Abweichung von den zitierten Textstellen ergibt sich daraus, daß der Übersetzung die überarbeitete Ausgabe aus dem Jahre 1970 zugrunde liegt. (Anm. des Herausg.)

3 Политическая экономия социализма, изд. 2-е., М., 1962, стр. 135.

4 Lehrbuch Politische Ökonomie Sozialismus, Berlin 1972, S. 127.
„Die planmäßige Form des Wirtschaftens wird im Sozialismus zur *objektiven ökonomischen Notwendigkeit* und in diesem Sinne zum Gesetz" (ebenda S. 123).

5 Политическая экономия. Коммунистический способ производства. Под ред. К. Н. Шафиева, М., 1963, стр. 122. „Die ökonomischen Gesetze des Sozialismus sind der Ausdruck von zutiefst stabilen, sich ständig wiederholenden inneren Beziehungen und Abhängigkeiten der gesellschaftlichen Produktionsverhältnisse der Menschen in den ökonomischen Erscheinungen und Prozessen sowie zwischen den Erscheinungen und Prozessen" (А. Пашков, Об экономических законах социализма, in: „Плановое хозяйство", № 1 (1967), стр. 12).

6 *Я. А. Кронрод*, a. a. O., стр. 88, 94.

7 *Я. А. Кронрод*, Экономические законы и хозяйственная практика, М., 1966, стр. 4.

8 Курс политической экономии, т. 2., стр. 143, vgl. Lehrbuch Politische Ökonomie Sozialismus, S. 144. s. Anmerkung zur Fußnote 2.

[9] Политическая экономия социализма, стр. 154, Курс политической экономии, т. 2, стр. 143, vgl. Lehrbuch Politische Ökonomie Sozialismus, S. 143.

[10] *A. I. Vikentev* und *B. P. Mirošničenko* schreiben dazu: „Bei all seiner gewaltigen Bedeutung darf das ökonomische Grundgesetz nicht verabsolutiert werden. Es wäre falsch, anzunehmen, daß das Grundgesetz absolut alle Erscheinungen und Prozesse, die in der Ökonomie vorkommen, bestimmt ... Zu den Prozessen in der sozialistischen Gesellschaft, die außerhalb des ökonomischen Grundgesetzes stehen, gehört zum Beispiel die Verteidigungsindustrie ... Die sozialistische Gesellschaft wendet nur deshalb Mittel für die Unterhaltung von Streitkräften ... auf, weil sie durch die aggressiven Kräfte der imperialistischen Welt dazu genötigt wird. Gäbe es die letzteren nicht, so würde die sozialistische Gesellschaft zweifellos die Mittel, die heute für die Verteidigung ausgegeben werden, für die noch vollständigere Befriedigung der materiellen und geistigen Bedürfnisse der Bürger einsetzen" (*А. И. Викентьев, Б. П. Мирошниченко,* Экономические законы социализма и планирование в странах СЭВ, М. 1964, стр. 64).

[11] Политическая экономия, М. 1963, стр. 149–150; Политическая экономия социализма, изд. 2-е, М. 1962, стр. 173.

[12] *Я. А. Кронрод,* Законы политической экономии социализма стр. 378. „Im Sozialismus ...", schreiben A. I. Vikentev und B. P. Mirošničenko, „*existiert* die Proportionalität *ständig,* denn ihre objektive Basis existiert ständig – das gesellschaftliche Eigentum an den Produktionsmitteln. Diese Proportionalität entsteht nicht im Plan, sondern stellt eine objektive Realität dar" (Hervorhebung – V. D.) (*А. И. Викентьев, Б. П. Мирошниченко,* a. a. O., стр. 57, 84).

[13] Политическая экономия. М. 1963, стр. 243, 249 (Hervorhebung – V. D.).

[14] *Я. А. Кронрод,* a. a. O., стр. 392–393, 479.

[15] *Д. Д. Кондрашев,* Цена и стоимость в социалистическом хозяйстве, М. 1963, стр. 38.

[16] „Die Notwendigkeit der Warenbeziehungen im Sozialismus hängt unmittelbar mit der Notwendigkeit zusammen, das Prinzip der materiellen Interessiertheit zu verwirklichen und die Interessen der Gesellschaft insgesamt mit den Interessen der Betriebskollektive sowie der einzelnen Werktätigen zu verbinden ... Die Ökonomen, die die Warenwirtschaft im Sozialismus negieren, schöpfen ihre Argumente nicht aus dem Leben, sondern allein aus Zitaten, aus Thesen, die aufgestellt worden sind, lange bevor es die Erfahrungen des sozialistischen Aufbaus gab" (*Г. Козлов,* О товарно-денежных отношениях при социализме, in: „Вопросы экономики", № 7 (1967), стр. 28, 31).

[17] Unserem Standpunkt zu den Forderungen der betrachteten ökonomischen Gesetze am nächsten kommt die von L. B. Alter und B. I. Braginskij vertretene Auffassung des Problems. So verstehen sie „das Gesetz der planmäßigen Entwicklung als das Gesetz der Einheit und der optimalen Proportionalität der sozialistischen Wirtschaft", und über das Wertgesetz sagen sie direkt, daß „dies vor allem ein Gesetz der Preisbildung ist". „Unter den Bedingungen der ersten Phase des Kommunismus", schreiben sie, „kann das Gesetz der planmäßigen

Entwicklung nur in Wechselwirkung mit dem Wertgesetz und allen Wertkategorien wirken, welche die materielle Interessiertheit der einzelnen Werktätigen und ihrer Kollektive an der Lösung der einheitlichen volkswirtschaftlichen Aufgaben stimulieren. In diesem Zusammenwirken des Gesetzes der planmäßigen Entwicklung der Volkswirtschaft und des Wertgesetzes zeigt sich auch die Verbindung dieser Gesetze mit dem ökonomischen Grundgesetz des Sozialismus; denn die Übereinstimmung der bewußt festgelegten Proportionen mit den Bedürfnissen der Gesellschaft bildet eine notwendige Bedingung für die Erreichung des Zieles der sozialistischen Produktion" (*Л. Б. Альтер, Б. И. Брагинский,* Научные основы планирования народного хозяйства, in: Экономическое планирование в СССР, М. 1967, стр. 32, 35, 36).

## *Kapitel 2*

18 „Die größten Schwierigkeiten, die mit gewissen prinzipiellen theoretischen Problemen der sozialistischen Ökonomie verbunden sind, entstehen bei der Festlegung der Optimalitätskriterien, d. h. jener quantitativen Kennziffern, auf Grund derer die verschiedenen Lösungsvarianten ökonomischer Aufgaben verglichen und die „besten" ausgewählt werden müssen. Die Ergebnisse jeder wirtschaftlichen Maßnahme und die zu ihrer Durchführung nötigen Aufwendungen müssen unter dem Gesichtspunkt der allgemeinen Ziele der sozialistischen Gesellschaft bewertet werden. Wie aber kann das Maß der Erreichung dieser Ziele durch diese oder jene Einsparung dieser oder jener Aufwendungen quantitativ ausgedrückt werden? Diese Frage bildet eines der schwierigsten Probleme der Theorie der Planwirtschaft" (*А. Л. Лурье,* О математических методах решения задач на оптимум при планировании социалистического хозяйства, М. 1964, стр. 13).

19 КПСС в резолюциях и решениях съездов, конференций и пленумов ЦК КПСС, ч. II, 1954, стр. 453–454.

20 Vgl. *J. N. Gavrilec* u. a., Ein lineares Modell für das optimale Wachstum einer Planwirtschaft, in: Nemtschinow, Kantorowitsch, Die Anwendung der Mathematik bei ökonomischen Untersuchungen, Berlin 1967, S. 128–169; *В. Ф. Пугачев,* О критерии оптимальности экономики, in: Экономико-математические методы, вып. 1, Народнохозяйственные модели. Теоретические вопросы потребления, М. 1963, стр. 63–106; *В. Ф. Пугачев,* Оптимизация планирования, М. 1968.

21 Пути построения оптимального планирования и управления социалистической экономикой, М. 1966, стр. 34.

22 „Wenn wir nur ein Stück Torte haben, so geben wir es unserem Kind; haben wir zwei Stücke, so geben wir das zweite der Ehefrau; sind es drei Stücke, so bleibt das dritte für uns selbst; haben wir aber vier Stücke, so geben wir das vierte der Schwiegermutter" (W. Baumol, Economic theory and operations analysis, Englewood Cliffs (N. J.) 1961). Außer an den letzgenannten Faktor erinnert V. A. Masch, der sich auf V. F. Pugačov bezieht, in diesem Zu-

sammenhang an den moralischen Verschleiß (der Produktionsmittel und Konsumtionsmittel) sowie an das Vorhandensein einer gewissen Unbestimmtheit in den Vorstellungen über die Perspektiven der gesellschaftlichen Produktion und Konsumtion. Jedoch, behauptet V. A. Masch, „wird der moralische Verschleiß im Modell selbst berücksichtigt, das die gesamte Volkswirtschaft umfaßt und zudem hinreichend detailliert ist. Was nun die Unbestimmtheit in den Vorstellungen über die Perspektiven der gesellschaftlichen Produktion und Konsumtion angeht, so kann man die Einführung eines willkürlichen Gewichtskoeffizienten kaum als eine befriedigende Lösung ansehen. Denn auch in der realen Wirklichkeit verzichtet man nicht auf den Bau von Elektrizitätswerken, weil es in Zukunft möglich sein wird, die Energie gesteuerter Kernreaktionen zu nutzen" (*В. А. Маш*, Оптимальное размещение производительных сил в народном хозяйстве, in: Математические методы и проблемы размещения производительных сил, М. 1963, стр. 319).

23 Vgl. z. B. *В. Ф. Пугачев*, Оптимизация планирования. Wie leicht die Leidenschaften angesichts theoretischer Probleme der modernen ökonomischen Wissenschaft entflammen, zeigt ein Ferndialog, der sich zwischen dem bekannten bulgarischen Ökonomen J. Matejew und dem sowjetischen Ökonomen K. K. Val'tuch abspielte. Der Leser wird sich davon überzeugen können, daß dieses Beispiel ebenso klar zeigt, wie leicht in einer solchen Auseinandersetzung ein Fehler gemacht wird, den die Musiker „aus dem Takt kommen" nennen.

E. Mateev: „Die Gewichtsfunktion ... – das ist unser alter Bekannter, der Koeffizient der „Reduzierung" verschiedenzeitlicher Produkte und Aufwendungen ... auf gleichzeitige. Die heikle Frage nach der Bedingtheit des Zeitraums, für den wir das Integral nehmen (d. h. des Planzeitraums – V. D.), erweist sich als endgültig, ein für allemal durch die Reduktion selbst gelöst. Das alles wäre gut und schön, wenn die Funktion M (t) (in unserem Falle die Funktion $1 : (1 + \lambda)^t$ – V. D.) tatsächlich als ökonomische Kategorie existieren würde, d. h. wenn sie keine erfundene Größe wäre, die es nur gibt, weil Pugačov eine solche dringend „benötigt". Wenn Pugačov versucht, diese Funktion ... dem Wesen nach zu charakterisieren, dann ist er nicht imstande, irgend etwas jenen allgemeinen Phrasen hinzuzufügen, die seinerzeit Böhm-Bawerk formulieren konnte ... Übrigens folgt Pugačov so deutlich Böhm-Bawerk, daß er ihn zitieren sollte ... Die allgemeinen Überlegungen, die Böhm-Bawerk seinerzeit formuliert hat, sind vom faktischen „Mechanismus" des Akkumulationsprozesses des Kapitals so weit entfernt, daß der eigentliche Beweggrund der „Theorie" sofort klar wird. Anstatt daß die „Theorie" den Zins erklärt, kommt es umgekehrt: der Zins erklärt alle Aufregungen der zarten Seele des Kapitalisten; es bleibt nur ein Rauchvorhang aus Phrasen um die Tatsache der kapitalistischen Ausbeutung" (*Е. Матеев*, Перспективное планирование и экономическая кибернетика, София, 1966, стр. 225).

K. K. Val'tuch: „Die These, daß die Güter der Gegenwart in der Regel wertvoller sind als die zukünftigen Güter derselben Art und in derselben Menge, ist von E. Böhm-Bawerk formuliert worden, wobei manche Überlegungen zu dieser Frage schon früher von A. Smith, Senior, J. St. Mill, Menger, Jevons u. a. geäußert worden sind. Böhm-Bawerk betrachtet wie auch andere bürgerliche Ökonomen diese Erscheinung rein subjektivistisch, als eine subjektive Unterschätzung der zukünftigen Freuden und Leiden in unserer zivilisierten Gesellschaft. ... Die Gründe dafür sieht er in der „Lückenhaftigkeit der Vorstellungen, die wir uns von unseren zukünftigen Bedürfnissen machen", in der Neigung des Menschen, „die kleine, gegenwärtige Freude zu wählen, obwohl er genau weiß und im Moment der Wahl sogar bewußt daran denkt, daß er eine große Freude in der Zukunft verliert ...". Dabei versucht Böhm-Bawerk, die Kapitalzinsen aus der betrachteten Erscheinung abzuleiten, und wendet sich gegen die Marxsche Zinstheorie.

Die Unhaltbarkeit der Zinstheorie von Böhm-Bawerk und die Unwissenschaftlichkeit seiner Auffassung des Problems des Nutzens gegenwärtiger und zukünftiger Güter sind offensichtlich und bedürfen keines ausführlichen Beweises. Falsch wäre es jedoch, daraus den Schluß zu ziehen, daß es ein solches Problem in der Wirtschaftswissenschaft überhaupt nicht gebe, oder zu meinen, seine Lösung sei nur im subjektivistischen Geist möglich. Der Zeitfaktor, der seinen Ausdruck im Vergleich des Nutzens von gegenwärtigen und zukünftigen Gütern findet, ist ein objektiver Faktor der ökonomischen Entwicklung, und er muß von wissenschaftlichen, marxistischen Positionen her erforscht werden" (*К. К. Вальтух*, Проблемы оптимизации накопления, in: Проблемы народнохозяйственного оптимума, Новосибирск 1966).

24 „Der Begriff der optimalen Wirtschaftsentwicklung setzt die quantitative Lösung der Frage nach dem relativen Wert der gegenwärtigen und zukünftigen Konsumtion voraus. Gegenwärtig gibt es offenkundig keine Möglichkeit, ein Optimalitätskriterium zu formulieren, das es erlaubt, dieses Problem gestützt allein auf unbestrittene wissenschaftliche Prinzipien zu lösen" (*В. А. Волконский*, Модель оптимального планирования и взаимосвязи экономических показателей, M. 1967, стр. 47).

Eine Reihe westlicher Ökonomen, die das Problem des Kriteriums eines dynamischen Wirtschaftssystems am abstrakten mathematischen Modell erforschen, kommt zu folgender Schlußfolgerung: „Da vom Standpunkt der Nationalökonomie die zukünftigen Generationen die gleiche Bedeutung wie die jetzt lebenden besitzen, benutzen wir keinerlei diskontierende Koeffizienten". Denn diese „können sich bei einer Anwendung auf die Pläne der einzelnen Individuen als realistisch und bei einer Anwendung auf gesamtnationale Pläne nicht unbedingt als realistisch erweisen. Wenn der Wunsch danach besteht, kann die Diskontierung der zukünftigen Konsumtion leicht berücksichtigt werden, es ergibt sich dann aber die Frage nach ihrem quantitativem Maß. Statt dessen kann eine endliche Periode T eingeführt werden, dann jedoch entsteht eine analoge Frage nach deren Dauer" (*J. Tinbergen, H. S. Bos*, Mathematical Models of Economic Growth, New York 1962.)

25 *J. N. Gavrilec* u. a., a. a. O., S. 138.

26 Der polnische Ökonom Bronislav Minc meint, daß das außerordentliche Übergewicht der bei der Bevölkerung vorhandenen Geldmenge gegenüber dem

Warenangebot ein Merkmal inflationärer Erscheinungen in der sozialistischen Wirtschaft ist (vgl. *Б. Минц*, О причинах инфляционных явлений в социалистической экономике, in: Очерки по теории социалистического воспроизводства и цен, Перевод с польского, Варшава, 1964).

27 In diesem Zusammenhang ist A. Paškov zuzustimmen, der schreibt: ...„Das Ziel der Produktion befindet sich nicht außerhalb des Bewußtseins der Menschen. Dieses Ziel wird von Menschen aufgestellt, die über die Produktionsmittel verfügen“ (*А. Пашков*, a. a. O., стр. 15).

28 Zu den Anhängern der ersteren Konzeption gehören: L. Kantorovič, V. Novožilov, A. Lurje, B. Michalevskij u. a. Anhänger der zweiten Konzeption sind V. Volkonskij, V. Pugačov, A. Kacenelinbojgen, J. Ovsienko, J. Faerman, A. Granberg; in seinen letzten Arbeiten hat auch V. Nemčinow diese Position eingenommen.

29 „Diese Begrenztheit der Mittel macht es erforderlich, daß einerseits ein Kompromiß zwischen den einzelnen inkommensurablen und in bezug auf den Bedarf an Ressourcen miteinander konkurrierenden Zielen getroffen wird..., und daß andererseits jedes Planziel mit den für seine Realisierung zur Verfügung stehenden Mitteln abgestimmt wird.

Solche inkommensurablen und in ihrem Effekt in gewissem Sinne miteinander konkurrierenden Ziele sind z. B. die Maximierung der Akumulationen und die Maximierung der individuellen Konsumtion. Die Inkommensurabilität dieser beiden Ziele ergibt sich daraus, daß der Effekt aus der Realisierung eines der beiden Ziele einen unterschiedlichen Gebrauchswert darstellt, unterschiedliche Dimensionen aufweist und zudem noch zu verschiedenen Zeitpunkten eintritt. Gleichzeitig konkurrieren aber diese beiden Ziele auch miteinander, weil diejenigen Mittel, die für die Akkumulationen verausgabt werden, im jeweiligen Moment der Konsumtion verlorengehen. Eine richtige Formulierung des Perspektivplankriteriums impliziert immer eine gewisse Auswahl der Gewichte dieser Ziele, oder mit anderen Worten, einen Kompromiß zwischen ihnen“ (J. N. Gavrilec u. a., a. a. O., S. 139).

30 *В. В. Новожилов*, Теория трудовой стоимости и математика, in: „Вопросы экономики“, № 12 (1964), стр. 96–110.

31 V. V. Novožilov, Die Messung von Aufwand und Ergebnis, Berlin, 1970, S. 314.

32 А. Л. Лурье, a. a. O., стр. 218–219.

33 Hier ist eine charakteristische Äußerung A. L. Vainšteyns: „Uns scheint, daß es möglich ist, eine „Zielfunktion“ für die Volkswirtschaft zu formulieren und ihr Optimum zu suchen, sei das die Maximierung des Nationaleinkommens, die Maximierung der Konsumtion für eine bestimmte Zeitspanne, die Minimierung des Arbeitsaufwands oder die Maximierung der Freizeit usw.“ (*А. Л. Вайнштейн*, Возникновение и развитие применения линейного программирования в СССР, in: Экономико-математические модели народного хозяйства, М. 1966, стр. 32).

34 Vgl. *В. А. Волконский*, a. a. O.; *В. А. Волконский*, Об объективной математической характеристике народного потребления, in: Экономико-математические методы, Вып. 1, Народнохозяйственные модели. Теоретические

вопросы потребления, М. 1963, стр. 201–240; *В. А. Волконский*, Товарно-денежный механизм в оптимальном управлении хозяйством и ценообразование, in: Экономика и метематические методы, т. 3, №. 4, М. 1967, стр. 489–499.

35 Vgl. *В. Ф. Пугачев*, О критерии оптимальности экономики, a. a. O., стр. 63–106. In einer anderen Arbeit von V. F. Pugačov finden wir:

$$Z = \sum_{t=1}^{T-1} \frac{1}{(1+\lambda)^t} - u_t\,(K\,(t)) + f\,(Y_T) \rightarrow \text{Max},$$

wobei T die Planperiode ist und

$f\,(Y_T)$ – eine gewisse Funktion der Menge materieller Ressourcen, die bis zum letzten Jahr der Planperiode angehäuft worden sind, und die den produktiven Ausstoß aus dem Produktionssystem ausdrückt, der nach der jeweiligen Planperiode realisiert werden kann (В. Ф. Пугачев, Оптимизация плаиирования, М. 1968, стр. 44).

36 Die wissenschaftlichen Grundlagen für die quantitative Untersuchung des Nutzenproblems sind schon zu Beginn unseres Jahrhunderts durch den bedeutenden russischen Mathematiker Sluckij geschaffen worden. „Einer der größten russischen Ökonomen und Mathematiker, J. J. Sluckij, veröffentlichte 1915 in einer italienischen Zeitschrift die Arbeit „Sulla teoria del bilancio del consumatore“, die neue Wege zu der damals noch nicht ausgearbeiteten Konsumtionstheorie bahnte. Insbesondere lieferte die allgemeine Theorie von Sluckij die Erklärung für das Giffensche Paradoxon, das bereits seit den neunziger Jahren des vorigen Jahrhunderts bekannt war. Giffen, ein angesehener englischer Statistiker hatte bei der Untersuchung von Verbraucherbudgets empirisch festgestellt, daß bei der Erhöhung des Preises für eine geringwertige und wenig elastische Ware nicht eine Verringerung, sondern eine Erhöhung der Nachfrage nach dieser Ware möglich ist. Zwanzig Jahre lang gab es kein Echo auf diese Arbeit Sluckijs, bis der amerikanische Ökonom Schultz (1935) und danach der englische Statistiker und Mathematiker R. Allen (1936) auf sie stießen und ihren Inhalt weiten Kreisen von Statistikern, Mathematikern und Ökonomen zur Kenntnis brachten. Seit jener Zeit finden sich die „Sluckij-Beziehungen“, die „Gleichungen Sluckijs“ in allen ausländischen Untersuchungen und Lehrbüchern zur Theorie der Nachfrage und der Konsumtion“. (*А. Л. Вайнштейн*, a. a. O., стр. 24). Daß die sowjetischen Ökonomen die Möglichkeit erhielten, diese hervorragende Arbeit in russischer Sprache kennenzulernen, verdanken wir der Initiative V. S. Nemčinovs, der sie in den unter seiner Redaktion herausgegebenen Sammelband „Народнохозяйственные модели. Теоретические проблемы потревления“ (М. 1963, стр. 241–271) aufgenommen hat.

37 *А. И. Каценелинбойген и. др.*, Методологические вопросы оптимального планирования социалистической экономики, М. 1966, стр. 177.

38 Пути построения системы оптимального планирования и управления социалистической экономикой, М. 1966, стр. 27–28.

39 In diesem Sinne sind wir völlig mit M. M. Kolganov einverstanden, der schrieb: „Die Berechnungen des Optimums fallen im Grunde mit den Berechnungen

der Arbeitsproduktivität zusammen. Das Optimum ist, anders ausgedrückt, eben die maximale Produktivität aller Aufwendungen von gesellschaftlicher Arbeit, die bei rationeller Nutzung der vorhandenen materiellen und Arbeitsressourcen erreicht werden kann" (*M. M. Колганов*, Политическая экономия и математика, in: Вопросы экономики, №. 12 (1964), стр. 111–125).

40 Vgl. *V. S. Dadajan*, Ökonomische Berechnungen nach dem Modell der erweiterten Reproduktion, Berlin 1969, S. 134–139. Hier wird eine hypothetische Variante der Methodik untersucht, die von Marx bei der gut bekannten Berechnung der Dynamik der Produktivkraft der englischen Gesellschaft für die Jahre 1770 bis 1840 angewendet wurde.

## *Kapitel 3*

41 Über den Nutzen schreiben die amerikanischen Wissenschaftler R. Luce und H. Raiffa: „Wir werden nicht sagen, das Individuum habe A und nicht B vorgezogen, weil A einen größeren Nutzen besitzt, sondern umgekehrt, weil A und nicht B vorgezogen worden ist, werden wir ihm einen größeren Nutzen *zuschreiben* (Hervorhebung – V. D.)". R. Luce und H. Raiffa untersuchen ein Beispiel, in dem das Objekt der Auswahl des Verbrauches eine Reproduktion ist, und stellen fest: Wenn wir imstande sind, die Alternativen der Reihe nach zu bewerten und ihnen einen Zahlenwert zuzuschreiben, dann können wir behaupten (und das ist einfach eine *Tautologie*), daß sich das Individuum so verhält, als ob es das Bild mit dem höheren Zahlenwert auswählt. Das kann leicht zu der Annahme verleiten, daß dieses eine Bild dem anderen deshalb vorgezogen wird, weil es eine größere verborgene Kennziffer der „Befriedigung" oder des „Nutzens" hat. Das ist eine unfruchtbare Annahme; mehr noch, es ist eine Falle, die man sorgsam umgehen muß. Eine derartige Auffassung ist einmal Gegenstand hitziger Auseinandersetzungen in der ökonomischen Literatur gewesen, aber völlig diskreditiert worden." Überhaupt „hat es in der Vergangenheit so viele richtige und unrichtige Verwendungen der verschiedensten Begriffe, die sich Nutzen nannten, gegeben, daß viele mit Mißtrauen auf alles sehen, was mit diesem Wort zusammenhängt, und andere diesem modernen Begriff hartnäckig veraltete Bedeutungen unterlegen ... Es wäre Zeitverschwendung, alle die vernichtenden Anschuldigungen aufzuzählen, die für die früheren Theorien zutreffend waren, für die moderne Theorie aber völlig unanwendbar oder unrichtig sind" (R. Luce, H. Raiffa, Games and Decisions, Wiley 1957).

42 *В. С. Немчинов*, Потребительная стоимость и потребительские оценки, in: Экономико-математические методы. Вып. 1. Народнохозяйственные модели. Теоретические вопросы потребления, М. 1963, стр. 188, 185. „Der Produktionsprozeß ist vor allem ein Prozeß der Arbeit, und der Konsumtionsprozeß ist ein Prozeß der Bevorzugung der einen konsumierten Güter gegenüber anderen" (Ebenda, S. 186). Nicht uninteressant ist in diesem Zusammenhang folgende Bemerkung des bekannten amerikanischen Ökonometrikers

G. Tintner: „Die Indifferenzsysteme machen die Annahme der Meßbarkeit des Nutzens . . . überflüssig“ (*G. Tintner*, Handbuch der Ökonometrie, Berlin, Göttingen, Heidelberg, 1960, S. 64f.).

43 *Е. Е. Слуцкий*, К теории сбалансированного бюджета потребления, in: Экономико-математические методы, Вып. 1, Народнохозяйственные модели. Теоретические вопросы потребления, стр. 243.

44 *А. Г. Гранберг*, Целевая функция благосостояния и критерии оптимальности в прикладных народнохозяйственных моделях, in: Проблемы народнохозяйственного оптимума, Новосибирск 1966, стр. 68–69.

45 *В. А. Волконский*, Модель оптимального планирования и взаимосвязи экономических показателей, М. 1967, стр. 43.

46 Zugunsten einer solchen Lösung des Problems sprechen sich A. A. Kazenelinbojgen, V. A. Maš und einige andere Ökonomen aus. Z. B. schlägt V. A. Maš vor, als Optimalitätskriterium des Plans das Zeitminimum zu wählen, das bis zur Erreichung des geplanten Wohlstandsniveaus benötigt wird. „Für die Aufstellung der Normative wird vorgeschlagen, neben den bekannten physiologischen Normativen dieselben Ausgangsdaten (der Konsumtionsstruktur) zu benutzen wie für die Aufstellung der Zielfunktion der Konsumtion . . . Der Unterschied besteht darin, daß beim normativen Vorgehen gewisse Typenstrukturen der Konsumtion ausgewählt werden, die in kürzester Frist zu erreichen sind (natürlich unter Beachtung bestimmter Beschränkungen): diese Frist *ist die gesuchte Größe*. Wird dagegen die Zielfunktion der Konsumtion benutzt, so ist das gesuchte Ergebnis gewöhnlich *die Struktur der Konsumtion für einen gewissen vorher festgelegten Zeitpunkt*“ (*В. А. Маш*, a. a. O., стр. 318).

47 *В. А. Райцин*, Нормативные методы планирования уровня жизни, М., 1967.

48 *С. Н. Брайнес, В. Б. Свечинский*, Элементы общей теории управления в организме, in: Экспериментальная хиругия и анестезиология, №. 5 (1963), стр. 4.

49 Die Frage nach der Organisation des Leitungssystems der Produktion auf der Grundlage der wirtschaftlichen Rechnungsführung, darunter auch nach der umfassenden praktischen Nutzung eines solchen Instruments wie des Plan-Auftrags in den Wechselbeziehungen der mittleren und unteren Ebene, ist zum erstenmal 1963 von V. S. Nemčinov gestellt worden (vgl. *В. С. Немчинов*, О дальнейшем совершенствовании планирования и управления народным хозяйством, М. 1963).

50 „Die Aufgabe der Leitung der Volkswirtschaft kann nur dadurch gelöst werden, daß man sie in eine Vielzahl von Aufgaben kleineren Umfangs gliedert, deren gemeinsame Lösung durch solche Steuerungsnormative wie Preise, feste Abführungen, Lohnsätze usw. reguliert wird“. Nur auf diesem Wege kann die Aufgabe der „Überwindung der superkosmischen Dimension der Welt der möglichen Pläne“ gelöst werden (*В. В. Новожилов*, Новый этап развития системы управления советской экономикой, in: Экономика и математические методы, т. 3, №. 5, 1967, стр. 667, 663).

51 „Dieses Normativ", schreibt T. S. Chačaturov, „ist jenes minimale Niveau der Effektivität, unter das die Effektivität einer geplanten Investition nicht zurückgehen darf" (*Т. С. Хачатуров*, Экономическая эффективность капитальных вложений, М. 1964, стр. 22). „Bei der Bestimmung der Effektivität von Investitionen", stellt er weiter fest, „darf man sich nicht nur auf den Bereich des jeweiligen Objekts oder des jeweiligen Zweiges beschränken, sondern muß klären, welchen Einfluß die jeweilige Maßnahme auf die Größe der Aufwendungen und des Effekts in anderen Bereichen der Volkswirtschaft ausüben kann ... Die Bestimmung der vollen volkswirtschaftlichen Effektivität führt oft zu einer anderen Lösung der Frage, als dies bei einer Beschränkung auf den jeweiligen Betrieb der Fall ist" (ebenda, стр. 22–23).

52 *В. Н. Богачев*, Срок окупаемости. Теория сравнения плановых вариантов, М. 1966, стр. 28, 55.

53 *Ю. В. Сухотин*, Производительность общественного труда-критерии экономической эффективности капитальных вложений, in: Эффективность капитальных вложений в различных отраслях социалистической промышленности, М. 1963, стр. 22–29. Diesen Standpunkt teilt auch T. S. Chačaturov. „Der Koeffizient der relativen Effektivität {$\lambda$}", schreibt er, „ist nicht die durchschnittliche Effektivitätsrate des Zweiges, sondern die minimale; sie zeigt jene kleinste Effektivitätsgröße, der die zu vergleichenden Varianten gerecht werden müssen, um als konkurrenzfähig bei der Lösung der Frage nach der Auswahl der Varianten anerkannt zu werden" (*Т. С. Хачатуров*, a. a. O., стр. 88).

54 *С. Г. Струмилин*, Об экономической эффективности новой техники, М. 1958, стр. 14–15; *Л. А. Вааг*, Общие вопросы оценки эффективности капитальных вложений, М. 1958, стр. 36.

55 *V. V. Novožilov*, Die Messung von Aufwand und Ergebnis, Berlin 1970, S. 110. V. V. Novožilov bemühte sich, jenen „nichtnegativen" Bereich zu definieren, in dem die Vorschläge von S. G. Strumilin und L. A. Waag einen realen Sinn besitzen. Er schreibt: „Die durchschnittliche Effektivität kann sich auf alle in der Zukunft möglichen Investitionen beziehen. In diesem Sinne ist offenbar S. G. Strumilin zu verstehen. Die durchschnittliche Effektivität kann sich auch auf durchgeführte vergangene Investitionen beziehen und dann die durchschnittliche Rentabilität der Produktionsfonds angeben. Diese Ansicht vertraten L. A. Vaag u. a. „Jedoch", fährt V. V. Novožilov fort, „weder die eine noch die andere Konzeption eines Durchschnittswertes als Effektivitätsnormativ gibt uns ein Instrument in die Hand, das dazu geeignet ist, optimale Investitionsbilanzen aufzustellen. Die durchschnittliche Effektivität aller möglichen Investitionen gibt absolut keine Garantie dafür, daß der auf dieser Grundlage aufgestellte Investitionsplan mit dem Limit der Investitionen übereinstimmt. Ein derartiger Durchschnittswert könnte nur als erste Annäherung bei der Suche nach einem Normativ für die Investitionseffektivität dienen" (ebenda, S. 110f.)

56 *Т. С. Хачатуров*, a. a. O., стр. 84; *Ю. В. Сухотин*, a. a. O. стр. 31. Zugleich macht J. V. Suchotin eine Einschränkung: „Wir bestreiten nicht die Möglichkeit, daß in der Praxis gewisse Abweichungen vom einheitlichen Normativ

in Richtung auf eine bestimmte Zweigdifferenzierung erforderlich sein können. Aber solche Abweichungen können nicht mit Unterschieden in der Wichtigkeit einzelner Zweige begründet werden, die es erfordern würden, die Zweige in unterschiedlichem Umfang mit zusätzlichen Investitionen zu versorgen, sondern mit technisch-ökonomischen Unterschieden, die mit einer unterschiedlichen Fondsintensität und der Höhe der Betriebskosten verbunden sind" (ebenda, стр. 34). Überhaupt „muß die Größe des Normativs annähernd dem Niveau der faktischen Effektivität der bei einem gegebenen Akkumulationsfonds besten undurchführbaren und der schlechtesten durchführbaren Varianten gleich sein. Liegt sie darüber, so bleibt ein Teil des Akkumulationsfonds ungenutzt und ein Teil der möglichen Einsparung geht der Gesellschaft verloren. Ist sie niedriger , so reicht der Akkumulationsfonds nicht für die Durchführung aller Projekte, die effektiv erscheinen" (ebenda, стр. 31).

57 *V. V. Novožilov*, a. a. O., S. 112.

58 *В. П. Красовский*, Экономическая эффективность капитальных вложений, in: Экономическое планирование в СССР, М. 1967, стр. 223.

59 „Gleich große Aufwendungen an gesellschaftlicher Arbeit, die unmittelbar für die Herstellung eines gegebenen Produkts erfolgen (insbesondere für den Bau dieser oder jener Objekte), sind für die Volkswirtschaft von verschiedenem Wert, wenn sie zu verschiedenen Zeiten erfolgen. Die heutigen Aufwendungen sind für die Gesellschaft immer gewichtiger als zukünftige Aufwendungen derselben Größe. Jede Verzögerung des Zeitpunktes, an dem der Effekt des heutigen Aufwands zur Geltung kommt, führt zur Entstehung einer Masse von zusätzlichen volkswirtschaftlichen Aufwendungen. Umgekehrt ermöglicht eine Zurückstellung des jeweiligen Aufwands, die freigewordenen Ressourcen produktiv einzusetzen" (*Ю. В. Сухотин*, a. a. O., стр. 100).

60 A. J. Bojarskij sucht ebenfalls die Quellen der nicht geringen Verwirrung, die es um die Frage der Investitionseffektivität gibt. „Zu ihrer Bewertung", schreibt er, „insbesondere zur vergleichenden Bewertung verschiedener Varianten der Erzielung eines gewissen ***vorgegebenen Resultats*** (Hervorhebung – V. D.), wird eine Reihe nicht schlechter Kennziffern benutzt (Rückflußdauer einer Variante, die eine gewisse andere Variante ablöst, u. a.). Aber man hat von ihnen mehr verlangt, als sie zu geben imstande sind, man hat unter ihnen den Universalschlüssel finden wollen – ein einheitliches Kriterium für die Optimalität des gesamten Plans der Verteilung und Nutzung der Investitionen. Weder eine dieser Kennziffern, noch ihre Gesamtheit sind in der Lage, eine solche Aufgabe zu lösen." „Anstelle der fruchtlosen Suche nach einem einheitlichen Optimalitätskriterium des Plans", schließt er, „muß man eine ganze Reihe von Kriterien im Auge behalten, von denen jedes zu seiner Lösung führt. Je mehr Kriterien berücksichtigt werden, desto bessser für die Planung, desto reicher ist die Information, über die die Planung verfügt" (*А. Я. Боярский*, Математико-экономические очерки, М. 1962, стр. 351, 355).

61 Die Annahme, daß ein Objekt durch ein bestimmtes, unveränderliches Produktionsvolumen gekennzeichnet ist, findet sich z. B. in der Arbeit von V. N. Bogačev (vgl. *В. Н. Богачев*, a. a. O., стр. 78).

TEIL 2

# Das Gesetz der maximalen Effektivität der gesellschaftlichen Produktion

KAPITEL 5

## Das gesellschaftliche Produkt, das Nationaleinkommen und ihre Wachstumsfaktoren

### *Das Schema der Verteilung des gesellschaftlichen Produkts*

Als gesellschaftliches Gesamtprodukt bezeichnet man die Gesamtmasse der in einem Jahr von der Gesellschaft geschaffenen Gebrauchswerte, einschließlich der Dienstleistungen. Wenn man jeden Gebrauchswert mit seinem Preis multipliziert und dann die Produkte addiert, so erhält man den Umfang des gesellschaftlichen Produkts im Wertausdruck.

Für eine solche Kategorie wie die des gesellschaftlichen Gesamtprodukts ist eine Wertkennziffer nicht nur die unter dem Gesichtspunkt der Vergleiche und Berechnungen bequemste, sie ist auch die einzig anwendbare.

Das Schema der Verteilung des gesellschaftlichen Gesamtprodukts hat folgendes Aussehen[1]:

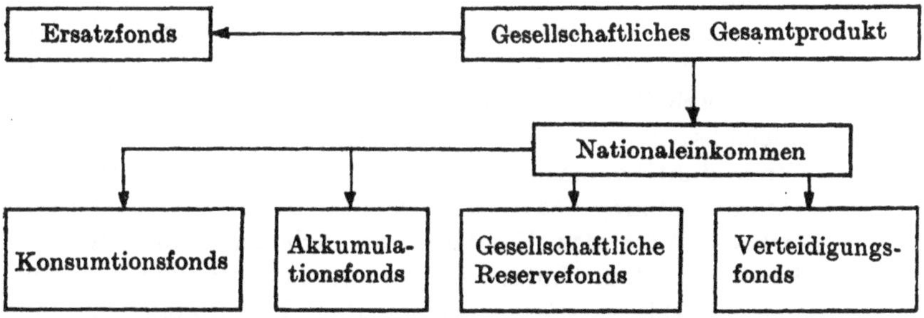


Abb. 5. Schema der Verteilung des gesellschaftlichen Gesamtprodukts

Von der stofflichen Zusammensetzung her wird das gesellschaftliche Produkt jährlich für folgende Zwecke verwendet:

1. Ersatz der Rohstoffe, Materialien, Brennstoffe, der Elektroenergie und der materiellen Dienstleistungen des Transportwesens, des Post- und

Fernmeldewesens, des Handels und der materiell-technischen Versorgung.

2. Ersatz bei Aussonderung und Verschleiß der volkswirtschaftlichen Produktionsgrundfonds.
3. Erweiterung der Produktionsgrundfonds.
4. Individuelle und gesellschaftliche Konsumtion.
5. Ersatz und Erweiterung der Grundfonds der nichtproduktiven Sphäre.
6. Erweiterung der Vorräte und der staatlichen Reservefonds.
7. Ergänzung des Verteidigungsfonds.
8. Export.

Der Wert des gesellschaftlichen Produkts wird in folgenden Positionen kalkuliert:

1. Ersatz der Rohstoffe, Materialien, Brennstoffe, der Elektroenergie, der materiellen Dienstleistungen des Transportwesens, des Post- und Fernmeldewesens, des Handels, der materiell-technischen Versorgung und der Halbfabrikate sowie der übrigen laufenden Produktionsaufwendungen, darunter:
   a) aus der Produktion (s. Punkt 1 der vorhergehenden Aufstellung);
   b) aus Importen
2. Volkswirtschaftlicher Amortisationsfonds.
3. Nationaleinkommen, darunter:
   a) Lohnfonds der Werktätigen der materiellen Produktion;
   b) Nettoeinkommen der Gesellschaft (Gewinn, Umsatzsteuer, Abführungen in den Fonds der Sozialversicherung usw.).

Wir sehen, Punkt 1 der ersten Gliederung und Punkt 1a der zweiten Gliederung stimmen völlig überein. Diese Position wird in der ökonomisch-mathematischen Literatur gewöhnlich als *Zwischenprodukt* bezeichnet. Seine ökonomische Zielstellung wird durch jene Rolle bestimmt, die die Arbeitsgegenstände (und die nach diesem Merkmal mit ihnen vergleichbaren materiellen Dienstleistungen) im Prozeß der erweiterten Reproduktion spielen. Alle übrigen Elemente der materiell-stofflichen Zusammensetzung des Gesamtprodukts nennt man *Endprodukt*.

Der jährliche Wert des Ersatzes von Arbeitsinstrumenten und Arbeitsmitteln muß dem Umfang des Amortisationsfonds nicht gleich sein. In jedem Fallle existiert zwischen dem Endprodukt und dem Nationaleinkommen folgende quantitative Abhängigkeit:

Nationaleinkommen = Endprodukt – Ersatz der Arbeitsinstrumente – laufender Verbrauch importierter Arbeitsgegenstände in der Produktion

Dies wird auch durch die Statistik bestätigt.[2]

Das Endprodukt – das sind Gegenstände. Das Nationaleinkommen dagegen ist *nur* Geld, das keine andere sachliche Existenz besitzt, als Papier oder monetäres Metall zu sein. Wenn folglich von der Verwendung des Nationaleinkommens die Rede ist, so kann nur von der Verwendung dieses Geldes die Rede sein.

Der Lohnfonds, der den Werktätigen der produktiven Sphäre ausgezahlt wird, wird über zwei Kanäle realisiert. Der erste und wichtigste dieser Kanäle ist die Bezahlung von Waren und Dienstleistungen zur Befriedigung der individuellen Bedürfnisse der Empfänger dieses Teils des Nationaleinkommens. Der zweite Kanal ist die Erhöhung der Spareinlagen sowie die Entrichtung von Geldsteuern. Die beiden letzten Teile können von der Gesellschaft als zusätzliche Finanzierungsquelle genutzt werden.

In welcher Form die Bevölkerung auch spart – ob sie das Geld bei Sparkassen einzahlt oder einfach aufbewahrt, diese Summen können von der Finanzstatistik berücksichtigt und von den Finanzorganen zeitweilig für die Verwendung in anderen Kanälen abgezweigt werden. Andererseits ist der gesamte Umfang des in einem Jahr geschaffenen Reineinkommens unteilbares Eigentum der sozialistischen Gesellschaft, wie immer dieses Einkommen auch verteilt werden mag – als Gewinnabführungen der Produktionsbetriebe an den Staatshaushalt, als den Betrieben zu eigener Verfügung überlassene Gewinne, als Abführungen in den Sozialversicherungsfonds usw. Dies ist der Hauptteil jener Masse von Finanzmitteln, über die der Staat auf diesem oder jenem Wege (über den Haushalt oder über selbständige Wirtschaftsorgane mit den Rechten einer juristischen Person) als das soziale Subjekt verfügt, das die unmittelbare Verfügungsgewalt über die Produktionsmittel ausübt.

Diese Mittel gehen völlig im einheitlichen gesamtstaatlichen Finanzsystem auf. Zu ihnen kommen hier der gesamte in der Volkswirtschaft angehäufte Amortisationsfonds sowie der gesamte Umfang des Imports, ausgedrückt in Preisen des Binnenmarktes. Der auf diese Weise gebildete einheitliche Fonds der Finanzmittel der Gesellschaft wird über folgende Kanäle verausgabt: Entlohnung der Werktätigen der nichtproduktiven Sphäre; unentgeltliche Zahlungen an die Bevölkerung in Form von Renten, Unterstützungen, Stipendien usw.; Finanzierung von Investitionen in die Produktionsgrundfonds und die Grundfonds der nichtproduktiven Sphäre, in die Erweiterung der Vorräte und Reserven; Finanzierung von Verteidigungsmaßnahmen, des Exports und der gesellschaftlichen Konsumtion sowie der übrigen Bedürfnisse der Gesellschaft.

Anfang der sechziger Jahre besaß dieser in Prozenten des Gesamtprodukts errechnete Fonds folgende Struktur:

*Die Struktur des gesellschaftlichen Finanzfonds*

| | |
|---|---|
| Insgesamt nach Entstehungsquellen | 29 |
| davon: | |
| Reineinkommen der Gesellschaft | 22 |
| Zuflüsse aus den Geldeinnahmen der Bevölkerung | 3 |
| Amortisation | 3 |
| Import | 1 |
| Insgesamt verwendet | 29 |
| davon: | |
| Entlohnung in der nichtproduktiven Sphäre, Renten, Beihilfen, Stipendien | 9 |
| Ersatz der Produktionsgrundfonds | 3 |
| Akkumulation von Produktionsgrundfonds | 4 |
| Finanzierung der gesellschaftlichen Konsumtion | 2 |
| Finanzierung des Exports | 2 |
| Finanzierung von Investitionen in die Grundfonds der nichtproduktiven Sphäre, Vorräte u. a. | 9 |

Berücksichtigt man die Umverteilungsfunktionen des gesellschaftlichen Finanzfonds, so hat das Schema der Verteilung der materiell-stofflichen Elemente und des Wertes des gesellschaftlichen Produkts folgendes Aussehen (vgl. Schema 6).

Die Verteilung des Nationaleinkommens stellt folglich einen organischen Bestandteil des allgemeineren Verteilungsschemas der Finanzmittel der sozialistischen Gesellschaft dar, und eine „chemische" Reaktion, in deren Ergebnis das Verteilungsschema des Nationaleinkommens in reiner Form dargestellt werden kann, ist ohne spezielle Berechnungen einfach unmöglich.

Das allgemeine Schema, das die Verteilung der materiell-stofflichen und der wertmäßigen Elemente des Gesamtprodukts verbindet, ist in einer kompakten Bilanztabelle darstellbar (vgl. Tabelle 2). Die Bedeutung der mit einem Minuszeichen versehenen Wertkennziffern ist offensichtlich und leicht an den entsprechenden Zeilen- und Spaltensummen zu erkennen.

Dieses Tabellenschema ergibt sich aus dem traditionellen Schema der zwischenzweiglichen Verflechtungsbilanz durch maximale Zusammenfassung der Zeilen und Spalten und durch eine rationelle Ausnutzung jenes Tabellenfeldes, das sich in der Matrix der Verflechtungsbeziehungen unter der ersten Zeile und rechts von der ersten Spalte befindet. Die erste Zeile der Tabelle 2 stellt die Verteilungsbilanz des

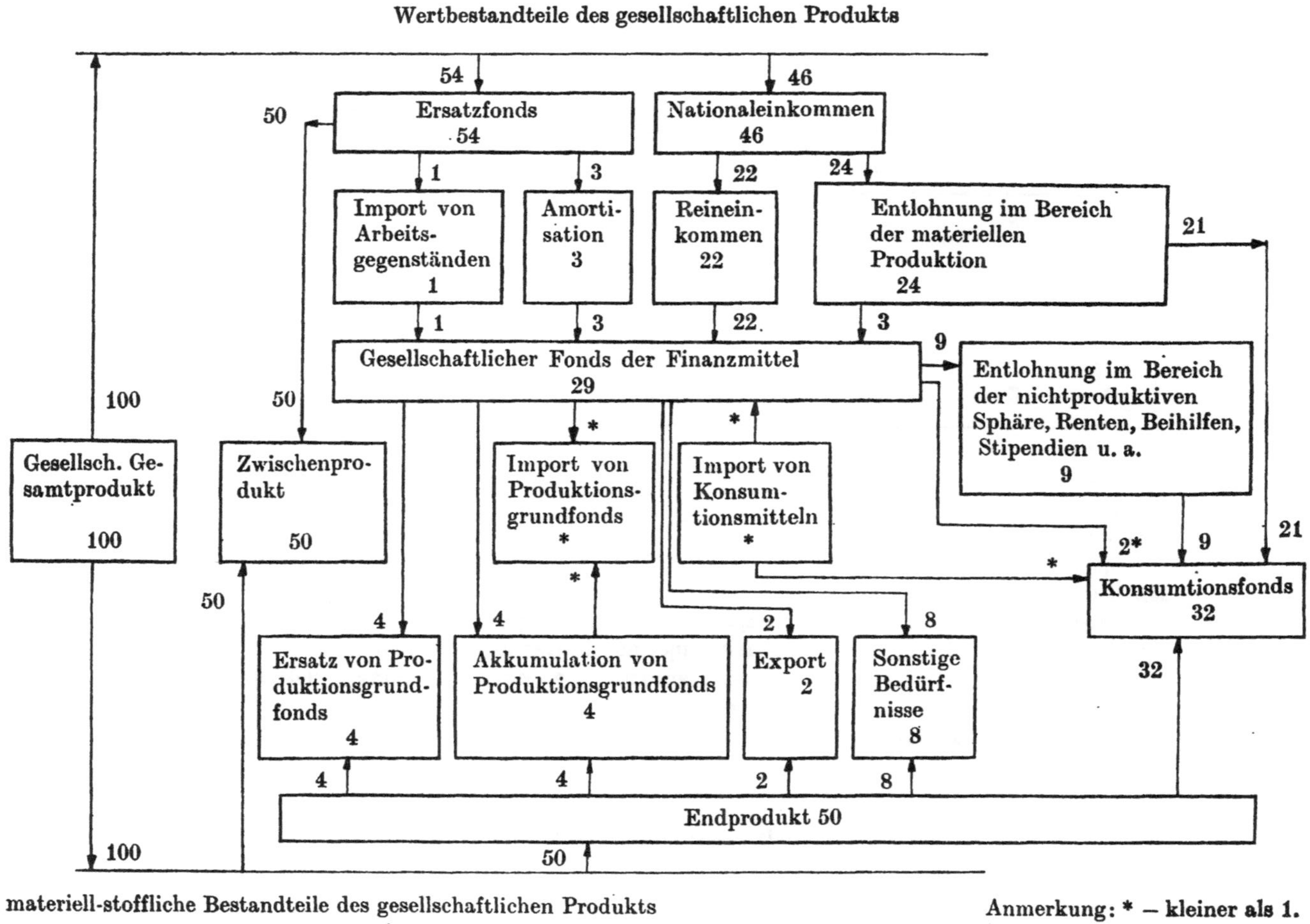


Anmerkung: * – kleiner als 1.

Abb. 6 Die Verteilung der materiell-stofflichen Elemente und des Wertes des gesellschaftlichen Produkts

*Tabelle 2*

**Bilanz der Produktion und der Verwendung des gesellschaftlichen Gesamtprodukts der UdSSR (in Milliarden Rubel je 100 Milliarden Rubel Gesamtprodukt)**

| | Produktionsaufwendungen | Bildung der Staatsfinanzen | Entlohnung in der nichtproduktiven Sphäre, Renten, Beihilfen u. a. | Ersatz von Arbeitsmitteln | Akkumulation von Arbeitsmitteln | Konsumtion | Export | Ersatz und Akkumulation der Grundfonds der nichtproduktiven Sphäre u. a. | Insgesamt |
|---|---|---|---|---|---|---|---|---|---|
| 1. Produktion | 50 | — | — | 3 | 4 | 32 | 2 | 9 | 100 |
| 2. Import | 1 | — 1 | — | — | * | * | — | — | 0 |
| 3. Amortisation | 3 | — 3 | — | — | — | — | — | — | 0 |
| 4. Lohn | 24 | — 3 | 9 | — | — | — 30 | — | — | 0 |
| 5. Reineinkommen | 22 | — 22 | — | — | — | — | — | — | 0 |
| 6. Verteilung der Staatsfinanzen | — | — | — 9 | — 3 | — 4 | — 2 | — 2 | — 9 | — 29 |
| Insgesamt | 100 | — 29 | 0 | 0 | 0 | 0 | 0 | 0 | 71 |

Produktionsgrundfonds der Volkswirtschaft . . . 65 Arbeitsaufwand (Millionen Menschen) . . . 25

* — weniger als 1

gesellschaftlichen Produkts dar; die erste Spalte zeigt die volkswirtschaftliche Kalkulation für die Erzeugung dieses Produkts. In den übrigen Zeilen (mit Ausnahme der nicht zur Bilanz gehörenden) wird die Verteilung der Wertelemente, darunter auch des Nationaleinkommens, dieser Kalkulation gezeigt; in den übrigen Spalten wird das System der Finanzbilanzen dargestellt. Die Elemente der Finanzverteilung sind mit einem Minuszeichen versehen (die Nullen in den Zeilensummen geben den Verteilungssaldo, die Nullen in den Spaltensummen den Finanzierungssaldo an).

Dieses Schema ist nicht nur anschaulich und übersichtlich, es ist auch deswegen günstig, weil es sowohl in der Darstellungsform als auch hinsichtlich der Zusammensetzung der in ihm enthaltenen Information mit dem detaillierten Schema der Verflechtungsbilanz verglichen werden kann.

### *Die Wachstumsfaktoren des gesellschaftlichen Produkts und des Nationaleinkommens*

Welches sind die Faktoren für das Wachstum des gesellschaftlichen Produkts, seiner Endbestandteile und des wichtigsten Wertelementes – des Nationaleinkommens?

Den größten Einfluß auf das Wachstum des gesellschaftlichen Produkts und des Nationaleinkommens üben unserer Meinung nach das Wachstum der produktiven Akkumulation und vor allem der Investitionen in die Grundfonds der Volkswirtschaft aus. Zu diesen Faktoren gehören weiter Fortschritte in der Technik, der Technologie und den innerbetrieblichen Organisationsformen der Produktion, die Vervollkommnung des Leitungssystems der Volkswirtschaft, darunter des Systems der Planung und Leitung der Produktion, die Erhöhung des wissenschaftlich-technischen Bildungsniveaus der Bevölkerung sowie andere Faktoren.

Versuchen wir die Wachstumsfaktoren des gesellschaftlichen Produkts und des Nationaleinkommens nach ihrem Einfluß auf die quantitativen Charakteristika des Wirtschaftswachstums unter jenen konkreten historischen Bedingungen, unter denen der Prozeß der erweiterten sozialistischen Reproduktion in unserem Lande verläuft, zu klassifizieren. Um unsere Analyse unter Bedingungen vorzunehmen, die denen des „reinen Experiments“ nahekommen, werden wir bei der Bestimmung der Rolle jedes Faktors von der Annahme ausgehen, daß ausnahmslos alle quantitativen Wachstumscharakteristika des ökonomischen Systems allein durch den zu analysierenden Faktor bestimmt werden und daß folglich alle anderen Faktoren nicht wirksam sind. (Eben eine derartige Methode – die Methode der partiellen Ableitungen – verwendet auch die Mathematik, wenn die zu analysierende Funktion von vielen Variablen abhängt und der Einflußgrad jeder einzelnen dieser Variablen auf den Funktionswert gemessen werden soll.)

*Das Wachstum der produktiven Akkumulation und vor allem der Investitionen in die Grundfonds der Volkswirtschaft.* Ökonomisches Wachstum in bezug auf das gesellschaftliche Produkt bedeutet, daß die mit Hilfe eines Systems unveränderlicher Preise gemessene Menge von Gebrauchswerten, die von der Gesellschaft geschaffen werden, in jedem folgenden Jahr größer als im vorangehenden Jahr ist. Dies wird erreicht entweder durch eine einfache Vergrößerung der Menge der gleichen Gebrauchswerte, die im vorigen Jahr geschaffen wurden, oder durch die Produktion neuer Gebrauchswerte oder, wie dies in der Praxis zu beobachten ist, durch eine kombinierte Wirkung beider Faktoren (möglich ist jedoch auch der Fall, daß sich die Produktion alter Gebrauchswerte verringert, aber dafür so viele neue produziert werden, daß insgesamt ein Wachstum des ökonomischen Systems zu beobachten ist).

Wie man auch die Kategorie „Produktionskapazität der Volkswirtschaft" definiert, offensichtlich erfolgt in allen diesen Fällen eine Erweiterung dieser Kapazität. Hauptquellen dieser Erweiterung sind: der Neubau (einschließlich der Erweiterung bestehender Betriebe), die Modernisierung bestehender Betriebe, die Veränderung der Technologie im Rahmen der vorhandenen Grundfonds und der Übergang zur Produktion neuer, vervollkommneter Erzeugnisse ohne Erweiterung des Maschinenparks oder der Produktionsflächen.

Auf den ersten Etappen der industriellen Entwicklung der sozialistischen Gesellschaft erfolgte die Erweiterung der Kapazitäten der Volkswirtschaft überwiegend durch die beiden ersten Faktoren. Charakteristisch für diese Periode sind extrem hohe Wachstumstempi des gesellschaftlichen Produkts und des Nationaleinkommens (vgl. Tabelle 3).

Mit dem Beginn der ersten Fünfjahrpläne zeigten sich aber auch zwei andere überaus wichtige Tendenzen. Der Anteil der Produktionsinvestitionen am Endprodukt der Gesellschaft stieg unablässig (von 10,1% in den Jahren 1928 bis 1932 auf 14,6% in den Jahren 1961 bis 1964). Zugleich bedeutete die ständige Erhöhung der Investitionsintensität des Endproduktzuwachses, d. h. des Bedarfs an Investitionen zur Gewährleistung eines Endproduktzuwachses um eine Einheit (von 0,78 Kopeken in den Jahren 1928 bis 1932 auf 2,22 Rubel in den Jahren 1961 bis

*Tabelle 3*

Wachstumstempi des gesellschaftlichen Produkts und des Nationaleinkommens in der UdSSR[3]

| | Jahre | Durchschnittliche jährliche Wachstumstempi des Nationaleinkommens (in %) |
|---|---|---|
| Wiederaufbau der Volkswirtschaft nach dem ersten Weltkrieg und dem Bürgerkrieg | 1922—1927 | 19,5 |
| Periode der Vorkriegsfünfjahrpläne | 1928—1940 | 14,1 |
| Wiederaufbau der Volkswirtschaft nach dem Großen Vaterländischen Krieg | 1946—1950 | 14,6 |
| Nachkriegsperiode der ökonomischen Entwicklung | 1951—1965 | 8,8 |

1964), daß die Aufrechterhaltung unveränderter Wachstumstempi unter diesen Bedingungen nur möglich ist, wenn der Anteil der produktiven Investitionen am Endprodukt erhöht wird.[4]

*Fortschritte in der Technik, der Technologie und den innerbetrieblichen Organisationsformen der Produktion* sind ein Faktor für die Intensivierung des Wirtschaftswachstums, der sich in der Vervollkommnung der Produktionstechnologie und im Übergang zur Produktion neuer, progressiver Erzeugnisse sowie in einer Reihe sekundärer Erscheinungen ausdrückt. Zu diesen letzteren gehört zum Beispiel die Verkürzung der „Lebensdauer" der industriell erzeugten Produkte. (Gemeint ist natürlich nicht die Verkürzung der Nutzungsdauer, sondern jenes Zeitraums, im Verlaufe dessen die jeweiligen Erzeugnisse produziert werden.)

Es muß nicht bewiesen werden, daß die spezifische Bedeutung der produktiven Akkumulation unter sonst gleichen Bedingungen um so geringer ist, je schneller sich der technische und technologische Fortschritt entwickelt, je mehr Gebrauchswerte die Gesellschaft ohne zusätzliche Investitionen erhalten kann.

*Die Vervollkommnung des Leitungssystems der Volkswirtschaft, darunter des Systems der Planung und Leitung der Produktion.* Dies ist ein Faktor „zweiter Ordnung". Er übt auf das ökonomische Wachstum keinen direkten, sofort sichtbaren und unmittelbar meßbaren Einfluß aus, ist dessenungeachtet aber ungemein wirksam. Es ist gut bekannt, welche gewaltige Bedeutung für das Wachstum der landwirtschaftlichen Produktion die Beschlüsse des Plenums des ZK der KPdSU vom

März 1965 besaßen und welche belebende Wirkung auf das industrielle Leben des Landes die Beschlüsse des Septemberplenums des ZK der KPdSU im Jahre 1965 und die Beschlüsse des XXIII. Parteitages der Kommunistischen Partei der Sowjetunion hatten.

*Die Erhöhung des wissenschaftlich-technischen Bildungsniveaus der Bevölkerung* umfaßt einen größeren Kreis von Erscheinungen als nur die Erhöhung der beruflichen Qualifikation der Werktätigen der materiellen Produktion. Und wenngleich dieser Faktor unter den gegenwärtigen Bedingungen von sehr großer Bedeutung ist, bleibt die Ausarbeitung von zuverlässigen Methoden für die Messung seines Einflusses auf die wirtschaftliche Entwicklung doch vorläufig eine Sache der Zukunft.[5]

*Sonstige Faktoren.* Hier sind solche Faktoren zu nennen wie: der Charakter der internationalen Arbeitsteilung und der Tendenzen bei der Außenhandelsorientierung des Landes, die internationale Lage und ihre Tendenzen sowie kurzfristig wirkende Faktoren (etwa der Ernteertrag in den einzelnen Jahren usw.).[6]

Streng genommen sind in Wirklichkeit alle diese Faktoren in verschiedenem Grade wechselseitig und innerlich miteinander verbunden. Zum Beispiel gibt es zwischen der Entwicklung des technischen Fortschritts und der Erhöhung des wissenschaftlich-technischen Bildungsniveaus der Bevölkerung eine recht starke direkte und eine weniger starke rückläufige Beziehung, während die Abhängigkeit des Qualifikationsniveaus der Bevölkerung von der Akkumulationspolitik auf volkswirtschaftlicher Ebene unmittelbar kaum spürbar ist.

Nach dieser Klassifikation der ökonomischen Wachstumsfaktoren, wenden wir uns nun ihren ersten beiden Positionen zu. Wir wollen versuchen, den Charakter der Wechselbeziehung zwischen der Dynamik der produktiven Akkumulation und den Kennziffern des technischen Fortschritts einerseits und den Wachstumstempi des gesellschaftlichen Produkts und des Nationaleinkommens andererseits zu verfolgen und nach Möglichkeit auch zu messen (zuerst in allgemeiner Form und dann auf der Grundlage entsprechender statistischer Daten).

Eine Analyse der Tabelle 5 zeigt, daß, während im Verlauf der gesamten betrachteten Periode das gesellschaftliche Produkt und das Nationaleinkommen praktisch im gleichen Tempo gewachsen sind (dies zeigt die Stabilität des Anteils des Nationaleinkommens am Wert des Gesamtprodukts), bereits von der Mitte des Zeitraums an die Produktionsgrundfonds der Volkswirtschaft schneller als die beiden erstgenannten Kennziffern wuchsen. Dagegen blieb das Wachstum des Aufwands an lebendiger Arbeit sowohl hinter dem Wachstum des gesell-

*Tabelle 4*

Synthetische Kennziffern der Entwicklung der Volkswirtschaft der UdSSR in den Jahren 1956 bis 1965

| | 1956 | 1957 | 1958 | 1959 | 1960 | 1961 | 1962 | 1963 | 1964 | 1965 | Insgesamt für 10 Jahre, von 1956 bis 1965 |
|---|---|---|---|---|---|---|---|---|---|---|---|
| 1. Gesellschaftliches Gesamtprodukt (Md. Rubel) | 229,1 | 247,6 | 272,3 | 295,4 | 317,8 | 340,0 | 361,0 | 375,4 | 403,0 | 433,0 | 3274,6 |
| 2. Nationaleinkommen (Md. Rubel) | 104,5 | 111,6 | 125,2 | 135,0 | 144,9 | 154,8 | 163,5 | 170,1 | 186,5 | 199,1 | 1495,2 |
| 3. Produktionsgrundfonds (Md. Rubel) | 125,3 | 137,1 | 146,1 | 160,3 | 176,6 | 193,0 | 212,7 | 234,7 | 255,7 | 279,1 | 1920,6 |
| 4. Anzahl der Arbeiter und Angestellten in der Volkswirtschaft (Mill.) | 50,5 | 53,0 | 54,6 | 57,9 | 62,0 | 65,9 | 68,3 | 70,5 | 73,3 | 76,9 | 632,9 |
| 5. Fondsausstattung (Rubel Produktionsgrundfonds je Beschäftigten in der Volkswirtschaft) | 2,481 | 2,587 | 2,676 | 2,769 | 2,848 | 2,929 | 3,114 | 3,329 | 3,488 | 3,629 | 3,035* |
| 6. Grundfondsquote (Rubel gesellschaftliches Produkt je 1 Rubel Produktionsgrundfonds) | 1,828 | 1,806 | 1,864 | 1,843 | 1,800 | 1,762 | 1,697 | 1,599 | 1,576 | 1,551 | 1,705* |
| 7. Arbeitsproduktivität (Rubel gesellschaftliches Produkt je Beschäftigten in der Volkswirtschaft) | 4,537 | 4,672 | 4,987 | 5,102 | 5,126 | 5,159 | 5,286 | 5,325 | 5,498 | 5,631 | 5,174* |

* Im Durchschnitt der Jahre 1956 bis 1965.

Anmerkung: Das Gesamtprodukt, das Nationaleinkommen und die Produktionsgrundfonds sind in Preisen des Jahres 1959 angegeben.

*Tabelle 5*

Die Dynamik der synthetischen Kennziffern der Entwicklung der Volkswirtschaft der UdSSR in den Jahren 1956 bis 1965 (in % zu 1956)

| | 1956 | 1957 | 1958 | 1959 | 1960 | 1961 | 1962 | 1963 | 1964 | 1965 |
|---|---|---|---|---|---|---|---|---|---|---|
| 1. Gesellschaftliches Produkt | 100 | 108,1 | 118,7 | 128,8 | 138,6 | 148,2 | 157,4 | 163,7 | 175,9 | 189,0 |
| 2. Nationaleinkommen | 100 | 106,8 | 119,8 | 129,2 | 138,7 | 148,1 | 156,5 | 162,8 | 178,5 | 190,5 |
| 3. Produktionsgrundfonds | 100 | 109,4 | 116,6 | 127,9 | 140,9 | 154,0 | 169,7 | 187,3 | 204,1 | 222,7 |
| 4. Beschäftigtenzahl | 100 | 104,9 | 108,1 | 114,6 | 122,8 | 130,5 | 135,2 | 139,6 | 145,1 | 152,3 |
| 5. Fondsausstattung | 100 | 104,3 | 107,8 | 111,6 | 114,8 | 118,0 | 125,5 | 134,2 | 140,6 | 146,3 |
| 6. Grundfondsquote | 100 | 98,8 | 102,0 | 100,8 | 98,5 | 96,4 | 92,8 | 87,5 | 86,2 | 84,8 |
| 7. Arbeitsproduktivität | 100 | 104,8 | 109,7 | 112,2 | 112,8 | 113,5 | 116,3 | 117,2 | 121,0 | 124,1 |

schaftlichen Produkts als auch, und zwar noch mehr, hinter dem Wachstum der Grundfonds zurück. Andererseits weist die Dynamik der drei letzten analytischen Kennziffern der Tabelle 5 – der Fondsausstattung, der Grundfondsquote und der Arbeitsproduktivität – darauf hin, daß die Hauptquelle für das Wachstum des Gesamtprodukts und des Nationaleinkommens im Verlauf der gesamten Periode die Akkumulation der Produktionsgrundfonds war (Wachstum auf das 2,2fache innerhalb von 9 Jahren). Sie hat das Wachstum der Fondsausstattung der lebendigen Arbeit (um 46,3%) und das Wachstum der Arbeitsproduktivität (um 24,1%) bestimmt.

Es ist überaus kennzeichnend, daß, als infolge einer Reihe von Umständen die Grundfondsquote in der Volkswirtschaft zu sinken begann (von 1959 bis 1965 insgesamt um 15,2%), das Wachstum der Arbeitsproduktivität hinter dem Wachstum der Fondsausstattung zurückzubleiben begann, während in den vorangegangenen Jahren (1958 bis 1959) ein umgekehrtes Verhältnis zu beobachten war. Eben deshalb bezeichnete es das Plenum des ZK der KPdSU im September 1965 als eine erstrangige volkswirtschaftliche Aufgabe, die Grundfonds in der Produktion effektiver zu nutzen, die Fondsintensität der erzeugten Produkte zu verringern und folglich die Grundfondsquote in der Volkswirtschaft zu erhöhen.[7]

Augenscheinlich besteht zwischen den Kennziffern für das Wachstum des gesellschaftlichen Produkts und des Nationaleinkommens einerseits und der Dynamik der Grundfondsquote andererseits eine enge quantitative Wechselbeziehung. Es bedarf keines Beweises, daß in dieser Abhängigkeit die Investitionsrate eine wichtige Rolle spielt, die als der für Investitionen in die Produktionsgrundfonds verwendete Anteil der Finanzmittel gemessen wird. Legt man die von der Wirklichkeit keineswegs weit entfernte Annahme zugrunde, daß die Größe des Finanzfonds und der Wert des gesellschaftlichen Produkts in einem stabilen Verhältnis zueinander stehen, so gilt entsprechend den oben angeführten Berechnungen in jedem Jahr folgende Gleichung: der Umfang des staatlichen Finanzfonds ist gleich $g$ Prozent vom Wert des Gesamtprodukts. In unseren Berechnungen war $g$ gleich 29%.

Es seien

$I$ – die Investitionen in die Produktionsgrundfonds (einschließlich der unvollendeten Investitionsvorhaben);

$B$ – der staatliche Finanzfonds (vgl. Tabelle 2);

$\hat{n}$ – die Investitionsrate, die als $I : B$ definiert wird.

Dann gelten für das Jahr $t$ folgende Gleichungen:

$$I_t = \hat{n}_t B_t;$$

$$B_t = g P_t.$$

Setzen wir die zweite in die erste Gleichung ein, erhalten wir:

$$I_t = g \hat{n}_t P_t.$$

Ohne große Vereinfachung kann angenommen werden, daß der Umfang der Investitionen eines gegebenen Jahres $t$ das Wertvolumen der Produktionsgrundfonds der Volkswirtschaft ($F$) im folgenden ($t + 1$)-ten Jahr um den Betrag $I$ vergrößert:

$$F_{t+1} = F_t + I_t.$$

Das heißt, daß $I_t$ nichts anderes als der jährliche Zuwachs der Produktionsgrundfonds der Volkswirtschaft ist:

$$F_{t+1} - F_t = I_t = g \hat{n}_t P_t.$$

Die Grundfondsquote bezeichnen wir mit $f$:

$$f_t = \frac{P_t}{F_t}; \quad f_{t+1} = \frac{P_{t+1}}{F_{t+1}}.$$

Daraus folgt:

$$F_t = \frac{P_t}{f_t}; \quad F_{t+1} = \frac{P_{t+1}}{f_{t+1}}.$$

Die Differenz $F_{t+1} - F_t$, die gleich $I_t$ oder $g\,\hat{n}_t\,P_t$ ist, kann folglich so dargestellt werden:

$$\frac{P_{t+1}}{f_{t+1}} - \frac{P_t}{f_t} = g\,\hat{n}_t\,P_t.$$

Dividieren wir beide Seiten dieser Gleichung durch $P_t$, erhalten wir:

$$\frac{P_{t+1}}{P_t} \cdot \frac{1}{f_{t+1}} - \frac{1}{f_t} = g\,\hat{n}_t.$$

Lösen wir diese Gleichung nach der Kennziffer für das Wachstumstempo des gesellschaftlichen Produkts auf, so erhalten wir als Endergebnis:

$$(18) \qquad \frac{P_{t+1}}{P_t} = (g\,\hat{n}_t f_t + 1)\frac{f_{t+1}}{f_t}.$$

Das Wachstumstempo des gesellschaftlichen Produkts ist, wie wir sehen, dem Wachstumstempo der Grundfondsquote und der Investitionsrate direkt proportional. Es sei vermerkt, daß bei konstantem Anteil des Nationaleinkommens am Wert des jährlichen Gesamtprodukts die Formel (18) auch für die Messung des Wachstumstempos des Nationaleinkommens gilt.[8]

Mit Hilfe der erhaltenen Formel kann quantitativ analysiert werden, in welchem Maße die Akkumulationspolitik, die sich in der Größe der Investitionsrate $\hat{n}_t$ widerspiegelt, und die Entwicklung des technischen Fortschritts, die durch die Dynamik der Grundfondsquote in der Volkswirtschaft gekennzeichnet wird, die Größe der Wachstumstempi beeinflussen. Berücksichtigt man, daß im Verlauf eines Jahrzehnts – von 1956 bis 1965 – die durchschnittliche Fondsquote 1,705 Rubel gesellschaftliches Produkt je Rubel Produktionsgrundfonds betragen hat und daß für die Finanzierung von Investitionen in die Produktionsgrundfonds jährlich im Durchschnitt 16% des staatlichen Finanzfonds aufgewendet wurden, so findet man:

$$\frac{P_{t+1}}{P_t} = (0{,}29 \cdot 0{,}16 \cdot 1{,}705 + 1) \cdot \frac{f_{t+1}}{f_t} = 1{,}079\,\frac{f_{t+1}}{f_t}.$$

Wenn die Grundfondsquote unverändert bleibt, so wächst das gesellschaftliche Produkt im Jahr um 7,9%.

Untersuchen wir, was mit dem Wachstumstempo geschieht, wenn die Grundfondsquote in einem Jahr um 1 Prozent abnimmt, wenn also das Verhältnis $f_{t+1} : f_t$ gleich 0,99 ist. Setzt man diesen Wert in den gefundenen Ausdruck ein, so ergibt sich, daß in diesem Falle das Wachstumstempo des gesellschaftlichen Produkts um 1,1% sinkt und 106,8% beträgt.

Wir stellen nun die umgekehrte Aufgabe: Wir nehmen an, die Grundfondsquote sei konstant, und bemühen uns, den Einfluß zu messen, den eine Veränderung der Investitionsrate auf das Wachstumstempo ausübt. Wenn wir in die Formel (18) für $\hat{n}_t = 0{,}16$ einen um 10% geringeren Wert, also $0{,}16 - 0{,}1 \cdot 0{,}16 = 0{,}144$ einsetzen, so erhalten wir ein Wachstumstempo von 107,1%. Es ist leicht festzustellen, daß unter diesen Bedingungen eine einprozentige Verringerung der Grundfondsquote in der Volkswirtschaft entweder durch eine Erhöhung der Investitionsrate um 13,8% kompensiert werden muß, oder unvermeidlich eine Verringerung des Wachstumstempos des gesellschaftlichen Produkts eintritt. Andererseits genügt es, die Grundfondsquote um 0,7% zu erhöhen, um die Investitionsrate um ein Prozent senken und die freiwerdenden Mittel für andere Bedürfnisse der Gesellschaft einsetzen zu können, ohne dadurch das festgelegte Wachstumstempo zu verringern.

Ein außerordentlich interessantes Bild bietet die Dynamik der Wachstumstempi des gesellschaftlichen Produkts bei der Berechnung optimaler Planvarianten, deren Ergebnisse in Tabelle 1 dargestellt wurden. Der Leser erinnert sich sicher, daß jenes den Berechnungen zugrunde liegende Modell auf der Benutzung von Zuwachskennziffern basierte, insbesondere auf der Zuwachsproportion $r = \Delta I : \Delta K$, wobei $\Delta I$ der jährliche Investitionszuwachs zur Erweiterung der Produktionsgrundfonds und $\Delta K$ der Konsumtionsfondszuwachs war. Dabei wurde in der ersten Variante, die als Vergleichsbasis gewählt wurde, dieses Verhältnis gleich 0,14 gesetzt; dem entsprechen eine konstante Investitionsrate $\hat{n} = I : B = 0{,}168$ sowie ein konstantes Wachstumstempo des gesellschaftlichen Gesamtprodukts von 107,7%. In den übrigen Varianten wurde der Parameter $r$ planmäßig reguliert (vgl. die vierte und die achte Spalte der Tabelle 1).

Die dementsprechenden Veränderungen der Investitionsrate $\hat{n}$ sowie die Werte der Wachstumstempi des gesellschaftlichen Produkts sind in der Tabelle 6 angegeben. Die Daten dieser Tabelle zeigen, daß die Aufgabe der Sicherung stabiler Wachstumstempi des ökonomischen Systems gewissermaßen im Widerspruch zu dem Streben steht, innerhalb des gesamten Planungszeitraums einen maximalen kumulativen Konsumtionsfonds zu schaffen (wie auch immer die Gewichtskoeffizienten $1 : (1 + \lambda)^t$ seiner Jahreskomponenten sein mögen). In der Realität trifft das jedoch nicht zu, denn die Wachstumstempi des gesellschaftlichen Produkts stellen in einem solchen Modell nicht das Entwicklungsziel des Systems dar, sondern sind nur die Folge dieser oder jener volkswirtschaftlichen Entscheidung, deren Gegenstand die Ge-

*Tabelle 6*

Die Investitionsrate und die Dynamik des gesellschaftlichen Produkts für die optimalen Varianten des ökonomischen Wachstums (vgl. Tabelle 1)

| Jahr* | Variante I<br>Investitions-<br>rate | Wachstums-<br>tempo des<br>gesellschaftlichen<br>Produkts (%) | Variante II<br>Investitions-<br>rate | Wachstums-<br>tempo des<br>gesellschaftlichen<br>Produkts (%) | Variante III<br>Investitions-<br>rate | Wachstums-<br>tempo des<br>gesellschaftlichen<br>Produkts (%) |
|---|---|---|---|---|---|---|
| 1 | 0,168 | 107,7 | 0,178 | 107,6 | | |
| 2 | 0,168 | 107,7 | 0,189 | 108,4 | | |
| 3 | 0,168 | 107,7 | 0,198 | 108,6 | | |
| 4 | 0,168 | 107,7 | 0,208 | 109,1 | wie bei Variante II | |
| 5 | 0,168 | 107,7 | 0,217 | 109,5 | | |
| 6 | 0,168 | 107,7 | 0,225 | 110,0 | | |
| 7 | 0,168 | 107,7 | 0,233 | 110,4 | | |
| 8 | 0,168 | 107,7 | 0,241 | 110,6 | 0,235 | 113,1 |
| 9 | 0,168 | 107,7 | 0,248 | 111,1 | 0,222 | 110,8 |
| 10 | 0,168 | 107,7 | 0,223 | 111,4 | 0,203 | 109,0 |
| 11 | 0,168 | 107,7 | 0,202 | 110,2 | 0,188 | 108,3 |
| 12 | 0,168 | 107,7 | 0,185 | 109,3 | 0,175 | 107,7 |
| 13 | 0,168 | 107,7 | 0,170 | 108,5 | 0,163 | 107,1 |
| 14 | 0,168 | 107,7 | 0,158 | 107,8 | 0,153 | 106,7 |
| 15 | 0,168 | 107,7 | 0,147 | 107,2 | 0,144 | 106,2 |

* Das Volumen des gesellschaftlichen Gesamtprodukts in jedem Jahr kann berechnet werden als $P = 2{,}565\ (I + K)$, da vorher (s. S. 33) festgestellt worden ist, daß der Anteil von $I + K$ an $P$ konstant und gleich 0,39 ist ($I$ — Umfang der Investitionen in die Produktionsgrundfonds, $K$ — Konsumtionsfonds, $P$ — gesellschaftliches Produkt). Bei der Benutzung der Formel (18) ist zu beachten, daß die Fondsintensität im Durchschnitt als stabil und gleich 0,650 angenommen wird (folglich ist die Grundfondsquote gleich 1 : 0,650 = 1,538) und daß das Verhältnis des staatlichen Finanzfonds zum Wert des gesellschaftlichen Produkts wie früher gleich 29% ist.

*Tabelle 7*

Zuwachskennziffern der Entwicklung der Volkswirtschaft in den Jahren 1956 bis 1965

| | 1957 | 1958 | 1959 | 1960 | 1961 | 1962 | 1963 | 1964 | 1965 |
|---|---|---|---|---|---|---|---|---|---|
| 1. Gesellschaftliches Produkt* (Mrd. Rubel) | 18,5 | 24,7 | 23,1 | 22,4 | 22,2 | 21,0 | 14,4 | 27,6 | 30,0 |
| 2. Produktionsgrundfonds (Mrd. Rubel) | 11,8 | 9,0 | 14,2 | 16,3 | 16,4 | 19,7 | 22,0 | 21,0 | 23,4 |
| 3. Beschäftigtenzahl (Mill. Pers.) | 2,5 | 1,6 | 3,3 | 4,1 | 3,9 | 2,4 | 2,2 | 2,8 | 3,6 |
| 4. Fondsausstattung (Rub./Pers.) | 4,720 | 5,625 | 4,303 | 3,976 | 4,205 | 8,208 | 10,000 | 7,500 | 6,500 |
| 5. Grundfondsquote (Rub.) | 1,568 | 2,744 | 1,627 | 1,374 | 1,354 | 1,066 | 0,655 | 1,314 | 1,282 |

* Das gesellschaftliche Produkt und die Produktionsgrundfonds werden in Preisen des Jahres 1959 angegeben.

samtheit der für die unmittelbare Bedürfnisbefriedigung der Gesellschaftsmitglieder bestimmten materiellen Objekte ist.

Einige Worte über die Bestandteile der Formel für das Wachstumstempo des gesellschaftlichen Produkts (18). Der Koeffizient $g$, der die Größe des staatlichen Finanzfonds $B$ mit dem Umfang des gesellschaftlichen Gesamtprodukts $P$ verknüpft, ist, wie bereits festgestellt wurde, in seinem zeitlichen Verlauf recht stabil. Erfährt er dennoch Veränderungen nach dieser oder jener Seite, so sind diese stets das Ergebnis von Einflüssen, die sich aus einer der folgenden Ursachen ergeben: aus der Veränderung des Anteils des Reineinkommens oder der Amortisation am Wert des gesellschaftlichen Produkts; aus einer durch andere Maßnahmen nicht kompensierbaren Veränderung des Verhältnisses zwischen dem Bruttowert des Imports in Inlandspreisen und dem Umfang des Gesamtprodukts; aus einer ebenfalls nicht kompensierten Veränderung zwischen dem Umfang der Finanzmittel, die aus der Bevölkerung dem staatlichen Finanzfonds zufließen (Steuern und Zunahme der Spareinlagen), und dem Wert des gesellschaftlichen Produkts.

Eine statistische Beobachtung der Dynamik der aufgezählten Kennziffern kann eine hinreichend zuverlässige Prognose der Veränderung des Koeffizienten $g$ für eine Reihe von Jahren im voraus gewährleisten. Dabei liefert ein System zusätzlicher analytischer Berechnungen ausreichende Grundlagen für eine ebenso zuverlässige Voraussage der Dynamik der Grundfondsquote in der Volkswirtschaft.

Einen besonderen Platz in der Formel (18) nimmt die spezifisch definierte Investitionsrate $\hat{n}_t$ ein. Sie spielt hier die gleiche regulierende Rolle, die in den Berechnungen der Varianten des Perspektivplans (Tabelle 1) von der Proportion $r = \Delta I : \Delta K$ erfüllt wurde.

Bei der Berechnung der optimalen Perspektivplanvarianten in synthetischen Kennziffern wurde angenommen, daß die Fondsintensität des gesellschaftlichen Produkts und folglich die Grundfondsquote in der Zeit konstant bleiben. Wir haben oben jedoch schon gesehen, daß sich die Grundfondsquote von Jahr zu Jahr verändert. Mehr noch, die Angaben der Tabelle 7 zeigen, daß die Zuwachscharakteristika der ökonomischen Entwicklung in der Zeit außerordentlich veränderlich sind und deshalb ihre zuverlässige Prognostizierung nur schwer möglich ist. Und das ist auch begreiflich – die Zuwachskennziffern charakterisieren Gesamtheiten, die um ein Vielfaches kleiner sind als die Grundgesamtheit der gleichen Art, die durch die entsprechende Niveaukennziffer beschrieben wird. Wie dem auch sei, die festgestellte Schwierigkeit ist so erheblich, daß es sich bei Berechnungen für einen hinreichend langen Perspektivzeitraum als günstiger erweist, nicht die Zuwachskennziffern, sondern die Niveaukennziffern zu benutzen. Das trifft insbesondere auch auf die Steuerparameter des Systems, unter anderem auf den Parameter $\bar{r}_t$, zu. Er wird als das Verhältnis des Umfangs der Investitionen in die Grundfonds der Volkswirtschaft zum Wertvolumen des Konsumtionsfonds im Jahre $t$ definiert und hat folgendes Aussehen:

$$\bar{r}_t = \frac{I_t}{K_t}.$$

Die Grundfondsquote definieren wir wie bisher als

$$f_t = \frac{P_t}{F_t},$$

und den Anteil der Konsumtion und der Investitionen in die Produktionsgrundfonds am gesellschaftlichen Produkt als

$$\sigma = \frac{K + I}{P}.$$

Aus diesen Relationen folgt, daß

$$I_t = \bar{r}_t K_t;$$

$$P_t = f_t F_t;$$

$$P_t = \frac{K_t + I_t}{\sigma}$$

gilt.

Setzt man die rechten Seiten der beiden letzten Ausdrücke gleich, so kommt man zu folgender Formel für $F$:

$$F_t = \frac{K_t + I_t}{\sigma f_t}.$$

Bekanntlich drücken die Investitionen $I$ den Zuwachs der Produktionsgrundfonds aus:

$$F_{t+1} - F_t = I_t.$$

Setzt man hier anstelle von $F$ die gerade gewonnenen Ausdrücke sowie $\bar{r}_t K_t$ anstelle von $I_t$ ein und berücksichtigt, daß $\sigma$ eine konstante Größe ist, erhält man:

$$\frac{1 + \bar{r}_{t+1}}{\sigma f_{t+1}} K_{t+1} - \frac{1 + \bar{r}_t}{\sigma f_t} K_t = \bar{r}_t K_t.$$

Lösen wir diese Gleichung nach der Kennziffer für das Wachstumstempo des Konsumtionsfonds $K_{t+1} : K_t$ auf, so kommen wir zum Endergebnis:

$$\frac{K_{t+1}}{K_t} = \frac{f_{t+1}}{f_t} \cdot \frac{1 + \bar{r}_t (\sigma f_t + 1)}{1 + \bar{r}_{t+1}}.$$

Das Wachstumstempo des Konsumtionsfonds wird sowohl durch das Wachstum der Effektivität der Grundfonds der Volkswirtschaft (erster Faktor) als auch durch das Veränderungstempo des Parameters $r$ bestimmt.

Benutzt man die Koeffizienten $\sigma$ und $g$, so kann leicht festgestellt werden, daß zwischen der Investitionsrate $\hat{n}$ und der Proportion $\bar{r} = I : K$, also den Steuerparametern, eine Wechselbeziehung besteht, die durch folgende Formeln beschrieben wird:

$$\bar{r}_t = \frac{g \hat{n}_t}{\sigma - g \hat{n}_t};$$

$$\hat{n}_t = \frac{\sigma}{g} \cdot \frac{\bar{r}_t}{\bar{r}_t + 1}.$$

Die Wachstumstempi des gesellschaftlichen Gesamtprodukts (und des Nationaleinkommens) und seiner wichtigsten Bestandteile können also als Funktionen der Parameter $\hat{n}_t$ und $\bar{r}_t$ ausgedrückt werden; jeder dieser Parameter mißt Grundproportionen der Wirtschaft.

Zur Messung der Dynamik der Aufwendungen an lebendiger Arbeit können spezifische Normative des Arbeitsaufwands für die Schaffung einer Werteinheit (1 Md. Rubel) des Gesamtprodukts benutzt werden: $l = L : P$, wobei $L$ die Höhe des Arbeitsaufwands in Millionen Arbeiterjahren bezeichnet. Mit Hilfe der Parameter $n_t$ und $\bar{r}_t$ können die Wachstumstempi des Arbeitsaufwands in der Volkswirtschaft durch folgende Formeln ausgedrückt werden:

$$\frac{L_{t+1}}{L_t} = \frac{l_{t+1}}{l_t} (g \hat{n}_t f_t + 1) \frac{f_{t+1}}{f_t};$$

$$\frac{L_{t+1}}{L_t} = \frac{l_{t+1}}{l_t} \cdot \left(\frac{\sigma \bar{r}_t}{\bar{r}_t + 1} f_t + 1\right) \frac{f_{t+1}}{f_t}.$$

Die Wachstumstempi des Arbeitsaufwands werden somit als Produkt der Wachstumstempi des gesellschaftlichen Produkts und der spezifischen Arbeitsintensität* je Einheit dieses Produkts definiert.

## *Die Produktionsfunktion der Volkswirtschaft*

Das Maß der Vereinigung der lebendigen Arbeit mit den Produktionsgrundfonds im Prozeß der Schaffung des gesellschaftlichen Produkts kann verschieden sein. Weder die Arbeit an sich, noch die Produktionsgrundfonds sind isoliert, außerhalb der sie in Bewegung setzenden lebendigen Arbeit betrachtet, Wachstumsfaktoren des gesellschaftlichen Produkts. Das werden sie bei ihrer gegenseitigen Vereinigung im Arbeitsprozeß. Von diesem Moment an ergibt sich auch die objektive Möglichkeit, den Einfluß jedes dieser Faktoren auf den Umfang des von der Gesellschaft geschaffenen Gesamtprodukts zu messen.

Für eine solche Messung kann eine quantitative Abhängigkeit benutzt werden, die in der ökonomisch-mathematischen Literatur die Bezeichnung „Produktionsfunktion der Volkswirtschaft" erhalten hat. In der makroökonomischen Analyse wird allgemein die ursprünglich von Cobb und Douglas vorgeschlagene Produktionsfunktion angewendet. Ihre einfachste Form lautet:

(19) $\quad Y = L^{\alpha} F^{1-\alpha}$

* Hier und im folgenden wird unter „Arbeitsintensität" (in Analogie zum Begriff „Fondsintensität") das Verhältnis von Aufwand an lebendiger Arbeit zum Produktionsergebnis verstanden. (Anm. d. Herausg.)

Dabei bezeichnet

$Y$ — den Umfang des Nationaleinkommens (oder des Endprodukts);

$L$ — den Aufwand an lebendiger Arbeit (in Einheiten des Lohnfonds);

$F$ — die Grundfonds der Volkswirtschaft;

$\alpha$ — den Parameter der Produktionsfunktion, der angibt, um wieviel Prozent sich der Umfang des Nationaleinkommens $Y$ vergrößert, wenn der Arbeitsaufwand in der Volkswirtschaft um ein Prozent erhöht wird.[9]

Es ist üblich, den Parameter $\alpha$ der Produktionsfunktion auf der Grundlage einer statistischen Analyse (über Regressionsgleichungen) für eine Reihe von Jahren zu errechnen. In diesem Falle wird $\alpha$ als eine Größe betrachtet, die innerhalb eines bestimmten Zeitraums einen konstanten Wert besitzt. Es steht indes außer Zweifel, daß sich $\alpha$ in Abhängigkeit vom Effektivitätsgrad der Grundfondsnutzung, vom Niveau des technischen Fortschritts, von der Qualifikation der Arbeitskraft, von den Maßstäben der Produktion und von einer Reihe anderer Faktoren verändert. Viele Wissenschaftler setzen diese Faktoren in die rechte Seite der Formel der Produktionsfunktion ein, die dadurch natürlich komplizierter wird. Die Genauigkeit ökonomischer Berechnungen mit Hilfe solcher komplizierten Produktionsfunktion ist damit sehr stark abhängig von der Genauigkeit, mit der die zusätzlichen Parameter der Funktion gemessen werden, von denen jeder als Exponent auftritt, der die Größe des Einflusses eines der aufgezählten zusätzlichen Faktoren ausdrückt.[10]

Ihrem Wesen nach ist jede Arbeit Vereinigung von lebendiger Arbeit mit den Produktionsmitteln; die Schaffung des fertigen Produkts ist das Gesamtergebnis dieser Vereinigung. Das bildet denn auch die Grundlage dafür, jeder Komponente des Arbeitsprozesses einen entsprechenden Anteil an seiner Effektivität rechnerisch „zuzuschreiben". Der Parameter $\alpha$, der die Rolle der Arbeit in dieser organischen Vereinigung mißt, impliziert deshalb auch den Einfluß solcher Faktoren wie des Qualifikationsniveaus der Arbeitskraft, des Niveaus des technischen Fortschritts u. a. Aus diesem Grunde ist die Formel (19) der Produktionsfunktion nicht nur unter dem Gesichtspunkt ihrer Konstruktion als die einfachste anzusehen, sie ist auch für eine Reihe von Planberechnungen in synthetischen Kennziffern die brauchbarste.[11]

Zur numerischen Bestimmung von $\alpha$ kann ein Verfahren benutzt werden, das es ermöglicht, $\alpha$ durch relative Größen auszudrücken, von denen jede einen greifbareren ökonomischen Sinn als dieser Parameter selbst besitzt. Wir dividieren beide Seiten der Gleichung (19) durch $Y$ und erhalten folgende Gleichung:

$$\left(\frac{L}{Y}\right)^{\alpha} \cdot \left(\frac{F}{Y}\right)^{1-\alpha} = 1.$$

Der Ausdruck in der ersten Klammer ist nichts anderes als die spezifische Arbeitsintensität*, der Ausdruck in der zweiten Klammer – die spezifische Fondsintensität des Nationaleinkommens. Es steht außer Zweifel, daß jede dieser Größen unmittelbar gemessen und auf der Grundlage statistischer Beobachtungen für eine Reihe von Jahren vorausgesagt werden kann. Das kann man etwa erreichen, indem man die Daten der Tabelle 4 benutzt.

Wir schreiben nun die letzte Gleichung um, so daß sie folgendes Aussehen annimmt:

$$\gamma^{\alpha} \beta^{1-\alpha} = 1,$$

dabei haben wir mit $\gamma$ die erste Klammer (die Arbeitsintensität) und mit $\beta$ die zweite Klammer (die Fondsintensität des Nationaleinkommens) bezeichnet. Sind $\gamma$ und $\beta$ bekannt, so kann der Parameter $\alpha$ der Produktionsfunktion aus dieser Gleichung ermittelt werden. Durch Logarithmieren erhält man zunächst eine lineare Gleichung bezüglich der Variablen $\alpha$:

$$\alpha \ln \gamma + (1 - \alpha) \ln \beta = 0$$

Lösen wir sie, so finden wir:

$$\alpha = \frac{\ln \beta}{\ln \beta - \ln \gamma}.$$

Da $\gamma$ und $\beta$ Zahlen sind, so können wir durch Einsetzen der Tabellenwerte ihrer Logarithmen ohne Mühe den Zahlenwert des Parameters $\alpha$ für beliebige Werte $\gamma$ und $\beta$ bestimmen, d. h. für jedes Jahr, für das Informationen über die Größe von $\gamma$ und $\beta$ vorliegen (Tabelle 8).

Die Angaben der Tabelle 8 zeigen, daß in den verschiedenen Jahren des betrachteten Zeitraums die lebendige Arbeit und ihre materielle Fondsausrüstung eine unterschiedliche Rolle hinsichtlich der Dynamik des Nationaleinkommens gespielt haben. Führte bis 1961 die Vergrößerung der Beschäftigtenzahl um 1% zu einem Wachstum des Nationaleinkommens von nicht mehr als 0,20%, so wuchs diese Größe nach 1961 auf 0,23% und mehr, wobei sie ständig über dem Mittelwert für die gesamte Periode – 0,228% – lag. In der gleichen Zeit verringerte sich der *relative* Einfluß des Wachstums der Produktionsgrund-

* Vgl. Anmerkung S. 112

Tabelle 8

Schätzung des Parameters $\alpha$ der Produktionsfunktion der Volkswirtschaft der UdSSR in den Jahren 1956 bis 1965

| | 1956 | 1957 | 1958 | 1959 | 1960 | 1961 | 1962 | 1963 | 1964 | 1965 | Im Durchschnitt 1956 bis 1965 |
|---|---|---|---|---|---|---|---|---|---|---|---|
| 1. Spezifische Arbeitsintensität des Nationaleinkommens ($\gamma$)* | 0,483 | 0,475 | 0,436 | 0,429 | 0,428 | 0,426 | 0,418 | 0,414 | 0,393 | 0,386 | 0,423 |
| 2. Spezifische Fondsintensität des Nationaleinkommens ($\beta$) | 1,199 | 1,228 | 1,167 | 1,187 | 1,219 | 1,247 | 1,301 | 1,380 | 1,371 | 1,402 | 1,285 |
| 3. Tabellenwert des natürlichen Logarithmus von $\gamma$ | −0,7278 | −0,7445 | −0,8302 | −0,8463 | −0,8487 | −0,8534 | −0,8723 | −0,8819 | −0,9340 | −0,9520 | −0,8604 |
| 4. Tabellenwert des natürlichen Logarithmus von $\beta$ | 0,1823 | 0,2070 | 0,1570 | 0,1739 | 0,1988 | 0,2221 | 0,2623 | 0,3231 | 0,3148 | 0,3364 | 0,2546 |
| 5. Parameter der Produktionsfunktion $\alpha$ | 0,200 | 0,218 | 0,159 | 0,170 | 0,190 | 0,207 | 0,231 | 0,268 | 0,252 | 0,261 | 0,228 |

* Die spezifische Arbeitsintensität des Nationaleinkommens besitzt die Dimension: Mill. Beschäftigte je 1 Milliarde Rubel Nationaleinkommen; die spezifische Fondsintensität: Rubel Produktionsgrundfonds je 1 Rubel Nationaleinkommen.

fonds der Volkswirtschaft auf das Wachstum des Nationaleinkommens, und zwar von mehr als 0,8% je Prozent Zuwachs der Produktionsgrundfonds im Zeitraum von 1956 bis 1961 auf weniger als 0,77% in den Jahren 1962 bis 1965. Im Durchschnitt der Jahre 1956 bis 1965 führte jedes Prozent Zuwachs der Produktionsgrundfonds zu einer Vergrößerung des Nationaleinkommens um 0,77%.

Die Produktionsfunktion der Volkswirtschaft der UdSSR hatte also 1956 bis 1965 folgendes Aussehen:

| | |
|---|---|
| 1956 $\cdots Y = L^{0,200} \cdot F^{0,800}$ | 1961 $\cdots Y = L^{0,207} \cdot F^{0,793}$ |
| 1957 $\cdots Y = L^{0,218} \cdot F^{0,782}$ | 1962 $\cdots Y = L^{0,231} \cdot F^{0,769}$ |
| 1958 $\cdots Y = L^{0,159} \cdot F^{0,841}$ | 1963 $\cdots Y = L^{0,268} \cdot F^{0,732}$ |
| 1959 $\cdots Y = L^{0,170} \cdot F^{0,830}$ | 1964 $\cdots Y = L^{0,252} \cdot F^{0,748}$ |
| 1960 $\cdots Y = L^{0,190} \cdot F^{0,810}$ | 1965 $\cdots Y = L^{0,261} \cdot F^{0,739}$ |

Im Durchschnitt der Jahre: $Y = L^{0,228} \cdot F^{0,772}$

Nach Schätzungen von A. I. Ančiškin und J. V. Jaremenko, die ihre Produktionsfunktion mit der traditionellen Methode der kleinsten Quadrate ermittelten, sind diese Parameter für die Jahre 1955 bis 1965 (in unseren Bezeichnungen) folgende:

$$Y = 0{,}9954\, L^{0,2334} \cdot F^{0,7666}$$ [12].

Wir sehen, daß sich diese Parameter und die Parameter unserer mit der oben beschriebenen Methode aus den durchschnittlichen Werten des Nationaleinkommens, der Beschäftigtenzahl und der Produktionsgrundfonds in der betrachteten Periode aufgestellten Funktion voneinander nur durch eine verschwindend kleine Größe unterscheiden, die bei einer Aufrundung auf zwei Stellen nach dem Komma sogar gleich Null wird.

Die Messung der Parameter der Produktionsfunktion ermöglicht es, eine Reihe von außerordentlich interessanten analytischen Kennziffern zu gewinnen. Es sind dies vor allem Vergleichskennziffern über den relativen Anteil der Arbeit und ihrer materiellen Ausstattung an der Schaffung des Nationaleinkommens sowie ein relativer makroökonomischer Koeffizient ihrer wechselseitigen Substituierbarkeit.

Vom formalen mathematischen Gesichtspunkt her ist die Produktionsfunktion eine Funktion von Variablen – der Volumina der in der Volkswirtschaft angewendeten Arbeit und der Produktionsgrundfonds. Wenn man annimmt, daß der Wertumfang der Produktionsgrundfonds unverändert bleibt und nur die Masse der an der Produktion beteiligten Arbeit wächst, so kann man feststellen, wie hoch der absolute Nationaleinkommenszuwachs bei einem Zuwachs der Masse der lebendigen Arbeit um eine vorher festgelegte Menge sein wird. Dasselbe kann auch für die Produktionsgrundfonds festgestellt werden, wenn man dabei die Menge der aufgewendeten lebendigen Arbeit als konstant ansieht.

Jeder Leser, der auch nur eine geringe Vorstellung von der Differentialrechnung besitzt, hat sicher längst begriffen, daß es um die Bestimmung der partiellen Differentialquotienten der Funktion (19) geht. Entsprechend den Regeln der mathematischen Analysis wird z. B. der partielle Differentialquotient der Funktion (19) nach der Variablen $L$ als der Grenzwert des Verhältnisses eines unendlich kleinen Zuwachses des Nationaleinkommens $Y$ zum Zuwachs des Arbeitsaufwands in der Volkswirtschaft errechnet, wobei dieser Aufwand ebenfalls um einen unendlich kleinen Wert wächst, d. h. $\Delta L$ gegen Null strebt[13].

Nach der Berechnung der Differentialquotienten $\frac{\partial Y}{\partial L}$ und $\frac{\partial Y}{\partial F}$ ergibt sich dann:

$$\Delta Y = \frac{\partial Y}{\partial L} \Delta L + \frac{\partial Y}{\partial F} \Delta F. \tag{20}$$

Entsprechend den Differentiationsregeln finden wir:

$$\frac{\partial Y}{\partial L} = \alpha \, L^{\alpha-1} \, F^{1-\alpha},$$

oder, wenn wir $L^{\alpha-1}$ als $\frac{L^\alpha}{L}$ darstellen,

$$\frac{\partial Y}{\partial L} = \alpha \, \frac{L^\alpha \, F^{1-\alpha}}{L}.$$

Da im Zähler des Bruches die rechte Seite der zu differenzierenden Funktion (19) steht, ersetzen wir ihn durch $Y$. Das Verhältnis $\frac{Y}{L}$ ist nichts anderes als der Kehrwert der spezifischen Arbeitsintensität des Nationaleinkommens $\frac{L}{Y}$, die wir mit $\gamma$ bezeichnet haben. Folglich erhalten wir:

$$\frac{\partial Y}{\partial L} = \frac{\alpha}{\gamma}.$$

Differenzieren wir die Produktionsfunktion nach $F$, so finden wir:

$$\frac{\partial Y}{\partial F} = (1-\alpha) \, F^{(1-\alpha)-1} \, L^\alpha = (1-\alpha) \frac{L^\alpha \, F^{1-\alpha}}{F} = (1-\alpha) \, \frac{Y}{F},$$

so daß schließlich gilt:

$$\frac{\partial Y}{\partial F} = \frac{1-\alpha}{\beta}.$$ [14]

Setzen wir die erhaltenen Werte der Differentialquotienten in den Ausdruck (20) ein, so ergibt sich:

(20a) $$\Delta Y = \frac{\alpha}{\gamma} \Delta L + \frac{1-\alpha}{\beta} \Delta F.$$

Wenn wir in diese Gleichung die Zahlenwerte für $\alpha$, $\beta$ und $\gamma$ aus der letzten Spalte der Tabelle 8 einsetzen, kommen wir zu folgendem Ergebnis:

(20b) $$\Delta Y = 0{,}539\, \Delta L + 0{,}601\, \Delta F.$$

Das Wachstum der Beschäftigtenzahl um einen Jahresarbeiter hätte also ein Wachstum des Nationaleinkommens um 539 Rubel bewirkt, wenn es im Durchschnitt des Jahrzehnts von 1956 bis 1965 möglich gewesen wäre, ohne zusätzliche Vergrößerung der Produktionsgrundfonds neue Arbeitskräfte in die Produktion einzubeziehen. Wenn sich andererseits bei unveränderter Beschäftigtenzahl der Umfang der Produktionsgrundfonds vergrößert hätte, so hätte das zusätzliche Wachstum dieser Fonds um tausend Rubel zu einer Zunahme des Nationaleinkommens um 601 Rubel geführt. Ausgehend von diesen Daten, kann auch leicht der Koeffizient der relativen wechselseitigen Substituierbarkeit der lebendigen Arbeit und der materiellen Ausstattung dieser Arbeit ermittelt werden: Im Durchschnitt hat im Verlauf der Jahre 1956 bis 1965 eine Million Rubel Produktionsgrundfonds den gleichen Nationaleinkommenszuwachs gewährleistet wie 1058 zusätzliche Jahresarbeiter.[15]

Uns scheint, daß gewisse Modifikationen der betrachteten Produktionsfunktion dazu genutzt werden können, um aggregierte ökonomische Wachstumsmodelle aufzustellen, die rein analytischen Zwecken dienen könnten. Zu solchen Modifikationen der Funktion (19) kann man zum Beispiel eine Funktion zählen, die die Abhängigkeit zwischen dem Konsumtionsfonds und den Investitionen in die Produktionsgrundfonds einerseits und der Masse der Arbeit sowie der Grundfonds in der Volkswirtschaft andererseits ausdrückt:

$$K + I = L^{\mu} F^{1-\mu}$$ [16].

Um ein analytisches Modell auf der Grundlage der erhaltenen Produktionsfunktion aufzubauen, müssen eine Reihe von zusätzlichen Beziehungen berücksichtigt werden, die sich innerhalb des ökonomischen Systems in seinem Wachstumsprozeß ergeben. Vor allem muß die Abhängigkeit zwischen dem Umfang der Produktionsgrundfonds der Volkswirtschaft und den Investitionen zur Erweiterung eben dieser Fonds in das Modell eingehen. Weiter muß die Abhängigkeit berücksichtigt werden, die zwischen dem Volumen und der Effektivität der Arbeitsressourcen und der Masse jener Mittel besteht, die von der Gesellschaft zur Konsumtion bereitgestellt werden. Schließlich muß das Modell eines der synthetischen Effektivitätskriterien des Plans vom Typ (4) enthalten.[17] Offensichtlich ermöglicht die Lösung des Informationsproblems, das einem solchen Modell zugrunde liegt (insbesondere bei der Berechnung der Parameter der Produktionsfunktion), sowie die Überwindung der rein rechentechnischen Schwierigkeiten, die mit dieser oder jener konkreten Form des Modells verbunden sind, alle notwendigen Bedingungen dafür zu schaffen, die Nutzung der Produktionsfunktion zu einem untrennbaren Bestandteil des analytischen, der Planung vorausgehenden Stadiums der Arbeit zu machen. Letzteres ist dem System von Maßnahmen vorgelagert, die der Auswahl der effektivsten ökonomischen Lösungen auf der höchsten und der mittleren Leitungsebene der Volkswirtschaft dienen,

KAPITEL 6

# Proportionen und Tempi der erweiterten Reproduktion

## *Die marxistischen Prinzipien der wissenschaftlichen Analyse des Produktionsprozesses*

Den ersten Schritt zur Konkretisierung der ökonomischen Grundproportionen, die im zusammenfassenden Verteilungsschema des Gesamtprodukts der sozialistischen Gesellschaft festgelegt werden (vgl. Tabelle 2), bildet die Bestimmung der Proportion zwischen den Abteilungen I und II der gesellschaftlichen Produktion.

Das Studium der klassischen Schemata der erweiterten Reproduktion, die von Marx erforscht und aufgestellt worden sind, ermöglicht es, die Grundprinzipien der wissenschaftlichen Analyse des Prozesses der erweiterten sozialistischen Produktion unter den heutigen Bedingungen zu formulieren. Erstens muß die Analyse unter zwei Gesichtspunkten erfolgen – dem materiell-stofflichen und dem wertmäßigen. Tatsache ist, daß die verschiedenen Wertelemente beliebiger Bestandteile des gesellschaftlichen Produkts und das in Preisen gemessene materiell-stoffliche Äquivalent ihrer Summe sich im Reproduktionsprozeß auf verschiedenen Wegen aufeinander zu bewegen. Die jährliche Bilanz dieser unterschiedlich gerichteten Bewegungen wird einfach unmöglich, wenn nur die eine Hälfte beachtet wird.

Zweitens. Eines der Ergebnisse der Analyse des Reproduktionsprozesses muß darin bestehen, ein genaues quantitatives Maß jener Forderungen zu gewinnen, deren Erfüllung die volle Bilanzierung des jährlichen Realisierungsprozesses ermöglicht. Dies muß für ausnahmslos alle Bestandteile des gesellschaftlichen Produkts gelten, für seine materielle Zusammensetzung wie für seinen Wert. Fehlt im Ergebnis der Analyse ein solches Maß, dann verliert die Analyse selbst jeglichen Sinn.

Drittens. Das Niveau der Abstraktion, auf dem die Analyse erfolgt, muß streng dem Endziel der Analyse entsprechen. Wenn z. B. letzteres die Möglichkeit der Messung der Parameter des realen Reproduktionsprozesses voraussetzt, muß das Abstraktionsniveau der Analyse gewährleisten, daß ihre Ergebnisse der wirklichen zahlenmäßigen Größe der analysierten Werte adäquat sind.

Viertens. Entsprechend den Forderungen des Gesetzes der planmäßigen und proportionalen Entwicklung der Volkswirtschaft muß die Analyse des Prozesses der erweiterten Reproduktion logisch damit enden, daß die effektivsten, die optimalen volkswirtschaftlichen Proportionen festgestellt werden.

Betrachten wir von diesen grundsätzlichen Positionen her die Schemata der erweiterten Reproduktion, die im „Kapital“ beschrieben werden, und bestimmen wir die Wege ihrer Weiterentwicklung, bezogen auf die realen Bedingungen der Gegenwart.

Die Bedingungen eines bilanzierten Austauschs zwischen den beiden Abteilungen werden mit Hilfe des folgenden Schemas beschrieben:

$$
\begin{aligned}
(21)\qquad & 4000\,c_1 + 400\,\Delta\,c_1 + \boxed{1000\,v_1 + 100\,\Delta\,v_1 + 500\,m_{1K}} = 6000\,P_1 \\
& \boxed{1500\,c_2 + 100\,\Delta c_2} \leftrightarrow \quad + 750\,v_2 + 50\,\Delta\,v_2 + 600\,m_{2K} \\
& \qquad = 3000\,P_2,
\end{aligned}
$$

dabei wird mit $m_{1K}$ und $m_{2K}$ jener Teil des Wertes vom Mehrprodukt der ersten und der zweiten Abteilung bezeichnet, der von den Werktätigen der nichtproduktiven Sphäre (und den Empfängern von Renten, Beihilfen, Stipendien usw.) zur Bezahlung von Gegenständen der individuellen Konsumtion verwendet und der auch für die Finanzierung der gesellschaftlichen Konsumtion verwendet wird; mit dem Buchstaben $\Delta$ wird der Zuwachs der entsprechenden Größen gekennzeichnet.[18]

Nehmen wir an, daß der Austausch zwischen den Abteilungen so erfolgt ist, wie das im Schema gezeigt wurde. Dann ergibt sich nach dem Austausch folgendes Bild:

(22)

$$
\begin{aligned}
& \qquad\qquad\qquad\qquad\qquad 1000\,m_1 \qquad\qquad\qquad\qquad\qquad 750\,m_2 \\
& \begin{matrix} 4000\,c_1 + 1500\,c_2 + \\ 1000\,v_1 + \phantom{0}750\,v_2 + \end{matrix}
\boxed{\begin{matrix} 400\,\Delta c_1 \\ 100\,\Delta v_1 + 500\,m_{1K} \end{matrix}}
+
\boxed{\begin{matrix} + 100\,\Delta c_2 \\ 600\,m_{2K} + \phantom{0}50\,\Delta v_2 \end{matrix}} \\
& = 6000\,P_1 \\
& = 3000\,P_2.
\end{aligned}
$$

In allgemeiner Form:

$$\begin{array}{l|l|c|r|l} & \quad m_1 & & \quad m_2 & \\ c_1 + c_2 + & \Delta c_1 + & + & + \Delta c_2 & = P_1 \\ v_1 + v_2 + & \Delta v_1 + m_{1K} & & m_{2K} + \Delta v_2 & = P_2. \end{array}$$

Diese Gleichungen geben die notwendigen und hinreichenden Bedingungen für eine volle Bilanzierung des Realisierungsprozesses des gesellschaftlichen Produkts sowohl hinsichtlich des Wertes als auch hinsichtlich seiner materiell-stofflichen Zusammensetzung wieder. Dabei stellt der erste Ausdruck die Bilanz zwischen dem Volumen der Produktion von Produktionsmitteln ($P_1$) und dem Gesamtumfang ihrer Realisierung für den Ersatz ($c_1 + c_2$) und die Akkumulation ($\Delta c_1 + \Delta c_2$) in beiden Abteilungen dar, der zweite Ausdruck bilanziert den Umfang der Produktion von Konsumtionsmitteln ($P_2$) und die Gesamtsumme der Geldmittel, die für die Realisierung dieser Konsumtionsmittel bestimmt sind: den Arbeitslohn der Werktätigen der materiellen Produktion ($v_1 + v_2$), die teils für die Bezahlung der Dienste der Werktätigen der nichtproduktiven Sphäre (sowie für die Zahlung von Renten, Beihilfen, Stipendien usw.), teils für die Finanzierung der gesellschaftlichen Konsumtion benötigten Finanzmittel ($m_{1K} + m_{2K}$) und schließlich die Akkumulation von Geldmitteln für die Finanzierung von Konsumtionsmittelvorräten im Umfang des zukünftigen Zuwachses des Lohnfonds in der Produktionssphäre ($\Delta v_1 + \Delta v_2$).

Weiter führen wir folgende Bezeichnungen ein:

$h_1$ und $h_2$ – die organische Zusammensetzung

$$\left(h_1 = \frac{c_1}{v_1} = \frac{\Delta c_1}{\Delta v_1};\ h_2 = \frac{c_2}{v_2} = \frac{\Delta c_2}{\Delta v_2}\right);$$

$z_1$ und $z_2$ – die Rate des Mehrprodukts

$$\left(z_1 = \frac{m_1}{v_1} = \frac{\Delta m_1}{\Delta v_1};\ z_2 = \frac{m_2}{v_2} = \frac{\Delta m_2}{\Delta v_2}\right);$$

$n_1$ und $n_2$ – Akkumulationsrate des Mehrprodukts

$$\left(n_1 = \frac{\Delta c_1 + \Delta v_1}{m_1};\ n_2 = \frac{\Delta c_2 + \Delta v_2}{m_2}\right).$$

Wenn wir diese Größen benutzen und damit die Ausdrücke vereinfachen, die in den Austauschblöcken des Schemas (21) stehen, erhalten wir noch eine andere Formulierung der Bedingung

$$v_1 + \Delta v_1 + m_{1K} = c_2 + \Delta c_2$$

für die Realisierung des gesellschaftlichen Produkts.

Auf der Grundlage der Ausgangsformeln für $h$, $z$ und $n$ gilt nämlich:

$$\begin{aligned} \Delta c_1 &= h_1 \Delta v_1; & c_2 &= h_2 v_2; \\ \Delta c_1 + \Delta v_1 &= n_1 m_1; & \Delta c_2 &= h_2 \Delta v_2; \\ m_1 &= z_1 v_1; & \Delta c_2 + \Delta v_2 &= n_2 m_2; \\ m_{1K} &= (1 - n_1)\, m_1; & m_2 &= z_2 v_2. \end{aligned}$$

Nach elementaren Umwandlungen der vorhergehenden Gleichung mit Hilfe dieser Ausdrücke kommen wir zu folgender Bedingung:

$$(23) \qquad \frac{h_1 z_1 v_1}{h_1 + 1} n_1 + \frac{h_2 z_2 v_2}{h_2 + 1} n_2 = (1 + z_1)\, v_1 - h_2 v_2.$$

Ausgehend davon, daß außer $n_1$ und $n_2$ alle Elemente dieser Gleichung Konstanten sind, die man ohne Mühe errechnen kann, indem man ihren Wert aus den Reproduktionsschemata einsetzt, schreiben wir diese Gleichung kürzer als:

$$(23\,a) \qquad a\, n_1 + b\, n_2 = c,$$

wobei $a$, $b$ und $c$ nach den in (23) festgehaltenen Regeln errechnet werden. Setzt man in diese Formel die Zahlenwerte der entsprechenden Kennziffern aus dem Marxschen Schema der erweiterten Reproduktion ein, so ergibt sich:

$$8\, n_1 + 5\, n_2 = 5,$$

oder, was dasselbe ist,

$$(23\,b) \qquad n_2 = 1 - 1{,}6\, n_1.$$

Wir haben also mit der Gleichung (23) eine der wichtigsten Formeln des Marxschen Schemas erhalten. Sie drückt die direkte, determinierte Abhängigkeit der in der einen Abteilung getroffenen Entscheidungen von den Entscheidungen in der anderen Abteilung aus. Und obgleich in der Formel (23b) diese Abhängigkeit wie in den Schemata von Marx die Richtung von der ersten zur zweiten Abteilung besitzt, zeigt doch die allgemeine Formel (23), daß die Wahl der Richtung durch nichts begrenzt ist.

Die Zahlenschemata (21) und (22) können als Verflechtungsbilanz der erweiterten Reproduktion dargestellt werden (vgl. Tabelle 9 in der mit dem Minuszeichen die Verteilung der beiden Komponenten des Nationaleinkommens gekennzeichnet ist).

Bekanntlich reduziert sich die Grundbedingung der erweiterten Reproduktion im Schema von Marx auf folgende Forderung:

$$v_1 + m_1 > c_2, \text{ oder } v_1 + m_1 - c_2 > 0.$$

*Tabelle 9*

Verflechtungsbilanz der erweiterten Reproduktion

| Produktion | Ersatzfonds I | Ersatzfonds II | Akkumulationsfonds I | Akkumulationsfonds II | Konsumtionsfonds | Insgesamt |
|---|---|---|---|---|---|---|
| I | 4000 $c_1$ | 1500 $c_2$ | 400 $\Delta c_1$ | 100 $\Delta c_2$ | | 6000 $P_1$ |
| II | — | — | 100 $\Delta v_1$ | 50 $\Delta v_2$ | 2850 | 3000 $P_2$ |
| $v$ | 1000 $v_1$ | 750 $v_2$ | — | — | −1750 $v$ | 0 |
| $m_1$ | 1000 $m_1$ | — | −500 | — | −500 $m_{1K}$ | 0 |
| $m_3$ | — | 750 $m_2$ | — | −150 | −600 $m_{2K}$ | 0 |
| Insgesamt | 6000 $P_1$ | 3000 $P_2$ | 0 | 0 | 0 | 9000 $P$ |

Addieren wir auf beiden Seiten der Ungleichung $c_1$ und ersetzen auf der linken Seite $c_1 + v_1 + m_1$ durch $P_1$, erhalten wir:

$$P_1 - c_2 > c_1 \text{ oder } P_1 > c_1 + c_2 .$$

Damit die Reproduktion in erweitertem Umfang erfolgt, müssen mehr Produktionsmittel geschaffen werden, als im Ersatzfonds beider Abteilungen verbraucht werden. Mit anderen Worten, der Akkumulationsfonds von Produktionsmitteln *I* muß eine positive Größe sein:

$$\gamma = v_1 + m_1 - c_2 = P_1 - c_1 - c_2 > 0 .$$

V. S. Nemčinov hat diese Größe bildhaft das Potential der erweiterten Reproduktion genannt.

Die Kategorie des Potentials bildet in der Tat ein zentrales Glied der dynamischen Marxschen Schemata. Davon zeugt die Tatsache, daß man den Mechanismus der letzteren als ein System von quantitativen Abhängigkeiten darstellen kann, in welchem die Wachstumskennziffern des ökonomischen Systems in Form einer gewissen Funktion des verfügbaren Limits akkumulierter Produktionsmittel (*I*) bestimmt werden.

Wenn die organische Zusammensetzung der Produktionsfonds ($h_1$ und $h_2$), die Rate des Mehrprodukts ($z_1 = m_1 : v_1$ und $z_2 = m_2 : v_2$) in jeder Abteilung sowie die formale Regel, die die Elemente $c$, $v$, $m$ und $P$ ($c + v + m = P$) miteinander verbindet, bekannt sind, können die spezifischen Normative der „Materialintensität ($a_1 = c_1 : P_1$ und $a_2 = c_2 : P_2$) und der „Lohnintensität" ($\alpha_1 = v_1 : P_1$ und $\alpha_2 = v_2 : P_2$) einer Produktionseinheit in beiden Abteilungen errechnet werden.

Die allgemeinen Formeln für den Übergang von $h$ und $z$ zu den spezifischen Normativen lauten:

$$a_1 = \frac{h_1}{h_1 + z_1 + 1}; \quad a_2 = \frac{h_2}{h_2 + z_2 + 1};$$

$$\alpha_1 = \frac{1}{h_1 + z_1 + 1}; \quad \alpha_2 = \frac{1}{h_2 + z_2 + 1}.$$

Da in den Marxschen Schemata die organische Zusammensetzung und die Rate des Mehrprodukts in der Zeit konstant bleiben, erweisen sich auch die spezifischen Normative als konstante Größen. Das bedeutet insbesondere folgendes:

$$a_1 \Delta P_1 = \Delta c_1, \quad \text{da } a_1 P_1 = c_1;$$
$$a_2 \Delta P_2 = \Delta c_2, \quad \text{da } a_2 P_2 = c_2;$$
$$\alpha_1 \Delta P_1 = \Delta v_1, \quad \text{da } \alpha_1 P_1 = v_1;$$
$$\alpha_2 \Delta P_2 = \Delta v_2, \quad \text{da } \alpha_2 P_2 = v_2.$$

Oben ist festgestellt worden, daß der Akkumulationsfonds der Produktionsmittel definiert werden kann als die Differenz zwischen der Bruttoproduktion von Produktionsmitteln ($P_1$) und dem Aufwand für den Ersatz ($c_1 + c_2$). Nehmen wir jedoch an, daß die Größe I bekannt ist und die Aufgabe darin besteht, die Kennziffern der Dynamik des ökonomischen Systems zu finden. Die einfachste Methode wäre, I in zwei beliebige Teile zu zerlegen. Wenn zum Beispiel I = 500 ist (wie im Schema von Marx für das Ausgangsjahr), dann kann man diesen Betrag in der Abteilung I lassen ($\Delta c_1 = 500$; $\Delta c_2 = 0$), ihn in die Abteilung II übertragen ($\Delta c_2 = 500$; $\Delta c_1 = 0$) oder ihn zwischen den beiden Abteilungen aufteilen. Der Prozeß der erweiterten Reproduktion kann dabei voll bilanziert sein, ob nun $\Delta c_1 = 250$ und $\Delta c_2 = 250$, $\Delta c_1 = 100$ und $\Delta c_2 = 400$ oder ob die Kombinationen irgendwie anders lauten. Wichtig ist nur, daß die Summe den Wert 500 nicht überschreitet.

Ausgehend davon, daß I eine bekannte Größe ist,

$$\Delta c_1 + \Delta c_2 = I,$$

finden wir:

(24) $$a_1 \Delta P_1 + a_2 \Delta P_2 = \mathrm{I}.$$

Dies ist die nach den zwei Abteilungen gegliederte Gleichung für das Wachstum des Produktionssystems, in der die Koeffizienten $a_1$ und $a_2$ als spezifische Normative der Investitionsintensität des Produktionszuwachses in jeder der Abteilungen fungieren.[19]

Da in dieser Gleichung die jährlichen Zuwächse des Produktionsvolumens als Funktion des verfügbaren Investitionslimits ausgedrückt werden, bildet hier der Akkumulationsfonds der Produktionsmittel den wichtigsten, zentralen Faktor, der das Wachstum des ökonomischen Systems in der Zeit begrenzt.[20]

Die Gleichung (24) zeigt, daß die Marxschen Schemata der erweiterten Reproduktion einen Freiheitsgrad enthalten. In den Ausgangsschemata, die im „Kapital" beschrieben werden, liegt dieser Freiheitsgrad in der Wahl der Akkumulationsrate des Mehrprodukts in einer der beiden Abteilungen [vgl. (24) mit der Gleichung (23)]. Marx selbst hat den Zahlenwert der Akkumulationsrate in der Abteilung I bestimmt als das Verhältnis des akkumulierten Teils des Mehrprodukts (der dem Wachstum beider Elemente der „Selbstkosten" der Produktion in der Abteilung I dienen soll) zum Gesamtvolumen des in dieser Abteilung geschaffenen Mehrprodukts:

$$n_1 = \frac{\Delta c_1 + \Delta v_1}{m_1}.$$

Da im „Kapital" auf dieser Grundlage alle anderen Elemente der dynamischen Schemata bestimmt werden, bildet die Auswahl des Zahlenwertes von $n_1$ den Startmechanismus, der die Schemata der erweiterten Reproduktion in Betrieb setzt.

Wie für jeden Steuerparameter müssen auch für die Akkumulationsrate $n_1$ die ökonomisch zulässigen Grenzen bestimmt werden. Es sei vermerkt, daß die untere Grenze theoretisch auch Null sein kann, jedoch führt das dazu, daß schon im folgenden Zyklus die Reproduktion in der Abteilung I nur einfach ist, das Potential I zu Null wird und im dann folgenden Zyklus die Reproduktion auch in der Abteilung II nur einfach ist.[21] Daher wäre es zweckmäßig, die untere Grenze der Akkumulationsrate so festzulegen, daß das Potential I im folgenden Zyklus nicht kleiner als im Ausgangsjahr ist. Da aber in den Marxschen Schemata die Größe I nichts anderes als der jährliche Zuwachs $\Delta P_1$ ist, liegt die Schlußfolgerung nahe, daß diese Forderung gleichbedeutend damit ist, daß der minimale Zuwachs der Produktion von Produktionsmitteln im folgenden Jahr

$$\text{Min}\, \Delta P_1 = I$$

beträgt. Um diesen minimalen Zuwachs durch materielle Aufwendungen zu gewährleisten, müssen aus dem Akkumulationsfonds des betreffenden Jahres $I$ in die erste Abteilung

$$\text{Min}\, \Delta c_1 = a_1\, (\text{Min}\, \Delta P_1) = a_1\, I$$

Einheiten Produktionsmittel geliefert werden.

Fügen wir zu $\operatorname{Min} \Delta c_1 = a_1 \, I$ die minimale Größe $\Delta v_1$ hinzu, die mit Hilfe der Kennziffer der organischen Zusammensetzung durch

$$\operatorname{Min} \Delta v_1 = \frac{1}{h_1} (\operatorname{Min} \Delta c_1) = \frac{1}{h_1} a_1 I$$

bestimmt wird, finden wir als Ausdruck für die minimale Größe der Akkumulationsrate $n_1$:

$$\operatorname{Min} n_1 = a_1 \left(1 + \frac{1}{h_1}\right) \cdot \frac{I}{m_1}.$$

Auf analoge Weise und unter Berücksichtigung der Tatsache, daß die Akkumulationsrate $n_1$ einen maximalen Wert annimmt, wenn die Größe $\Delta c_1$ maximal ist, erhalten wir aus $\operatorname{Max} \Delta c_1 = I$ folgende Formel:

$$\operatorname{Max} n_1 = \left(1 + \frac{1}{h_1}\right) \cdot \frac{I}{m_1}.$$

Im Ergebnis werden die Grenzen für die Veränderung der Akkumulationsrate des Mehrprodukts der ersten Abteilung zusammenfassend auf folgende Weise beschrieben:[22]

$$\left(1 + \frac{1}{h_1}\right) \cdot \frac{I}{m_1} \geqslant n_1 = \frac{\Delta c_1 + \Delta v_1}{m_1} \geqslant a_1 \left(1 + \frac{1}{h_1}\right) \cdot \frac{I}{m_1}.$$

Für die Zwecke unserer Analyse ist jedoch ein anderer Steuerparameter außerordentlich geeignet, der die Akkumulationsrate des Mehrprodukts mit gleichem Erfolg ersetzen kann. Dieser Parameter wird definiert als der Anteil des Potentials $I$, der in diese oder jene Abteilung eingebracht wird. Es ist klar, daß, wenn die erste Abteilung den q-ten Teil von $I$ erhält, für die zweite Abteilung der $(1 - q)$-te Teil von $I$ verbleibt.

Also ist $q = \frac{\Delta c_1}{I}$, woraus $\Delta c_1 = q \, I$ und $\Delta c_2 = (1 - q) \, I$ folgt.

Wenn nun irgendein Wert $q$ gewählt worden ist, hat die Grundgleichung der Dynamik (24) eine eindeutige Lösung:

$$\Delta P_1 = \frac{q}{a_1} I; \quad \Delta P_2 = \frac{1 - q}{a_2} I.$$

Wenn also die untere Grenze $\Delta P_1$ mindestens den Wert $I$ erreichen soll, d. h. $\Delta P_1 = I$ ist, wird die untere Grenze für den Parameter $q$ ganz trivial festgelegt: bei $\Delta P_1 = I$ ist der Bruch $\frac{q}{a_1}$ gleich Eins und folglich gilt $q = a_1$, so daß

$$1 \geqslant q \geqslant a_1$$

ist.

Die Gleichung für die Dynamik des gesellschaftlichen Produkts (24) enthält keine anderen Möglichkeiten als diejenigen, die bereits den Marxschen Schemata zugrunde gelegt sind. Der Freiheitsgrad ist hier wie dort derselbe, nur nimmt er nun ein anderes Aussehen an, das in seiner Form dem näher kommt, was in der Planungsarbeit notwendig und üblich geworden ist.[23]

Die Analyse der Schemata (21) und (22) erlaubt folgende Schlußfolgerungen:

Vor allem sind hier vom Charakter der Reproduktion her alle Produktionsmittel den Arbeitsgegenständen gleichgestellt. Eben deshalb wird der gesamte Akkumulationsfonds an Produktionsmitteln im folgenden Jahr dem Ersatzfonds zugeschrieben. Aus dem gleichen Grunde werden bei der materiell-stofflichen Zusammensetzung der Produktion der Abteilung I keine Kennziffern für den Ersatz abgeschriebener und verschlissener Arbeitsmittel und in der wertmäßigen Zusammensetzung der Produktion beider Abteilungen keine Amortisationen berücksichtigt. Die Vergrößerung des Ersatzfonds jedes folgenden Jahres um die Größe des Gesamtvolumens der Akkumulation von Produktionsmitteln kann nicht ohne direkte Einwirkung auf den Charakter von Proportionen und Tempi der erweiterten Reproduktion insgesamt bleiben. Dazu gewinnt dieser Faktor eine besondere Bedeutung, wenn in die Analyse die wachsende organische Zusammensetzung der Produktionsfonds einbezogen wird. Um das abstrakte Reproduktionsschema zu einem adäquaten Analogon seines realen Objekts umzugestalten, darf die Dynamik des Ersatzfonds und des Produktionsvolumens in jeder Abteilung nicht dadurch bestimmt werden, daß man den Ersatzfonds einfach um den Gesamtumfang der Akkumulation des vergangenen Jahres vergrößert. Man muß dazu vielmehr die Effektivitätskennziffern der Produktionsgrundfonds benutzen.

In den betrachteten Reproduktionsschemata werden die Vorräte an Konsumtionsmitteln durch die Größe des zukünftigen Zuwachses des Lohnfonds der Werktätigen der materiellen Produktion bestimmt. Das führt zu der Notwendigkeit, für die Dauer jedes Produktionszyklus (Jahres) eine entsprechende Summe von Finanzmitteln einzufrieren. Dabei werden die Vorräte für jede Abteilung besonders fixiert. In der realen Wirklichkeit indes ist die Größe der Vorräte an Konsumtionsmitteln nur sehr relativ und natürlich nicht derart starr mit dem Wachstum des Einkommens der Bevölkerung verbunden, und außerdem werden die Vorräte selbst nicht in den Abteilungen der gesellschaftlichen Produktion geschaffen, sondern innerhalb der zentralisierten staatlichen Fonds. Für die verallgemeinerte Analyse des Reproduktionsprozesses kann folglich in einer ersten Annäherung vorausgesetzt werden, daß der Umfang der Konsumtionsmittelvorräte relativ unabhängig von der Akkumulation von Produktionsmitteln ist.

Schließlich wird das Ausmaß der für die Gewährleistung der Produktionserweiterung bestimmten Geldakkumulation in jeder Abteilung im Schema (21) als Wertteil des Mehrprodukts definiert, das innerhalb dieser Abteilung geschaffen wird. Damit wird in das Schema das Prinzip der Eigenfinanzierung jeder Abteilung eingeführt (dies kann in der Tabelle 9 deutlich verfolgt werden). Die Quelle für die Finanzierung der erweiterten Reproduktion bildet unter den heutigen Bedingungen jedoch der gesellschaftliche Finanzfonds, der aus dem Reineinkommen in der Sphäre der materiellen Produktion sowie aus Zuflüssen aus der Bevölkerung und den Außenhandelsorganen gebildet wird (s. Tabelle 2). Das führt dazu, daß die Bildung und Verwendung dieses Fonds zum obligatorischen Element eines Reproduktionsschemas wird, das den realen Prozeß beschreibt.

## *Die Schemata der erweiterten Reproduktion in der ökonomischen Wirklichkeit*

In den letzten Jahren haben sich die Proportionen der erweiterten Reproduktion im Durchschnitt so gestaltet, wie es das folgende zusammenfassende Schema zeigt:

$$\begin{array}{l} 32\,c_1 + 16\,v_1 + 12\,m_1 = \ 60\,P_1 \\ 22\,c_2 + \ \ 8\,v_2 + 10\,m_2 = \ 40\,P_2 \\ \hline 54\,c \ + 24\,v \ + 22\,m \ = 100\,P. \end{array}$$

Natürlich besitzt dieses Schema (das Milliarden Rubel in unveränderten Preisen je 100 Milliarden gesellschaftliches Gesamtprodukt entspricht) einen gewissen Annäherungsgrad. Die Ergebniszeile des Schemas wiederholt präzise die Positionen der volkswirtschaftlichen Kalkulation des Wertes des gesellschaftlichen Produkts.

Um dieses Schema für analytische Zwecke verwenden zu können, müssen seine Elemente dechiffriert werden.

Wir führen folgende Bezeichnungen ein:

$u_1$ und $u_2$ – Aufwand inländischer Arbeitsgegenstände in der Produktion;

$\hat{u}_1$ und $\hat{u}_2$ – Aufwand importierter Arbeitsgegenstände in der Produktion;

$\acute{A}_1$ und $\acute{A}_2$ – Abschreibungen;

$\hat{v}_1$ und $\hat{v}_2$ – von den Werktätigen der materiellen Produktion gezahlte Steuern und Zuwachs der Geldersparnisse dieser Werktätigen;

$\bar{v}_1$ und $\bar{v}_2$ – Arbeitslohn für die Werktätigen der Produktionssphäre, der den entsprechenden Teil der zahlungsfähigen Nachfrage bildet;

$B$ – staatlicher Finanzfonds;

$C$ – Fonds der gesellschaftlichen Konsumtion;

$A$ – Wert des jährlichen Ersatzes für das Ausscheiden und den Verschleiß von Produktionsgrundfonds in beiden Abteilungen ($A = A_1 + A_2$);

$I$ – Investitionen zur Erweiterung der Produktionsgrundfonds;

$W$ – Arbeitslohn in der nichtproduktiven Sphäre, Renten, Beihilfen, Stipendien usw., abzüglich der Steuern und des Zuwachses an Spareinlagen jener Personen, die über die obengenannten Einkommen verfügen;

$E_1$ und $E_2$ – Export von Produktionsmitteln und Konsumtionsmitteln;

$D_1$ und $D_2$ – Gesamtvolumen der sonstigen Elemente des Endprodukts.

Mit diesen Bezeichnungen lassen sich die einzelnen Elemente des Schemas für den betrachteten Zeitraum folgendermaßen darstellen:

$$c_1 = u_1 + \hat{u}_1 + \acute{A}_1 = 29 + 1 + 2 = 32;$$
$$v_1 = \hat{v}_1 + \bar{v}_1 = 2 + 14 = 16;$$
$$c_2 = u_2 + \acute{A}_2 = 21 + 1 = 22;$$
$$v_2 = \hat{v}_2 + \bar{v}_2 = 1 + 7 = 8\,.$$

Setzen wir diese Gleichungen in das Ausgangsschema ein, so erhalten wir die Gleichungen (25), die in detaillierter Form die Wertzusammensetzung der Produktion jeder der beiden Abteilungen beschreiben:

$$(25)\quad \begin{array}{ll|l|l}
29\,u_1 + 14\bar{v}_1 + & 1\hat{u}_1 + 2\,\acute{A}_1 + 2\,\hat{v}_1 + 12\,m_1 & = 60\,P_1 \\
21\,u_2 + \phantom{1}7\bar{v}_2 & \phantom{1\hat{u}_1} + 1\,\acute{A}_2 + 1\,\hat{v}_2 + 10\,m_2 & = 40\,P_2 \\
\hline
50\,u + 21\bar{v} + & 1\,\hat{u} + 3\,\acute{A} + 3\,\hat{v} + 22\,m & = 100\,P.
\end{array}$$

Die materiell-stofflichen Elemente der Produktion der Abteilung I werden zu folgenden Zwecken genutzt: Ersatz des Aufwands von Arbeitsgegenständen in beiden Abteilungen ($u_1 + u_2$), Ersatz der Aussonderung und des Verschleißes von Arbeitsinstrumenten ($A$) und ihr Zuwachs ($I$) in der Volkswirtschaft, Export ($E_1$) und sonstige Bedürfnisse der Gesellschaft ($D_1$):

$$P_1 = u_1 + u_2 + A + I + E_1 + D_1$$
$$= 29 + 21 + 3 + 4 + 1 + 2 = 60.$$

Andererseits wird der Gesamtumfang der in einem Jahr produzierten Konsumtionsmittel aus folgenden Quellen bezahlt: Arbeitsentgelt der Werktätigen der materiellen Produktion abzüglich der Steuern und des Ersparniszuwachses ($\bar{v}_1 + \bar{v}_2$), sonstige Geldeinnahmen der Bevölkerung ($W$), Finanzierung des Fonds der gesellschaftlichen Konsumtion ($C$) und der sonstigen Bedürfnisse ($D_2$) durch die Gesellschaft:

$$P_2 = \bar{v}_1 + \bar{v}_2 + W + C + E_2 + D_2$$
$$= 14 + 7 + 9 + 2 + 1 + 7 = 40.$$

Es ist leicht zu sehen, daß die beiden letzten Gleichungen im Ergebnis des Realisierungsprozesses des gesellschaftlichen Produkts die entsprechenden Plätze der ersten und der zweiten Gleichung im Ausgangsschema einnehmen müssen.

Eine allgemeine Vorstellung über den Prozeß der Realisierung läßt sich aus dem Schema 7 gewinnen, in das als gesonderter Kontrahent des Austauschs der gesellschaftliche Finanzfonds aufgenommen wurde.

In den Kreisen befinden sich hier die Kennziffern jener Wertelemente der Produktion jeder Abteilung, die nicht zur Zirkulations-

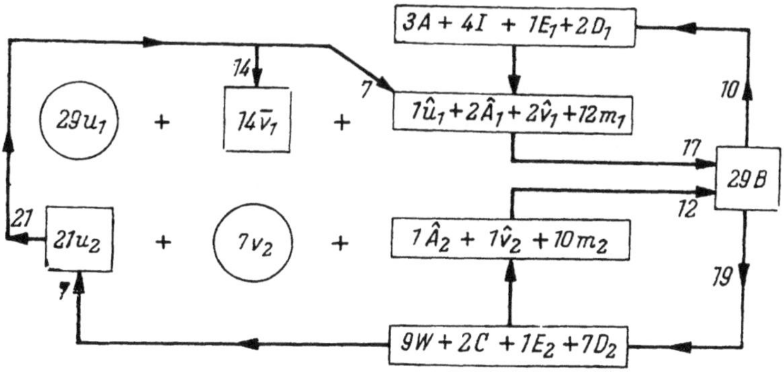


Abb. 7. Schema des Realisierungsprozesses des gesellschaftlichen Produkts

sphäre der Geldmittel gehören. Es sind dies der Wert der materiellen Aufwendungen der ersten Abteilung, die aus innerhalb des Landes geschaffenen Arbeitsgegenständen bestehen (29 $u_1$) und jener Teil des Arbeitsentgelts der Werktätigen der zweiten Abteilung, der bei ihnen nach Abzug der Steuern und des Ersparniszuwachses verbleibt (7 $\bar{v}_2$). Wie wir sehen, gelangt von der Abteilung I ein Teil des Wertes der Produktion in den staatlichen Fonds; dieser Teil ist gleich der Summe:

$$B_1 = \hat{u}_1 + \hat{A}_1 + \hat{v}_1 + m_1 = 17\,.$$

Gleichzeitig erhält die erste Abteilung bargeldlos aus diesem Fonds:

$$A + I + D_1 = 10.$$

Über die Differenz, die in unserem Falle 7 Milliarden Rubel beträgt, werden wir uns etwas später äußern. Von der Abteilung II fließen in den gesellschaftlichen Finanzfonds

$$B_2 = \hat{u}_2 + \hat{A}_2 + \hat{v}_2 + m_2 = 12;$$

die bei der Verteilung dieses Fonds für den Erwerb von Produkten der zweiten Abteilung gebildeten Geldmittel betragen:

$$W = C + D_2 = 19.$$

Wieder gibt es eine Differenz von 7 Milliarden Rubel. Da die einzigen zwei Bereiche des direkten Austauschs zwischen den beiden Abteilungen — $\bar{v}_1$ und $u_2$ – zahlenmäßig einander nicht gleich sind, erweist sich dieser Teil des Austauschs, isoliert gesehen, als nicht ausgeglichen. Von der zweiten Abteilung werden 7 Milliarden Rubel mehr ausgegeben als eingenommen (21 $u_2$ — 14 $\bar{v}_1$ = 7). Diese Mittel gelangen in die erste Abteilung und kompensieren den nichtäquivalenten Austausch der ersten Abteilung mit dem staatlichen Finanzfonds; der Überhang der Einnahmen der zweiten Abteilung aus diesem Fonds gegenüber den Abführungen dieser Abteilung in den Fonds kompensiert dagegen das „Defizit“ in der zweiten Abteilung.

Man kann das Schema der erweiterten Reproduktion (25) auch als eine Verflechtungsbilanz (Tabelle 10) darstellen. Diese Bilanz ist das Ergebnis der Detaillierung der aggregierten Bilanzschemata der Verteilung des gesellschaftlichen Produkts (vgl. Tabelle 2), in dem außerhalb der Bilanz der Umfang der in jeder Abteilung wirkenden Produktionsgrundfonds aufgezeigt wird.

Diese Kennziffern ermöglichen es, Koeffizienten zu errechnen, die die Fondsintensität der hergestellten Produktions- und Konsumtionsmittel charakterisieren:

$$b_1 = F_1 : P_1 \quad \text{und} \quad b_2 = F_2 : P_2.$$

*Tabelle 10*

Verflechtungsbilanz der erweiterten Reproduktion (Md. Rubel je 100 Md. Rubel gesellschaftliches Produkt)

| | Produktionskosten I | Produktionskosten II | Produktionskosten Insgesamt | Bildung der Staatsfinanzen | Arbeitsentgelt in der nichtproduktiven Sphäre, Renten, Beihilfen usw. | Ersatz von Arbeitsmitteln | Akkumulation von Arbeitsmitteln | Konsumtion | Export | Ersatz und Akkumulation von Grundfonds der nichtproduktiven Sphäre u. a. | Insgesamt |
|---|---|---|---|---|---|---|---|---|---|---|---|
| Produktion Abteilung I | 29 | 21 | 50 | — | — | 3 | 4 | — | 1 | 2 | 60 |
| Produktion Abteilung II | — | — | — | — | — | — | — | 32 | 1 | 7 | 40 |
| Import | 1 | $x^*$ | 1 | —1 | — | — | $x$ | $x$ | — | $x$ | 0 |
| Amortisation | 2 | 1 | 3 | —3 | — | — | — | — | — | — | 0 |
| Lohn | 16 | 8 | 24 | —3 | 9 | — | — | —30 | — | — | 0 |
| Reineinkommen | 12 | 10 | 22 | —22 | — | — | — | — | — | — | 0 |
| Verwendung der Staatsfinanzen | — | — | — | — | —9 | —3 | —4 | —2 | —2 | —9 | —29 |
| Insgesamt | 60 | 40 | 100 | —29 | 0 | 0 | 0 | 0 | 0 | 0 | 71 |
| Produktionsgrundfonds | 50 | 15 | 65 | | | | | | | | |

$x^*$ — weniger als 1 Milliarde Rubel

Entsprechend den Daten der Tabelle 10 ergibt sich dann: $b_1 = 0{,}833$; $b_2 = 0{,}375$. Das bedeutet, daß im Durchschnitt in der ersten, Hälfte der sechziger Jahre in unserem Lande auf jeden Rubel neu geschaffener Produktionsmittel 83,3 Kopeken Produktionsgrundfonds und auf jeden Rubel Konsumtionsmittel 37,5 Kopeken Produktionsgrundfonds entfielen.

Mit Hilfe der Koeffizienten der Fondsintensität kann man die Grundgleichung für die Dynamik des gesellschaftlichen Produkts – ausgedrückt durch seine beiden Komponenten $P_1$ und $P_2$ – aufstellen:

(26) $$b_1 \Delta P_1 + b_2 \Delta P_2 = I.$$

Vergleicht man diese Gleichung mit der Grundgleichung des Marxschen Reproduktionsschemas (24), so wird sichtbar, daß beide in ihrer Form völlig identisch sind; in der letzten Gleichung werden lediglich spezifische Koeffizienten benutzt. Zu beachten ist, daß bei einer sich verändernden Grundfondsquote und folglich bei einer sich verändernden Fondsintensität (die als der Kehrwert der Grundfondsquote errechnet wird) an Stelle von $b_1$ und $b_2$ die Koeffizienten der Fondsintensität des Zuwachses oder der Investitionsintensität stehen müssen, die nur schwer direkt vorausgesagt werden können. Dessenungeachtet kann man, wenn man wenigstens annähernd die absoluten Volumina der Investitionen in die Produktionsgrundfonds jeder Abteilung einschätzt und die Dynamik der auf das gesamte Produktionsvolumen bezogenen Grundfondsquote prognostiziert, auch die Werte der auf den Produktionszuwachs bezogenen Grundfondsquote erhalten. Wir werden deshalb die Gleichung (26) weiter als die Grundgleichung für die Dynamik des durch die beiden Abteilungen gebildeten ökonomischen Systems betrachten.

Oben ist festgestellt worden, daß bei der Modellierung des ökonomischen Systems zwei Gruppen von variablen Größen die entscheidende Rolle spielen. Eine dieser Gruppen beschreibt die Ressourcen, die das Wachstum des ganzen ökonomischen Systems limitieren, sowie die Dynamik dieser Ressourcen; in der Gleichung (26) sind das die Ressourcen für die Investitionen (I) in die Produktionsgrundfonds. Die andere Gruppe von Variablen kennzeichnet das Produktionsergebnis des Systems, welches, wie früher festgelegt worden ist, durch die Kennziffern des Volumens und der Dynamik des Konsumtionsfonds gemessen wird. Betrachtet man die Gleichung (26) unter diesem Gesichtspunkt, so wird offenbar daß sie in expliziter Form nur eine der genannten Größen, nämlich $I$, enthält. Was nun den Zuwachs dieser Ressourcen ($\Delta I$) sowie die Kennziffern der Konsumtion betrifft, so sind sie auf der linken Seite der Gleichung hinter den Zuwachskennziffern für das Produktionsvolumen ($\Delta P_1$ und $\Delta P_2$) verborgen.

Tatsächlich sind, wie sich aus der Verflechtungsbilanz der erweiterten Reproduktion (Tabelle 10) ergibt, für Investitionen in die Produktionsgrundfonds ($I$) im Durchschnitt nur 6,7% der Erzeugnisse der ersten Abteilung der gesellschaftlichen Produktion benutzt worden, während mehr als 83% Arbeitsgegenstände waren, die als laufende materielle Aufwendungen beider Abteilungen verbraucht wurden, und 10% für übrige Bedürfnisse der Gesellschaft aufgewendet wurden. In der Abteilung II sind 20% der Produktion nicht in den Konsumtionsfonds gelangt und für andere Zwecke eingesetzt worden.

Unter bestimmten Voraussetzungen kann man in der Verwendung der Produktion beider Abteilungen einen Anteil „sonstiger Bedürfnisse" fixieren (sagen wir in der ersten Abteilung in Höhe von 10%, in der zweiten Abteilung von 20%). In allgemeiner Form sieht das so aus:

$$D_1 = e_1 P_1;\ D_2 = e_2 P_2;$$

mit $D_1$ und $D_2$ werden hier die „sonstigen Bedürfnisse" der Gesellschaft an der Produktion der ersten und der zweiten Abteilung und mit $e_1$ und $e_2$ die entsprechenden Anteilkoeffizienten bezeichnet.

Mit den laufenden Bedürfnissen beider Abteilungen an Arbeitsgegenständen darf indessen nicht so verfahren werden: der Bedarf an letzteren wird nicht durch die Verteilungsquoten des Herstellers – der ersten Abteilung – bestimmt, sondern durch das Produktionsvolumen in den Abnehmerzweigen. Wenn daher die spezifischen Normative der Materialintensität für die Produkte beider Abteilungen bekannt sind ($a_1 = u_1 : P_1$ und $a_2 = u_2 : P_2$), kann die „Versorgungsanforderung" jeder Abteilung nach der gut bekannten Regel

$$u_1 = a_1 P_1;\ u_2 = a_2 P_2$$

aufgestellt werden.

Jetzt kann man in allgemeiner Form die Bilanzen für die Verteilung der Produktion beider Abteilungen darstellen:

$a_1 P_1 + a_2 P_2 + I + e_1 P_1 = P_1$ – Die Produktion der ersten Abteilung wird benutzt zur Versorgung beider Abteilungen mit Arbeitsgegenständen, für die Akkumulation von Arbeitsinstrumenten und für sonstige Bedürfnisse der Gesellschaft;

$K + e_2 P_2 = P_2$ – die Produktion der Abteilung II wird genutzt für die Konsumtion und für sonstige Bedürfnisse der Gesellschaft.

Wir lösen diese Bilanzgleichungen nach $P_1$ und $P_2$ auf:

$$(27)\qquad P_1 = \frac{1}{1 - a_1 - e_1} I + \frac{a_2}{(1 - a_1 - e_1) \cdot (1 - e_2)} K;$$

$$P_2 = \frac{1}{1 - e_1} K.$$

Es zeigt sich, daß man nicht das Produktionsvolumen in der ersten und der zweiten Abteilung planen kann, sondern direkt das, was nötig ist – den Konsumtionsfonds ($K$) und den Umfang der Akkumulation von Arbeitsmitteln ($I$) (alle übrigen Elemente der Verteilungsbilanzen sind abhängige Größen, die streng auf der Grundlage des Plans der Akkumulation und der Konsumtion festgelegt werden).

Setzen wir die gewonnenen Werte für $P_1$ und $P_2$ in die Gleichung der Dynamik (26) ein, erhalten wir nach entsprechenden Umformungen:

$$(28)\qquad \frac{b_1}{1 - a_1 - e_1} \Delta I + \frac{b_1 a_2 + b_2 (1 - a_1 - e_1)}{(1 - a_1 - e_1) \cdot (1 - e_2)} \Delta K = I.$$

Wenn wir berücksichtigen, daß die auf der linken Seite vor $I$ und $K$ stehenden Koeffizienten aus bekannten Größen gebildet werden (wir bezeichnen sie entsprechend mit $\beta_1$ und $\beta_2$) und daß sich die Regeln für ihre Bestimmung aus (28) ergeben, so nimmt die Formel eine ganz einfache Form an:

$$(28a)\qquad \beta_1 \Delta I + \beta_2 \Delta K = I.$$

Im Unterschied zur Gleichung (26) charakterisiert sie die Möglichkeit eines Wachstums des Konsumtionsfonds ($\Delta K$) und der Selbstvermehrung des Akkumulationsfonds an Arbeitsinstrumenten ($\Delta I$) in Abhängigkeit vom Ausgangsvolumen der Investitionen in die Produktionsgrundfonds ($I$). Und wenn die Gleichung (26) geeignet ist, das Wachstumstempo des Produktionsvolumens in der ersten und in der zweiten Abteilung zu bestimmen, so ist die Gleichung (28) allein durch ihre Form zur Lösung einer anderen Aufgabe vorgesehen: der Bestimmung des optimalen Verhältnisses zwischen Akkumulation und Konsumtion für eine längere Perspektive.

Auf der rechten Seite der Gleichungen (26) und (28) steht das Potential der erweiterten Reproduktion I, das in den neuen Schemata etwas anders errechnet wird als in den Marxschen Schemata. Um seine neue Formel zu bestimmen, nehmen wir noch einmal die Tabelle 10 zu Hilfe. Die Summe der Elemente ihrer ersten Spalte (die Kalkulation des Aufwands für die Schaffung von Produktionsmitteln im Umfange

$P_1$) ist gleich der Summe der Elemente der ersten Zeile (Bilanz der Verteilung desselben Volumens an Produktionsmitteln):

$$u_1 + \hat{u}_1 + \hat{A}_1 + v_1 + m_1 = u_1 + A + I + E_1 + D_1.$$

Nehmen wir an, daß der Amortisationsfonds ($\hat{A}_1 + \hat{A}_2$) jährlich in einem Umfang akkumuliert wird, der dem jährlichen Bedarf an Ersatz von Produktionsgrundfonds ($A$) gleich ist. Dann ist die Differenz zwischen $A$ und $\hat{A}_1$ gleich $\hat{A}_2$. Unter Berücksichtigung dieses Umstandes finden wir auf der Grundlage der vorhergehenden Gleichung, daß die Bedingung $I > 0$ dann erfüllt wird, wenn die Größe des in der ersten Abteilung neugeschaffenen Wertes die Summe folgender Größen übertrifft; den Ersatzfonds (Arbeitsgegenstände und Arbeitsmittel) der Abteilung II; den innerzweiglichen Außenhandelssaldo (Export von Produktionsmitteln minus Import von Produktionsmitteln für die Abteilung I); das Gesamtvolumen der Vorräte, Reserven und der sonstigen Verwendung der Erzeugnisse der Abteilung I:[24]

$$I > 0 \quad \text{bei} \quad v_1 + m_1 > u_2 + \hat{A}_2 + E_1 - \hat{u}_1 + D_1.$$

Damit es möglich wird, die effektivsten Proportionen der erweiterten Reproduktion zu bestimmen, muß das allgemeine Berechnungsschema wesentliche Veränderungen gegenüber dem Schema erfahren, das wir im vorigen Kapitel benutzt haben, wo wir es mit einem Modell des ökonomischen Wachstums in hochaggregierten Kennziffern zu tun hatten. In jedem Falle jedoch bleibt die Gleichung (26) die Basis dieses Berechnungsschemas. Sie definiert die quantitative Wechselbeziehung zwischen dem Umfang der Akkumulation von Produktionsmitteln und der Dynamik der Produktion in beiden Abteilungen. Insbesondere erleichtert die Anwendung der Gleichung (26) die Bestimmung der effektivsten Entwicklungstempi jeder Abteilung. In diesem Zusammenhang ergibt sich für uns die Aufgabe, die Frage des Charakters der Wechselbeziehung zwischen den Wachstumstempi der Produktion von Produktionsmitteln und den Wachstumstempi der Produktion von Konsumtionsmitteln zu untersuchen.

### *Struktur- und Entwicklungsgesetzmäßigkeiten in den Schemata der erweiterten Reproduktion von Marx und Lenin*

In der Tabelle 11 sind die Zahlenschemata der erweiterten Reproduktion dargestellt, die von Marx im zweiten Band des „Kapitals“ beschrieben und als Bilanztabellen für vier aufeinander folgende Pe-

*Tabelle 11*

Schema der erweiterten Reproduktion bei Karl Marx (Bilanzinterpretation) *

| Jahr | Elemente der Schemata | Ersatz I | Ersatz II | Akkumulation I | Akkumulation II | Konsumtion | Insgesamt |
|---|---|---|---|---|---|---|---|
| 1 | I | $4000\ c_1$ | $1500\ c_2$ | $400\ \Delta c_1$ | $100\ \Delta c_2$ | — | $6000\ P_1$ |
| | II | — | — | $100\ \Delta v_1$ | $50\ \Delta v_2$ | 2850 | $3000\ P_2$ |
| | $v$ | $1000\ v_1$ | $750\ v_2$ | — | — | −1750 | 0 |
| | $m$ | $1000\ m_1$ | $750\ m_2$ | −500 | −150 | −1100 | 0 |
| Insgesamt | | $6000\ P_1$ | $3000\ P_2$ | 0 | 0 | 0 | $9000\ P$ |
| 2 | I | $4400\ c_1$ | $1600\ c_2$ | $440\ \Delta c_1$ | $160\ \Delta c_2$ | — | $6600\ P_1$ |
| | II | — | — | $110\ \Delta v_1$ | $80\ \Delta v_2$ | 3010 | $3200\ P_2$ |
| | $v$ | $1100\ v_1$ | $800\ v_2$ | — | — | −1900 | 0 |
| | $m$ | $1100\ m_2$ | $800\ m_2$ | −550 | −240 | −1110 | 0 |
| Insgesamt | | $6600\ P_1$ | $3200\ P_2$ | 0 | 0 | 0 | $9800\ P$ |
| 3 | I | $4840\ c_1$ | $1760\ c_2$ | $484\ \Delta c_1$ | $176\ \Delta c_2$ | — | $7260\ P_1$ |
| | II | — | — | $121\ \Delta v_1$ | $88\ \Delta v_2$ | 3311 | $3520\ P_2$ |
| | $v$ | $1210\ v_1$ | $880\ v_2$ | — | — | −2090 | 0 |
| | $m$ | $1210\ m_1$ | $880\ m_2$ | −605 | −264 | −1221 | 0 |
| Insgesamt | | $7260\ P_1$ | $3520\ P_2$ | 0 | 0 | 0 | $10780\ P$ |
| 4 | I | $5324\ c_1$ | $1936\ c_2$ | $726\ \Delta c$ | | | $7896\ P_1$ |
| | II | — | — | | | 3872 | $3872\ P_2$ |
| | $v$ | $1331\ v_1$ | $968\ v_2$ | | | −2299 | 0 |
| | $m$ | $1331\ m_1$ | $968\ m_2$ | −726 | | −1573 | 0 |
| Insgesamt | | $7896\ P_1$ | $3872\ P_2$ | 0 | 0 | 0 | $11858\ P$ |

* Die Akkumulationsrate des Mehrprodukts der ersten Abteilung beträgt konstant 50%: $\Delta c_1 + \Delta v_1 = 0{,}5\ m_1$.

rioden interpretiert worden sind. In der obigen Tabelle sind die Kennziffern für die Wachstumstempi der Grundelemente dieser Schemata enthalten. Sie zeigen, daß, wenn die Akkumulationsrate des in der Abteilung I geschaffenen Mehrprodukts konstant 50% beträgt, es bereits vom zweiten Jahr an kein schnelleres Wachstum der Abteilung I gegenüber der Abteilung II gibt.

Da die Kennziffern der organischen Zusammensetzung und die Rate des Mehrprodukts beider Abteilungen bekannt sind, wird die Beziehung zwischen den Wachstumstempi der Produktion in beiden Abteilungen durch das Verhältnis der Akkumulationsraten des Mehrprodukts in jeder der Abteilungen ausgedrückt. Tatsächlich, wenn für die organische Zusammensetzung

$$h_1 = \frac{c_1}{v_1} = \frac{\varDelta c_1}{\varDelta v_1}; \; h_2 = \frac{c_2}{v_2} = \frac{\varDelta c_2}{\varDelta v_2};$$

für die Rate des Mehrprodukts

$$z_1 = \frac{m_1}{v_1} = \frac{\varDelta m_1}{\varDelta v_1}; \; z_2 = \frac{m_2}{v_2} = \frac{\varDelta m_2}{\varDelta v_2};$$

und für die Akkumulationsrate des Mehrprodukts

$$n_1 = \frac{\varDelta c_1 + \varDelta v_1}{m_1}; \; n_2 = \frac{\varDelta c_2 + \varDelta v_2}{m_2}$$

gilt, ergibt sich daraus direkt (etwa für die Abteilung I)

$$\varDelta\, c_1 = h_1 \varDelta\, v_1; \varDelta\, m_1 = z_1 \varDelta\, v_1,$$

was zu folgendem Ausdruck für $\varDelta\, P_1$ führt:

$$\varDelta\, P_1 = \varDelta\, c_1 + \varDelta\, v_1 + \varDelta\, m_1 = (h_1 + z_1 + 1) \varDelta\, v_1.$$

Andererseits gilt wegen $\varDelta\, c_1 + \varDelta\, v_1 = n_1\, m_1$* und $\varDelta\, c_1 = h_1 \varDelta\, v_1$ die Beziehung $h_1 \varDelta\, v_1 + \varDelta\, v_1 = n_1\, m_1$ oder

$$\varDelta v_1 = \frac{n_1}{h_1 + 1} m_1.$$

Die Formel für $\varDelta\, P_1$ nimmt nach Einsetzen dieses Ausdrucks für $\varDelta\, v_1$ folgende Gestalt an:

$$\varDelta\, P_1 = \frac{h_1 + z_1 + 1}{h_1 + 1} n_1\, m_1.$$

Dividieren wir diesen Wert $\varDelta\, P_1$ durch $P_1$, so erhalten wir die Formel für das Wachstumstempo des Produktionsvolumens in der Abteilung I:

$$\frac{\varDelta P_1}{P_1} = \frac{h_1 + z_1 + 1}{h_1 + 1} n_1 \cdot \frac{m_1}{P_1} = \frac{z_1}{h_1 + 1} n_1.^{**}$$

Auf die gleiche Weise gelangen wir zur analogen Formel für das Wachstumstempo der Produktion in der Abteilung II:

$$\frac{\varDelta P_2}{P_2} = \frac{h_2 + z_2 + 1}{h_2 + 1} n_2 \cdot \frac{m_2}{P_2} = \frac{z_2}{h_2 + 1} n_2.$$

* Vgl. S. 123 (Anm. d. Herausg.)

** Die letzte Gleichung ergibt sich, wenn man zunächst $h_1 + z_1 + 1$ durch den Ausdruck $h_1 + z_1 + 1 = \frac{c_1}{v_1} + \frac{m_1}{v_1} + \frac{v_1}{v_1} = \frac{P_1}{v_1}$ ersetzt und dann beachtet, daß $\frac{m_1}{v_1} = z_1$ ist. (Anm. d. Herausg.)

*Tabelle 12*

Das Wachstumstempo in den Marxschen Schemata der erweiterten Reproduktion (in % zum vorhergehenden Jahr)

| Jahr | Elemente der Schemata | Ersatz I | Ersatz II | Akkumulation I | Akkumulation II | Konsumtion | Insgesamt |
|---|---|---|---|---|---|---|---|
| | I | 110 | 106,7 | 110 | 160 | — | 110 |
| 2 | II | — | — | 110 | 160 | 105,6 | 106,7 |
| | *v*, *m* | 110 | 106,7 | — | — | — | — |
| | I | 110 | 110 | 110 | 110 | — | 110 |
| 3 | II | — | — | 110 | 110 | 110 | 110 |
| | *v*, *m* | 110 | 110 | — | — | — | — |
| | I | 110 | 110 | 110 | — | | 110 |
| 4 | II | — | — | — | 110 | | 110 |
| | *v*, *m* | 110 | 110 | — | — | | — |

Um die Bedingungen zu klären, unter denen das Produktionsvolumen in beiden Abteilungen im gleichen Tempo wächst, setzen wir die rechten Seiten dieser Formeln gleich:

$$\frac{z_1}{h_1 + 1} n_1 = \frac{z_2}{h_2 + 1} n_2$$

und lösen die erhaltene Gleichung nach der Proportion $\frac{n_1}{n_2}$ auf:

$$(29) \qquad \frac{n_1}{n_2} = \frac{(1 + h_1) z_2}{(1 + h_2) z_1}.$$

Da alle Elemente auf der rechten Seite dieser Gleichung Zahlen sind, die den Reproduktionsschemata entnommen werden können, erhalten wir im Ergebnis der mit ihnen gemäß der rechten Seite der Gleichung durchzuführenden Operationen eine neue Zahl, die wir mit $d$ bezeichnen. Dann nimmt unsere Bedingung ein außerordentlich einfaches Aussehen an:

$$(29\,a) \qquad \frac{n_1}{n_2} = d.$$

Wenn wir in diese allgemeine Formel die Zahlenwerte der entsprechenden Kennziffern aus den Marxschen Schemata einsetzen, kommen wir zu folgendem Ergebnis:

*Im ersten Jahr.* Die Wachstumstempi beider Abteilungen sind bei $n_1 = 1{,}667\, n_2$ gleich. Die Abteilung I wächst schneller als die Abteilung II bei $n_1 > 1{,}667\, n_2$.

Die Abteilung I wächst langsamer als die Abteilung II bei

$$n_1 < 1{,}667\, n_2.$$

Die gefundenen Bedingungen kennzeichnen die Abhängigkeit zwischen dem Verhältnis der Wachstumstempi und dem Verhältnis der Akkumulationsraten; letzteres kann nur in streng determinierten Grenzen vorgenommen werden, die garantieren, daß der zwischenzweigliche Austausch im Realisierungsprozeß des gesellschaftlichen Produkts ausgeglichen ist. (Diese Grenzen wurden von uns in der Gleichung (23a) bestimmt: $a n_1 + b n_2 = c$, und die Regel zur Berechnung der Größen $a$, $b$, $c$ wurde in der Gleichung (23) angegeben.) Es liegt also ein System aus zwei Gleichungen – (23) und (29) – mit zwei Unbekannten – $n_1$ und $n_2$ – vor:

$$a n_1 + b n_2 = c$$

$$n_1 : n_2 = d.$$

Die Lösung ergibt, daß die Wachstumstempi der Produktion in beiden Abteilungen gleich sind, wenn

$$n_1 = \frac{c d}{a d + b}$$

oder, was dasselbe ist,

$$n_2 = \frac{c}{a d + b}$$

gilt. Dementsprechend übertrifft das Wachstumstempo der ersten Abteilung das der zweiten, wenn $n_1$ größer (und $n_2$ – kleiner) als der hier angegebene Wert ist, und umgekehrt.

Setzt man wie im Schema von Marx $a = 8$, $b = 5$, $c = 5$ und $d = 1{,}667$, so sehen diese Bedingungen, bezogen auf die Akkumulationsrate des Mehrprodukts der ersten Abteilung folgendermaßen aus: die Wachstumstempi beider Abteilungen sind gleich bei $n_1 = 0{,}455$; die erste Abteilung wächst schneller als die zweite bei $n_1 > 0{,}455$; die erste Abteilung wächst langsamer als die zweite bei $n_1 < 0{,}455$.

Dieselben Bedingungen können in einfacherer Form bestimmt werden, wenn man den bereits bekannten Parameter $q$ benutzt, der die Verteilung der akkumulierten Produktionsmittel I zwischen den Abteilungen dosiert. Wenn also der Parameter $q$ gegeben ist (der, wie festgestellt wurde, nicht größer als Eins sein kann), lassen sich aus der Grundgleichung der Dynamik (24) die Größen

$$\Delta P_1 = \frac{q}{a_1} I \quad \text{und} \quad \Delta P_2 = \frac{1-q}{a_2} \mathrm{I}.$$

bestimmen.

Dividieren wir $\Delta P_1$ durch $P_1$ und $\Delta P_2$ durch $P_2$ und setzen die so ermittelten Kennziffern der Wachstumstempi gleich, erhalten wir:

$$\frac{q}{a_1 P_1} = \frac{1-q}{a_2 P_2}.$$

Bei einer gegebenen Proportion $P_2 : P_1 = \hat{s}$ erhalten wir dann die endgültige Bedingung für die Gleichheit der Tempi:

$$q = \frac{a_1}{a_1 + \hat{s}\, a_2}.$$

Bei $a_1 = 0{,}667$, $a_2 = 0{,}500$ und $\hat{s} = 0{,}500$ (wie in den Marxschen Schemata) gilt dann:
die Wachstumstempi der beiden Abteilungen sind gleich bei $q = 0{,}728$;
die erste Abteilung wächst schneller als die zweite, wenn $q > 0{,}728$ ist;
die erste Abteilung wächst langsamer als die zweite, wenn $q < 0{,}728$ ist.
Jedoch gelten diese Bedingungen nur für das erste Jahr der Marxschen Schemata.

*Im zweiten Jahr* nimmt $\hat{s}$ nicht mehr den Wert 0,500 an, sondern beträgt 0,485. Der Leser kann sich leicht davon überzeugen, daß bei $\hat{s} = 0{,}485$ eine Gleichheit der Wachstumstempi eintritt, wenn $q = 0{,}733$ ist, wie dies auch in den Marxschen Schemata geschieht (vgl. Tabelle 11).

Die Ergebnisse des Aufbaus von Schemata der erweiterten Reproduktion unter der Bedingung, daß die Wachstumstempi der Produktion von Produktionsmitteln und von Konsumtionsmitteln gleich sind, werden in Tabelle 13 gezeigt. Aus der Tabelle geht hervor, daß bei einer unveränderten organischen Zusammensetzung der Produktionsfonds die Bedingungen der erweiterten Reproduktion in keiner Weise verletzt werden: Die Produktion in beiden Abteilungen wächst in stabilem Tempo.

Wir führen nun in die Marxschen Schemata eine wachsende organische Zusammensetzung des Akkumulationsfonds ($h_t^* > h_t$) ein, die durch folgende Kennziffern beschrieben wird:

| Jahr | Organische Zusammensetzung des Akkumulationsfonds | |
|---|---|---|
| | I | II |
| 1 | 9 | 5 |
| 2 | 20 | 8 |
| 3 | 26 | 11 |

*Tabelle 13*

Marxsche Schemata der erweiterten Reproduktion bei gleichen Wachstumstempi der beiden Abteilungen*

| Jahr | Elemente der Schemata | Ersatz I | Ersatz II | Akkumulation I | Akkumulation II | Konsumtion | Insgesamt |
|---|---|---|---|---|---|---|---|
| 1 | I | 4000 $c_1$ | 1500 $c_2$ | 364 $\Delta c_1$ | 136 $\Delta c_2$ | – | 6000 $P_1$ |
| | II | – | – | 91 $\Delta v_1$ | 68 $\Delta v_2$ | 2841 | 3000 $P_2$ |
| | $v$ | 1000 $v_1$ | 750 $v_2$ | | | –1750 | 0 |
| | $m$ | 1000 $m_1$ | 750 $m_2$ | –455 | –204 | –1091 | 0 |
| Insgesamt | | 6000 $P_1$ | 3000 $P_2$ | 0 | 0 | 0 | 9000 $P$ |
| 2 | I | 4364 $c_1$ | 1636 $c_2$ | 397 $\Delta c_1$ | 149 $\Delta c_2$ | – | 6546 $P_1$ |
| | II | – | – | 99 $\Delta v_1$ | 75 $\Delta v_2$ | 3098 | 3272 $P_2$ |
| | $v$ | 1091 $v_1$ | 818 $v_2$ | – | – | –1909 | 0 |
| | $m$ | 1091 $m_1$ | 818 $m_2$ | –496 | –224 | –1189 | 0 |
| Insgesamt | | 6546 $P_1$ | 3272 $P_2$ | 0 | 0 | 0 | 9818 $P$ |
| 3 | I | 4761 $c_1$ | 1785 $c_2$ | 433 $\Delta c_1$ | 162 $\Delta c_2$ | – | 7141 $P_1$ |
| | II | – | – | 108 $\Delta v_1$ | 81 $\Delta v_2$ | 3382 | 3571 $P_2$ |
| | $v$ | 1190 $v_1$ | 893 $v_2$ | – | – | –2083 | 0 |
| | $m$ | 1190 $m_1$ | 893 $m_2$ | –541 | –243 | –1299 | 0 |
| Insgesamt | | 7141 $P_1$ | 3571 $P_2$ | 0 | 0 | 0 | 10712 |
| 4 | I | 5194 $c_1$ | 1947 $c_2$ | 649 $\Delta c$ | | – | 7790 $P_1$ |
| | II | – | – | | | 3895 | 3895 $P_2$ |
| | $v$ | 1298 $v_1$ | 974 $v_2$ | | | –2272 | 0 |
| | $m$ | 1298 $m_1$ | 974 $m_2$ | –649 | | –1623 | 0 |
| Insgesamt | | 7790 $P_1$ | 3895 $P_2$ | 0 | 0 | | 11685 $P$ |

* Die Akkumulationsrate des Mehrprodukts der Abteilung I ist konstant gleich 45,5%: $\Delta c_1 + \Delta v_1 = 0{,}455\, m_1$; das entspricht einem konstanten Anteil der Abteilung I an der zwischenzweiglichen Verteilung des Akkumulationsfonds der Produktionsmittel in Höhe von 72,7%: $\Delta c_1 = 0{,}727\ \Delta c$

Mit Hilfe dieser Kennziffern errechnen wir die Koeffizienten, die die Effektivität jeder Einheit der akkumulierten Produktionsmittel ($f_1^*$ und $f_2^*$) messen, oder die Koeffizienten der Kapitalquote, die in Einheiten des Produktionszuwachses gemessen wird. Wenn wir $\Delta v$ durch das Verhältnis $\Delta c : h^*$ ersetzen, wobei $h^*$ die organische Zusammensetzung des Akkumulationsfonds ist, erhalten wir:

$$\Delta P = \Delta c + \frac{\Delta c}{h^*} + z\frac{\Delta c}{h^*} = \frac{h^* + z + 1}{h^*}\Delta c,$$

und daraus folgt:

$$f_1^* = \frac{\Delta P_1}{\Delta c_1} = \frac{h_1^* + z_1 + 1}{h_1^*}; \; f_2^* = \frac{\Delta P_2}{\Delta c_2} = \frac{h_2^* + z_2 + 1}{h_2^*}.$$

Setzt man in diese Formeln die Kennziffern der organischen Zusammensetzung des Akkumulationsfonds aus dem Leninschen Schema (s. Tabelle 14) ein, so erhalten wir die folgenden Koeffizienten der

*Tabelle 14*

Leninsche Schemata der erweiterten Reproduktion (Bilanzinterpretation)

| Jahr | Elemente der Schemata | Ersatz I | II | Akkumulation I | II | Konsumtion | Insgesamt |
|---|---|---|---|---|---|---|---|
| 1 | I | 4000 $c_1$ | 1500 $c_2$ | 450 $\Delta c_1$ | 50 $\Delta c_2$ | | 6000 $P_1$ |
| | II | — | — | 50 $\Delta v_1$ | 10 $\Delta v_2$ | 2940 | 3000 $P_2$ |
| | $v$ | 1000 $v_1$ | 750 $v_2$ | | | −1750 | 0 |
| | $m$ | 1000 $m_1$ | 750 $m_2$ | −500 | −60 | −1190 | 0 |
| Insgesamt | | 6000 $P_1$ | 3000 $P_2$ | 0 | 0 | 0 | 9000 $P$ |
| 2 | I | 4450 $c_1$ | 1550 $c_2$ | 500 $\Delta c_1$ | 50 $\Delta c_2$ | — | 6550 $P_1$ |
| | II | — | — | 25 $\Delta v_1$ | 6 $\Delta v_2$ | 3039 | 3070 $P_2$ |
| | $v$ | 1050 $v_1$ | 760 $v_2$ | | | −1810 | 0 |
| | $m$ | 1050 $m_1$ | 760 $m_2$ | −525 | −56 | −1229 | 0 |
| Insgesamt | | 6550 $P_1$ | 3070 $P_2$ | 0 | 0 | 0 | 9620 $P$ |
| 3 | I | 4950 $c_1$ | 1600 $c_2$ | 517 $\Delta c_1$ | 33 $\Delta c_2$ | — | 7100 $P_1$ |
| | II | — | — | 20 $\Delta v_2$ | 3 $\Delta v_2$ | 3109 | 3132 $P_2$ |
| | $v$ | 1075 $v_1$ | 766 $v_2$ | — | — | −1841 | 0 |
| | $m$ | 1075 $m_1$ | 766 $m_2$ | −537 | −36 | −1268 | 0 |
| Insgesamt | | 7100 $P_1$ | 3132 $P_2$ | 0 | 0 | 0 | 10232 $P$ |
| 4 | I | 5467 $c_1$ | 1633 $c_2$ | 557 $\Delta c$ | | — | 7657 $P_1$ |
| | II | — | — | | | 3171 | 3171 |
| | $v$ | 1095 $v_1$ | 769 $v_2$ | | | −1864 | 0 |
| | $m$ | 1095 $m_1$ | 769 $m_2$ | −557 | | −1307 | 0 |
| Insgesamt | | 7657 $P_1$ | 3171 $P_2$ | 0 | | 0 | 10828 $P$ |

Effektivität der akkumulierten Produktionsmittel sowie die Koeffizienten der Investitionsintensität ($b_1^*$ und $b_2^*$) als reziproke Größen der Koeffizienten der Investitionsquote:

| Jahr | Effektivitätskoeffizienten des Akkumulationsfonds der Produktionsmittel | | Koeffizienten der Investitionsintensität des Produktionszuwachses | |
|---|---|---|---|---|
| | I | II | I | II |
| 1 | 1,222 | 1,400 | 0,818 | 0,714 |
| 2 | 1,100 | 1,241 | 0,909 | 0,806 |
| 3 | 1,078 | 1,182 | 0,928 | 0,846 |

Mit der Zunahme der organischen Zusammensetzung sichert die Akkumulation jeder Einheit von Produktionsmitteln einen immer geringeren Produktionszuwachs.[25] Das geht anschaulich aus der Tabelle 15 hervor. Die Grundgleichung der Dynamik (26), die auf den gerade

*Tabelle 15*

Die Wachstumstempi in den Schemata der erweiterten Reproduktion von W. I. Lenin
(in % zum vorhergehenden Jahr)

| Jahr | Elemente der Schemata | Ersatz I | Ersatz II | Akkumulation I | Akkumulation II | Konsumtion | Insgesamt |
|---|---|---|---|---|---|---|---|
| | I | 111,3 | 103,3 | 111,1 | 100 | — | 109,2 |
| 2 | II | — | — | 50 | 60 | 103,4 | 102,3 |
| | $v, m$ | 105 | 101,3 | — | — | — | — |
| | I | 111,2 | 103,2 | 103,4 | 66 | — | 108,4 |
| 3 | II | — | — | 80 | 50 | 102,3 | 102,0 |
| | $v, m$ | 102,4 | 100,8 | — | — | — | — |
| | I | 110,4 | 102,1 | 101,3 | | — | 107,8 |
| 4 | II | — | — | | | 101,2 | 101,2 |
| | $v, m$ | 101,9 | 100,4 | — | — | — | — |

ermittelten Koeffizienten der Investitionsintensität für jedes Jahr (bezogen auf ein und dasselbe Akkumulationsvolumen an Produktionsmitteln, das gleich 1 gesetzt wurde) basiert, zeigt das ebenfalls:[26]

$$\text{1. Jahr} \ldots\ldots\ldots\ldots 0{,}818\,\Delta P_1 + 0{,}714\,\Delta P_2 = 1;$$
$$\text{2. Jahr} \ldots\ldots\ldots\ldots 0{,}909\,\Delta P_1 + 0{,}806\,\Delta P_2 = 1;$$
$$\text{3. Jahr} \ldots\ldots\ldots\ldots 0{,}928\,\Delta P_1 + 0{,}846\,\Delta P_2 = 1.$$

Um die Bedingungen für ein gleiches Wachstumstempo beider Abteilungen im Leninschen Schema zu bestimmen, gehen wir völlig analog zur Herleitung der Beziehungen (23) und (29) vor. Ohne Mühe überzeugt man sich von der Richtigkeit der folgenden Zusammenhänge:

$$(23^*) \qquad \frac{h_1^* z_1 v_1}{h_1^* + 1} n_1 + \frac{h_2^* z_2 v_2}{h_2^* + 1} n_2 = (1 + z_1) v_1 - h_2^* v_2;$$

$$(29^*) \qquad \frac{n_1}{n_2} = \frac{(h_1^* + 1)(h_2^* + z_2 + 1) P_1 m_2}{(h_2^* + 1)(h_1^* + z_1 + 1) P_2 m_1}.$$

Setzt man die Zahlenwerte der organischen Zusammensetzung des Akkumulationsfonds aus dem Leninschen Schema sowie sukzessive die Kennziffern $v$ und $P$ aus der Tabelle 16 in diese Gleichungen ein, kann man Schritt für Schritt feststellen, daß ein gleiches Wachstumstempo beider Abteilungen bei folgender Dynamik der Akkumulationsrate des Mehrprodukts der Abteilung I erreicht wird:

1. Jahr . . . . . $n_1 = 0{,}387$;
2. Jahr . . . . . $n_1 = 0{,}299$;
3. Jahr . . . . . $n_1 = 0{,}218$.

Wir benutzen die Grundgleichung der Dynamik (26)

$$b_1 \Delta P_1 + b_2 \Delta P_2 = I,$$

um diese Bedingungen mit Hilfe des Parameters $q$ oder der Verteilungsrate des Potentials I auszudrücken.

Die Lösung der Gleichung (26)

$$\Delta P_1 = \frac{q}{b_1} I; \; \Delta P_2 = \frac{1-q}{b_2} I$$

ermöglicht es, folgende Bedingung für die Gleichheit der Tempi zu finden:

$$(30) \qquad q = \frac{b_1}{b_1 + \hat{s} b_2},$$

wobei $\hat{s}$ wie früher die Proportion $P_2 : P_1$ bezeichnet.

In den Leninschen Schemata gilt bei gleichen Wachstumstempi beider Abteilungen im Verlauf von drei Jahren:

1. Jahr . . . $q = 0{,}696$;
2. Jahr . . . $q = 0{,}693$;
3. Jahr . . . $q = 0{,}687$.

Die Schemata der erweiterten Reproduktion, die unter der Bedingung aufgestellt wurden, daß beide Abteilungen im gleichen Tempo wachsen, während die organische Zusammensetzung des Akkumulationsfonds zunimmt, werden in Tabelle 16 angeführt. Wie die Angaben zeigen, erfolgt die Reproduktion wieder in erweitertem Umfang,

*Tabelle 16*

Leninsche Schemata der erweiterten Reproduktion bei gleichen Wachstumstempi beider Abteilungen

| Jahr | Elemente der Schemata | Ersatz I | Ersatz II | Akkumulation I | Akkumulation II | Konsumtion | Insgesamt |
|---|---|---|---|---|---|---|---|
| 1 | I | $4000\ c_1$ | $1500\ c_2$ | $348\ \Delta\ c_1$ | $152\ \Delta\ c_2$ | — | $6000\ P_1$ |
| | II | — | — | $39\ \Delta\ v_1$ | $30\ \Delta\ v_2$ | 2931 | $3000\ P_2$ |
| | $v$ | $1000\ v_1$ | $750\ v_2$ | — | — | −1750 | 0 |
| | $m$ | $1000\ m_1$ | $750\ m_2$ | −387 | −182 | −1181 | 0 |
| Insgesamt | | $6000\ P_1$ | $3000\ P_2$ | 0 | 0 | 0 | $9000\ P$ |
| 2 | I | $4348\ c_1$ | $1652\ c_2$ | $295\ \Delta\ c_1$ | $131\ \Delta\ c_2$ | — | $6426\ P_1$ |
| | II | — | — | $15\ \Delta\ v_1$ | $16\ \Delta\ v_2$ | 3181 | $3212\ P_2$ |
| | $v$ | $1039\ v_1$ | $780\ v_2$ | — | — | −1819 | 0 |
| | $m$ | $1039\ m_1$ | $780\ m_2$ | −310 | −147 | −1362 | 0 |
| Insgesamt | | $6426\ P_1$ | $3212\ P_2$ | 0 | 0 | 0 | $9638\ P$ |
| 3 | I | $4643\ c_1$ | $1783\ c_2$ | $223\ \Delta\ c_1$ | $102\ \Delta\ c_1$ | — | $6751\ P_1$ |
| | II | — | — | $9\ \Delta\ v_1$ | $9\ \Delta\ v_2$ | 3357 | $3375\ P_2$ |
| | $v$ | $1054\ v_1$ | $796\ v_2$ | — | — | −1850 | 0 |
| | $m$ | $1054\ m_1$ | $796\ m_2$ | −232 | −111 | −1507 | 0 |
| Insgesamt | | $6751\ P_1$ | $3375\ P_2$ | 0 | 0 | 0 | $10126\ P$ |
| 4 | I | $4866\ c_1$ | $1885\ c_2$ | $241\ \Delta\ c$ | | — | $6992\ P_1$ |
| | II | — | — | | | 3495 | $3495\ P_2$ |
| | $v$ | $1063\ v_1$ | $805\ v_2$ | | | −1868 | 0 |
| | $m$ | $1063\ m_1$ | $805\ m_2$ | −241 | | −1627 | 0 |
| Insgesamt | | $6992\ P_1$ | $3495\ P_2$ | 0 | 0 | 0 | $10487\ P$ |

obwohl die erste Abteilung nicht schneller wächst. Dabei wächst die Produktion von Produktionsmitteln für die Abteilung II schneller, die für die Abteilung I etwa langsamer; der Produktionsausstoß aber wächst in beiden Abteilungen mit gleicher Geschwindigkeit. (Natürlich darf dieses Ergebnis nicht als eine allgemeine Gesetzmäßigkeit angesehen werden. Es wird ganz und gar durch die zahlenmäßigen Ausgangsparameter des Produktionssystems bestimmt: durch die von außen vorgegebene organische Zusammensetzung des Akkumulationsfonds, die Rate des Mehrprodukts sowie durch das Produktionsvolumen und die Größe des Lohnfonds und des Reineinkommenfonds, die im ersten Berechnungsjahr in jeder der beiden Abteilungen geschaffen werden.)

*Tabelle 17*

Wachstumstempi in einer modifizierten Variante der Leninschen Schemata (in % zum vorhergehenden Jahr)

| Jahr | Elemente der Schemata | Ersatz I | Ersatz II | Akkumulation I | Akkumulation II | Konsumtion | Insgesamt |
|---|---|---|---|---|---|---|---|
| | I | 108,7 | 110,1 | 84,8 | 86,2 | — | 107,1 |
| 2 | II | — | — | 38,5 | 53,3 | 108,5 | 107,1 |
| | *v, m* | 103,9 | 104 | — | — | — | — |
| | I | 106,8 | 107,9 | 75,6 | 77,9 | — | 105,1 |
| 3 | II | — | — | 60 | 56,3 | 105,5 | 105,1 |
| | *v, m* | 101,4 | 102,1 | — | — | — | — |
| | I | 104,8 | 105,7 | 74,2 | | | 103,6 |
| 4 | II | — | — | | | 103,6 | 103,6 |
| | *v, m* | 100,9 | 101,1 | | | | |

Die Behauptung, daß bei wachsender organischer Zusammensetzung der Produktionsfonds das schnelle Wachstum der Abteilung I eine notwendige Bedingung der erweiterten Reproduktion sei, erweist sich also als falsch. Die Reproduktion kann auch dann in erweitertem Umfang erfolgen, wenn die Produktion in beiden Abteilungen in gleichem Tempo wächst.

Die statistischen Angaben über die Entwicklung der gesellschaftlichen Produktion zeigen, daß es in unserem Lande über längere Zeit hinweg ein schnelleres Wachstum der Abteilung I gegeben hat. Benutzt man diese Angaben in der theoretischen Analyse, so dürfen jedoch die konkreten historischen Bedingungen nicht außer acht gelassen werden, unter denen sich diese oder jene Tendenzen in der Dynamik der gesellschaftlichen Produktion bemerkbar machten. Im Stadium der forcierten Entwicklung der industriellen Basis der Volkswirtschaft, wo der Investitionsbau, insbesondere in der Schwerindustrie, das Hauptmittel für die Erweiterung des Produktionsvolumens und die Aufrechterhaltung stabiler Wachstumstempi bildet, wächst die Abteilung I schneller als die Abteilung II. Von daher ist es jedoch noch ein weiter Weg bis zu der allgemeinen Schlußfolgerung, daß eine solche Relation ständig aufrechterhalten werden muß und daß die notwendigen Bedingungen für die Erreichung des Ziels der gesellschaftlichen Produktion nicht gegeben sind, wenn diese Forderung nicht beachtet wird. Die sozialistische Gesellschaft, die über eine entwickelte und weitverzweigte industrielle Basis verfügt, kann durch eine planmäßige Stimulierung des technischen Fortschritts den Prozeß der wirtschaftlichen Entwicklung auf den Weg einer effektiveren Nutzung des bereits existierenden Produktionsapparats lenken. Die ständige Vervollkommnung der Technologie, die unter anderem zur Entstehung neuer, effektiverer Produkte führt, die sowohl in der Produktion als auch in der Konsumtion verwendet werden, die Durchführung von komplexen technisch-organisatorischen Maßnahmen für die effektivere Nutzung der Produktionsgrundfonds usw. führen dazu, daß in Zukunft das spezifische Gewicht dieser intensiven Wachstumsfaktoren der Volkswirtschaft unvergleichlich zunimmt, während die Bedeutung des extensiven Faktors – der Akkumulation und des Neubaus – relativ abnimmt. Wie sich dabei die Wachstumstempi der beiden Abteilungen der gesellschaftlichen Produktion gestalten werden, ist schwer vorauszusagen (außerdem muß bei der Betrachtung dieser Fragen das Bevölkerungswachstum sowie die ständige Zunahme und qualitative Entwicklung der materiellen und geistigen Bedürfnisse der Bevölkerung in Rechnung gestellt werden).

Wie aber auch die Entwicklung der beiden Abteilungen der gesellschaftlichen Produktion in Zukunft verlaufen wird, die Theorie bleibt eben deshalb Theorie, um derartige Probleme in allgemeiner Form zu lösen, um bereit zu sein, jede Frage, die ihr die Praxis, wenn nicht heute, so doch morgen stellen wird, zu beantworten.

Da wir diese Seiten der Untersuchung von Proportionen und Tempi in den klassischen Reproduktionsschemata gewidmet haben, wäre es logisch, zum Schluß jene Interpretationen dieser Schemata zu untersuchen, in denen bei Aufrechterhaltung der meisten Ausgangsprämissen von einer Reihe neuer Voraussetzungen ausgegangen wird. Sie lassen manche Ökonomen zu dem Schluß gelangen, daß in längeren Zeiträumen die zweite Abteilung schneller als die erste wachsen kann. L. I. Dovgan z. B. meint: „Eine ständige Zunahme des Tempos der gesellschaftlichen Produktion kann nicht nur bei einer vorrangigen Entwicklung der Abteilung I erfolgen, sondern auch, wenn die Abteilung II schneller wächst". Zum Beweis dieser These stellt L. I. Dovgan Zahlenschemata der erweiterten Reproduktion auf, in denen wie in den Marxschen und Leninschen Schemata alle Produktionsmittel im Verlauf eines Jahres reproduziert werden und in denen wie im Leninschen Schema die organische Zusammensetzung der Fonds ständig wächst. Im Unterschied zu den Marxschen und Leninschen Schemata erhöht sich in den Schemata von Dovgan jedoch auch die Rate des Mehrprodukts. „Das Wachstum des Mehrprodukts", schreibt Dovgan, „erlaubt eine ständige Senkung seiner Akkumulationsrate ... bei gleichzeitiger Zunahme der absoluten Größe dieser Akkumulation"[27].

Ein verlockendes Ergebnis, aber zugleich, offen gesagt, eines, das zu äußerster Vorsicht mahnt. Wo ist die Quelle dieses wahrhaft bemerkenswerten Effekts? Denn die organische Zusammensetzung wächst ununterbrochen, während zugleich die Annahme einer einjährigen „Lebensdauer" der Produktionsmittel beibehalten wird. Was die zusätzlichen Voraussetzungen angeht, die der Autor in die Schemata einführt, so stehen sie nur mittelbar in Beziehung zur allgemein üblichen Methode der Effektivitätsmessung: aus der Erhöhung der Rate des Mehrprodukts folgt noch nicht direkt ein Effektivitätszuwachs. Es ist aber so, daß in den Schemata von Dovgan die Effektivität dennoch wächst. So sinken die Investitionsintensität des Produktionszuwachses und die Materialintensität jeder Zuwachseinheit ständig, wobei die Materialintensität in jedem Jahr in beiden Abteilungen gleich ist, und die Investitionsintensität sinkt in der Abteilung I schneller als in der Abteilung II.

Die Frage nach der Priorität der Entwicklungstempi der einen oder anderen Abteilung kann unserer Ansicht nach kein Objekt autonomer Entscheidungen sein. Die Wachstumstempi charakterisieren letzten Endes die Entwicklung des ökonomischen Systems. Als solche sind sie mit den integralen Charakteristika der ökonomischen Entwicklung, die mit diesem oder jenem Annäherungsgrad die Forderungen des Gesetzes des Ziels der sozialistischen Produktion ausdrücken, nur sehr relativ verbunden. Und sobald die Festlegung des formalisierten Entwicklungszieles vorgenommen ist, sind die Tempi dem Kennziffernsystem des optimalen Plans in vollem Umfang untergeordnet. Wie sie sich in diesem System verhalten – das ist eine Frage, die eine besondere Behandlung verdient.

## *Welche Tempi sind als optimal anzusehen?*

Die Antwort auf die Frage, welche Tempi als optimal anzusehen sind, scheint auf der Hand zu liegen. Als optimal sind offensichtlich die Tempi des optimalen Plans anzusehen, und dies ist anscheinend so selbstverständlich, daß es wie eine Tautologie klingt. Wir wollen jedoch nichts übereilen. Was ist, wenn der optimale Plan in irgendeinem Bereich eine Verringerung des Tempos erfordert? Was dann? Sind die Tempi noch als optimal anzusehen, nur, weil es der optimale Plan so „braucht"? Oder soll man den optimalen Plan verwerfen, weil er mit uneffektiven Tempi verbunden ist? Und was sind denn effektive Tempi?

Wie dem auch sei, die Antwort auf diese Fragen muß an Modellen gesucht werden, die mit einem hinreichenden Maß an Allgemeinheit den Verlaufscharakter der Prozesse der erweiterten Reproduktion unter den heutigen realen Bedingungen widerspiegeln. In den vorangegangenen Abschnitten sind die Fundamente für den Aufbau eines derartigen Modells gelegt worden, und nun braucht das Begonnene nur vollendet zu werden, indem die „lebendige" ökonomische Zahl in die vorbereiteten algebraischen Formeln (27, 28) eingesetzt wird.

Zunächst wollen wir folgendes verabreden. Die dynamischen Charakteristika der gesellschaftlichen Produktion werden, wie wir wissen, nicht allein durch die Veränderung der Akkumulation von Arbeitsmitteln beeinflußt. Um den Einfluß aller sonstigen Faktoren auszuschließen, werden wir die spezifischen Größen dieser Einflüsse als in der Zeit konstant ansehen. Diese ziemlich nebelhafte Aussage bedeutet einfach, daß die spezifischen Normative der Materialintensität ($a_1$ und $a_2$) und der Investitionsintensität ($b_1$ und $b_2$) für die Produktion beider Abteilungen sowie der Anteil der „sonstigen Bedürfnisse der Gesellschaft" an der Verwendung der Produktion beider Abteilungen ($e_1 = D_1 : P_1$ und $e_2 = D_2 : P_2$) in der ganzen Periode, auf die sich unsere Berechnungen erstrecken werden, konstant bleiben.

Gehen wir nun an die Bereitstellung der Ausgangsinformation für die Berechnungen. Diese Information können wir den Daten der Verflechtungsbilanz der erweiterten Reproduktion entnehmen, die in Tabelle 10 vorliegt. Das Ergebnis der rechnerischen Bearbeitung dieser Daten ist in Tabelle 18 enthalten.

*Tabelle 18*

Die Koeffizienten des Modells der erweiterten Reproduktion
(Errechnet auf der Grundlage von Tabelle 10)

| Abteilung | Spezifische Aufwandsnormative Materialintensität $a = u : P = \Delta u : \Delta P$ | Fondsintensität $b = F : P = \Delta F : \Delta P$ | Anteil der sonstigen Bedürfnisse an der Verwendung der Produktion $e = D : P = \Delta D : \Delta P$ |
|---|---|---|---|
| I | 0,483 | 0,833 | 0,100 |
| II | 0,525 | 0,375 | 0,200 |

Bevor wir dazu übergehen, ein Modell für die Aufstellung eines optimalen Entwicklungsplans zu konstruieren, benutzen wir diese Information dazu, das Gesamtbild des Prozesses des Wirtschaftswachstums unter den Bedingungen des gleichen Tempos beider Abteilungen zu analysieren.

Zu diesem Zweck verwenden wir wieder die Gleichung (26), die mit den konkreten Koeffizienten angegeben wird:

$$0{,}833\, \Delta P_1 + 0{,}375\, \Delta P_2 = I.$$

Wenn wir den „Dosierungsparameter" $q$ einführen, so finden wir die Kennziffern für den Produktionszuwachs:

$$\Delta P_1 = \frac{q}{0{,}833} I; \quad \Delta P_2 = \frac{1-q}{0{,}375} I$$

und können die Kennziffern der Tempi bestimmen:

$$\frac{\Delta P_1}{P_1} = \frac{q\,I}{0{,}833\,P_1}; \quad \frac{\Delta P_2}{P_2} = \frac{(1-q)\,I}{0{,}375\,P_2}.$$

Berücksichtigt man, daß die Proportion $\hat{s} = P_2 : P_1$ im Ausgangsjahr 40 : 60 = 0,667 betrug, so kommt man nach der Gleichsetzung dieser Ausdrücke zu folgendem Resultat:

Beide Abteilungen wachsen im gleichen Tempo bei $q = 0{,}769$.
Die Abteilung I wächst schneller als die Abteilung II bei $q > 0{,}769$.
Die Abteilung I wächst langsamer als die Abteilung II bei $q < 0{,}769$.

Schemata der erweiterten Reproduktion für den Fall gleicher Wachstumstempi in beiden Abteilungen werden in Tabelle 19 angegeben. Im Interesse der Einfachheit der Konstruktion wird in diesen Schemata der Konsumtionsfonds zusammen mit der für andere Zwecke verwendeten Produktion der zweiten Abteilung angegeben. Da eine hinreichend zuverlässige Information über die Struktur der Wertbestandteile der Schemata (Amortisation, Lohn, Reineinkommen) sowie über die Dynamik des Imports fehlt, haben wir außerdem alle diese Kennziffern in der allgemeinen Rubrik „Sonstige Elemente der Schemata" vereinigt. Dabei sind wir von folgenden zwei Umständen ausgegangen: erstens interessiert uns hauptsächlich die materiell-stoffliche Zusammensetzung des gesellschaftlichen Produkts, und zweitens ist es so möglich, dem Leser wenigstens an illustrativem Material zu zeigen, daß die Struktur dieses Wertteils des gesellschaftlichen Produkts (und insbesondere die Rate des Mehrprodukts) für sich allein keinen direkten und um so weniger einen bestimmenden Einfluß auf die dynamischen Charakteristika des Reproduktionsprozesses ausübt.

Die Ergebnisse der Berechnungen zeigen, daß bei konstanter Fondsintensität und Materialintensität der Produktion die Reproduktion in erweitertem Umfang mit stabilen Tempi erfolgt, die in diesem Falle 106% im Jahr betragen.

Ohne etwas an den in Tabelle 19 gezeigten Schemata zu ändern, führen wir nun die Voraussetzung ein, daß der Gesamtumfang der Akkumulation von Arbeitsinstrumenten und -mitteln im folgenden Jahr ersetzt werden muß (vgl. Tabelle 20). Wie die Daten der Tabelle 21 beweisen, reicht diese *eine* Voraussetzung dafür aus, daß in den Schemata ein Prozeß des Abklingens der Wachstumstempi beginnt.

Es muß also nicht speziell bewiesen werden, daß unter sonst gleichen Bedingungen eine Verringerung der Wachstumstempi auch in den

*Tabelle 19*

Schemata der erweiterten Reproduktion, aufgestellt für den Fall gleicher Wachstumstempi der beiden Abteilungen (Mrd. Rubel je 100 Mrd. Rubel gesellschaftliches Produkt)

| Jahr | Elemente der Schemata | Ersatz | | | Akkumulation von Produktionsgrundfonds | | | Konsumtion und sonstige Komponenten des Endprodukts | Insgesamt |
|---|---|---|---|---|---|---|---|---|---|
| | | I | II | Insgesamt | I | II | Insgesamt | | |
| 1 | I | 29 | 21 | 50 | 3,08 | 0,92 | 4,00 | 6 | 60 |
| | II | — | — | — | — | — | — | 40 | 40 |
| | sonstige Elemente | 31 | 19 | 50 | — 3,08 | — 0,92 | — 4,00 | — 46 | 0 |
| Insgesamt | | 60 | 40 | 100 | 0 | 0 | 0 | 0 | 100 |
| Produktionsgrundfonds | | 50 | 15 | 65 | — | — | — | — | — |
| 2 | I | 30,77 | 22,29 | 53,06 | 3,28 | 0,99 | 4,27 | 6,37 | 63,70 |
| | II | — | — | — | — | — | — | 42,45 | 42,45 |
| | sonstige Elemente | 32,93 | 20,16 | 53,09 | — 3,28 | — 0,99 | — 4,27 | — 48,82 | 0 |
| Insgesamt | | 63,70 | 42,45 | 106,15 | 0 | 0 | 0 | 0 | 106,15 |
| Produktionsgrundfonds | | 53,08 | 15,92 | 69,00 | — | — | — | — | — |
| 3 | I | 32,67 | 23,67 | 56,34 | 3,49 | 1,05 | 4,54 | 6,76 | 67,64 |
| | II | — | — | — | — | — | — | 45,09 | 45,09 |
| | sonstige Elemente | 34,97 | 21,42 | 56,39 | — 3,49 | — 1,05 | — 4,54 | — 51,85 | 0 |
| Insgesamt | | 67,64 | 45,09 | 112,73 | 0 | 0 | 0 | 0 | 112,73 |
| Produktionsgrundfonds | | 56,36 | 16,91 | 73,27 | — | — | — | — | — |
| 4 | I | 34,69 | 25,15 | 59,84 | 3,69 | 1,11 | 4,80 | 7,18 | 71,82 |
| | II | — | — | — | — | — | — | 47,90 | 47,90 |
| | sonstige Elemente | 37,13 | 22,75 | 59,88 | — 3,69 | — 1,11 | — 4,80 | — 55,08 | 0 |
| Insgesamt | | 71,82 | 47,90 | 119,72 | 0 | 0 | 0 | 0 | 119,72 |
| Produktionsgrundfonds | | 59,85 | 17,96 | 77,81 | — | — | — | — | — |

*Tabelle 20*

**Schemata der erweiterten Reproduktion für den Fall, daß der Zyklus der Reproduktion aller Produktionsmittel ein Jahr beträgt***
**(Mrd. Rubel je 100 Mrd. Rubel gesellschaftliches Produkt)**

| Jahr | Elemente der Schemata | Ersatz | | | Akkumulation von Produktionsgrundfonds | | | Konsumtion und sonstige Komponenten des Endprodukts | Insgesamt |
|---|---|---|---|---|---|---|---|---|---|
| | | I | II | Insgesamt | I | II | Insgesamt | | |
| 1 | I | 29 | 21 | 50 | 3,08 | 0,92 | 4 | 6 | 60 |
| | II | — | — | — | — | — | — | 40 | 40 |
| | Sonstige Elemente | 31 | 19 | 50 | — 3,08 | — 0,92 | — 4 | — 46 | 0 |
| Insgesamt | | 60 | 40 | 100 | 0 | 0 | 0 | 0 | 100 |
| Produktionsgrundfonds | | 50 | 15 | 65 | — | — | — | — | — |
| 2 | I | 32,08 | 21,92 | 54,00 | 2,56 | 0,77 | 3,33 | 6,37 | 63,70 |
| | II | — | — | — | — | — | — | 42,45 | 42,45 |
| | sonstige Elemente | 31,62 | 20,53 | 52,15 | — 2,56 | — 0,77 | — 3,33 | — 48,82 | 0 |
| Insgesamt | | 63,70 | 42,45 | 106,15 | 0 | 0 | 0 | 0 | 106,15 |
| Produktionsgrundfonds | | 53,08 | 15,92 | 69,00 | — | — | — | — | — |
| 3 | I | 34,64 | 22,69 | 57,33 | 2,12 | 0,64 | 2,76 | 6,68 | 66,77 |
| | II | — | — | — | — | — | — | 44,51 | 44,51 |
| | sonstige Elemente | 32,13 | 21,82 | 53,95 | — 2,12 | — 0,64 | — 2,76 | — 51,19 | 0 |
| Insgesamt | | 66,77 | 44,51 | 111,28 | 0 | 0 | 0 | 0 | 111,28 |
| Produktionsgrundfonds | | 55,64 | 16,69 | 72,33 | — | — | — | — | — |
| 4 | I | 36,76 | 23,33 | 60,09 | 1,76 | 0,53 | 2,29 | 6,93 | 69,31 |
| | II | — | — | — | — | — | — | 46,22 | 46,22 |
| | sonstige Elemente | 32,55 | 22,89 | 55,44 | — 1,76 | — 0,53 | — 2,29 | — 53,15 | 0 |
| Insgesamt | | 69,31 | 46,22 | 115,53 | 0 | 0 | 0 | 0 | 115,53 |
| Produktionsgrundfonds | | 57,76 | 17,33 | 75,09 | — | — | — | — | |

* Der Ersatzfonds der Produktionsmittel jedes Jahres wird bestimmt, indem man zu den Kennziffern des vorhergehenden Jahres die Größe der Investitionen [illegible] Abteilung hinzufügt, die im vorhergehenden Jahr erfolgt sind, z. B.: $u^{(3)} = u^{(2)} + I^{(2)} = 32{,}08 + 2{,}56 = 34{,}64$.

*Tabelle 21*

Die Wachstumstempi in den in Tabelle 20 angegebenen Schemata der erweiterten Reproduktion (in % des vorhergehenden Jahres)

| Jahr | Elemente der Schemata | Ersatz | | | Akkumulation von Produktionsgrundfonds | | | Konsumtion und sonstige Komponenten des Endprodukts | Insgesamt |
|---|---|---|---|---|---|---|---|---|---|
| | | I | II | Insgesamt | I | II | Insgesamt | | |
| 2 | I | 110,6 | 104,4 | 108,0 | 83,3 | 83,3 | 83,3 | 106,1 | 106,1 |
| | II | — | — | — | — | — | — | 106,1 | 106,1 |
| | sonstige Elemente | 102,0 | 108,1 | 104,3 | — | — | — | — | — |
| Produktionsgrundfonds | | 106,1 | 106,1 | 106,1 | — | — | — | — | — |
| 3 | I | 108,0 | 103,5 | 106,1 | 82,9 | 82,9 | 82,9 | 104,8 | 104,8 |
| | II | — | — | — | — | — | — | 104,8 | 104,8 |
| | sonstige Elemente | 101,6 | 106,3 | 103,4 | — | — | — | — | — |
| Produktionsgrundfonds | | 104,8 | 104,8 | 104,8 | — | — | — | — | — |
| 4 | I | 106,1 | 102,8 | 104,8 | 83,0 | 83,0 | 83,0 | 103,8 | 103,8 |
| | II | — | — | — | — | — | — | 103,8 | 103,8 |
| | sonstige Elemente | 101,3 | 104,9 | 102,8 | — | — | — | — | — |
| Produktionsgrundfonds | | 103,8 | 103,8 | 103,8 | — | — | — | — | — |

* Die Tempi wurden auf der Grundlage von Schemata errechnet, die mit größerer Genauigkeit als Tabelle 20 aufgestellt worden waren. Daher gaben die Auf- und Abrundungen in der vorliegenden Tabelle genauere Ergebnisse. Errechnet man die Tempi auf der Basis der Tabelle 20, so ergibt z. B. $I_1^{(2)} : I_1^{(1)}$ nicht 83,3, sondern 2,56 : 3,08 = 83,1.

Schemata der Tabelle 20 eintritt, wenn die Fondseffektivität in der Volkswirtschaft nicht wächst oder wenigstens gleich bleibt, sondern sinkt. Jedoch muß in jedem Falle der kausale Zusammenhang streng nachgewiesen und, so weit das möglich ist, quantitativ gemessen werden.

Die Relation der Wachstumstempi beider Abteilungen darf demnach selbst in allgemeinster Form (gleiche Tempi, verschiedene Tempi) erst dann festgelegt werden, wenn die Frage nach dem effektivsten Entwicklungsweg des gesamten sozialistischen Wirtschaftssystems entschieden ist. Und diese Festlegung muß in Übereinstimmung mit den Forderungen des Gesetzes des Ziels der sozialistischen Produktion und folglich in Übereinstimmung mit dem gewählten Optimalitätskriterium der wirtschaftspolitischen Entscheidungen vorgenommen werden, die auf der höchsten Ebene der Wirtschaftsleitung gefällt werden.

Nun zum Modell des optimalen Wachstums.

Wir erinnern uns daran, daß wir deshalb von der dynamischen Gleichung (26), in der als Variable die Zuwachskennziffern des Produktionsvolumens $\Delta P_1$ und $\Delta P_2$ fungieren, zur Gleichung (28) übergehen mußten, weil es notwendig war, das optimale Verhältnis zwischen der Akkumulation von Arbeitsmitteln, die das ökonomische Wachstum limitieren, und der Konsumtion zu finden, deren integrales Volumen (für die gesamte Planperiode) die ökonomische Qualität des Plans bestimmt.

Die wichtigste Abhängigkeit unseres Modells ist also die Gleichung (28a):

$$\beta_1 \Delta I_t + \beta_2 \Delta K_t = I_t,$$

deren Koeffizienten $\beta_1$ und $\beta_2$ nach der Vorschrift (28) bestimmt werden. Die Ausgangsinformation für die Berechnung der Koeffizienten der Gleichungen (27) und (28) ist in Tabelle 19 enthalten. Benutzen wir diese Koeffizienten, so finden wir:

(27*) $P_1 = 2{,}398\, I + 1{,}573\, K;$

$P_2 = 1{,}250\, K;$

(28*) $2\, \Delta I_t + 1{,}8\, \Delta K_t = I_t.$

Zur Regulierung der Relation zwischen $\Delta I$ und $\Delta K$ muß ein Steuerparameter eingeführt werden. Die Verwendung einer Verteilungsrate der Arbeitsmittel zwischen $\Delta I$ und $\Delta K$ (d. h. eines Parameters vom Typ $q$) wäre in dieser Situation sowohl ungeeignet als auch künstlich: es soll ja das *effektivste Verhältnis* zwischen $\Delta I$ und $\Delta K$ gefunden werden. Am besten geeignet für diese Zwecke ist deshalb ein Parameter, der als das Verhältnis zwischen $\Delta I$ und $\Delta K$ definiert wird. Wir kennen ihn schon aus dem zweiten Kapitel, wo wir ihn als

$$r_t = \Delta I_t : \Delta K_t$$

bezeichnet haben. Im zweiten Kapitel haben wir auch seine Grenzen erwähnt. Dazu nun ausführlicher.

Ist $r_t$ gleich Null, so gibt es keine Erweiterung der Produktionsgrundfonds: $\Delta I_t = 0$. (Die Investitionen für die Wiederherstellung der Grundfonds sind durch den Koeffizienten $e_1$ im Produktionsvolumen der Abteilung I enthalten.) Das bedeutet natürlich nicht, daß die Reproduktion aufhört, erweiterte Reproduktion zu sein. Die Grundbedingung der erweiterten Reproduktion, derzufolge das Potential I eine positive Größe sein muß, bleibt weiter erfüllt. Nur bleibt dieses Potential jetzt in der Zeit konstant, genauer – es wird jährlich im gleichen Umfang reproduziert. Die obere Grenze für die Veränderung der Proportion $r_t$ muß auf einem solchen Niveau liegen, auf dem der Zuwachs des Konsumtionsfonds der zahlungsfähigen Nachfrage der Bevölkerung gleich ist. Diese Nachfrage wird in Geldeinheiten gemessen, die im Verlauf des gesamten Planungszeitraums dieselbe Kaufkraft besitzen müssen. Wir werden hier nicht die ziemlich umfangreichen Formeln anführen, die es ermöglichen, diese obere Grenze auf der Basis strenger mathematischer Berechnungen festzustellen. Wir bemerken nur, daß diese Grenze nach unseren Überschlagsrechnungen bei 0,3 liegt.[28] Das heißt:

$$0{,}3 \geqslant r_t = \Delta I_t : \Delta K_t \geqslant 0.$$

Setzen wir $r_t$ sowohl in die Gleichung (28*) als auch in die Gleichung (27*), die lediglich für den Zuwachs der entsprechenden Größen umgeschrieben worden ist, ein, so erhalten wir als endgültige Formel für die Berechnung der Variablen unseres Modells:

$$\Delta I_t = \frac{r_t}{2\,r_t + 1{,}8}\, I_t; \quad \Delta K_t = \frac{1}{2\,r_t + 1{,}8}\, I_t;$$

$$(29) \qquad \Delta P_1 = \frac{2{,}398\, r_t + 1{,}573}{2\,r_t + 1{,}8}\, I_t; \quad \Delta P_2 = \frac{1{,}250}{2\,r_t + 1{,}8}\, I_t.$$

Als optimal werden wir die Variante des Wirtschaftswachstums ansehen, bei der die Summe der gewichteten Konsumtionsfonds über 15 Jahre maximal ist:

$$Z = \sum_{t=1}^{15} \left(\frac{1}{1+\lambda}\right)^t K_t \rightarrow \text{Max.}$$

*Tabelle 22*

Optimale Varianten des Wachstums der gesellschaftlichen Produktion für 15 Jahre
(Mill. Rubel je 1000 Mill. Rubel Nettoinvestitionen des Ausgangsjahres)

| Jahr | Variante I $r = 0{,}126 = \text{const.}$ | | Variante II ($\lambda = 0{,}05$) | | | | Variante III ($\lambda = 0{,}1$) | | | | Variante IV ($\lambda = 0{,}2$) | | | |
|---|---|---|---|---|---|---|---|---|---|---|---|---|---|---|
| | Investitionen | Konsumtion | $r_t$ | Investitionen* | Konsumtion | Gewichtskoeffizienten | $r_t$ | Investitionen* | Konsumtion | Gewichtskoeffizienten | $r_t$ | Investitionen* | Konsumtion | Gewichtskoeffizienten |
| 0 | 1,000 | 8,000 | 0,3 | 1,000 | 8,000 | — | | | | | | | | |
| 1 | 1,061 | 8,488 | 0,3 | 1,125 | 8,417 | 0,952 | | | | | | | | |
| 2 | 1,126 | 9,006 | 0,3 | 1,266 | 8,886 | 0,906 | | | | | | | | |
| 3 | 1,195 | 9,555 | 0,3 | 1,424 | 9,414 | 0,863 | | | | | | | | |
| 4 | 1,268 | 10,138 | 0,3 | 1,602 | 10,008 | 0,822 | | | | | | | | |
| 5 | 1,345 | 10,757 | 0,3 | 1,802 | 10,676 | 0,783 | | | | | | | | |
| Insgesamt f. 5 Jahre | 5,995 | 47,944 | — | 7,219 | 47,401 | — | | | | | | | | |
| 6 | 1,427 | 11,413 | 0,3 | 2,027 | 11,427 | 0,745 | | | | | | | | |
| 7 | 1,514 | 12,109 | 0,3 | 2,280 | 12,272 | 0,709 | | | | | | | | |
| 8 | 1,606 | 12,848 | 0,3 | 2,565 | 13,223 | 0,675 | | | | | | | | |
| 9 | 1,704 | 13,632 | 0,3 | 2,886 | 14,283 | 0,643 | | | | | 0 | 2,886 | 14,293 | 0,193 |
| 10 | 1,808 | 14,464 | 0,3 | 3,247 | 15,496 | 0,612 | 0 | 3,247 | 15,496 | 0,385 | 0 | 2,886 | 15,898 | 0,161 |
| Insgesamt f. 10 Jahre | 14,054 | 112,410 | — | 20,224 | 114,112 | — | | 20,224 | 114,112 | — | | 19,863 | 114,514 | — |
| 11 | 1,918 | 15,346 | 0 | 3,653 | 16,850 | 0,583 | 0 | 3,247 | 17,301 | 0,350 | 0 | 2,886 | 17,503 | 0,134 |
| 12 | 2,035 | 16,282 | 0 | 3,653 | 18,880 | 0,555 | 0 | 3,247 | 19,100 | 0,318 | 0 | 2,886 | 19,108 | 0,112 |
| 13 | 2,159 | 17,275 | 0 | 3,653 | 20,910 | 0,528 | 0 | 3,247 | 20,911 | 0,289 | 0 | 2,886 | 20,713 | 0,093 |
| 14 | 2,291 | 18,329 | 0 | 3,653 | 22,940 | 0,503 | 0 | 3,247 | 22,716 | 0,263 | 0 | 2,886 | 22,318 | 0,077 |

* zur Erweiterung der Produktionsgrundfonds.

In die Zielfunktion $Z$ führen wir einige Werte des Parameters $\lambda$ ein, von dem die Größe der Gewichtskoeffizienten abhängt. Dies seien folgende Werte: $\lambda_1 = 0{,}05$; $\lambda_2 = 0{,}1$; $\lambda_3 = 0{,}2$.[29]

Als Vergleichsbasis wählen wir eine Variante des Wirtschaftswachstums, bei der $r$ konstant gleich 12,6% (oder 0,126) bleibt. Dabei sind die Wachstumstempi beider Abteilungen gleich und betragen 106% im Jahr.[30]

Die Berechnungen, deren Ergebnisse in Tabelle 22 angegeben werden, zeigen, daß die optimale Steuerung des Parameters $r$ überaus wirksam ist: Der kumulative Konsumtionsfonds, der in 15 Jahren nach der „schlechtesten der optimalen" Varianten geschaffen wird, ist um 9,5% größer als bei der ersten Variante, von der ausgegangen wurde. Natürlich ist ein solcher Vergleich relativ, schon deshalb, weil er die Tatsache ignoriert, daß in den ersten fünf Jahren der Konsumtionsfonds nach der ersten Variante schneller als in allen anderen Varianten wächst. Aber eben deshalb muß die endgültige Entscheidung darüber, welche der optimalen Varianten in die Praxis umgesetzt werden soll, auf nichtformalisierbaren Überlegungen beruhen, die den Bereich der sozialen Verhältnisse berühren.

Kehren wir jedoch zu den Tempi zurück. Die Tabelle 23 bietet ein außerordentlich interessantes Bild. In jeder der optimalen Planvarian-

*Tabelle 23*

Wachstumstempi des Produktionsvolumens in optimalen Entwicklungsvarianten (in % des vorhergehenden Jahres)

| Jahr | Variante II | | Variante III | | Variante IV | |
|---|---|---|---|---|---|---|
| | I | II | I | II | I | II |
| 1 | 106,4 | 105,2 | | | | |
| 2 | 106,8 | 105,6 | | | | |
| 3 | 107,1 | 105,9 | | | | |
| 4 | 107,5 | 106,3 | Wie in Variante II | | | |
| 5 | 107,8 | 106,7 | | | | |
| 6 | 108,1 | 107,0 | | | | |
| 7 | 108,5 | 107,4 | | | | |
| 8 | 108,8 | 107,8 | | | | |
| 9 | 109,1 | 108,1 | | | | |
| 10 | 109,4 | 108,4 | | | 108,6 | 111,2 |
| 11 | 109,6 | 108,7 | 108,7 | 116,6 | 107,9 | 110,1 |
| 12 | 109,1 | 112,0 | 108,1 | 110,4 | 107,3 | 109,2 |
| 13 | 108,3 | 110,8 | 107,5 | 109,5 | 106,8 | 107,8 |
| 14 | 107,7 | 109,7 | 107,0 | 108,6 | 106,4 | 107,8 |
| 15 | 107,1 | 108,9 | 106,5 | 107,9 | 106,0 | 107,2 |

ten wird das schnellere Wachstum der Abteilung I vom schnelleren Wachstum der Abteilung II abgelöst, sobald der Parameter zur Nullebene übergeht. Jedoch beginnen die Wachstumstempi beider Abteilungen dann langsam abzuklingen. Und jetzt ist es an der Zeit, die Frage zu stellen, um deren willen die ganze Analyse vorgenommen wurde: Ist dies wirklich schlecht? Eine mögliche Antwort lautet: Unter sonst gleichen Bedingungen – ja.

Der Haken liegt aber darin, daß die übrigen Bedingungen eben nicht gleich sind. Konstant bleiben nur die Materialintensität, die Fondsintensität und die Strukturkoeffizienten $e_1$ und $e_2$.

*Alles* übrige verändert sich, beginnend mit der Zielstellung der Aufgabe und endend mit dem Volumen der Investitionen zur Erweiterung der Produktionsgrundfonds, das vom letzten, dem fünfzehnten Jahr an die folgende Periode, genauer – an das erste „Nachplanjahr", übergeben wird.

Grob gesprochen kann man die entstandene Situation etwa so beschreiben: Willst du einen möglichst großen kumulativen Konsumtionsfonds erhalten, so kümmere dich nicht um die Tempi. Die Aufgabe ist *nur* bei solchen Tempi zu lösen. Wünschst du maximale Tempi, so kümmere dich nicht um die kumultativen Charakteristika der Konsumtion. Sie stören nur die Temposteigerung.

Natürlich kann man auch so ein Ergebnis „bestellen": ein Maximum des kumulativen Konsumtionsfonds bei nicht fallenden Wachstumstempi. Eine solche Variante ist durchgerechnet worden (Tabelle 24). Die Tempi sind hier auf recht hohem Niveau gehalten worden. Es ist jedoch zu fragen: zu welchem Zweck? Denn ein solches „Einfrieren" der Tempi muß mit einer Verringerung des produktiven Ergebnisses des System der gesellschaftlichen Produktion bezahlt werden.[31]

Das konstruierte Modell der erweiterten Reproduktion ermöglicht es, eine Reihe von analytischen Hilfsberechnungen vorzunehmen. Insbesondere können jene Bedingungen quantifiziert werden, unter denen die Abteilung II schneller als die Abteilung I wächst und sich das Wachstumstempo des gesellschaftlichen Gesamtprodukts nicht verringert.

Bestimmen wir diese Bedingungen für das erste Jahr der Berechnungen, die in Tabelle 20 angegeben wurden. Die Akkumulation von Arbeitsmitteln in Höhe von 3,08 Md. Rubel zeigt, daß die Akkumulationsrate der Arbeitsmittel in der Abteilung I ($q$) folgende Größe hatte: $q = 3{,}08 : 4{,}00 = 0{,}77$ oder 77%. Die Wachstumstempi beider Abteilungen sind, wie wir wissen, in den Schemata der Tabelle 20 gleich und betragen 106,1% jährlich. Klären wir nun, um wieviel die Effek-

*Tabelle 24*

Korrigierter optimaler Plan

| Jahr | Variante II $r_t$ | Investitionen | Konsumtion | Wachstumstempi des Produktionsvolumens I | II | Variante III $r_t$ | Investitionen | Konsumtion | Wachstumstempi des Produktionsvolumens I | II | Variante IV $r_t$ | Investitionen | Konsumtion | Wachstumstempi des Produktionsvolumens I | II |
|---|---|---|---|---|---|---|---|---|---|---|---|---|---|---|---|
| 1 | Vom 1. bis 10. Jahr wie in den Tabellen 22 und 23 | | | | | Vom 1. bis 9. Jahr wie in den Tabellen 22 und 23 | | | | | Vom 1. bis 8. Jahr wie in den Tabellen 22 und 23 | | | | |
| 2 | | | | | | | | | | | | | | | |
| 3 | | | | | | | | | | | | | | | |
| 4 | | | | | | | | | | | | | | | |
| 5 | | | | | | | | | | | | | | | |
| 6 | | | | | | | | | | | | | | | |
| 7 | | | | | | | | | | | | | | | |
| 8 | | | | | | | | | | | 0,3 | 2,565 | 13,223 | 108,8 | 107,8 |
| 9 | | | | | | 0,3 | 2,886 | 14,283 | 109,1 | 108,1 | 0,202 | 2,886 | 14,293 | 109,2 | 109,2 |
| 10 | | | | | | 0,209 | 3,247 | 15,496 | 109,4 | 109,4 | 0,202 | 3,152 | 15,603 | 109,2 | 109,2 |
| 11 | 0,216 | 3,653 | 16,850 | 109,7 | 109,7 | 0,209 | 3,552 | 16,960 | 109,4 | 109,4 | 0,202 | 3,442 | 17,034 | 109,2 | 109,2 |
| 12 | 0,216 | 4,007 | 18,487 | 109,7 | 109,7 | 0,209 | 3,886 | 18,562 | 109,4 | 109,4 | 0,202 | 3,759 | 18,597 | 109,2 | 109,2 |
| 13 | 0,216 | 4,396 | 20,282 | 109,7 | 109,7 | 0,209 | 4,251 | 20,315 | 109,4 | 109,4 | 0,202 | 4,105 | 20,304 | 109,2 | 109,2 |
| 14 | 0,216 | 4,822 | 22,251 | 109,7 | 109,7 | 0,209 | 4,651 | 22,232 | 109,4 | 109,4 | 0,202 | 4,483 | 22,168 | 109,2 | 109,2 |
| 15 | ... | 5,290 | 24,411 | 109,7 | 109,7 | ... | 5,088 | 24,330 | 109,4 | 109,4 | ... | 4,489 | 24,203 | 109,2 | 109,2 |
| Insgesamt für 15 Jahre | — | 42,392 | 216,393 | — | — | — | 41,652 | 216,511 | — | — | — | 40,813 | 216,525 | — | — |

tivität der Produktion in der Abteilung I steigen muß, damit die Akkumulationsrate auf, sagen wir, 67% gesenkt werden kann, ohne daß dadurch das Wachstumstempo der Abteilung I sinkt, daß also das Wachstumstempo von 106,1% gehalten werden kann.

Der Produktionszuwachs in der Abteilung I $\Delta P_1$ kann mit Hilfe des Koeffizienten der Fondsintensität dargestellt werden als

$$\Delta P_1 = I_1 : b_1 \quad \text{oder} \quad \Delta P_1 = q\, I : b_1 .$$

Da wir wissen, daß im Ausgangsjahr $I = 4$ und $P_1 = 100$ sind und daß das Wachstumstempo $\Delta P_1 : P_1 = 0{,}061$ (oder 6,1%) betragen muß, finden wir, daß bei $q = 67\%$ die Fondsintensität der Produkte der ersten Abteilung von 83,3 auf 73,2 Kopeken je Rubel Produktion sinken muß. Das entspricht 13,8%.

Mit Hilfe desselben Verfahrens kann man andererseits feststellen, um wieviel die Effektivität der Produktion in der Abteilung II erhöht werden muß, damit bei unveränderter Akkumulationsrate der Arbeitsmittel (d. h. bei $1 - q = 0{,}770 = \text{const.}$) das Wachstumstempo dieser Abteilung von 106,1% auf, sagen wir, 107,1% jährlich gesteigert werden kann. Die Berechnung, die analog der gerade vorgenommenen erfolgt, zeigt, daß dazu die Fondsintensität der Produkte der Abteilung II von 37,5 auf 32,4 Kopeken je Rubel, d. h. um 15,7% gesenkt werden müßte.

KAPITEL 7

# Die vertikale Entfaltung der strukturellen Proportionen der gesellschaftlichen Produktion

## *Die Einführung der Zweige in die Schemata der erweiterten Reproduktion*

Unsere Vorstellungen von Systemen mit so außergewöhnlichen Ausmaßen und einem so außerordentlichen Grad von Kompliziertheit, wie es die Ökonomie darstellt, ordnen sich gewöhnlich zu einem adäquaten Informationssystem, in dem die Kenntnisse über das reale Objekt pyramidenförmig aufgebaut werden. Dabei befinden sich in der äußersten Spitze die allgemeinsten und am wenigsten ausführlichen Kenntnisse, während ganz unten die detailliertesten und am wenigsten allgemeinen Kenntnisse angeordnet sind. Eine Vertikale, die dieses System von oben nach unten durchschneidet, ist, unter dem Blickwinkel der Erkenntnis betrachtet, nichts anderes als eine Deduktion.

Die theoretischen Vorstellungen von der Ökonomie beginnen mit der Analyse der allgemeinsten Relationen und nähren sich von Informationen, die vielfach summiert und gemittelt von der Grundfläche der Pyramide her genommen werden. Ebenso und streng parallel dazu muß auch der Prozeß der Einwirkung der Gesellschaft auf die Ökonomie verlaufen. Zuerst kommen die allgemeinsten, die strategischen Entscheidungen. Sie bestimmen die Proportionen und Tempi – die generellen Relationen der Ökonomie im Ganzen. Danach erfolgt die Konkretisierung, die Bewegung nach unten, mit jedem Schritt näher zu den Grundeinheiten, in denen die materiellen Güter geschaffen, verteilt und genutzt werden. Denn hier entsteht die primäre Information, die gemittelt und summiert wird und dann die Grundlage für die Wirtschaftsentscheidungen bildet, die auf allen Ebenen der Wirtschaftsleitung gefällt werden.

Das Objekt, auf das die Wirtschaftsentscheidungen Einfluß nehmen sollen, ist das ökonomische System als Ganzes. Die Entscheidungen der verschiedenen Ebenen gründen sich jedoch auf Informationen, die einen unterschiedlichen Grad an Detailliertheit aufweisen. Deshalb sind die unmittelbaren, „reinen“ Informationsobjekte dieser Entscheidungen verschieden. Das bedeutet, die ökonomisch-mathematische Beschreibung ein- und desselben Objekts (der Volkswirtschaft als einheitlichem Ganzen) durch zwei Gruppen von Kennziffern, von denen sich die eine von der anderen nur durch den Grad der Detailliertheit unterscheidet, kann, allgemein gesagt, nur mit Hilfe von zwei selbständigen Modellen erfolgen. Daraus ergibt sich eine außerordentlich wichtige Schlußfolgerung: Die Modelle zweier benachbarter Informationsebenen müssen so aufgebaut sein, daß beim Übergang von dem einen zum anderen System die Bedingung der Informationskonvergenz stets erfüllt ist. Erläutern wir den Charakter dieser Bedingung an einem Beispiel.

Gesonderte Untersuchungsobjekte sind auf den oberen Ebenen der Planung solche Gesamtheiten wie das gesellschaftliche Produkt und seine wichtigsten Endbestandteile – der Konsumtionsfonds, die Investitionen in die Produktionsgrundfonds der Volkswirtschaft u. a. Beim Übergang zur folgenden Stufe innerhalb jeder dieser Gesamtheiten werden die Zweigkomponenten unterschieden. Wenn z. B. in der Abteilung II der gesellschaftlichen Produktion solche großen Volkswirtschaftszweige wie die Industrie, das Bauwesen, die Landwirtschaft und die Zweige der materiellen Dienstleistungen unterschieden werden, so bedeutet die Forderung nach Informationskonvergenz Folgendes:

Wenn das Modell für die zusammenfassende Planungsetappe aufgestellt und eine gewisse endgültige Entscheidung gefällt worden ist, in der die generellen, durch ein System hochaggregierter synthetischer Kennziffern ausgedrückten Parameter der Wirtschaftsentwicklung festgelegt werden, so muß das Ergebnis der folgenden Berechnungen in den Zweigen für jedes Jahr so sein, daß die Wertsumme der Zweigkomponenten des Konsumtionsfonds exakt mit der Gesamtgröße des Konsumtionsfonds übereinstimmt, die bei den selbständigen Berechnungen in der vorhergehenden Etappe ermittelt worden ist.[32] Es muß betont werden, daß die Nichtbeachtung der Informationskonvergenz gleichbedeutend mit der vertikalen Unausgeglichenheit des Plans ist, und dies bedeutet seinerseits eine Störung der Wechselwirkung zwischen dem Ziel, das die Gesellschaft zuerst in den allgemeinsten Termini formuliert, und dem System der Mittel, die eine Erreichung dieses Ziels gewährleisten. Deshalb muß die Bedingung der Informationskonvergenz nicht nur in den ersten Etappen (von oben) der Planung beachtet werden, sondern längs der gesamten Vertikale des Leitungssystems der gesellschaftlichen Produktion.

Obwohl sich die einheitliche Methodologie zur Sicherung der Konvergenz der Pläne, die auf den verschiedenen Ebenen des Leitungssystems der Wirtschaft aufgestellt werden, noch im Stadium der Ausarbeitung befindet, kann man sich unserer Ansicht nach bereits eine gewisse Vorstellung über die allgemeinen Aufbauprinzipien eines solchen Systems machen. Es geht um ein innerlich geordnetes System von Planberechnungen, das von den synthetischen Meßgrößen des volkswirtschaftlichen Objekts bis zu den konkreten technisch-ökonomischen Charakteristika für die Wirtschaftstätigkeit der einzelnen Teilzweige, der territorialen Produktionskomplexe und vielleicht sogar der großen Produktionsbetriebe reicht.

Wenn man zum Beispiel die Linie der Informationsdetaillierung, die zwischen den Tabellen 2 und 10 liegt, weiter verfolgt, so führt sie zu einer neuen Bilanzstruktur, die nichts anderes ist als eben diese Verflechtungsbilanz der erweiterten Reproduktion, nur aufgeschlüsselt nach einer Vielzahl von Zweigen.

Die einfachste Variante einer solchen Bilanz ist in Tabelle 25 angegeben. Im Interesse der Übersichtlichkeit und der leichteren Vergleichbarkeit wird hier jede Abteilung nur in zwei Zweige gegliedert – in Industrie und Bauwesen sowie in Landwirtschaft und sonstige Produktionszweige. Dadurch wird das Bilanzschema durch vier Zweige gebildet:

I. *Produktion von Produktionsmitteln*
   1. Industrie und Bauwesen
   2. Landwirtschaft und sonstige Zweige

II. *Produktion von Konsumtionsmitteln*
   3. Industrie und Bauwesen
   4. Landwirtschaft und sonstige Zweige.

Die Ordnungszahlen dienen der Identifizierung gleichnamiger Zweige, die zu verschiedenen Abteilungen gehören.

Die Zweigdifferenzierung kann sofort in die zusammenfassende Bilanz der Produktion und der Verteilung des gesellschaftlichen Produkts eingeführt werden (vgl. Tabelle 2). Das Ergebnis dieser Operation ist eine Verflechtungsbilanz der Produktion und der Verteilung der Produkte in ihrem traditionellen, sogenannten Leontieffschen Schema[33]. (Diese Variante der Verflechtungsbilanz ist in Tabelle 26 dargestellt.[34])

Die Informationsmöglichkeiten beider Bilanzsysteme werden besonders dann offensichtlich, wenn auf der Grundlage der in den Tabellen 25 und 26 enthaltenen Daten die spezifischen Normative des

*Tabelle 25*

**Bilanz der zwischenzweiglichen Verteilung des gesellschaftlichen Produkts und der Produktionsgrundfonds, die dem Schema der erweiterten Reproduktion entspricht**
**(Mrd. Rubel je 100 Mrd. gesellschaftliches Produkt)**

| Zweige | | Produktionsaufwendungen Abteilung I: 1. Industrie und Bauwesen | 2. Landwirtschaft und sonstige Zweige | Insgesamt | Abteilung II: 3. Industrie und Bauwesen | 4. Landwirtschaft und sonstige Zweige | Insgesamt | Insgesamt | Endprodukt: Investitionen in das Wachstum der Produktionsgrundfonds | Konsumtionsfonds | Sonstige Bedürfnisse | Insgesamt | Insgesamt |
|---|---|---|---|---|---|---|---|---|---|---|---|---|---|
| Gesellschaftliches Produkt I | 1. Industrie und Bauwesen | 15,9 | 2,6 | 18,5 | 12,0 | 0,7 | 12,7 | 31,2 | 4,2 | — | 4,6 | 8,8 | 40,0 |
| | 2. Landwirtschaft und sonstige Zweige | 6,6 | 3,7 | 10,3 | 6,9 | 1,8 | 8,7 | 19,0 | 0,1 | — | 0,9 | 1,0 | 20,0 |
| | Insgesamt | 22,5 | 6,3 | 28,8 | 18,9 | 2,5 | 21,4 | 50,2 | 4,3 | — | 5,5 | 9,8 | 60,0 |
| II | 3. Industrie und Bauwesen | — | — | — | — | — | — | — | — | 23,2 | 8,9 | 32,1 | 32,1 |
| | 4. Landwirtschaft und sonstige Zweige | — | — | — | — | — | — | — | — | 7,6 | 0,3 | 7,9 | 7,9 |
| | Insgesamt | — | — | — | — | — | — | — | — | 30,8 | 9,2 | 40,0 | 40,0 |
| Insgesamt | | 22,5 | 6,3 | 28,8 | 18,9 | 2,5 | 21,4 | 50,2 | 4,3 | 30,8 | 14,7 | 49,8 | 100,0 |

| | | | | | | | | |
|---|---|---|---|---|---|---|---|---|
| Produktionsgrundfonds | I 1. Industrie und Bauwesen | 25,7 | 22,9 | 48,6 | 8,9 | 5,9 | 14,8 | 63,4 |
| | 2. Landwirtschaft und sonstige Zweige | — | 1,1 | 1,1 | — | 0,5 | 0,5 | 1,6 |
| | Insgesamt | 25,7 | 24,0 | 49,7 | 8,9 | 6,4 | 15,3 | 65,0 |

materiellen Aufwands errechnet werden (Tabellen 27 und 28). Ein Vergleich dieser Normative zeigt, daß das Leontieffsche Schema den Erhalt stärker gemittelter Informationen sichert, als das bei einem System der Fall ist, das nach den Hauptabteilungen der gesellschaftlichen Produktion differenziert ist. Dieser Umstand gewinnt außerordentliche Bedeutung bei der Durchführung von Planberechnungen in hochaggregierten Kennziffern. Je mehr andererseits die Information im Leontieff-Schema differenziert wird, desto geringer wird der Unterschied zum Schema, das entsprechend dem Prinzip der erweiterten Reproduktion aufgebaut ist, und es tritt schließlich der Moment ein, von dem an der Detaillierungsprozeß zur absoluten Identität beider Schemata führt.

Wenn zum Beispiel die Differenzierung einen solchen Grad erreicht, bei dem die Positionen der Verflechtungsbilanz von solchen Produkten wie etwa Langstrecken-Lokomotiven oder Konditorwaren gebildet werden, erweisen sich die Systeme der spezifischen Normative, die auf der Grundlage einer Bilanz der erweiterten Reproduktion und nach dem Leontieff-Schema errechnet wurden, als identisch. Denn es wird kaum jemandem einfallen, Langstrecken-Lokomotiven zur Produktion der Abteilung II zu rechnen und Kuchen als Produktionsmittel auszugeben. Die Praxis zeigt, daß die Grenze, hinter der die Unterschiede zwischen den beiden Schemata verschwinden, dort liegt, wo die Zweignomenklatur der Bilanz mehr als drei- bis vierhundert Positionen erfaßt.

Da die ökonomische Wissenschaft über solide Erfahrungen bei der Ausarbeitung und Nutzung von Verflechtungsbilanzen verfügt, die nach dem traditionellen Schema aufgestellt worden sind, werden wir im weiteren dieses Schema zugrunde legen. Dabei werden wir der Bilanz im vertikal entfalteten System der Berechnungen einen Platz zuweisen, der unmittelbar an der Grenzlinie zwischen den die Volkswirtschaft im Ganzen erfassenden

*Tabelle 26*

Bilanz der zwischenzeitlichen Verteilung des gesellschaftlichen Produkts und der Produktionsgrundfonds der UdSSR, die dem Leontieff-Schema entspricht
(Mrd. Rubel je 100 Mrd. Rubel gesellschaftliches Produkt)

| Zweige | | Produktionsaufwand | | | Endprodukt | | | | Ins-gesamt |
|---|---|---|---|---|---|---|---|---|---|
| | | 1. Industrie und Bauwesen | 2. Landwirtschaft und sonstige Zweige | Insgesamt | Investitionen in das Wachstum der Produktionsgrundfonds | Konsumtionsfonds | Sonstige Bedürfnisse | Insgesamt | |
| Gesellschaftliches Produkt | 1. Industrie und Bauwesen | 27,9 | 3,3 | 31,2 | 4,2 | 23,2 | 13,5 | 40,9 | 72,1 |
| | 2. Landwirtschaft und sonstige Zweige | 13,5 | 5,5 | 19,0 | 0,1 | 7,6 | 1,2 | 8,9 | 27,9 |
| | Insgesamt | 41,4 | 8,8 | 50,2 | 4,3 | 30,8 | 14,7 | 49,8 | 100,0 |
| Produktionsgrundfonds | 1. Industrie und Bauwesen | 34,6 | 28,8 | 63,4 | | | | | |
| | 2. Landwirtschaft und sonstige Zweige | — | 1,6 | 1,6 | | | | | |
| | Insgesamt | 34,6 | 30,4 | 65,0 | | | | | |

*Tabelle 27*

Spezifische Normative der Materialintensität und der Fondsintensität, berechnet auf der Grundlage einer Verflechtungsbilanz, die dem Schema der erweiterten Reproduktion entspricht
(Kopeken je 1 Rubel Produktionsausstoß des Verbraucherzweiges)

| Kennziffern-bezeichnung | Zweige | | Abteilung I 1. Industrie und Bauwesen | 2. Landwirtschaft und sonstige Zweige | Abteilung II 1. Industrie und Bauwesen | 2. Landwirtschaft und sonstige Zweige |
|---|---|---|---|---|---|---|
| Materialintensität | I | 1. Industrie und Bauwesen | 39,8 | 13,0 | 37,4 | 8,9 |
| | | 2. Landwirtschaft und sonstige Zweige | 16,5 | 18,5 | 21,5 | 22,8 |
| Fondsintensität | II | 1. Industrie und Bauwesen | 64,3 | 114,5 | 27,7 | 74,7 |
| | | 2. Landwirtschaft und sonstige Zweige | — | 5,5 | — | 6,3 |

*Tabelle 28*

**Spezifische Normative der Materialintensität und der Fondsintensität, berechnet auf der Grundlage einer Verflechtungsbilanz, die dem Leontieff-Schema entspricht (Kopeken je 1 Rubel Produktionsausstoß des Verbraucherzweiges)**

| Kennziffern-bezeichnung | Zweige | 1. Industrie und Bauwesen | 2. Landwirtschaft und sonstige Zweige |
|---|---|---|---|
| Materialintensität | 1. Industrie und Bauwesen | 38,7 | 11,8 |
| | 2. Landwirtschaft und sonstige Zweige | 18,7 | 19,7 |
| Fondsintensität | 1. Industrie und Bauwesen | 48,0 | 103,2 |
| | 2. Landwirtschaft und sonstige Zweige | – | 5,7 |

Modellen und dem System der lokalen Modelle, von denen jedes lediglich einen oder einige relativ unabhängige Produktionskomplexe erfaßt, liegt.

Wir benutzen die spezifischen Normative des Materialaufwands aus Tabelle 27 und beginnen damit, das Bilanzschema der erweiterten Reproduktion (vgl. Tabelle 25) zu einem entsprechenden quantitativen Modell umzugestalten. Der Leser, der die Tabelle 29 studiert und sie mit Tabelle 25 verglichen hat, wird ohne Mühe das Verfahren begreifen, mit dessen Hilfe dieser Übergang vollzogen wird. Er benötigt dazu lediglich Kommentare zu den Bezeichnungen. In der Tabelle 29 bezeichnen $P_1$, $P_2$, $P_3$ und $P_4$ die Produktionsvolumina in den entsprechenden Zweigen beider Abteilungen (die Indizes geben die Nummer der Zweige an); $I_1$ und $I_2$ bezeichnen die Akkumulation von Produktionsgrundfonds, die in den Zweigen der Abteilung I geschaffen werden, $K_3$ und $K_4$ – die Elemente des Konsumtionsfonds, der in beiden Zweigen der Abteilung II geschaffen wird; $D_1$, $D_2$, $D_3$ und $D_4$ sind Elemente des Endprodukts, die in der Bilanztabelle unter der Rubrik „Sonstige Bedürfnisse“ aufgeführt werden, und $F_1$ sowie $F_2$ sind die Grundfonds der Volkswirtschaft, die in der Industrie und dem Bauwesen ($F_1$) sowie in der Landwirtschaft ($F_2$) vorhanden sind.

Die vier ersten Gleichungen beschreiben die Verteilung des gesellschaftlichen Gesamtprodukts, die beiden letzten die Verteilung des Gesamtbestandes der vorhandenen Produktionsgrundfonds auf die

**Struktur eines ökonomisch-mathematischen Modells auf der Grundlage des Bilanzschemas der erweiterten Reproduktion (Tabelle 25)***

| | | | Produktionsaufwendungen<br>Abteilung I<br>1. Industrie und Bauwesen | 2. Landwirtschaft und sonstige Zweige | Abteilung II<br>3. Industrie und Bauwesen | 4. Landwirtschaft und sonstige Zweige | Endprodukt<br>Investitionen zur Erweiterung der Produktionsgrundfonds | Konsumtionsfonds | Sonstige Bedürfnisse | Insgesamt |
|---|---|---|---|---|---|---|---|---|---|---|
| Gesellschaftliches Produkt | I | 1. Industrie und Bauwesen | $0{,}398\ P_1$ | $+\ 0{,}130\ P_2$ | $+\ 0{,}374\ P_3$ | $+\ 0{,}089\ P_4$ | $+\ I_1$ | $+\ 0$ | $+\ D_1$ | $=\ P_1$ |
| | | 2. Landwirtschaft und sonstige Zweige | $0{,}165\ P_1$ | $+\ 0{,}185\ P_2$ | $+\ 0{,}215\ P_3$ | $+\ 0{,}228\ P_4$ | $+\ I_2$ | $+\ 0$ | $+\ D_2$ | $+\ P_2$ |
| | II | 3. Industrie und Bauwesen | $0$ | $+\ 0$ | $+\ 0$ | $+\ 0$ | $+\ 0$ | $+\ K_3$ | $+\ D_3$ | $=\ P_3$ |
| | | 4. Landwirtschaft und sonstige Zweige | $0$ | $+\ 0$ | $+\ 0$ | $+\ 0$ | $+\ 0$ | $+\ K_4$ | $+\ D_4$ | $+\ P_4$ |
| Produktionsgrundfonds | I | 1. Industrie und Bauwesen | $0{,}643\ P_1$ | $+\ 1{,}145\ P_2$ | $+\ 0{,}277\ P_3$ | $0{,}774\ P_4$ | | | | $=\ F_1$ |
| | | 2. Landwirtschaft und sonstige Zweige | $0$ | $+\ 0{,}055\ P_2$ | $+\ 0$ | $+\ 0{,}063\ P_4$ | | | | $=\ F_2$ |

* Jedes Element des Produktionsaufwands wird als das Produkt des entsprechenden spezifischen Aufwandsnormativs (Tabelle 27) und des Produktionsvolumens des Verbraucherzweiges ermittelt.

Zweige. Wir werden davon ausgehen, daß es für unsere Zwecke durchaus zulässig ist, die spezifischen Normative als konstant anzusehen. Außerdem setzen wir voraus, daß die Proportionen, die den Anteil der „sonstigen" Bedürfnisse an der Verteilung des jährlichen Produkts jedes Zweiges kennzeichnen, ebenfalls unverändert bleiben.[35] Das bedeutet:

$$D_1 = 0{,}115\ P_1;$$
$$D_2 = 0{,}045\ P_2;$$
$$D_3 = 0{,}277\ P_3;$$
$$D_4 = 0{,}038\ P_4.$$

Wenn wir diese Ausdrücke in die Gleichungen der Tabelle 29 einsetzen und die Gleichungen nach den Kennziffern des Produktionsprogramms der Volkswirtschaft auflösen, erhalten wir folgendes Ergebnis:

$$\begin{aligned} P_1 &= 1{,}278\ I_1 + 0{,}367\ I_2 + 1{,}236\ K_3 + 0{,}289\ K_4; \\ P_2 &= 0{,}466\ I_1 + 1{,}376\ I_2 + 0{,}650\ K_3 + 0{,}367\ K_4; \\ P_3 &= \phantom{0{,}466\ I_1 + 1{,}376\ I_2} + 1{,}383\ K_3; \\ P_4 &= \phantom{0{,}466\ I_1 + 1{,}376\ I_2 + 0{,}650\ K_3} + 1{,}040\ K_4. \end{aligned} \tag{31}$$

Ein außerordentlich charakteristisches Ergebnis! Es bezeugt anschaulich die Versorgungsfunktion der Zweige der Abteilung I: Ihr Produktionsprogramm hängt nicht nur von den Bedürfnissen der Gesellschaft nach der Akkumulation von Arbeitsmitteln (die eben hier, in der Abteilung I geschaffen werden) ab, sondern auch von der Notwendigkeit, die Zweige der Abteilung II mit Aufwandselementen zu versorgen. Das Produktionsprogramm der Zweige der Abteilung II hängt dagegen, wie die beiden letzten Gleichungen zeigen, nur vom Volumen des Konsumtionsfonds ab.[36]

Setzt man die gewonnenen Ausdrücke in die beiden letzten Gleichungen der Tabelle 29 ein, nehmen diese nach einigen elementaren Umformungen folgende Gestalt an:

$$\begin{aligned} 1{,}934\ I_1 + 1{,}812\ I_2 + 1{,}924\ K_3 + 1{,}383\ K_4 &= F_1; \\ 0{,}026\ I_1 + 0{,}076\ I_2 + 0{,}036\ K_3 + 0{,}086\ K_4 &= F_2. \end{aligned} \tag{32}$$

Sie beschreiben die Möglichkeiten, den Akkumulationsfonds an Arbeitsmitteln und den Konsumtionsfonds in Abhängigkeit vom verfügbaren Volumen der Produktionsgrundfonds der Volkswirtschaft zu schaffen.

Geht man nun zu den dynamischen Relationen über, so erweist sich, daß diese Möglichkeiten in jedem Jahr $t$ begrenzt werden durch den Umfang der Grundfonds des Jahres $t$ (d. h. durch die Volumina $F_1^t$ und $F_2^t$). Jede Größe $F_1^t$ und $F_2^t$ kann jedoch ihrerseits als Summe aus dem

Volumen des ersten Planjahres und aller Zuwächse bis zum vor $t$ liegenden Jahr (d. h. bis einschließlich des $(t - 1)$-ten Jahres) dargestellt werden. Also

$$F_1^t = F_1^1 + \Delta F_1^1 + \Delta F_1^2 + \cdots + \Delta F_1^{t-1};$$
$$F_2^t = F_2^1 + \Delta F_2^1 + \Delta F_2^2 + \cdots + \Delta F_2^{t-1}.$$

Jeder jährliche Zuwachs der Produktionsgrundfonds wird jedoch durch ihre Akkumulation geschaffen. Statt $\Delta F$ kann man deshalb $I$ schreiben:

$$F_1^t = F_1^1 + I_1^1 + I_1^2 + \cdots + I_1^{t-1};$$
$$F_2^t = F_2^1 + I_2^1 + I_2^2 + \cdots + I_2^{t-1}.$$

Bevor wir diese Ausdrücke in die Gleichungen für jedes beliebige Jahr $t$ einsetzen, wenden wir uns einem außerordentlich bedeutsamen Umstand zu, der den Charakter der Nutzung der Investitionsressourcen in der Zeit betrifft. Es steht außer Zweifel, daß die volle Nutzung der Investitionsressourcen in jedem Jahr einen Idealfall darstellt, auf dessen Erreichung jede Planberechnung gerichtet sein muß. Die objektiven quantitativen Relationen des Systems der gesellschaftlichen Produktion, die der Planperiode „übergeben" werden, können jedoch derart sein, daß sich die Erfüllung der genannten Forderung als unmöglich erweist. In diesem Falle sichert eine effektive Planentscheidung (von welchen Effektivitätskriterien sie auch ausgehen mag) stets eine schnellstmögliche Überwindung dieses Zustandes der Disproportionalität, der sich in der Unmöglichkeit ausdrückt, die Investitionslimits bei irgendeiner Art der Produktionsgrundfonds voll auszuschöpfen. Darum muß die Planberechnung, die sich auf eine strenge mathematische Formulierung der Aufgabe stützt, diese Möglichkeit berücksichtigen, und die formale Aufgabenstellung selbst muß in möglichst allgemeiner Form erfolgen.

Das bedeutet, daß die Gleichungen (32), die nicht für das Basisjahr, sondern für jedes beliebige Planjahr formuliert werden, zu Ungleichungen umgestaltet werden müssen, die neben der vollen Nutzung der Investitionslimits auch deren teilweise Nichtnutzung zulassen.

Also:

$$1{,}934\ I_1^t + 1{,}812\ I_2^t + 1{,}924\ K_3^t + 1{,}383\ K_4^t \leqslant F_1^1 + I_1^1 + {} + I_1^2 + \cdots + I_1^{t-1};$$
$$0{,}026\ I_1^t + 0{,}076\ I_2^t + 0{,}036\ K_3^t + 0{,}086\ K_4^t \leqslant F_2^1 + I_2^1 + {} + I_2^2 + \cdots + I_2^{t-1}.$$

Die rechte Seite des Ungleichungssystems zeigt deutlich, daß die Möglichkeiten zur Schaffung des Akkumulationsfonds der Arbeitsmittel und des Konsumtionsfonds in jedem Jahr $t$ nicht nur vom Ausgangsvolumen der Produktionsgrundfonds abhängen, über das die Volkswirtschaft im ersten Planjahr verfügt. Sie hängen auch vom Regime der Akkumulation im gesamten Zeitabschnitt vom Beginn der Planperiode bis zum Jahr $t$ ab.

Nachdem wir diesen Umstand festgestellt haben, übertragen wir nach den formalen Regeln der Algebra alle I als unbekannte Größen auf die linken Seiten des Systems:

$$
\begin{aligned}
&- I_1^1 - I_1^2 - \cdots - I_1^{t-1} + 1{,}934\, I_1^t + 1{,}812\, I_2^t + 1{,}924\, K_3^t + \\
&\qquad + 1{,}383\, K_4^t \leqslant F_1^t; \\
(33) \quad &- I_2^1 - I_2^2 - \cdots - I_2^{t-1} + 0{,}026\, I_1^t + 0{,}076\, I_2^t + 0{,}036\, K_3^t + \\
&\qquad + 0{,}086\, K_4^t \leqslant F_2^t.
\end{aligned}
$$

Die Koeffizienten des Modells sind für jedes Jahr des Planzeitraums, dessen Dauer vorgegeben ist, bekannt. Daher können wir, ausgehend von dieser allgemeinen Schreibweise, ein System von Ungleichungen für den gesamten Planzeitraum entwickeln und nach Einführung eines Effektivitätskriteriums für Planentscheidungen auf höchster Ebene in das Modell einen optimalen Plan der Produktion und der Investitionen erhalten.[37]

Es kann jedoch geschehen, daß dieser Plan nicht mit den synthetischen Kennziffern der Wirtschaftsentwicklung übereinstimmt, die im vorhergehenden Stadium der Berechnungen gewonnen wurden. Betreffen diese Differenzen die amtlichen Planpositionen, wie z. B. den Investitionsplan, so ist es nicht zweckmäßig, die Berechnungen der zweiten Etappe zu korrigieren. Das Informationssystem der zweiten Etappe ist reicher und detaillierter, es schließt auch Strukturkennziffern über die wechselseitige Versorgung der Zweige sowohl mit Elementen des laufenden Aufwands als auch mit Arbeitsmitteln innerhalb des Akkumulationsfonds ein. Deshalb können bei einer von den synthetischen Orientierungsgrößen der ersten Etappe ausgehenden Korrektur der detaillierten Plankennziffern in den letzteren strukturelle Disproportionen entstehen.

Eine andere Sache ist es, wenn diese Differenzen die produktiven Ergebnisse des Systems der gesellschaftlichen Produktion betreffen, die in den Effektivitätskriterien der Wirtschaftsentscheidungen im ersten Planungsstadium enthalten sind. Jede Abweichung vom Maximum des Produktionsergebnisses, das in der ersten Etappe erreicht worden ist, in Richtung auf eine Verringerung in den folgenden Etappen muß bei sonst gleichen Bedingungen als eine direkte Verschlechterung des ursprünglichen Plans angesehen werden.[38] Darum muß das Nebenbedingungssystem der Aufgabe um die Forderung ergänzt werden, daß die im vorangegangenen Planungsstadium gestellten Ziele nicht verringert werden dürfen.

Wenn in der ersten Etappe als Kriterium das Maximum der gewichteten Summe der jährlichen Konsumtionsfonds, die im Verlauf der gesamten Planperiode geschaffen werden, gewählt worden ist, also

$$Z_d^1 = \text{Max} \sum_{t=1}^{T} \left(\frac{1}{1+\lambda}\right)^t K_t,$$

so wird die Forderung, daß die Größe $Z_d^1$ (wobei der hochgestellte Index 1 die Nummer der Berechnungsetappe ist) nicht unterschritten wird, dann erfüllt, wenn die Summe der Zweigkomponenten des Konsumtionsfonds jedes Jahres $t$, d. h. $K_3^t + K_4^t$, nicht kleiner als das Gesamtvolumen des Konsumtionsfonds ist, der für dasselbe Jahr in der ersten Etappe der Berechnungen gefunden worden ist (wir bezeichnen diesen Fonds mit $K^{t*}$). Kurz gesagt, muß also die Ungleichung

$$(34) \qquad K_3^t + K_4^t \geqslant K^{t*}$$

erfüllt sein. Das ist jedoch nicht alles. Die Einführung der letzten Bedingung gewährleistet auch die maximale Annäherung der *Regimes* zur Regulierung des Konsumtionsfonds in beiden Modellen. Dieser Umstand ist für sich allein wichtig genug, um schon seinetwegen diese zusätzliche Beschränkung einzuführen.

Natürlich kann es der Gesellschaft nicht gleichgültig sein, in welchem Verhältnis im Konsumtionsfonds die Produkte der Industrie, der Landwirtschaft und der übrigen Zweige der materiellen Produktion zueinander stehen. In den Bedingungen der Aufgabe gibt es jedoch keinerlei Reglementierung bezüglich der Struktur des Konsumtionsfonds. Das bedeutet, daß die Lösung der Aufgabe auch einen Weg zur Erreichung des Optimums (hinsichtlich des obengenannten Kriteriums) ergeben kann, der z. B. eine einseitige Forcierung der Produktion der Landwirtschaft (und der übrigen Zweige) zuungunsten der Befriedigung der gesellschaftlichen Bedürfnisse nach Industriewaren zur Folge haben kann. Und wenn in die Bedingungen der Aufgabe keine Forderungen hinsichtlich der „Sortimentszusammensetzung" des Konsumtionsfonds aufgenommen werden, so kann es tatsächlich zu einem derartigen Ergebnis kommen, weil die spezifischen materiellen Aufwendungen (sowohl an Arbeitsgegenständen als auch an Arbeitsmitteln) zeitweise in der Landwirtschaft (einschließlich der übrigen Zweige der materiellen Produktion) insgesamt geringer als in der Industrie und dem Bauwesen sein können.

Der Ausweg bietet sich von selbst an. Man muß noch vor der Lösung der Aufgabe eine innere Strukturproportion in die Berechnungen aufnehmen, die den Konsumtionsfonds in zwei vorher festgelegte Teile gliedert.

Nehmen wir z. B. an, daß die Produkte der Industrie und des Bauwesens 75% und die der Landwirtschaft und der übrigen Zweige 25% des Konsumtionsfonds ausmachen. Wenn wir dann in die Ungleichungen (33) anstelle von $K_3$ den Wert 0,75 $K$ und anstelle von $K_4$ den Wert 0,25 $K$ einsetzen sowie die Forderung (34) durch die einfachere Bedingung

$$K^t \geqslant K^{t*}$$

ersetzen ($K^{t*}$ bedeutet wieder das Volumen des Konsumtionsfonds, das bei der optimalen Lösung der Aufgabe in der ersten Etappe gefunden worden ist), erhalten wir als vollständiges Beschränkungssystem für jedes beliebige Jahr $t$:

$$\begin{aligned} & - I_1^1 - I_1^2 - \cdots - I_1^{t-1} + 1{,}934\, I_1^t + 1{,}812\, I_2^t + \\ & \qquad + 1{,}789\, K^t \leqslant F_1^t; \\ & - I_2^1 - I_2^2 - \cdots - I_2^{t-1} + 0{,}026\, I_1^t + 0{,}036\, I_2^t + \\ & \qquad + 0{,}049\, K^t \leqslant F_2^t; \\ (35) \qquad & K^t \geqslant K^{t*}. \end{aligned}$$

Betrachten wir die Tabelle 30. In ihr ist das Gesamtbild der Beschränkungen der Aufgabe der zweiten Etappe wiedergegeben, und zwar für die gesamte $T$ Jahre betragende Planperiode. Der Kürze und Einfachheit halber wurde diese Tabelle so aufgebaut, daß es zur vollständigen Darstellung der Beschränkungen notwendig ist, die auf der linken Seite der Ungleichungen stehenden Zahlen mit jenen Variablen zu multiplizieren, die in den Kopfzeilen der entsprechenden Spalten angegeben sind. So ergibt z. B. $I_1^1$ (erste Spalte der Tabelle) multipliziert mit 1,934 (erste Zeile der ersten Spalte) 1,934 $I_1^1$ – das erste Glied der ersten Ungleichung (Jahr $t = 1$). Multiplizieren wir $I_1^1$ mit minus eins (vierte Zeile der Tabelle, Jahr $t = 2$), so erhalten wir $- I_1^1$, den ersten algebraischen Summanden der vierten Ungleichung oder, was dasselbe ist, der ersten Ungleichung für das zweite Jahr, usw.

Die Einführung der Forderung (34) macht es möglich, sich bei der Auswahl des Kriteriums für die Qualität der in der zweiten Etappe gewonnenen Ergebnisse, von relativ weniger strengen Überlegungen leiten zu lassen, als das bei der Festlegung der generellen Strategie von Akkumulation und Konsumtion der Fall war. Jetzt, wo nach dem „oberen" Kriterium optimale Volumina des Konsumtionsfonds für

*Tabelle 30*

**Beschränkungssystem der zweiten Etappe der Aufstellung eines optimalen Perspektivplans in synthetischen Kennziffern**

| Jahre | Jahre: 1 | | | 2 | | | … | $T$ | | | Beschränkungszeichen | Rechte Seiten der Beschränkungen |
|---|---|---|---|---|---|---|---|---|---|---|---|---|
| | Variable: $I_1^1$ | $I_2^1$ | $K^1$ | $I_1^2$ | $I_2^2$ | $K^2$ | … | $I_1^T$ | $I_2^T$ | $K^T$ | | |
| 1 | 1,934 | 1,812 | 1,789 | | | | | | | | $\leqslant$ | $F_1^1$ |
| | 0,026 | 0,036 | 0,049 | | 0 | | … | | 0 | | $\leqslant$ | $F_2^1$ |
| | 0 | 0 | 0 | | | | | | | | $\geqslant$ | $K^{1*}$ |
| 2 | − 1 | 0 | 0 | 1,934 | 1,812 | 1,789 | | | | | $\leqslant$ | $F_1^1$ |
| | 0 | − 1 | 0 | 0,026 | 0,036 | 0,049 | … | | 0 | | $\leqslant$ | $F_2^1$ |
| | 0 | 0 | 0 | 0 | 0 | 0 | | | | | $\geqslant$ | $K^{2*}$ |
| … | | … | | | … | | … | | … | | … | … |
| $T$ | − 1 | 0 | 0 | − 1 | 0 | 0 | | 1,934 | 1,812 | 1,789 | $\leqslant$ | $F_1^1$ |
| | 0 | − 1 | 0 | 0 | − 1 | 0 | … | 0,026 | 0,036 | 0,049 | $\leqslant$ | $F_2^1$ |
| | 0 | 0 | 0 | 0 | 0 | 0 | | 0 | 0 | 1 | $\geqslant$ | $K^{T*}$ |

jedes Jahr des Planzeitraums gefunden worden sind, kann man die Forderung erheben, diese weiter zu verbessern, d. h. dasselbe Kriterium noch einmal anzuwenden. Mit gleicher Begründung (vom formalen Gesichtspunkt aus) kann man die Maximierung des Volumens der Konsumtion im Anfangszeitraum oder aber im Schlußjahr der Planperiode fordern. In den Grenzen der objektiven Strukturcharakteristika des Produktionssystems, die bei der Lösung der Aufgabe in der zweiten Etappe benutzt werden, wird jede dieser im Hinblick auf das vorhergehende Resultat neuen Forderungen darauf gerichtet sein, die in der

*Tabelle 31*

Verflechtungsbilanz der Volkswirtschaft der UdSSR
(Mill. Rubel je 1000 Mill. Rubel gesellschaftliches Gesamtprodukt)

| | | Produktionsaufwendungen Industrie | Bauwesen | Landwirtschaft | Sonstige Zweige | Insgesamt | Bildung des staatlichen Finanzfonds |
|---|---|---|---|---|---|---|---|
| Produktion | Industrie | 232 | 47 | 20 | 13 | 312 | — |
| | Bauwesen | — | — | — | — | — | — |
| | Landwirtschaft | 70 | + | 41 | — | 111 | — |
| | Sonst. Zweige | 64 | 1 | 13 | 1 | 79 | — |
| | *Insgesamt* | 366 | 48 | 74 | 14 | 502 | — |
| Import | Industrieproduktion | 4 | 1 | + | + | 5 | — 13 |
| | Landwirtschaftliche Produktion | 1 | + | 1 | — | 2 | — 3 |
| | *Insgesamt* | 5 | 1 | 1 | + | 7 | — 16 |
| Amortisation | | 16 | 3 | 5 | 7 | 31 | — 31 |
| Arbeitslohn | | 84 | 38 | 81 | 37 | 240 | — 28 |
| Reineinkommen | | 161 | 6 | 12 | 41 | 220 | — 217 |
| Finanzfonds | | — | — | — | — | — | — |
| *Insgesamt* | | 632 | 96 | 173 | 99 | 1000 | — 292 |
| Produktionsgrundfonds | Industrie | 140 | 15 | 75 | 58 | 288 | |
| | Bauwesen | 170 | 7 | 72 | 97 | 346 | |
| | Landwirtschaft | — | — | 16 | — | 16 | |
| | *Insgesamt* | 310 | 22 | 163 | 155 | 650 | |
| Arbeitsaufwand (1000 Arbeiterjahre) | | 75 | 21 | 113 | 41 | 250 | |

ersten Etappe der Berechnungen gewonnenen synthetischen Plankennziffern weiter zu verbessern.

### *Die zwischenzweigliche Entfaltung der synthetischen Proportionen der Volkswirtschaft*

Von größter Bedeutung für die Planung der Volkswirtschaft ist eine Verflechtungsbilanz der Produktion und der Verteilung des gesellschaftlichen Produkts. „Die Planungspraxis", schrieb N. P. Fedorenko,

| Arbeitslohn in der nichtproduktiven Sphäre, Renten und dgl. | Ersatz von Arbeitsmitteln | Akkumulation von Arbeitsmitteln | Konsumtion | Export | Sonstige Bedürfnisse | Insgesamt |
|---|---|---|---|---|---|---|
| — | 22 | 18 | 232 | 5 | 43 | 632 |
| — | 9 | 24 | — | + | 63 | 96 |
| — | + | 1 | 57 | — | 4 | 173 |
| — | — | — | 19 | — | 1 | 99 |
| — | 31 | 43 | 308 | 5 | 111 | 1000 |
| — | — | 3 | 4 | — | 1 | 0 |
| — | — | + | 1 | — | — | 0 |
| — | — | 3 | 5 | — | 1 | 0 |
| — | — | — | — | — | — | 0 |
| 87 | — | — | — 299 | — | — | 0 |
| — | — | — | — | — | — | 0 |
| — 87 | — 31 | — 46 | — 14 | — 5 | — 109 | — 292 |
| 0 | 0 | 0 | 0 | 0 | 0 | 708 |

„hat es notwendig gemacht, eine Methode zu entwickeln, welche die einzelnen materiellen Bilanzen mit der Bilanz des gesellschaftlichen Produkts verbindet, um die Berücksichtigung der wechselseitigen Bedingtheit in der Entwicklung aller Zweige der Volkswirtschaft zu gewährleisten. Diese Methode ist die Verflechtungsbilanz der Produktion und Verteilung des gesellschaftlichen Produkts“[39].

Betrachten wir die wesentlichsten Züge der Methode der Verflechtungsbilanz der Volkswirtschaft, wobei wir bedenken, daß ihr Platz bei der vertikalen Detaillierung der Strukturproportionen der gesellschaftlichen Produktion bereits früher bestimmt worden ist. Zur Illustration benutzen wir relativ kleine Verflechtungsmodelle, in denen die Sphäre der materiellen Produktion nur durch eine geringe Anzahl von Zweigen dargestellt wird. Wir glauben, daß der Leser ohne Mühe anhand dieser Beispiele in seiner Vorstellung jene mehrdimensionalen Konstruktionen wird erstehen lassen können, die an dieser Stelle stehen müßten. Sie fehlen nur deshalb, weil sie zu umfangreich und schwer zu überblicken sind. Von ihren bevollmächtigten Vertretern (vgl. Tabellen 31 bis 34) unterscheiden sich diese umfangreicheren Tabellen im übrigen (und vor allem – prinzipiell) in nichts, wenn man eine, bereits erwähnte Eigenschaft außer acht läßt, die nur den stärker differenzierten Bilanzen eigen ist: Bei hinreichend großer Dimension wird die gewöhnliche Verflechtungsbilanz zu einer Mehrzweigbilanz der erweiterten Reproduktion.

Das vollständige System der zwischenzweiglichen Beziehungen der Volkswirtschaft ist in Tabelle 31 enthalten. Im ersten Quadranten dieser Tabelle (linker, oberer Teil) werden Angaben über die zwischenzweigliche Verteilung der materiell-stofflichen Elemente des Gesamtprodukts für die laufenden Bedürfnisse der Produktion gemacht. Im zweiten Quadranten (rechts vom ersten) wird die Verwendung des gesellschaftlichen Produkts für den Ersatz und die Akkumulation der Produktionsgrundfonds und der Grundfonds in der nichtproduktiven Sphäre, für die Konsumtion, den Export und die sonstigen Bedürfnisse der Gesellschaft beschrieben (Endprodukt).[40] Was den dritten Quadranten betrifft, so liegt er unter dem ersten – im linken, unteren Teil der Tabelle – und enthält die Kennziffern des Imports von Arbeitsgegenständen für die laufenden Bedürfnisse der Produktion sowie die Kennziffern der Amortisation und des Nationaleinkommens, das in jedem Zweig der materiellen Produktion geschaffen wird. Der vierte Quadrant schließlich, der im Kreuzungsfeld des zweiten und des dritten liegt, enthält die Kennziffern über die Verteilung und Umverteilung des Amortisationsfonds und des Nationaleinkommens sowie die Kennziffern des Imports, der die Endbedürfnisse der Gesellschaft befriedigt (vor allem die Bedürfnisse der Konsumtion und der Akkumulation).

Einen unabdingbaren Teil der Information über die Verflechtungsbeziehungen der Volkswirtschaft bilden die Angaben über die Produktionsgrundfonds, die ebenfalls in Form einer Bilanztabelle dargestellt werden. In den Zeilen dieser Tabelle wird die zwischenzweigliche Verteilung der Arbeitsinstrumente und -mittel, die in den betreffenden Zweigen geschaffen worden sind, angegeben.

Die Daten der Tabelle 31 ermöglichen es, die Normative der Materialintensität, der Fondsintensität und der Arbeitsintensität der Produkte zu errechnen, die in jedem der Zweige erzeugt werden. Dazu müssen die Kennziffern aus dem ersten Quadranten der Tabelle, die Kennziffern der Bilanz der Produktionsgrundfonds sowie die des Arbeitsaufwands durch das Produktionsvolumen in dem entsprechenden Zweig dividiert werden. Um das spezifische Normativ des Aufwands von Industrieproduktion in der Landwirtschaft zu ermitteln, sind z. B. 20 Mill. Rubel durch 173 Mill. Rubel zu dividieren usw. (vgl. Tabelle 32).

*Tabelle 32*

Spezifische Normative des Materialaufwands und des Arbeitsaufwands in der Volkswirtschaft
(in Mill. Rubel, Arbeitsintensität in 1000 Arbeiterjahren je 1 Mill. Rubel Produktionsausstoß des Verbraucherzweiges)

| Bezeichnung der Kennziffer | Zweige | Industrie | Bauwesen | Landwirtschaft | Sonstige Zweige |
|---|---|---|---|---|---|
| Materialintensität | Industrie | 0,367 | 0,489 | 0,116 | 0,131 |
| | Bauwesen | 0,000 | 0,000 | 0,000 | 0,000 |
| | Landwirtschaft | 0,111 | 0,000 | 0,237 | 0,000 |
| | Sonstige Zweige | 0,101 | 0,010 | 0,075 | 0,010 |
| Fondsintensität | Industrie | 0,221 | 0,156 | 0,433 | 0,586 |
| | Bauwesen | 0,269 | 0,073 | 0,416 | 0,980 |
| | Landwirtschaft | 0,000 | 0,000 | 0,092 | 0,000 |
| | Sonstige Zweige | 0,000 | 0,000 | 0,000 | 0,000 |
| Arbeitsintensität | | 0,119 | 0,219 | 0,653 | 0,414 |

Wir numerieren nun die Produktionszweige:

1. Industrie,
2. Bauwesen,
3. Landwirtschaft,
4. Sonstige Zweige

und führen folgende Bezeichnungen ein:

$X_i$ – Produktionsvolumen im Zweig $i$ ($i$ nimmt der Reihe nach die Werte 1, 2, 3, 4 an);

$Y_i$ – Volumen des Endprodukts, das im Zweig $i$ geschaffen wird;

$F_i$ – Volumen der Produktionsgrundfonds der Volkswirtschaft, die im Zweig $i$ geschaffen worden sind;

$\hat{L}$ – Arbeitsressourcen in der Volkswirtschaft.

Dann kann man mit Hilfe der spezifischen Aufwandsnormative (s. Tabelle 32) die Proportionalitätsbedingungen zwischen den Zweigen der materiellen Produktion durch das System der folgenden Abhängigkeiten ausdrücken:

Bedingungen für die Bilanzierung des Plans hinsichtlich der wechselseitigen Lieferungen von Arbeitsgegenständen und materiellen Dienstleistungen

$$\left.\begin{array}{l} 0{,}367\,X_1 + 0{,}489\,X_2 + 0{,}116\,X_3 + 0{,}131\,X_4 + Y_1 = X_1; \\ 0 \quad + 0 \quad + 0 \quad + 0 \quad + Y_2 = X_2; \\ 0{,}111\,X_1 + 0 \quad + 0{,}237\,X_3 + 0 \quad + Y_3 = X_3; \\ 0{,}101\,X_1 + 0{,}010\,X_2 + 0{,}075\,X_3 + 0{,}010\,X_4 + Y_4 = X_4. \end{array}\right.$$

Bedingungen für die Sicherung des Produktionsprogramms der Volkswirtschaft durch Produktionsgrundfonds und Arbeitsressourcen

$$\left.\begin{array}{l} 0{,}221\,X_1 + 0{,}156\,X_2 + 0{,}433\,X_3 + 0{,}586\,X_4 \leqslant F_1; \\ 0{,}269\,X_1 + 0{,}073\,X_2 + 0{,}416\,X_3 + 0{,}980\,X_4 \leqslant F_2; \\ 0 \quad + 0 \quad + 0{,}092\,X_3 + 0 \quad \leqslant F_3; \\ 0{,}119\,X_1 + 0{,}219\,X_2 + 0{,}653\,X_3 + 0{,}414\,X_4 \leqslant \hat{L} \end{array}\right. \tag{36}$$

Die ersten vier Gleichungen zeigen, wie groß das Produktionsvolumen in den Zweigen sein muß, wenn der Plan zur Erzeugung des Endprodukts in der Volkswirtschaft ($Y_1$, $Y_2$, $Y_3$, $Y_4$) vorgegeben ist. Es ist ganz offensichtlich, daß das Produktionsprogramm der Volkswirtschaft nur dann völlig bilanziert sein wird, wenn alle vier Gleichungen dieses Systems gemeinsam gelöst werden. Die Auflagen zur Erzeugung der Endprodukte selbst können jedoch nicht beliebig groß sein – sie werden durch das verfügbare Volumen der Produktionsgrundfonds sowie durch die Ressourcen an lebendiger Arbeit beschränkt. Diese Abhängigkeit wird durch die vier letzten Ungleichungen ausgedrückt. (Das Zeichen $\leqslant$ bedeutet ebenso wie im System (33), daß der Gesamtaufwand an Ressourcen nicht größer als die vorhandenen Ressourcen sein darf.)

Der Charakter der Proportionalitätsbedingungen der Volkswirtschaft (36) zeigt, daß das Produktionsprogramm der Volkswirtschaft durch den Plan der Endprodukterzeugung determiniert wird. Das gesamte Zwischenprodukt hingegen wird (nach Umfang und Zusammensetzung) als eine Funktion des Produktionsvolumens definiert (als Summe der Produkte der spezifischen Normative und der Kennziffern der Bruttoproduktion), und das Produktionsvolumen seinerseits wird bestimmt durch den Plan für die Erzeugung der Endprodukte.

Dieser Umstand ermöglicht es, eine direkte Beziehung zwischen dem Umfang und der Zusammensetzung des Endprodukts der Volkswirtschaft einerseits und dem Produktionsprogramm im Lande andererseits herzustellen, wobei die Vermittlung durch das Zwischenprodukt ausgeschlossen werden kann. Dazu genügt es, das System der in (36) enthaltenen Gleichungen nach den Kennziffern des Produktionsausstoßes ($X_i$) aufzulösen. Tatsächlich sind bei den gegebenen Aufwandsnormativen stets die folgenden Relationen zwischen $Y_i$ und $X_i$ erfüllt, welche Planauflagen zur Endprodukterzeugung ($Y_i$) auch gestellt sein mögen:

$$\begin{aligned}
X_1 &= 1{,}664\ Y_1 + 0{,}816\ Y_2 + 0{,}269\ Y_3 + 0{,}214\ Y_4;\\
X_2 &= Y_2;\\
X_3 &= 0{,}264\ Y_1 + 0{,}121\ Y_2 + 1{,}348\ Y_3 + 0{,}033\ Y_4;\\
X_4 &= 0{,}189\ Y_1 + 0{,}103\ Y_2 + 0{,}130\ Y_3 + 1{,}035\ Y_4.
\end{aligned} \tag{37}$$

Die hier bei $Y$ stehenden Koeffizienten heißen Koeffizienten des vollen laufenden Aufwands. Im Unterschied zu den spezifischen Normativen der Materialintensität sind sie nicht direkt adressiert. Jeder von ihnen zeigt, wie hoch das Produktionsvolumen in einem Zweig sein muß, in dem Elemente des laufenden Aufwands erzeugt werden, damit in einem diese Elemente verbrauchenden Zweig eine Einheit Endprodukt hergestellt werden kann. In ihnen werden zu den direkten Aufwendungen an Zwischenprodukten im Verbraucherzweig die indirekten Aufwendungen addiert, die in ausnahmslos allen verflochtenen Zweigen getätigt werden. Und wenn irgendwelche Zweige überhaupt kein Zwischenprodukt erzeugen, so benötigt die Volkswirtschaft zur Gewinnung einer Einheit der Produktion nichts weiter als eben diese Einheit selbst. Davon zeugt die zweite Gleichung in (37).

Setzt man in die in (36) stehenden Ungleichungen anstelle aller $X_i$ die rechten Seiten der Gleichungen (37) ein und führt dann elementare Umformungen durch, erhält man eine direkte Abhängigkeit zwischen dem Plan der Endprodukterzeugung und dem verfügbaren Volumen der materiellen und der Arbeitsressourcen:

$$\begin{aligned}
&0{,}585\ Y_1 + 0{,}448\ Y_2 + 0{,}719\ Y_3 + 0{,}667\ Y_4 \leqslant F_1;\\
&0{,}736\ Y_1 + 0{,}443\ Y_2 + 0{,}760\ Y_3 + 1{,}086\ Y_4 \leqslant F_2;\\
&0{,}023\ Y_1 + 0{,}011\ Y_2 + 0{,}124\ Y_3 + 0{,}003\ Y_4 \leqslant F_3;\\
(38)\qquad &0{,}437\ Y_1 + 0{,}438\ Y_2 + 0{,}966\ Y_3 + 0{,}476\ Y_4 \leqslant \hat{L}.
\end{aligned}$$

Die Koeffizienten der ersten drei Ungleichungen heißen Koeffizienten der vollen Fondsintensität, die der letzten Ungleichung Koeffizienten des vollen Arbeitsaufwands. Sie sind ebenfalls nicht direkt adressiert und messen neben den direkten jene Aufwendungen, die in allen Stadien der Verflechtung anfallen. (Die Koeffizienten der indirekten Aufwendungen an Zwischenprodukten, Produktionsgrundfonds und lebendiger Arbeit sind in Tabelle 33 angegeben.)

Das Beschränkungssystem (38) drückt alle in den Gleichungen und Ungleichungen (36) notierten Forderungen aus und kann dazu benutzt

*Tabelle 33*

Koeffizienten der indirekten Aufwendungen in der Volkswirtschaft
(In Mill. Rubel, Arbeitsintensität in Arbeiterjahren je 1 Mill. Rubel Endproduktion des Verbraucherzweiges)

| Charakter der Verflechtung | Zweige | Industrie | Bauwesen | Landwirtschaft | Sonstige Zweige |
|---|---|---|---|---|---|
| Zwischenprodukte | Industrie | 1,297 | 0,327 | 0,153 | 0,083 |
| | Bauwesen | 0,000 | 0,000 | 0,000 | 0,000 |
| | Landwirtschaft | 0,135 | 0,121 | 1,111 | 0,033 |
| | Sonstige Zweige | 0,078 | 0,093 | 0,055 | 1,025 |
| Produktionsgrundfonds | Industrie | 0,364 | 0,292 | 0,286 | 0,081 |
| | Bauwesen | 0,466 | 0,370 | 0,344 | 0,106 |
| | Landwirtschaft | 0,023 | 0,011 | 0,032 | 0,003 |
| | Sonstige Zweige | 0,000 | 0,000 | 0,000 | 0,000 |
| Arbeit | | 0,318 | 0,219 | 0,313 | 0,062 |

werden, eine ganze Reihe von Aufgaben bei der Bestimmung der effektivsten Entwicklungswege der Volkswirtschaft zu lösen.

Es ist bereits gesagt worden, daß Modelle, in denen lediglich vier Zweige der materiellen Produktion unterschieden werden, rein illustrativen Zwecken dienen. Was hingegen das Wesen der Verflechtungsbilanzmethode betrifft, so besteht es darin, die wechselseitige Verknüpfung der Entwicklung einzelner Zweige eben unter den Bedingungen einer umfangreichen Differenzierung möglich (und effektiv) zu machen.

Eine Vorstellung über ein mehrdimensionales Modell der Verflechtungsbilanz liefert Tabelle 34. Hier wird ein System von Gleichungen und Ungleichungen dargestellt, das für den Fall aufgestellt worden ist, daß in der Zweigklassifikation der Bilanz 100 Arten von Arbeitsmitteln (die sie erzeugenden Zweige tragen die Nummer 1 bis 100), 100 Arten von Arbeitsgegenständen (die entsprechenden Zweige tragen die Nummern 101 bis 200) und 100 Arten von Konsumtionsmitteln und sonstigen Elementen des Endprodukts (die erzeugenden Zweige tragen die Nummern 201 bis 300) unterschieden werden.

Mit den Buchstaben $a_{ij}$ werden hier die spezifischen Normative der Materialintensität bezeichnet; mit dem Buchstaben $b_{sj}$ die Fondsintensität der Produktion. Diese wie auch die anderen Koeffizienten besitzen zwei Indizes. Der erste Index gibt den Zweig an, in dem das entsprechende Aufwandselement erzeugt wird, der zweite ($j$) den Zweig, in dem es verbraucht wird. Der Index der Zweigherkunft $i$ bei den Normativen der Materialintensität $a_{ij}$ nimmt schrittweise folgende Werte an: $i = 101, 102, \cdots, 200$, denn die Arbeitsgegenstände werden in Zweigen erzeugt, die die Nummern 101 bis 200 tragen. Der Herkunftsindex $s$ der Normative der Fondsintensität nimmt die Werte $s = 1, 2, \cdots, 100$ an, weil die Arbeitsmittel in den Zweigen produziert werden, die die Nummern 1 bis 100 tragen.

Der Buchstabe $l_j$ bezeichnet in der Tabelle die spezifischen Normative der Arbeitsintensität der Produkte. Der Koeffizient $a_{102, 2}$ mißt den spezifischen Bedarf des Zweiges 2 (der entsprechend der Klassifikation der Tabelle 34 Arbeitsmittel produziert) an Arbeitsgegenständen, die vom Zweig 102 erzeugt werden; der Koeffizient $a_{101, 102}$ kennzeichnet den spezifischen Bedarf des Zweiges 102 an Arbeitsgegenständen, die vom Zweig 101 bezogen werden, usw. Ebenso ist $b_{1, 202}$ der spezifische Bedarf des Zweiges 202 (der Konsumtionsmittel produziert) an Arbeitsmitteln, die im Zweig 1 geschaffen werden; $b_{100, 1}$ ist der Bedarf des Zweiges 1 an Arbeitsmitteln, die vom Zweig 100 geliefert werden; $b_{1, 102}$ ist das Normativ des spezifischen Aufwands von

Arbeitsmitteln, die vom Zweig 1 produziert werden, im Zweig 102, der Arbeitsgegenstände herstellt.

Das in Tabelle 34 angegebene Beschränkungssystem gewährleistet, daß in der Volkswirtschaft die strenge Bilanziertheit sowohl bei der gegenseitigen Versorgung der Zweige mit Elementen der laufenden Lieferungen als auch bei der Sicherung des Produktionsprogramms der Volkswirtschaft mit den Ressourcen an Produktionsgrundfonds und lebendiger Arbeit gewahrt wird.

Die wechselseitige Bilanzierung der Produktionsbeziehungen eröffnet weitgehende Möglichkeiten, den generellen Vorstellungen von der strukturellen Proportionalität innerhalb des Produktionssystems ein strenges quantitatives Maß zu verleihen. Das ist es, was die Verflechtungsmethode zugleich zu einem effektiven Instrument werden läßt, mit dem die Gesellschaft direkt und planmäßig den Charakter der Entwicklung der zwischenzweiglichen Proportionen der Volkswirtschaft beeinflussen kann. Diese Methode wird bei der Planung der Volkswirtschaft in großem Maße angewendet. Dabei sind die Möglichkeiten der Methode noch keineswegs ausgeschöpft. Ihre praktische Anwendung stößt jedoch auf eine Reihe von Schwierigkeiten, die sich aus der objektiven Natur jenes großen und komplizierten Systems von Wechselbeziehungen ergeben, dessen quantitative Beschreibung das Wesen der Methode ausmacht. Diese Schwierigkeiten hängen vor allem mit dem Anwachsen der Menge und Kompliziertheit der Information zusammen, zu dem es bei der Detaillierung der synthetischen Charakteristika des ökonomischen Objekts kommt. Und dieses Objekt ist im vorliegenden Fall die gesamte Volkswirtschaft. Das Problem besteht dabei wieder darin, daß die Entscheidungen, die auf den verschiedenen Informationsebenen gefällt werden, exakt miteinander koordiniert und abgestimmt werden müssen.

Wir haben bereits gesehen, daß auf der höchsten Informationsebene (Bildung von Durchschnittswerten) jene Entscheidungen getroffen werden, die in synthetischen Kennziffern die effektivsten Tempi und Proportionen der erweiterten Reproduktion festlegen. Auf der folgenden Informationsebene treten die strukturellen Unterschiede *innerhalb* jener Bestandteile des Systems ins Blickfeld, die in der voraufgegangenen Etappe als homogene und unteilbare, im buchstäblichen Sinne „monolithe“ Elemente interpretiert wurden. Hier, in der dritten „Etage“ von oben wird eine spezielle Aufgabe gelöst, und zwar in speziellen, differenzierteren Termini. Die *summierten* Ergebnisse der Lösung dieser Aufgabe müssen natürlich mit jenen Ergebnissen übereinstimmen, die in der vorigen Etappe gewonnen worden sind.

*Tabelle 34*

**Die Struktur eines entwickelten ökonomisch-mathematischen Modells der Verflechtungsb**

| | | Nr. der Zweige | Produktionsaufwendungen<br>I. Arbeitsmittel<br>in den Zweigen:<br>1 | 2 | ... | 100 | II. Arbeitsgegenst<br>in den Zweigen:<br>101 | 10 |
|---|---|---|---|---|---|---|---|---|
| Gesellschaftliches Produkt | I. Arbeitsmittel | 1 | 0 + | 0 | + ... + | 0 | + 0 | + 0 |
| | | 2 | 0 + | 0 | + ... + | 0 | + 0 | + 0 |
| | | . | . | . | ... | . | . | . |
| | | . | . | . | ... | . | . | . |
| | | . | . | . | ... | . | . | . |
| | | 100 | 0 + | 0 | + ... + | 0 | + 0 | + 0 |
| | II. Arbeitsgegenstände | 101 | $a_{101,1} P_1$ + | $a_{101,2} P_2$ | + ... + | $a_{101,100} P_{100}$ | + $a_{101,101} P_{101}$ | + $a_{101,10}$ |
| | | 102 | $a_{102,1} P_1$ + | $a_{102,2} P_2$ | + ... + | $a_{102,100} P_{100}$ | + $a_{102,101} P_{101}$ | + $a_{102,10}$ |
| | | . | . | . | ... | . | . | . |
| | | . | . | . | ... | . | . | . |
| | | . | . | . | ... | . | . | . |
| | | 200 | $a_{200,1} P_1$ + | $a_{200,2} P_2$ | + ... + | $a_{200,100} P_{100}$ | + $a_{200,101} P_{101}$ | + $a_{200,10}$ |
| | III. Konsumtionsmittel u. a. Elemente des Endprodukts | 201 | 0 + | 0 | + ... + | 0 | + 0 | + 0 |
| | | 202 | 0 + | 0 | + ... + | 0 | + 0 | + 0 |
| | | . | . | . | ... | . | . | . |
| | | . | . | . | ... | . | . | . |
| | | . | . | . | ... | . | . | . |
| | | 300 | 0 + | 0 | + ... + | 0 | + 0 | + 0 |
| Produktionsgrundfonds | I. Arbeitsmittel | 1 | $b_{11} P_1$ + | $b_{12} P_2$ | + ... + | $b_{1,100} P_{100}$ | + $b_{1,101} P_{101}$ | + $b_{1,102}$ |
| | | 2 | $b_{21} P_1$ + | $b_{22} P_2$ | + ... + | $b_{2,100} P_{100}$ | + $b_{2,101} P_{101}$ | + $b_{2,102}$ |
| | | . | . | . | ... | . | . | . |
| | | . | . | . | ... | . | . | . |
| | | . | . | . | ... | . | . | . |
| | | 100 | $b_{100,1} P_1$ + | $b_{100,2} P_2$ | + ... + | $b_{100,100} P_{100}$ | + $b_{100,101} P_{101}$ | + $b_{100,1}$ |
| | Arbeit | | $l_1 P_1$ + | $l_2 P_2$ | + ... + | $l_{100} P_{100}$ | + $l_{101} P_{101}$ | + $l_1$ |

| 200 | III. Konsumtionsmittel und andere Elementen des Endprodukts in den Zweigen: 201 | 202 | … | 300 | Endprodukt Akkumulation | Konsumtionsfonds | Sonstige Bedürfnisse | Insgesamt |
|---|---|---|---|---|---|---|---|---|
| 0 | + 0 | + 0 | + … + | 0 | $+ I_1$ | + 0 | $+ D_1$ | $= P_1$ |
| 0 | + 0 | + 0 | + … + | 0 | $+ I_2$ | + 0 | $+ D_2$ | $= P_2$ |
| . | . | . | … | . | . | . | . | . |
| . | . | . | … | . | . | . | . | . |
| . | . | . | … | . | . | . | . | . |
| 0 | + 0 | + 0 | + … + | 0 | $+ I_{100}$ | + 0 | $+ D_{100}$ | $= P_{100}$ |
| $_{,200}\ P_{200}$ | $+ a_{101,201}\ P_{201}$ | $+ a_{101,202}\ P_{202}$ | + … + | $a_{101,300}\ P_{300}$ | + 0 | + 0 | $+ D_{101}$ | $= P_{101}$ |
| $_{,200}\ P_{200}$ | $+ a_{102,201}\ P_{201}$ | $+ a_{102,202}\ P_{202}$ | + … + | $a_{102,300}\ P_{300}$ | + 0 | + 0 | $+ D_{102}$ | $= P_{102}$ |
| . | . | . | … | . | . | . | . | . |
| . | . | . | … | . | . | . | . | . |
| . | . | . | … | . | . | . | . | . |
| $_{,200}\ P_{200}$ | $+ a_{200,201}\ P_{201}$ | $+ a_{200,202}\ P_{202}$ | + … + | $a_{200,300}\ P_{300}$ | + 0 | + 0 | $+ D_{200}$ | $= P_{200}$ |
| 0 | + 0 | + 0 | + … + | 0 | + 0 | $+ K_{201}$ | $+ D_{201}$ | $= P_{201}$ |
| 0 | + 0 | + 0 | + … + | 0 | + 0 | $+ K_{202}$ | $+ D_{202}$ | $= P_{202}$ |
| . | . | . | … | . | . | . | . | . |
| . | . | . | … | . | . | . | . | . |
| . | . | . | … | . | . | . | . | . |
| 0 | + 0 | + 0 | + … + | 0 | + 0 | $+ K_{300}$ | $+ D_{300}$ | $= P_{300}$ |
| $_{0}\ P_{200}$ | $+ b_{1,201}\ P_{201}$ | $+ b_{1,202}\ P_{202}$ | + … + | $b_{1,300}\ P_{300}$ | + 0 | + 0 | + 0 | $\leqslant F_1$ |
| $_{0}\ P_{200}$ | $+ b_{2,201}\ P_{201}$ | $+ b_{2,202}\ P_{202}$ | + … + | $b_{2,300}\ P_{300}$ | + 0 | + 0 | + 0 | $\leqslant F_2$ |
| . | . | . | … | . | . | . | . | . |
| . | . | . | … | . | . | . | . | . |
| . | . | . | … | . | . | . | . | . |
| $_{,200}\ P_{200}$ | $+ b_{100,201}\ P_{201}$ | $+ b_{100,202}\ P_{202}$ | + … + | $b_{100,300}\ P_{300}$ | + 0 | + 0 | + 0 | $\leqslant F_{100}$ |
| $l_{200}\ P_{200}$ | $+ l_{201}\ P_{201}$ | $+ l_{202}\ P_{202}$ | + … + | $l_{300}\ P_{300}$ | + 0 | + 0 | + 0 | $\leqslant L$ |

Während die wechselseitig verflochtenen Ergebnisse der ersten Etappen eben *als Ergebnisse gewonnen worden sind*, tritt die Formulierung jeder der folgenden Aufgaben auf den neuen Informationsebenen als *Mittel* zur Erreichung dieser Ergebnisse auf, und das letzte Ergebnis ist jene minimale Ebene, auf der neue Ziele erreicht werden können. Dabei nimmt der Durchschnittscharakter der Kennziffern des Produktionssystems auf jeder neuen Stufe ab. Das letzte Glied, mit dem die gesamte Kette dieser vielstufigen Ausarbeitungen endet, ist bereits die Ebene des einzelnen Betriebes, wo das Allgemeine fehlt und nur die individuellen Besonderheiten der Produktion in den „Mikroobjekten" wirksam sind. Der Massencharakter der Gesamtheit, die durch diese Objekte gebildet wird, bestimmt auch eine grandiose, von einem Punkt aus nicht mehr zu übersehende Dimension. Wie kann man gewährleisten, daß die in diesen Grundeinheiten zu fällenden Entscheidungen auf die Erreichung jenes Ziels konzentriert werden, das in den Ergebnissen der auf der sozialökonomischen Ebene gefällten Entscheidungen enthalten ist?

Wieder geht es um eine Proportionalität, die den Ergebnissen der wirtschaftlichen Entscheidungen vertikal, von oben nach unten eigen sein muß. Die moderne Wissenschaft über komplizierte Informationssysteme schlägt, wie bereits ausgeführt, zur Lösung dieses Problems vor, eine *Hierarchie* von Informationssystemen aufzubauen, in der sich jede folgende Stufe von der vorhergehenden durch die Menge und die Kompliziertheit der Information unterscheidet, und die Koordination nicht für das ganze System durchgehend, sondern lediglich zwischen jedem Paar benachbarter Ebenen vorzunehmen.[41]

In Tabelle 35 ist eine Variante der volkswirtschaftlichen Verflechtungsbilanz abgegeben, in der der Zweig „Industrie" der vorhergehenden Bilanz nach vier Bestandteilen aufgeschlüsselt ist. Eine vergleichende Analyse der Zusammensetzung und der Menge der Information, die in den Tabellen 31 und 35 enthalten ist, läßt das rein ökonomische Wesen der hier erörterten Fragen deutlich werden.

Außerordentlich wichtig ist es, zu beachten, daß mit der Detaillierung der Angaben über die zwischenzweiglichen Wechselbeziehungen die Stabilität der Charakteristika des Objekts von Stufe zu Stufe ständig abnimmt. Schließlich kommt der Moment, wo eine streng determinierte Vorstellung über das gesamte System überhaupt unmöglich wird, weil das wirtschaftliche „Verhalten" jedes der Grundelemente des Systems zufälligen Einflüssen unterworfen ist. Die Erforschung der Informationsebenen, auf denen die Charakteristika des ökonomischen Systems als eines organischen Ganzen eine ausreichende Stabilität be-

*Tabelle 35*

Verflechtungsbilanz der Volkswirtschaft der UdSSR mit einem detaillierten Block der Industriezweige (Mill. Rubel je 1000 Mill. Rubel gesellschaftliches Produkt)

| | | Industrie | | | | | Bauwesen | Landwirtschaft | Sonstige Zweige | Insgesamt | Endverbrauch | Insgesamt |
|---|---|---|---|---|---|---|---|---|---|---|---|---|
| | | Brennstoff- und Energieindustrie | Maschinenbau und Metallverarbeitung | Sonstige Zweige der Schwerindustrie | Leicht- und Nahrungsgüterindustrie | Insgesamt in der Industrie | | | | | | |
| Industrie | 1. Brennstoff- und Energieindustrie | 7 | 2 | 16 | 2 | 27 | 1 | + | 4 | 32 | 4 | 36 |
| | 2. Maschinenbau und Metallverarbeitung | 1 | 12 | 4 | 2 | 19 | 7 | 4 | 2 | 32 | 54 | 86 |
| | 3. Sonstige Zweige der Schwerindustrie | 2 | 24 | 47 | 6 | 79 | 37 | 10 | 5 | 131 | 53 | 184 |
| | 4. Leicht- und Nahrungsmittelindustrie | 1 | 2 | 6 | 98 | 107 | 2 | 6 | 2 | 117 | 209 | 326 |
| | Insgesamt in der Industrie | 11 | 40 | 73 | 108 | 232 | 47 | 20 | 13 | 312 | 320 | 632 |
| Bauwesen | | — | — | — | — | — | — | — | — | — | 96 | 96 |
| Landwirtschaft | | — | — | 1 | 69 | 70 | + | 41 | — | 111 | 62 | 173 |
| Sonstige Zweige | | 7 | 4 | 29 | 24 | 64 | 1 | 13 | 1 | 79 | 21 | 100 |
| Insgesamt in der Produktion | | 18 | 44 | 103 | 201 | 366 | 48 | 74 | 14 | 502 | 499 | 1001 |
| Produktionsgrundfonds | Maschinenbau und Metallverarbeitung | 38 | 34 | 42 | 26 | 140 | 15 | 75 | 58 | 288 | | |
| | Bauwesen | 49 | 31 | 70 | 20 | 170 | 7 | 72 | 97 | 346 | | |
| | Landwirtschaft | — | — | — | — | — | — | 16 | — | 16 | | |
| | *Insgesamt* | 87 | 65 | 112 | 46 | 310 | 22 | 163 | 155 | 650 | | |

wahren, sowie die Festlegung der konkreten Wege zur Gewinnung zuverlässiger Informationen, die eine objektive Analyse des Systemzustandes und folglich die Auswahl jener Parameter erlauben, mit denen die Entwicklung des Systems gesteuert wird, – dieser Teil der ökonomischen Arbeit stellt ebenfalls ein weites Feld für theoretische Untersuchungen und experimentelle Überprüfungen dar.

Ein anderer Weg, der den ersten nicht nur nicht ausschließt, sondern ihn ergänzen muß, besteht in der Zerlegung des Modells in eine Reihe von Bestandteilen. Jeder dieser Bestandteile erfährt im weiteren eine relativ unabhängige Entwicklung, in deren Verlauf eine Detaillierung der Information erfolgt. Die Schwierigkeit besteht bei diesem Weg darin, ein gewisses zusätzliches Modell aufzustellen, das ausnahmslos alle „Ausgänge" der Teilmodelle des Systems miteinander koordinieren und verknüpfen muß.

Zum Beispiel kann in einer Verflechtungsbilanz nach dem Merkmal des Grades der Wechselbeziehungen zwischen den Zweigen, die sich aus den technologischen Erfordernissen der Produktion ergeben, ein Block ausgewählt werden, der die Landwirtschaft und die Leicht- und Nahrungsgüterindustrie verbindet (Tabelle 36). Nebenbei sei erwähnt, daß man dasselbe auch mit anderen Zweigen tun kann, z. B. mit der Schwarzmetallurgie, der Produktion von Metallwaren und den Zweigen des Maschinenbaus usw. Gliedern wir diesen Block aus der Bilanz aus und unterscheiden innerhalb der Leicht- und Nahrungsgüterindustrie die Produktion von Nahrungsgütern, Textilien sowie von Schuhwaren und Kleidung, so erhalten wir folgendes Bild der Produktionsbeziehungen zwischen den Zweigen des Blocks (vgl. Tabelle 36).

Da die Hauptmasse der von diesen Zweigen produzierten Erzeugnisse innerhalb des Blocks verbraucht wird, können alle Berechnungen zur Bestimmung ihrer Wechselbeziehungen unabhängig vom Produktionsprogramm anderer Zweige vorgenommen werden. Die Tatsache jedoch, daß die Zweige des Blocks selbst sich nur zu einem geringen Teil mit Arbeitsgegenständen versorgen, macht es notwendig, im Endstadium der Berechnungen zur wechselseitigen Koordinierung der Planungsergebnisse zurückzukehren, die in den einzelnen Blöcken gewonnen wurden. Dieser Teil der Arbeit muß mit Hilfe eines gewissen „Dispatchermodells" ausgeführt werden. (Darüber später mehr.)

Die Prinzipien der Modellierung zwischenzweiglicher Wechselbeziehungen können auch dazu benutzt werden, die territorialen Proportionen der gesellschaftlichen Produktion festzustellen. Dazu genügt es, die Charakteristika der Beziehungen zwischen den einzelnen Zweigen bei der gegenseitigen Belieferung auf die ökonomischen Regionen des

*Tabelle 36*

Agrar-Industrie-Block der Verflechtungsbilanz
(Mill. Rubel je 1000 Mill. Rubel gesellschaftliches Produkt)

| | Produktionsaufwendungen | | | Warenproduktion | | | Insgesamt |
|---|---|---|---|---|---|---|---|
| | Leicht- und Nahrungsgüterindustrie | Landwirtschaft | Insgesamt | Zwischenzweigliche Lieferungen über den Block hinaus | Endprodukt | Insgesamt | |
| 1. Leicht- und Nahrungsgüterindustrie | 98 | 6 | 104 | 13 | 209 | 222 | 326 |
| 2. Landwirtschaft | 69 | 41 | 110 | 1 | 62 | 63 | 173 |
| *Insgesamt* | 167 | 47 | 214 | 14 | 271 | 285 | 499 |

Landes (Unionsrepubliken, große wirtschaftsgeographische Regionen) aufzuschlüsseln. Natürlich ergeben sich bei Planberechnungen auf der territorial-zwischenzweiglichen Ebene die gleichen Probleme, von denen gerade die Rede war. Und ebenso besteht ein Weg zur Lösung dieser Probleme darin, die Wirtschaft jeder Region im einzelnen zu modellieren und anschließend die Ergebnisse untereinander zu koordinieren. In diesem Falle bildet die Verflechtungsbilanz jeder einzeln betrachteten Region einen Block des allgemeineren Systems.

### *Die Anwendung von Iterationsmethoden und Blockstrukturen für die Aufstellung einer Verflechtungsbilanz mit umfangreicher Nomenklatur*

Mit der Detaillierung des Informationssystems (und folglich mit der Zunahme der Anzahl der Positionen in der Zweigklassifikation) des ersten Quadranten der Verflechtungsbilanz, in dem die Kennziffern über die Wechselbeziehungen zwischen den Volkswirtschaftszweigen beim Austausch von Arbeitsgegenständen enthalten sind, erscheinen in der Bilanztabelle immer mehr leere Kästchen (oder Nullelemente).[42] Dadurch ist es möglich, die Zeilen und Spalten der Bilanz so umzugruppieren, daß die Kennziffern des ersten Quadranten geordnete Gesamtheiten bilden[43], deren allgemeines Aussehen mit Hilfe der Schemata 8 und 9 charakterisiert werden kann. Das Schema 8 entspricht der sogenannten Dreiecksform der Matrix (d. h. der Tabelle) des ersten Bilanzquadranten. Dabei sind jene Teile des Tabellenfeldes schraffiert, die mit Kennziffern besetzt sind. In der Matrix, die ein dreiecksför-

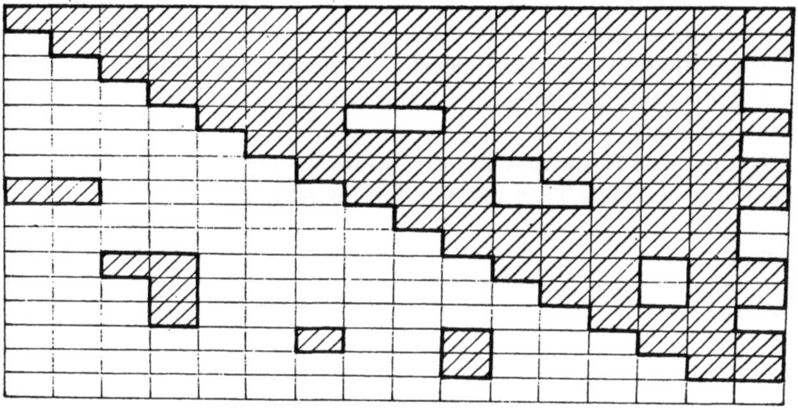

Abb. 8.

miges Aussehen erhalten hat, bleibt unter der die Tabelle von links oben nach rechts unten durchziehenden Diagonale nur eine unbedeutende Zahl von Kennziffern, die zudem bezüglich ihres Einflusses auf das Gesamtsystem der zwischenzweiglichen Beziehungen eine untergeordnete Rolle spielen. Zu den Zweigen mit den längsten Zeilen, deren Erzeugnisse von praktisch allen Zweigen der materiellen Produktion genutzt wird, gehören die Elektro- und Wärmeenergetik, die Kraftstoff- und Schmiermittelindustrie, der Eisenbahntransport, das Fern-

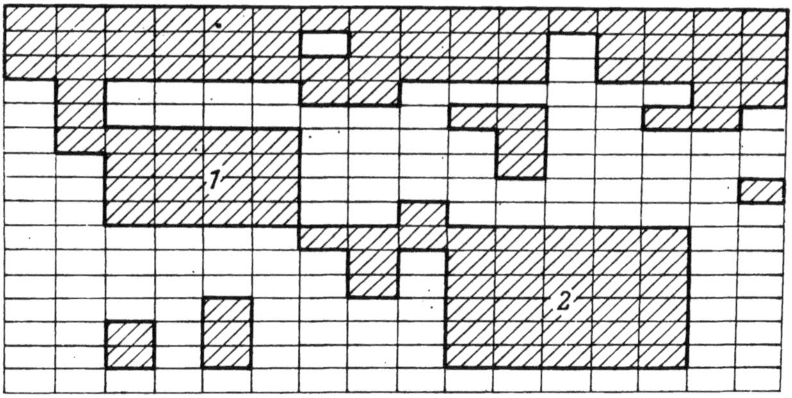


Abb. 9.

meldewesen u. a. Andererseits produziert kein Zweig des Bauwesens Arbeitsgegenstände, deshalb sind im ersten Quadranten der Verflechtungsbilanz die Zeilen dieser Zweige (in den Schemata die letzten) leer.

Von besonderem Interesse ist eine andere Form der Bilanzmatrix, die sogenannte Blockform (s. Schema 9). Die einzelnen Zweige sind in ihr zu Blöcken zusammengefaßt, in denen die Anzahl der Zeilen gleich der Anzahl der Spalten ist (im Schema 9 sind sie durch Ziffern gekennzeichnet).

Allgemeinstes Kriterium für die Bildung eines Blocks ist das minimale Volumen jenes Teils der für den zwischenzweiglichen Austausch

*Tabelle 37*

**Agrar-Industrie-Block der Verflechtungsbilanz des Jahres 1959 mit einem detaillierten Teilsystem der Zweige der Leicht- und der Nahrungsgüterindustrie (Mill. Rubel je 1000 Mill. gesellschaftliches Produkt)**

| | 1. Nahrungsgüter | 2. Textilwaren | 3. Kleidung und Schuhwaren | Insgesamt in der Leicht- und Nahrungsgüterindustrie | 4. Landwirtschaft | Insgesamt im Block |
|---|---|---|---|---|---|---|
| 1. Nahrungsgüter | 45 | — | 1 | 46 | 5 | 51 |
| 2. Textilwaren | —* | 21 | 24 | 45 | — | 45 |
| 3. Kleidung und Schuhwaren | — | — | 6 | 6 | 1 | 7 |
| Insgesamt in der Leicht- und Nahrungsgüterindustrie | 45 | 21 | 31 | 97 | 6 | 103 |
| 4. Landwirtschaft | 54 | 14 | 2 | 60 | 41 | 111 |
| Insgesamt im Block | 99 | 35 | 33 | 167 | 47 | 214 |

* — weniger als 1 Mill. Rubel.

verwendeten Produkte, die in nicht zum Block gehörende Zweige geliefert werden. So zeigen zum Beispiel die Daten der Tabelle 37, daß bei der Bildung eines Blocks aus Landwirtschaft und Leicht- und Nahrungsgüterindustrie nur 6% der zwischenzweiglichen Lieferungen dieser Zweige über den Block hinaus geliefert werden (214 von 218 Mill. Rubel bleiben im Block), dabei 11% der Produkte der Leicht- und Nahrungsgüterindustrie und 0,9% der Produkte der Landwirtschaft.

Die Forderung nach Informationskonvergenz der Planberechnungen bedeutet, bezogen auf die Blockform der Verflechtungsbilanz, folgendes. Aus der Bilanz wird ein Block „herausgezogen", der dann detailliert (oder desaggregiert) wird. Das letztere geschieht so, daß

zwischen den synthetischen und den aufgeschlüsselten Kennziffern ein Verhältnis gegenseitiger Übereinstimmung besteht, das darin zum Ausdruck kommt, daß die Summe der Detailkennziffern eindeutig mit den entsprechenden synthetischen Kennziffern übereinstimmt;

das System der Detailkennziffern die volle Ausbilanzierung der Produktionsbeziehungen innerhalb des Blocks gewährleistet;

die detaillierten Kennziffern der Produktionslieferungen für die zwischenzweigliche Verwendung außerhalb des Blocks streng mit dem summarischen Bedarf der übrigen Zweige an den Produkten der im Block erfaßten Zweige übereinstimmen.

Die beiden ersten der genannten drei Aufgaben können mit Hilfe eines speziell für solche Zwecke aufgestellten Algorithmus gelöst werden, den L. M. Dudkin und E. B. Jeršov vorgeschlagen haben.[44] Den Ablauf dieses Algorithmus kann man am Beispiel der folgenden Detaillierung eines Blocks verfolgen, der aus den Zweigen der Leicht- und Nahrungsgüterindustrie und der Landwirtschaft besteht. Natürlich ist auch hier daran zu denken, daß das Blockmodell hier nur für ein in Wirklichkeit unvergleichlich umfangreicheres Modell steht.

Nehmen wir an, für die Zweige des Blocks sei folgende Warenproduktion (d. h. die Produktion, die über die Grenzen des Blocks hinausgeht) geplant:

| | |
|---|---|
| 1. Leicht- und Nahrungsgüterindustrie . . . . . . | $y_1$ = 211,50 Mill. Rubel |
| 2. Landwirtschaft . . . . . . . . . . . . . . . . | $y_2$ = 64,13 Mill. Rubel |
| Insgesamt für die Zweige des Blocks . . . . . . . | $y$ = 275,63 Mill. Rubel |

Die Kennziffern der Warenproduktion erfassen offensichtlich sowohl die Endproduktion, die von den Zweigen der Blocks erzeugt wird, als auch die Zwischenprodukte, die außerhalb des Blocks realisiert werden. Andererseits wird das System der spezifischen Normative der Materialintensität durch die Kennziffern des technologischen Bedarfs der Zweige des Blocks am wechselseitigen Produktionsaustausch gebildet (Tabelle 38).[45]

*Tabelle 38*

Spezifische Normative der Materialintensität im Agrar-Industrie-Block der Verflechtungsbilanz
(Rubel je 1 Rubel Produktionsvolumen im aufwendenden Zweig)

| Zweige | 1. Leicht- und Nahrungsgüter-industrie | 2. Land-wirtschaft |
|---|---|---|
| 1. Leicht- und Nahrungsgüterindustrie | 0,301 | 0,035 |
| 2. Landwirtschaft | 0,212 | 0,237 |
| Gesamtprodukt des Blocks | 0,513 | 0,272 |

Die Aufgabe besteht darin, auf der Basis des beschriebenen Systems der Ausgangsinformation ein solches Produktionsprogramm für beide Zweige des Blocks zu finden, bei dem die Auflagen für die Warenproduktion $y_1 = 211{,}50$ und $y_2 = 64{,}13$ bei voller Bilanzierung der Produktionsbeziehungen innerhalb des Blocks in vollem Umfang erfüllt werden.

Dem Algorithmus, der zur Lösung dieser Aufgabe verwendet wird, liegt die Iterationsmethode zugrunde – die Methode der fortlaufenden Verringerung der Differenzen zwischen den synthetischen und detaillierten Kennziffern. Die Berechnung erfolgt in mehreren Etappen, die jeweils eine bestimmte Annäherung an das Endergebnis darstellen.

*Erste Iteration*

$0^{(1)}$. Auf der Grundlage von Überlegungen, die man in bezug auf das ökonomisch-mathematische Modell als exogen bezeichnen kann, wird als erste Annäherung irgendein Ausgangsplan für die Produktion beider Zweige vorgegeben:

| | |
|---|---|
| 1. Leicht- und Nahrungsgüterindustrie . . . . . | $x_1^{(0)} = 315$ Mill. Rubel |
| 2. Landwirtschaft . . . . . . . . . . . . . . . | $x_2^{(0)} = 135$ Mill. Rubel |
| Insgesamt für die Zweige des Blocks . . . . . . | $x^{(0)} = 450$ Mill. Rubel |

(Die Null bei jedem $x$ bezeichnet die nullte Iteration, also den Ausgangswert.)

Danach werden die spezifischen Anteile der Produktion jedes Zweiges am Gesamtprodukt des Blocks errechnet:

$$d_1^{(0)} = \frac{x_1^{(0)}}{x^{(0)}} = \frac{315}{450} = 0{,}7; \quad d_2^{(0)} = \frac{x_2^{(0)}}{x^{(0)}} = \frac{135}{450} = 0{,}3.$$

Auf der Basis der Daten von Tabelle 38 werden die Normative des spezifischen Aufwands des Gesamtprodukts des Blocks für jede Position seiner detaillierten Klassifikation ausgerechnet. Es ist klar, daß es zwei solche Normative geben muß: das eine mißt den Aufwand des Gesamtprodukts des Blocks je Produktionseinheit in der Leicht- und Nahrungsgüterindustrie, das andere in der Landwirtschaft (die Zahlenwerte dieser Normative finden sich in der dritten Zeile der Tabelle 38).

$1^{(1)}$. Nun wird das synthetische Normativ für die spezifische Nutzung des Gesamtprodukts des Blocks zur Befriedigung des Produktionsbedarfs festgestellt, und zwar unter Berücksichtigung der gegebenen spezifischen Anteile $d_1^{(0)}$ und $d_2^{(0)}$ beider Zweige am Gesamtprodukt:

$$d^{(1)} = 0{,}513 \cdot 0{,}7 + 0{,}272 \cdot 0{,}3 = 0{,}4407.$$

(Die Eins bei $d$ bedeutet, daß hier eigentlich die erste Iteration beginnt.)

$2^{(1)}$. Es wird eine Bilanzgleichung aufgestellt und gelöst, die die Verteilung des Gesamtprodukts des Blocks ($x$) für den Zwischenbedarf des Blocks ($0{,}4407\ x$) und für die Warenproduktion ($y = 275{,}63$) beschreibt:

$$0{,}4407\ x^{(1)} + 275{,}63 = x^{(1)}.$$

Die Lösung der Gleichung ergibt eine neue (im Vergleich zum Ausgangswert $x^{(0)}$) Größe des Gesamtprodukts im Block:

$$x^{(1)} = 492{,}7.$$

$3^{(1)}$. Es wird eine erste Annäherung an das Produktionsprogramm des Blocks in detaillierter Nomenklatur vorgenommen.

Das Produktionsvolumen in jedem Zweig wird errechnet als Summe aus der Produktion des Zweiges, die als Zwischenprodukt im Block weiterverarbeitet wird, und der Warenproduktion des Zweiges. Um die Größe des für den Block erzeugten Zwischenprodukts zu finden, werden synthetische Normative errechnet. Jedes dieser Normative mißt den spezifischen Aufwand von Produkten beider Zweige der detaillierten Bilanz je Einheit des Gesamtprodukts im Block. Die Normative werden als gewogene Durchschnittswerte aus den Elementen der Tabelle 38 errechnet, wobei als Gewichte wiederum

$$d_1^{(0)} = 0{,}7 \text{ und } d_2^{(0)} = 0{,}3$$

dienen.

Unter Berücksichtigung der Auflagen für die Warenproduktion $y_1 = 211{,}50$ und $y_2 = 64{,}13$ wird das Produktionsprogramm in detaillierter Nomenklatur folgendermaßen aufgestellt:

1. Leicht- und Nahrungsgüterindustrie
   $x_1^{(1)} = (0{,}301 \cdot 0{,}7 + 0{,}035 \cdot 0{,}3) \cdot 492{,}7 + 211{,}50 = 319{,}89$
2. Landwirtschaft
   $x_2^{(2)} = (0{,}212 \cdot 0{,}7 + 0{,}237 \cdot 0{,}3) \cdot 492{,}7 + 64{,}13 = 172{,}81$

Insgesamt in den Zweigen des Blocks . . . . . = 492,70

$4^{(1)}$. Schließlich werden für den Übergang zur zweiten Iteration auf der Grundlage der gewonnenen Daten neue spezifische Gewichte bestimmt:

$$d_1^{(1)} = \frac{x_1^{(1)}}{x^{(1)}} = \frac{319{,}89}{492{,}70} = 0{,}649; \quad d_2^{(1)} = \frac{x_2^{(1)}}{x^{(1)}} = \frac{172{,}81}{492{,}70} = 0{,}351.$$

In der zweiten Iteration wird die ganze, in den Punkten $1^{(1)}$–$4^{(1)}$ beschriebene Prozedur genau wiederholt, nur mit den neuen Gewichten $d_1^{(1)}$ und $d_2^{(1)}$, die bei der ersten Iteration gewonnen wurden.

*Zweite Iteration*

$$1^{(2)}: d^{(2)} = 0{,}513 \cdot 0{,}649 + 0{,}272 \cdot 0{,}351 = 0{,}428.$$

$$2^{(2)}: 0{,}428\, x^{(2)} + 275{,}6 = x^{(2)}, \text{ woraus folgt } x^{(2)} = 481{,}8.$$

$$3^{(2)}: x_1^{(2)} = (0{,}301 \cdot 649 + 0{,}035 \cdot 0{,}351) \cdot 481{,}8 + 211{,}50 = 311{,}2$$

$$x_2^{(2)} = (0{,}212 \cdot 0{,}649 + 0{,}237 \cdot 0{,}351) \cdot 481{,}8 + 64{,}13 = 170{,}6$$

$$x^{(2)} = \ldots\ldots\ldots\ldots\ldots\ldots\ldots\ldots = 481{,}8$$

$$4^{(2)}: d_1^{(2)} = \frac{311{,}2}{481{,}8} = 0{,}646; \; d_2^{(2)} = \frac{170{,}6}{481{,}8} = 0{,}354$$ [46].

*Dritte Iteration*

$$1^{(3)}: d^{(3)} = 0{,}513 \cdot 0{,}646 + 0{,}272 \cdot 0{,}354 = 0{,}428$$

$$2^{(3)}: 0{,}428\, x^{(3)} + 275{,}6 = x^{(3)}, \text{ woraus folgt } x^{(3)} = 481{,}8$$

$$3^{(3)}: x_1^{(3)} = (0{,}301 \cdot 0{,}646 + 0{,}035 \cdot 0{,}351) \cdot 481{,}8 + 211{,}50 = 311{,}2$$

$$x_2^{(3)} = (0{,}212 \cdot 0{,}646 + 0{,}237 \cdot 0{,}351) \cdot 481{,}8 + 64{,}13 = 170{,}6$$

$$x^{(3)} = \ldots\ldots\ldots\ldots\ldots\ldots\ldots\ldots = 481{,}8.$$

Wie wir sehen, ergibt die dritte Iteration dasselbe Ergebnis wie die zweite. Das bedeutet, daß bereits in der zweiten Iteration der Prozeß zur Erreichung einer wechselseitigen Übereinstimmung zwischen den beiden Kennziffernsystemen abgeschlossen und die endgültige Lösung der gestellten Aufgabe gefunden worden ist.

Die Richtigkeit der gefundenen Lösung kann überprüft werden, indem die Bilanzgleichungen der Verteilung der Produktion jedes Zweiges in der detaillierten Nomenklatur gemeinsam gelöst werden[47]:

$$0{,}301\, x_1 + 0{,}035\, x_2 + 211{,}50 = x_1;$$
$$0{,}212\, x_1 + 0{,}237\, x_2 + 64{,}13 = x_2.$$

Die Lösung des Systems

$$x_1 = 311{,}10$$
$$x_2 = 170{,}46$$
$$x = 481{,}56$$

stimmt bis auf den Bruchteil eines Prozents mit dem Ergebnis überein, zu dem der Iterationsprozeß geführt hat.

Wir gehen nun bei der Aufgliederung des Blocks noch einen Schritt weiter und unterscheiden innerhalb der Leichtindustrie die Produktion von Nahrungsgütern, von Textilwaren sowie von Bekleidung und Schuhwaren.

Nehmen wir an, den Zweigen des detaillierten Blocks seien bei der Warenproduktion folgende Auflagen erteilt worden:

| | | |
|---|---|---|
| 1. Nahrungsgüterindustrie . . . . . . . . . . . | $y_1 =$ | 131,95 Mill. Rubel |
| 2. Textilindustrie . . . . . . . . . . . . . . . | $y_2 =$ | 35,28 Mill. Rubel |
| 3. Schuh- und Bekleidungsindustrie . . . . . . | $y_3 =$ | 44,27 Mill. Rubel |
| Insgesamt für die Zweige der Nahrungsgüter- und Leichtindustrie . . . . . . . . . . . . | $y_I =$ | 211,50 Mill. Rubel |
| 4. Landwirtschaft . . . . . . . . . . . . . . . | $y_4 = y_{II} =$ | 64,13 Mill. Rubel |
| Insgesamt für die Zweige des Blocks . . . . . | $y =$ | 275,63 Mill. Rubel |

Die spezifischen Aufwandsnormative der Produktion innerhalb des Blocks sind in Tabelle 39 angegeben.

*Tabelle 39*

Spezifische Normative der Materialintensität in der detaillierten Variante des Agrar-Industrie-Blocks der Verflechtungsbilanz der UdSSR für 1959 (Rubel je 1 Rubel Produktionsvolumen des aufwendenden Zweiges)

| Zweige | Nahrungs- güter- industrie 1 | Textil- industrie 2 | Schuh- und Bekleidungs- industrie 3 | Land- wirtschaft 4 |
|---|---|---|---|---|
| 1. Nahrungsgüterindustrie | 0,240 | 0 | 0,017 | 0,034 |
| 2. Textilindustrie | 0 | 0,252 | 0,424 | 0 |
| 3. Schuh- und Bekleidungsindustrie | 0 | 0 | 0,123 | 0 |
| 4. Landwirtschaft | 0,283 | 0,168 | 0,034 | 0,237 |

Wie im vorigen Fall beginnen wir damit, daß wir eine gewisse erste Annäherung an das Produktionsprogramm vorgeben:

| | |
|---|---|
| 1. Nahrungsgüterindustrie . . . . . . . . . . | $x_1^{(0)} = 170$ Mill. Rubel |
| 2. Textilindustrie . . . . . . . . . . . . . . | $x_2^{(0)} = 91$ Mill. Rubel |
| 3. Schuh- und Bekleidungsindustrie . . . . . | $x_3^{(0)} = 50$ Mill. Rubel |
| Insgesamt für die Zweige der Leicht- und Nahrungsgüterindustrie. . . . . . . . . . | $x_I^{(0)} = 311$ Mill. Rubel |
| 4. Landwirtschaft . . . . . . . . . . . . . . | $x_4^{(0)} = x_{II}^{(0)} = 171$ Mill. Rubel |
| Insgesamt für die Zweige des Blocks | $x^{(0)} = 482$ Mill. Rubel |

*Erste Iteration*

1[(1)]. Es werden die spezifischen Normative des Aufwands an Produkten der detaillierten Nomenklatur (vier) für die Herstellung von Produkten der Grobnomenklatur (zwei) errechnet. Sie werden als gewogene Durchschnittswerte aus den Elementen der Tabelle 39 gewonnen; als Gewichte dienen die spezifischen Anteile der Zweigkomponenten der Produktion der Leicht- und Nahrungsgüterindustrie: $x_1^{(0)} = 170$; $x_2^{(0)} = 91$; $x_3^{(0)} = 50$ am Gesamtprodukt dieser Zweige $x_I^{(0)} = 311$:

$$A^{(1)} \left[\begin{array}{c|c} 0{,}240 \cdot \frac{170}{311} + 0 + 0{,}017 \cdot \frac{50}{311} & 0{,}034 \\ 0 + 0{,}252 \cdot \frac{91}{311} + 0{,}424 \cdot \frac{50}{311} & 0 \\ 0 + 0 + 0{,}123 \cdot \frac{50}{311} & 0 \\ \hline 0{,}283 \cdot \frac{170}{311} + 0{,}168 \cdot \frac{91}{311} + 0{,}034 \cdot \frac{50}{311} & 0{,}237 \end{array}\right] = \left[\begin{array}{c|c} 0{,}134 & 0{,}034 \\ 0{,}142 & 0 \\ 0{,}020 & 0 \\ \hline 0{,}209 & 0{,}237 \end{array}\right]$$

$2^{(1)}$. Auf der Grundlage der erhaltenen Daten werden nun die aggregierten Aufwandsnormative für die Produkte innerhalb des zusammengefaßten Blocks ermittelt:

$$A^{-(1)} = \left( \frac{+\begin{Bmatrix} 0{,}134 \\ 0{,}142 \\ 0{,}020 \end{Bmatrix} \; + \begin{Bmatrix} 0{,}034 \\ 0 \\ 0 \end{Bmatrix}}{0{,}209 \qquad 0{,}237} \right) = \begin{pmatrix} 0{,}296 & 0{,}034 \\ \hline 0{,}209 & 0{,}237 \end{pmatrix}$$

$3^{(1)}$. Das bilanzierte Produktionsprogramm für den zusammengefaßten Block wird aufgestellt:

$$0{,}296\, x_{\mathrm{I}}^{(1)} + 0{,}034\, x_{\mathrm{II}}^{(1)} + 211{,}50 = x_{\mathrm{I}}^{(1)};$$
$$0{,}209\, x_{\mathrm{I}}^{(1)} + 0{,}237\, x_{\mathrm{II}}^{(1)} + 64{,}13 = x_{\mathrm{II}}^{(1)}, \text{ woher:}$$
$$x_{\mathrm{I}}^{(1)} = 308{,}57$$
$$x_{\mathrm{II}}^{(1)} = 168{,}59.$$

$4^{(1)}$. Mit Hilfe der Aufwandsnormative der Produkte in der detaillierten Nomenklatur für die Produktion des zusammengefaßten Blocks (Matrix $A^{(1)}$) sowie der Planauflagen für die Warenproduktion wird eine erste Annäherung an das Produktionsprogramm des detaillierten Blocks gewonnen:

$$\begin{aligned} x_1^{(1)} &= 0{,}134 \cdot 308{,}57 + 0{,}034 \cdot 168{,}59 + 131{,}95 = 179{,}03 \\ x_2^{(1)} &= 0{,}142 \cdot 308{,}57 + 0 \cdot 168{,}59 + 35{,}28 = 79{,}10 \\ x_3^{(1)} &= 0{,}020 \cdot 308{,}57 + 0 \cdot 168{,}59 + 44{,}27 = 50{,}44 \\ x_{\mathrm{I}}^{(1)} &= \ldots\ldots\ldots\ldots = 308{,}57 \\ x_4^{(1)} = x_{\mathrm{II}}^{(1)} &= \ldots\ldots\ldots\ldots = 168{,}59 \end{aligned}$$

In der zweiten Iteration werden sämtliche in den Punkten $1^{(1)}$ bis $4^{(1)}$ beschriebenen Operationen wiederholt. Ausgangspunkt sind nun allerdings nicht die Kennziffern der ursprünglichen (nullten) Annäherung an das Produktionsprogramm ($x_1$, $x_2$, $x_3$, $x_4$), sondern die in der ersten Iteration ermittelten Ergebnisse.

*Zweite Iteration*

$1^{(2)}$.

$$A^{(2)} = \left[ \begin{array}{c|c} 0{,}240 \cdot \frac{179{,}03}{303{,}57} + 0 + 0{,}017 \cdot \frac{50{,}44}{308{,}57} & 0{,}034 \\ 0 + 0{,}252 \cdot \frac{79{,}10}{308{,}57} + 0{,}424 \cdot \frac{50{,}44}{308{,}57} & 0 \\ 0 + 0 + 0{,}123 \cdot \frac{50{,}44}{308{,}57} & 0 \\ \hline 0{,}283 \cdot \frac{179{,}03}{308{,}57} + 0{,}168 \cdot \frac{79{,}10}{308{,}57} + 0{,}034 \cdot \frac{50{,}44}{308{,}57} & 0{,}237 \end{array} \right] = \left[ \begin{array}{c|c} 0{,}142 & 0{,}034 \\ 0{,}134 & 0 \\ 0{,}021 & 0 \\ \hline 0{,}213 & 0{,}237 \end{array} \right]$$

$2^{(2)}$.

$$A^{-(2)} = \left( \frac{+\begin{Bmatrix} 0{,}142 \\ 0{,}134 \\ 0{,}021 \end{Bmatrix} \; + \begin{Bmatrix} 0{,}034 \\ 0 \\ 0 \end{Bmatrix}}{0{,}213 \qquad 0{,}237} \right) = \begin{pmatrix} 0{,}297 & 0{,}034 \\ \hline 0{,}213 & 0{,}237 \end{pmatrix}$$

$3^{(2)}$. $0{,}297\,x_I^{(2)} + 0{,}034\,x_{II}^{(2)} + 211{,}50 = x_I^{(2)}$

$0{,}213\,x_I^{(2)} + 0{,}237\,x_{II}^{(2)} + 64{,}13 = x_{II}^{(2)}$, woher $x_I^{(2)} = 309{,}09$

$x_{II}^{(2)} = 170{,}38$

$4^{(2)}$. $x_1^{(2)} = 0{,}142 \cdot 309{,}09 + 0{,}034 \cdot 170{,}38 + 131{,}95 = 181{,}63$

$x_2^{(2)} = 0{,}134 \cdot 309{,}09 + 0 \cdot 170{,}38 + 35{,}28 = 76{,}70$

$x_3^{(2)} = 0{,}021 \cdot 309{,}09 + 0 \cdot 170{,}38 + 44{,}27 = 50{,}76$

---

$x_1^{(2)} = \ldots = 309{,}09$

$x_4^{(2)} = x_{II}^{(2)} = \ldots = 170{,}38$

*Dritte Iteration*

$1^{(3)}$.

$$A^{(3)} = \left[\begin{array}{c|c} 0{,}240 \cdot \frac{181{,}63}{309{,}09} + 0 + 0{,}017 \cdot \frac{50{,}76}{309{,}09} & 0{,}034 \\ 0 + 0{,}252 \cdot \frac{76{,}70}{309{,}09} + 0{,}424 \cdot \frac{50{,}76}{309{,}09} & 0 \\ 0 + 0 + 0{,}123 \cdot \frac{50{,}76}{309{,}09} & 0 \\ \hline 0{,}283 \cdot \frac{181{,}63}{309{,}09} + 0{,}168 \cdot \frac{76{,}70}{309{,}09} + 0{,}034 \cdot \frac{50{,}76}{309{,}09} & 0{,}237 \end{array}\right] = \left[\begin{array}{c|c} 0{,}144 & 0{,}034 \\ 0{,}132 & 0 \\ 0{,}020 & 0 \\ \hline 0{,}214 & 0{,}237 \end{array}\right]$$

$2^{(3)}$.

$$A^{-(3)} = \left(\begin{array}{c|c} + \left\{\begin{array}{l} 0{,}144 \\ 0{,}132 \\ 0{,}020 \end{array}\right. & + \left\{\begin{array}{l} 0{,}034 \\ 0 \\ 0 \end{array}\right. \\ \hline 0{,}214 & 0{,}237 \end{array}\right) = \left(\begin{array}{c|c} 0{,}296 & 0{,}034 \\ \hline 0{,}214 & 0{,}237 \end{array}\right)$$

$3^{(3)}$. $0{,}296\,x_I^{(3)} + 0{,}034\,x_{II}^{(3)} + 211{,}50 = x_I^{(3)}$

$0{,}214\,x_I^{(3)} + 0{,}237\,x_{II}^{(3)} + 64{,}13\,x_{II}^{(3)}$, woher: $x_I^{(3)} = 308{,}66$

$x_{II}^{(3)} = 170{,}58$

$4^{(3)}$. $x_1^{(3)} = 0{,}144 \cdot 308{,}66 + 0{,}034 \cdot 170{,}58 + 131{,}95 = 182{,}20$

$x_2^{(3)} = 0{,}132 \cdot 308{,}66 + 0 \cdot 170{,}58 + 35{,}28 = 76{,}02$

$x_3^{(3)} = 0{,}020 \cdot 308{,}66 + 0 \cdot 170{,}58 + 44{,}27 = 50{,}44$

---

$x_1^{(3)} = \ldots = 308{,}66$

$x_4^{(3)} = x_{II}^{(3)} = \ldots = 170{,}58$

Die *vierte Iteration* ergibt keine Veränderungen der Ergebnisse mehr. Folglich wird der Prozeß der Aufstellung eines bilanzierten Produktionsprogramms für die Zweige des detaillierten Blocks in der dritten Iteration abgeschlossen.[48]

Mit Hilfe des desaggregierten Systems der spezifischen Normative (Tabelle 39) kann eine Verteilungsbilanz jener Produktion aufgestellt werden, die von den Zweigen des detaillierten Blocks erzeugt wird (vgl. Tabelle 40).

Die den zusammengefaßten Block bildenden Kennziffern sind in Tabelle 40 fett eingerahmt. Sie unterscheiden sich von den analogen Kennziffern der Tabelle 36 ebenso, wie sich die spezifischen Aufwandsnormative des zusammengefaßten Blocks (s. Tabelle 41) von den gleichnamigen Normativen unterscheiden, die in Tabelle 38 angegeben wurden (vgl. auch Matrix $A^{(3)}$).

*Tabelle 40*

Verteilungsbilanz der Produktion des entfalteten Agrar-Industrie-Blocks der Verflechtungsbilanz
(Mill. Rubel je 1000 Mill. Rubel gesellschaftliches Gesamtprodukt)

| | Produktionsaufwendungen im Block Leicht- und Nahrungsgüterindustrie | | | | | | Waren-produktion | Be-rechnungs-differenz | Insgesamt |
|---|---|---|---|---|---|---|---|---|---|
| | Nahrungs-güter-industrie | Textil-industrie | Be-kleidungs- und Schuh-industrie | Insgesamt | Land-wirtschaft | Insgesamt | | | |
| 1. Nahrungsgüter-industrie | 43,73 | — | 0,86 | 44,59 | 5,80 | 50,39 | 131,95 | — 0,14 | 182,20 |
| 2. Textilindustrie | — | 19,16 | 21,39 | 40,55 | — | 40,55 | 35,28 | + 0,19 | 76,02 |
| 3. Bekleidungs- und Schuhindustrie | — | — | 6,20 | 6,20 | — | 6,20 | 44,27 | — 0,03 | 50,44 |
| Insgesamt in der Leicht- und Nahrungsgüter-industrie | 43,73 | 19,16 | 28,45 | 91,34 | 5,80 | 97,14 | 211,50 | + 0,02 | 308,66 |
| 4. Landwirtschaft | 51,56 | 12,77 | 1,71 | 66,04 | 40,43 | 106,47 | 64,13 | — 0,02 | 170,58 |
| *Insgesamt* | 95,29 | 31,93 | 30,16 | 157,38 | 46,23 | 203,61 | 275,63 | 0 | 479,24 |

*Tabelle 41*

Spezifische Normative der Materialintensität im zusammengefaßten Agrar-Industrie-Block, der auf der Basis der Tabelle 36 gebildet wurde (Rubel je 1 Rubel Produktionsvolumen im aufwendenden Zweig)

| Zweige | 1. Leicht- und Nahrungsgüterindustrie | 2. Landwirtschaft |
|---|---|---|
| 1. Leicht- und Nahrungsgüterindustrie | 0,296 | 0,034 |
| 2. Landwirtschaft | 0,214 | 0,237 |
| Gesamtprodukt des Blocks | 0,510 | 0,271 |

Diese Unterschiede gehen auf ein und dieselbe Ursache zurück: Der zusammengefaßte Block, der in Tabelle 40 enthalten ist, wurde ebenso wie das System seiner Aufwandsnormative durch die Aggregation eines spezifischen Informationssystems gewonnen, dessen Charakter eindeutig durch zwei Elemente bestimmt wird – durch die Planauflagen für die Warenproduktion in der detaillierten Nomenklatur ($y_1 = 131{,}95$; $y_2 = 35{,}28$; $y_3 = 44{,}27$ und $y_4 = 64{,}13$) und durch die Matrix der Aufwandsnormative des desaggregierten Blocks (Tabelle 39). Natürlich ändern sich bei gleichen Normativen, aber anderen Auflagen für die Warenproduktion sowohl die Volumenkennziffern des zusammengefaßten Blocks als auch das System seiner Aufwandsnormative.

Andererseits werden die Normative des desaggregierten Blocks selbst, welchen Grad an Detailliertheit der Block auch immer aufweisen mag, immer als gewogene Durchschnittswerte aus den gleichnamigen Normativen gebildet, die zu verschiedenartigen Gesamtheiten (verschiedenen Wirtschaftsregionen, Betrieben mit verschiedener Spezialisierung oder wenigstens mit unterschiedlichen profilbestimmenden Erzeugnissen usw.) gehören. Und das bedeutet, daß die Möglichkeiten zur Verwirklichung eines Iterationsprozesses, in dessen Verlauf die Kennziffern zweier benachbarter Hierarchieebenen koordiniert werden, weitaus tiefer reichen, als dies aus der direkten Analyse der Block-Zweig-Strukturen der Verflechtungsbilanz geschlossen werden kann.

Die Detaillierung der in der Verflechtungsbilanz enthaltenen Information nach territorialem Aspekt ermöglicht es, eine Serie von Iterationsberechnungen vorzunehmen, um die Verflechtungsbilanzen der lokalen wirtschaftsgeographischen Teilsysteme mit der synthetischen Bilanz der zwischenzweiglichen Beziehungen zu koordinieren, die das Gesamtsystem der Volkswirtschaft beschreibt. Die in jeder der regionalen Bilanzen enthaltenen Angaben können ihrerseits durch einen Iterationsprozeß an die Gesamtheit der Kennziffern „angepaßt" werden, die die Produktionstätigkeit der Zweige, territorialen Produktionskomplexe und sogar einzelnen Betriebe beschreiben, die zur Wirtschaft jeder Region gehören.

In jeder der oben betrachteten Berechnungen wurden die Volumina der Warenproduktion der sukzessive desaggregierten Blöcke als fertige

Größen vorgegeben, deren Wert außerhalb des Modells festgelegt wurde. Dabei wurden innerhalb der Warenproduktion jedes Zweiges neben den Lieferungen für den Endverbrauch (für die Akkumulation, die Konsumtion und die sonstigen Bedürfnisse) auch die Volumina der Lieferungen vorgegeben, die über die Grenzen des Blocks hinaus zur Befriedigung des laufenden technologischen Bedarfs anderer Zweige bestimmt sind. Ein solches Berechnungssystem garantiert jedoch keineswegs, daß das geplante Volumen der zwischenzweiglichen Lieferungen über den Block hinaus genau mit dem Bedarf der anderen Zweige übereinstimmt. Welchen Ausweg gibt es aus dieser Situation? Uns scheint, daß er in der Anwendung einer speziellen Iterationsmethode gefunden werden kann, deren genauer Algorithmus jedoch noch erforscht werden muß. Dennoch kann man sich die allgemeine logische Grundlage dieser Methode (eine Art „technische Auflage“ für diese Forschungsarbeit) offensichtlich schon jetzt vorstellen.

Die grundlegende Besonderheit, die den gesuchten Algorithmus vom gerade betrachteten unterscheidet, liegt darin, daß er dazu bestimmt ist, nach Bestandteilen und Komposition verschiedene Informationssysteme miteinander zu verknüpfen, die nicht verschiedenen Ebenen der Informationsverallgemeinerung angehören, sondern ein und derselben, wahrscheinlich am meisten detaillierten Ebene. Wie schon oben erläutert, bildet das Informationssystem über die Verwendung des gesellschaftlichen Gesamtprodukts auf dieser Ebene eine eigenartige Zellenstruktur, in der der erste Quadrant der Bilanz, in Blockform dargestellt, folgendes Aussehen besitzt (s. Schema 10).

Das Schema 10 ist für den Fall konstruiert, daß innerhalb jedes Elements des gesellschaftlichen Produkts, das eine eigene ökonomische Bestimmung besitzt, je 100 Zweige (oder Produkte) unterschieden werden. Schräg schraffiert sind jene Teile des Schemas, die ziemlich dicht ausgefüllt sind; die durchbrochene vertikale Schraffierung bedeutet eine teilweise, relativ schwache Ausfüllung; die leeren Felder, die rechts und links von den Blöcken liegen, in denen einige Arbeitsgegenstände erzeugende Zweige vereinigt sind, sollen darauf hinweisen, daß innerhalb dieser Felder ein verschwindend geringer Teil der in den zwischenzweiglichen Austausch der Volkswirtschaft eingehenden Produktion des entsprechenden Blocks verteilt wird.

Wir haben bereits festgestellt, daß der Umfang jeder zwischenzweiglichen Lieferung durch die Multiplikation des entsprechenden spezifischen Normativs mit der Größe des Produktionsausstoßes im Ver-

| Elemente des gesellschaftlichen Produkts | Nr. des Zweiges | Produktionsaufwendungen I | II | III | IV | Endprodukt: Akkumulation von Produktionsgrundfonds | Konsumtion u. Akkumulation von Grundfonds der nichtproduktiven Sphäre | Verteidigungsaufwand | Sonstige Bedürfnisse |
|---|---|---|---|---|---|---|---|---|---|
| | | 1. 100 | 101. 200 | 201.. 300 | 301.. 400 | | | | |
| I. Arbeitsmittel | 1 … 100 | 0 | 0 | 0 | 0 | | 0 | 0 | |
| II. Arbeitsgegenstände | 101 … 200 | | | | | 0 | 0 | 0 | |
| III. Konsumtionsmittel u. Elemente der Grundfonds der nichtproduktiven Sphäre | 201 … 300 | 0 | 0 | 0 | 0 | 0 | | 0 | |
| IV. Verteidigungsproduktion | 301 … 400 | 0 | 0 | 0 | 0 | 0 | 0 | | |

**Abb. 10. Allgemeines Schema einer Bilanz der zwischenzweiglichen Verwendung des gesellschaftlichen Produkts in detaillierter Nomenklatur und in Blockform dargestellt**

braucherzweig ermittelt wird. Das Informationsteilsystem, das die Kennziffern für die Verteilung von Arbeitsgegenständen auf die Zweige der Verteidigungsindustrie enthält (das Kreuzungsfeld zwischen den Zeilen II (101 · · · 200) und den Spalten IV (301 · · · 400), wird z. B. bei gegebenen Aufwandsnormativen *nur* durch die Auflagen für die Produktion der Verteidigungsindustrie bestimmt. Jedoch berücksichtigen diese Auflagen in jedem Falle Faktoren, die zur Ökonomie nur in einem indirekten, durch ein vielstufiges System von Verflechtungen vermittelten Verhältnis stehen. Mit anderen Worten, die Auflagen für die Verteidigungsindustrie gehören zu den am wenigsten elastischen Kennziffern des Volkswirtschaftsplans. Sie reagieren praktisch überhaupt nicht auf den gegenwärtigen Zustand des Produktionssystems und spielen die Rolle einer außerordentlich wichtigen ökonomischen Belastung. Das Vorhandensein von festen Auflagen für die Verteidigungsproduktion sowie von Normativen ihrer Materialintensität bedeutet, daß der Bilanzblock, der im Kreuzungsfeld II × IV liegt, mit Kennziffern ausgefüllt wird, deren Ziel fixiert ist und die keinerlei Veränderungen in Abhängigkeit vom Grad der Bilanziertheit der übrigen Teile des Volkswirtschaftsplans unterworfen sind.

Etwas elastischer in diesem Sinne sind die Plankennziffern für die Produktion von Arbeitsmitteln. Aber nur ein wenig elastischer und nicht mehr, weil die Erreichung der Bilanziertheit des laufenden Plans auf Kosten einer Deformierung der Investitionsbilanz nichts anderes als eine aufgeschobene Disproportion bedeutet. Also wird auch das von links erste Feld der Verteilungsbilanz der Arbeitsgegenstände, das im Schnittpunkt II (101 · · · 200) × I (1 · · · 100) liegt, praktisch unabhängig von den Berechnungen für die anderen Teile des Volkswirtschaftsplans ausgefüllt.

Was die Produkte betrifft (darunter auch die Arbeitsgegenstände), die für den Endverbrauch unter der Rubrik „Sonstige Bedürfnisse" erscheinen, so wird die hohe Stabilität dieser Kennziffern vorherbestimmt durch den Charakter dessen, was wir unter den „Sonstigen Bedürfnissen" verstehen. In Abhängigkeit von der ökonomischen Bestimmung der entsprechenden Teile des gesellschaftlichen Produkts gehören hierzu folgende Zielbedürfnisse: der planmäßige Zuwachs unvollendeter Bauvorhaben, die Ergänzung der Vorräte und der Staatsreserven, der Export. Ein freies Manövrieren mit dem Zuwachs unvollendeter Bauvorhaben und der Vorräte kann, wenn es in großem Umfang praktiziert wird, in späteren Perioden nicht ohne Folgen für die Volkswirtschaft bleiben. Der Bereich, in dem ein solches Manövrieren praktisch möglich ist, erweist sich als sehr begrenzt. Hinzugefügt werden muß, daß die Auflagen zur Vervollständigung und Vergrößerung der staatlichen Reserven den Charakter einer ebenso außerordentlichen Belastung des ökonomischen Systems besitzen, wie das von den Verteidigungsaufwendungen festgestellt worden ist. Was nun die geplanten Exportvolumina betrifft, so haben sie ihren Ausgangspunkt in den langfristigen Außenhandelsvereinbarungen, die periodisch in Form von Warenlisten konkretisiert (hier erfolgt auch eine Detaillierung des Informationssystems) und dann in der laufenden Periode realisiert werden.

Der einzige Block, der über eine hinreichende Elastizität für Veränderungen der Kennziffern des Produktionsprogramms verfügt, ist der Block jener Zweige, die Konsumtionsmittel und Elemente der Grundfonds der nichtproduktiven Sphäre erzeugen (III [201 bis 300]). Die Korrektur des Plans der Verteilung von Arbeitsgegenständen erfolgt im Falle seiner Unausgeglichenheit durch eine vielstufige Revision der Kennziffern des Blocks, der sich im Schema 10 im Kreuzungsfeld der Zeilen II (101 · · · 200) und der Spalten III (201 · · · 300) befindet, und zwar auf der Grundlage einer iterativen Neuberechnung der Kennziffern des Konsumtionsfonds sowie des Fonds für den kommunalen Wohnungsbau und die übrige, nicht für Produktionszwecke bestimmte Bautätigkeit (sechste Spalte des

Schemas 10) zusammen mit den Kennziffern für die Warenproduktion der Brennstoff-Rohstoff-Blöcke (II [101 · · · 200]), die für die Verwendung in Zweigen außerhalb des Blocks bestimmt ist.[49]

Bei der Aufstellung der Produktionsprogramme jeder der Zweiggruppen I · · · IV werden in das Modell Beschränkungen sowohl für die Produktionsgrundfonds als auch für die Ressourcen an lebendiger Arbeit eingeführt. Wenn in den einzelnen Blöcken mit ein und denselben Produktionsressourcen mehrere Warenproduktionsvarianten hergestellt werden können, so kann der Prozeß der iterativen „Abstimmung“ durch die Aufgabe ersetzt werden, die hinsichtlich eines der in Kapitel 3 beschriebenen Kriterien effektivste Lösung mit Hilfe der Matrizen der Aufwandskoeffizienten, die jeder dieser Varianten entsprechen, zu suchen.

Wenn in diesem Kapitel bis jetzt kein Wort über die „Verkettung“ mehrerer Lösungen mit den Effektivitätskriterien gesagt worden ist, so nur deshalb, weil die Erreichung der vollen Bilanziertheit des Volkswirtschaftsplans in detaillierter Nomenklatur – die in der Praxis zehntausende Positionen sowohl in der Vertikalen (Konvergenz der Information unterschiedlichen Detaillierungsgrades) als auch in der Horizontalen (Sicherung der vollen Übereinstimmung zwischen dem volkswirtschaftlichen Bedarf an Produkten der detaillierten Nomenklatur und ihrer Herstellung) enthält – allein schon einen gewaltigen ökonomischen Effekt gewährleistet. Dieser kann noch verstärkt werden, wenn in den Berechnungen Varianten der Matrizen der technologischen Normative und Optimalitätskriterien benutzt werden, die es ermöglichen, aus der Vielzahl möglicher Lösungen in den Blöcken diejenigen auszuwählen, die vom Standpunkt des gesamten volkswirtschaftlichen Systems am effektivsten sind.

## *Die Detaillierung der Verflechtungsbilanz nach territorialem Aspekt*

Eine der Perspektiven der informationellen Detaillierung der Verflechtungsbilanz liegt auf dem Gebiet der zwischenregionalen Beziehungen der gesellschaftlichen Produktion. Betrachtet man die Verflechtungsbilanz der Volkswirtschaft unter diesem Blickwinkel, so erscheinen die Elemente der Bilanz als Durchschnittscharakteristika der Wechselbeziehungen zwischen den in den verschiedenen wirtschaftsgeographischen Gebieten gelegenen Produktionszweigen. Das Ergebnis einer regionalen Detaillierung der Verflechtungsbilanz ist eine Blockkonstruktion, die sich durch eine Reihe von Besonderheiten auszeichnet. Sie ergeben sich daraus, daß das System der gegenseitigen Abhängigkeiten zwischen den Gebieten letzten Endes alles durchdringt. Jede Region ist von ausnahmslos allen übrigen Regionen des Landes direkt oder indirekt abhängig, und zwar sowohl hinsichtlich der Belieferung mit deren Produkten als auch hinsichtlich der Realisierung der eigenen Warenproduktion.

Im Schema 11 ist die allgemeine territoriale Aufschlüsselung des „oberen Teils“ der Verflechtungsbilanz am Beispiel eines drei Regionen erfassenden Modells dargestellt. Dabei wird in der Zweigklassifikation der Bilanz die Gliederung jeder ökonomischen Komponente des gesellschaftlichen Produkts in 100 Zweige (oder Produkte) beibehalten. Schraffiert sind die ausgefüllten Teile der Bilanztabelle; fett eingerahmt – die Kennziffern der Beziehungen innerhalb der jeweiligen Region. Die rechts und links von den jeweiligen Regionsblöcken eingetragenen Kennziffern kennzeichnen die Verteilung der aus dem eingerahmten Block hinaus gelieferten Produktion in den Bestimmungsorten. Die Kennziffern, die über und unter den innerregionalen Rechtecken stehen, beschreiben die Zusammensetzung und Verteilung der aus anderen Regionen des Landes eingeführten Produkte in der betreffenden Region.

In der ökonomisch-mathematischen Literatur werden mehrere Varianten der mathematischen Bearbeitung jener Information behandelt, die eine nach dem angeführten Schema aufgebaute Bilanz enthält. Eine dieser Varianten beruht auf der Benutzung von Koeffizienten. Jeder Koeffizient wird in direkter Analogie zu den spezifischen Normativen der Materialintensität der synthetischen Verflechtungsbilanz als Quotient aus dem Volumen jeder *zwischenregionalen zwischenzweiglichen* Lieferung und der Größe des Produktionsausstoßes des Verbraucherzweiges in der importierenden Region errechnet.[50]

Ein Mangel des Prinzips, die zwischenregional-zwischenzweiglichen Beziehungen durch ein entsprechendes System spezifischer Normative zu fixieren, besteht darin, daß dabei in keiner Weise die Möglichkeit der technologischen Substituierbarkeit gleichnamiger, aus verschiedenen Regionen des Landes gelieferter Produkte berücksichtigt wird. Wahrscheinlich hat gerade dieser Umstand den Anstoß zur Entwicklung eines realistischeren Modells gegeben, das der amerikanische Wissenschaftler L. Moses vorgeschlagen hat. Dieses Modell beruht auf der Berechnung spezieller Anteilskoeffizienten, von denen jeder die Bildungsweise einer „Mischung“ gleichnamiger Produkte beschreibt, die in der jeweiligen Region benutzt werden. An der Bildung dieser „Mischung“ nehmen ausnahmslos alle Regionen des Landes ein-

| | | | Nr. des Zweiges | Distrikt I: Produktionsaufwand: I Arbeitsmittel 1, . . ., 100 | II Arbeitsgegenstände 101,...,200 | III Konsumtionsmittel u. sonst. Elemente des Endprodukts 201, ..., 300 | Endbedürfnisse: Akkumulation von Produktionsgrundfonds | Konsumtion | Sonstige Bedürfnisse |
|---|---|---|---|---|---|---|---|---|---|
| Gesellschaftliches Produkt | Distrikt I | I. Arbeitsmittel | 1 : 100 | | | | | | |
| | | II. Arbeitsgegenstände | 101 : 200 | | | | | | |
| | | III. Konsumtionsmittel u. sonstige Elemente des Endprodukts | 201 : 300 | | | | | | |
| | Distrikt II | I. Arbeitsmittel | 1 : 100 | | | | | | |
| | | II. Arbeitsgegenstände | 101 : 200 | | | | | | |
| | | III. Konsumtionsmittel u. sonstige Elemente des Endprodukts | 201 : 300 | | | | | | |
| | Distrikt III | I. Arbeitsmittel | 1 : 100 | | | | | | |
| | | II. Arbeitsgegenstände | 101 : 200 | | | | | | |
| | | III. Konsumtionsmittel u. sonstige Elemente des Endprodukts | 201 : 300 | | | | | | |
| Produktionsgrundfonds | | I. Arbeitsmittel | 1 : 100 | | | | | | |
| Arbeit | | | | | | | | | |

Abb. 11

**Allgemeines Schema einer territorialen Entfaltung der Bilanz der zwischenzweiglichen Ver**

| | | | | | Distrikt III | | | | | |
|---|---|---|---|---|---|---|---|---|---|---|
| and | | Endbedürfnisse | | | Produktionsaufwand | | | Endbedürfnisse | | |
| ts- . . ,200 | III Konsumtionsmittel u. sonst. Elemente des Endprodukts 201,...,300 | Akkumulation von Produktionsgrundfonds | Konsumtion | Sonstige Bedürfnisse | I Arbeitsmittel 1,...,100 | II Arbeitsgegenstände 101,...,200 | III Konsumtionsmittel u. sonst. Elemente des Endprodukts 201,...,300 | Akkumulation von Produktionsgrundfonds | Konsumtion | Sonstige Bedürfnisse |
| | | | | | | | | | | |
| | | | | | | | | | | |
| | | | | | | | | | | |
| | | | | | | | | | | |
| | | | | | | | | | | |
| | | | | | | | | | | |
| | | | | | | | | | | |
| | | | | | | | | | | |
| | | | | | | | | | | |
| | | | | | | | | | | |
| | | | | | | | | | | |

ftlichen Produkts (für den Fall von drei Distrikten)

schließlich der Verbraucherregion teil. Die Summe der spezifischen Anteile an der Bildung der Bruttoressourcen jedes Produkts in der Verbraucherregion ist stets gleich Eins. Um mit dem Modell zu arbeiten, muß diese Eins deshalb lediglich planmäßig in jene Anteile zerlegt werden, die für jede Lieferregion zutreffen. Wenn die Produkt-„mischung" gebildet worden ist, werden die Richtungen ihrer Nutzung innerhalb der Region bestimmt. Dies geschieht mit Hilfe des üblichen Bilanzgleichungssystems des Verflechtungsmodells, dem das uns bereits gut bekannte System spezifischer Aufwandsnormative zugrunde liegt; nur wird dieses Modell für eine einzelne Region aufgestellt.

Einer der unbestrittenen Vorzüge des Modells von Moses besteht darin, daß dieses Modell die Berechnung aller Kennziffern der zwischenregionalen Beziehungen (und auf dieser Grundlage der Kennziffern der zwischenzweiglichen Beziehungen innerhalb der Regionen), ausgehend vom Gesamtbedarf jeder Region an Produktionsressourcen für den Endbedarf (d. h. für Konsumtion, Ersatz und Akkumulation von Produktionsgrundfonds, für den Wohn- und Gesellschaftsbau, die Ergänzung der Vorräte usw.), ermöglicht. Die Ausgangsinformation, die für die Anwendung dieses Modells benötigt wird, besteht also aus folgenden Elementen:

einem produktbezogenen System von Anteilskoeffizienten, die die spezifische Beteiligung jeder Region an der Bildung der Bruttoressourcen des jeweiligen Produkts in der Verbraucherregion messen;

einem System technologischer Normative des spezifischen Materialaufwands in den Zweigen der Region;

dem Planbedarf an Produktionsressourcen, die zur Befriedigung des Endbedarfs der Region eingeführt werden müssen.

Die beschriebenen Modelle beruhen wie die überwiegende Mehrzahl der anderen Modelle der interregionalen Beziehungen, die in der ausländischen und der sowjetischen Literatur untersucht werden[51], auf der Annahme, daß es möglich sei, gleichzeitig alle den zwischenregionalen und zwischenzweiglichen Verteilungsbilanzen der Produktion entsprechenden Gleichungen gemeinsam zu lösen. Aber die Anzahl der einzelnen Positionen des zwischenregionalen Modells, denen jeweils mindestens eine Gleichung entspricht, ist um so viel größer als die Anzahl der Positionen des synthetischen Verflechtungsmodells der Volkswirtschaft, wie Regionen in diesem Modell unterschieden werden. Wenn zum Beispiel die Klassifikation der synthetischen Bilanz wie in Tabelle 34 300 Positionen enthält, so führt die Untergliederung dieser Bilanz in drei Regionen zu einer Verdreifachung der Positionen. Es liegt deshalb auf der Hand, daß, wenn die Ausmaße der detaillierten

*Tabelle 42*

Verflechtungsbilanz der Volkswirtschaft der Karelischen ASSR*
(Mill. Rubel je 1000 Mill. Rubel in dieser Region geschaffenes Gesamtprodukt)

| | | Produktionsaufwendungen in den Zweigen der Region | | | | | Bildung des Realisierungsfonds des Endprodukts | Akkumulation | Konsumtion | Ausfuhr in andere Regionen | Sonstige Bedürfnisse | Insgesamt |
|---|---|---|---|---|---|---|---|---|---|---|---|---|
| | | Industrie | Bauwesen | Landwirtschaft | Sonstige Zweige | Insgesamt | | | | | | |
| Produktion | Industrie | 167,9 | 22,6 | 1,7 | 18,8 | 205,0 | — | 2,5 | 123,7 | 269,1 | 3,5 | 603,8 |
| | Bauwesen | — | — | — | — | — | — | 64,4 | — | — | — | 64,4 |
| | Landwirtschaft | 33,1 | — | 8,9 | 1,6 | 43,6 | — | — | 7,8 | — | 0,3 | 51,7 |
| | Sonstige Zweige | 38,2 | 3,3 | 0,8 | 82,2 | 124,5 | — | — | 49,6 | 19,9 | 86,1 | 280,1 |
| | Insgesamt | 239,2 | 25,9 | 11,4 | 96,6 | 373,1 | — | 66,9 | 181,1 | 289,0 | 89,9 | 1000,0 |
| Einfuhr aus anderen Regionen | Industrieprodukte | 86,8 | 8,4 | 16,1 | 34,1 | 145,1 | — 280,0 | 24,7 | 109,3 | — | 0,6 | 0 |
| | Landwirtschaftliche Produkte | 13,6 | — | — | + | 13,6 | — 13,6 | — | — | — | — | 0 |
| | Sonstige Produkte | 6,6 | — | + | 0,9 | 7,5 | — 15,6 | 0,5 | 7,6 | — | — | 0 |
| | Insgesamt | 107,0 | 8,4 | 16,1 | 35,0 | 166,5 | — 309,2 | 25,2 | 116,9 | — | 0,6 | 0 |

| | | | | | | | | | | | | |
|---|---|---|---|---|---|---|---|---|---|---|---|---|
| Amortisation | | 24,5 | 2,5 | 1,8 | 16,1 | 44,9 | – 44,9 | – | – | – | – | 0 |
| Arbeitslohn | | 138,8 | 25,7 | 15,7 | 45,9 | 226,1 | – 226,1 | – | – | – | – | 0 |
| Reineinkommen | | 94,3 | 1,9 | 6,7 | 86,5 | 189,4 | – 189,4 | – | – | – | – | 0 |
| Verteilung des Realisierungs-fonds des Endprodukts | | – | – | – | – | – | – | – 92,1 | – 298,0 | – 289,0 | – 90,5 | – 769,6 |
| Insgesamt | | 603,8 | 64,4 | 51,7 | 280,1 | 1000,0 | – 769,6 | 0 | – 0 | 0 | 0 | 230,4 |
| Produktions-grundfonds | Industrie | 100 | 7 | 26 | 57 | 190 | | | | | | |
| | Bauwesen | 202 | + | 11 | 235 | 448 | | | | | | |
| | Land-wirtschaft | 1 | + | 11 | + | 12 | | | | | | |
| | Insgesamt | 303 | 7 | 48 | 292 | 650 | | | | | | |

* Die Bilanz der Produktionsgrundfonds beruht auf korrigierten Daten, die das Wachstum der Fondsintensität in der ersten Hälfte der sechziger Jahre in der gesamten Volkswirtschaft der UdSSR berücksichtigen. Im Jahre 1960 unterschied sich das einheitliche Normativ der Fondsintensität in der Karelischen ASSR praktisch nicht von demselben Normativ in der Volkswirtschaft insgesamt.

Nomenklatur der synthetischen Verflechtungsbilanz eine direkte gemeinsame Lösung des Gesamtsystems der Bilanzgleichungen ausschließt, der Verstärkungskoeffizient dieses „Effekts" im zwischenregionalen Modell genau gleich der Anzahl der im Modell unterschiedenen Regionen ist.

Um diese Schwierigkeit zu überwinden, muß unserer Ansicht nach wiederum eine Iterationsmethode angewendet werden. Sie kann das Produktionsvolumen in jedem der Regionsblöcke mit dem gesamten Bedarf an dieser Produktion, der im ganzen zwischenregionalen System des Landes besteht, koordinieren.

Der Iterationsalgorithmus kann auf der Einteilung des volkswirtschaftlichen Gesamtsystems in zwei Teile beruhen – in die jeweilige Wirtschaftsregion einerseits und die Gesamtheit aller übrigen Regionen andererseits. Dabei geht nach jeder Berechnungsetappe die betrachtete Region in die Gesamtheit der „übrigen" ein, und eine andere Region, die in der vorhergehenden Etappe zu den „übrigen" gehörte, nimmt ihre Stelle ein.

Die Vorwärtsbewegung des Prozesses wird dabei durch die schrittweise Präzisierung der Kennziffern für die Warenproduktion in den Regionsblöcken auf der Grundlage eines Vergleichs dieser Kennziffern mit dem summierten Zwischen- und Endbedarf an den jeweiligen Produkten gesichert. Es versteht sich von selbst, daß bei der Berechnung des Produktionsprogramms der Zweige jeder Region in das Modell Beschränkungen sowohl für die Produktionsgrundfonds als auch für die Ressourcen an lebendiger Arbeit eingeführt werden müssen.

Tabelle 42 zeigt die Verflechtungsbilanz der Volkswirtschaft der Karelischen ASSR. Ein Vergleich dieser Bilanz mit der Verflechtungsbilanz der UdSSR, die in Tabelle 31 angegeben wurde, charakterisiert die Wirtschaft der Karelischen ASSR deutlich als ein offenes System. Fast ein Drittel des in der Republik erzeugten gesellschaftlichen Produkts (289 : 1000) wird über die Grenzen dieser Region hinaus geliefert, während etwa ein Drittel des laufenden materiellen Aufwands, der für die Erzeugung des Gesamtprodukts benötigt wird

$$(166{,}5 : (373{,}1 + 166{,}5)),$$

aus anderen Regionen des Landes eingeführt wird. Zu einem Drittel wird auch der innerregionale Endbedarf durch die Einfuhr gedeckt (142,7 : (92,1 + 298,0 + 90,5)). Dessenungeachtet bildet der Produktionskomplex der Karelischen ASSR ein voll ausgebildetes, selbständiges ökonomisches Teilsystem, dessen Entwicklung vor der Einbeziehung in den globalen Iterationsprozeß auf autonomer Basis geplant werden kann.

Das bildete die Grundlage für die Durchführung einer Serie von experimentellen Berechnungen zur Aufstellung eines optimalen mittelfristigen Entwicklungsplans für die Volkswirtschaft Kareliens.[52] Als Effektivitätskriterium dieses Plans wurde das Maximum des im gesamten Planzeitraum realisierten aktiven Zahlungssaldos der Republik bei der Verrechnung der gegenseitigen Produktionslieferungen mit allen anderen Regionen des Landes gewählt. Als obligatorische Auflagen wurden im Plan festgelegt: die minimalen Volumina der nichtproduktiven Konsumtion innerhalb der Region in jedem Jahr des Planzeitraums sowie die minimalen Warenlieferungen in die anderen Regionen des Landes. Die Kennziffern des Produktionsprogramms für die Zweige der Region, die Kennziffern für die Investitionen und die Einfuhr sowie die entsprechenden Kennziffern der zwischenzweiglichen Wechselbeziehungen innerhalb der Republik wurden als Ergebnisse der Lösung einer Aufgabe bestimmt, bei deren Formulierung die unbegrenzte Kapazität der „übrigen Regionen des Landes“ sowohl als Zulieferer als auch als Abnehmer der Warenproduktion Kareliens angenommen wurde. Das bedeutet, daß die anderen Regionen immer imstande sind, „außerplanmäßige“ Überschüsse aufzunehmen, wie hoch auch immer die Übererfüllung der Planauflagen für die Ausfuhr in diese Regionen sein möge.

Andererseits wurden auch die Möglichkeiten der Einfuhr von Brennstoff- und Rohstoffmengen zur Befriedigung des laufenden technologischen Bedarfs sowie der Einfuhr von Ausrüstungen für Investitionsvorhaben nicht begrenzt.

Natürlich können Ergebnisse, die mit Hilfe derartiger Annahmen gewonnen worden sind, nur als eine gewisse Annäherung an die endgültige Lösungsvariante angesehen werden. Diese letztere muß mit den Produktions- und „Aufnahme"möglichkeiten der anderen Regionen des Landes koordiniert sein. Dabei ist die Tatsache zu berücksichtigen, daß absolut dieselbe Berechnung auch für jede der „übrigen" Regionen des Landes einzeln und ebenfalls auf autonomer Grundlage vorgenommen werden kann. Die Berechnung optimaler perspektivischer Entwicklungsvarianten für die Wirtschaft der einzelnen Regionen kann also den Ausgangspunkt für einen viele Schritte umfassenden Prozeß bilden, in dem die Kennziffern der territorialen Aufschlüsselung des Volkswirtschaftsplans wechselseitig verknüpft werden, einen Prozeß, der seiner Natur nach iterativen Charakter besitzt.

Die Möglichkeiten, Iterationsmethoden und Blockstrukturen bei der territorialen Planung zu benutzen, sind damit jedoch nicht erschöpft.[53] Vor allem für regionale Berechnungen kann die Methode der Zerlegung der regionalen Verflechtungsbilanz in Blöcke benutzt werden. Dabei zerfällt jeder Block der synthetischen Bilanz in so viel verschiedene Teile, wie Regionen in der regionalen Klassifikation des Modells unterschieden werden.

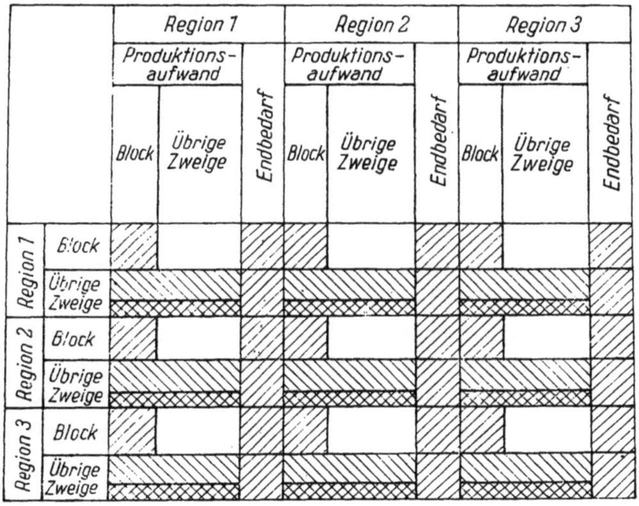


Abb. 12. Prinzipielles Schema der zwischenzweiglichen Aufschlüsselung eines einzelnen Blocks der Verflechtungsbilanz der Volkswirtschaft (nach Zweigen, die Arbeitsgegenstände produzieren)

Das prinzipielle Schema einer zwischenregionalen Aufschlüsselung eines einzelnen Blocks der Verflechtungsbilanz wird ausgehend von einem drei Regionen umfassenden Modell (Abb. 12) angegeben. Eng schraffiert sind jene Teile der Tabelle, die am dichtesten mit Kennziffern ausgefüllt werden. Das sind die Abschnitte, deren Kennziffern folgende Erscheinungen charakterisieren: die Nutzung der Produktion für die Befriedigung des Endbedarfs jeder der Regionen; die zwischenregionale Verteilung der Produkte, die von den Zweigen des betrachteten Blocks produziert werden; die zwischenregionale und zwischenzweigliche Verteilung der Produktion jener Zweige, die in der Verflechtungsbilanz „die längsten Zeilen" besitzen (Elektroenergetik, Transportwesen, Fernmeldewesen usw.). In einer Richtung schraffiert sind die weniger dicht ausgefüllten Abschnitte der Bilanz. Die leeren Felder schließlich bezeichnen eine außerordentlich geringe Ausfüllung.

Das Schema zeigt, daß bei der Produktionsplanung in einer einzelnen Wirtschaftsregion auf autonomer Grundlage alle Vorzüge der Blockstruktur voll genutzt werden können, da die Lieferungen in Zweige desselben Blocks, deren Standorte in anderen Regionen liegen, als integrierte Bestandteile in die Planauflagen für die Warenproduktion des Blocks aufgenommen werden.

Die zwischenregionale Aufschlüsselung der synthetischen Verflechtungsbilanz der Volkswirtschaft kann mit verschiedenem Detailliertheitsgrad erfolgen. Da jedoch die Fragen einer rationellen Einteilung des Territoriums des Landes in relativ selbständige Wirtschaftsregionen in die Kompetenz der Wirtschaftsgeographie fällt, werden wir diese Fragen hier nicht behandeln. Wir beschränken uns daher auf die Bemerkung, daß vom Gesichtspunkt der hier behandelten Probleme die Verflechtungsbilanz der Volkswirtschaft ein territoriales Analogon des Einprodukt-Modells darstellt, das wir für die Berechnung der optimalen synthetischen Entwicklungskennziffern der Volkswirtschaft für die langfristige Perspektive benutzt haben.

Das synthetische Verflechtungsmodell kann völlig begründet als ein einregionales Modell interpretiert werden, ein Ergebnis der äußersten Aggregation der Information über die zwischenregionalen Beziehungen in der Volkswirtschaft. Die Unterscheidung von mindestens zwei Regionen in diesem Modell führt unvermeidlich zur Notwendigkeit, die synthetische Volkswirtschaftsbilanz und ihre zwischenregionale Aufschlüsselung wechselseitig zu koordinieren. Und hier kann mit gewissen, der qualitativen Spezifik der Aufgabe geschuldeten Modifikationen der gleiche Iterationsalgorithmus angewendet werden, der von seinem Ausgangsprinzip als auch von seiner Zielstellung her für die wechselseitige Koordinierung von Informationssystemen bestimmt ist, die zu verschiedenen hierarchischen Ebenen gehören.

### *Effektive Entscheidungen auf mikroökonomischer Ebene und ihre Koordinierung mit dem globalen Modell des volkswirtschaftlichen Systems*

Auf der untersten Ebene der hierarchischen Informationspyramide, die die Produktionsbeziehungen der Volkswirtschaft widerspiegelt, befinden sich die Angaben über die einzelnen Produktionsbetriebe und ihre Vereinigungen. Die effektive Lösung der Produktionsaufgaben dieser Ebene mit Hilfe mathematischer Optimierungsmethoden ist für die Volkswirtschaft von großer Bedeutung. Eine besonders dringende Aufgabe ist die Suche nach produktiven Methoden der Koordinierung von Entscheidungen, die lokal auf der mikroökonomischen Ebene gefällt werden, mit den Planungsergebnissen der makroökonomischen Ebene.[54]

Von Interesse sind in diesem Zusammenhang die Arbeiten von A. G. Aganbegjan, K. A. Bagrinovskij, M. G. Zavel'skij und anderen. So haben A. G. Aganbegjan und K. A. Bagrinovskij versucht, in allgemeiner mathematischer Form ein theoretisches Modell zu entwickeln, in dem die lokalen Aufgaben unter der Bedingung einer zentralisierten Kontingentierung der globalen volkswirtschaftlichen Ressourcen gelöst werden.[55] M. G. Zavel'skij konstruiert ein Modellsystem, das schrittweise aufgeschlüsselt wird und in dem eine direkte und eine rückläufige Beziehung zwischen den Ergebnissen der Berechnungen einer effektiven produktionstechnologischen und stofflichen Struktur der einzelnen Produktionskomplexe sowie der Entwicklungspläne der entsprechenden Zweige einerseits und den Produktionsplänen der diese Komplexe bildenden Betriebe andererseits hergestellt wird. Eine eigene Variante eines derartigen Modellsystems hat auch A. G. Aganbegjan vorgeschlagen.[56] Für beide Systeme ist charakteristisch, daß die Aufschlüsselung des Informationssystems etappenweise erfolgt und daß es doppelt gegliedert ist – nach dem Produktions- und dem Territorialaspekt.

Die Vorzüge einer etappenweisen Aufgabenstellung charakterisiert A. G. Aganbegjan folgendermaßen: „Das optimale zwischenregionale Modell berücksichtigt eine Reihe von Faktoren, Bedingungen und Freiheitsparametern, die es in expliziter Form im dynamischen Verflechtungsmodell nicht gibt". Weiter schreibt er: „Das, was im dynamischen Verflechtungsmodell als Zielfunktion in Erscheinung tritt, bildet in der optimalen zwischenregionalen Aufgabe die wichtigste Beschränkung." Was die Modelle der Zweigplanung betrifft, so ist es seiner Meinung nach „zweckmäßig, die Zweige mit wechselseitig austauschbarer Produktion in einem einheitlichen Zweig-Block zu betrachten, weil die genannte

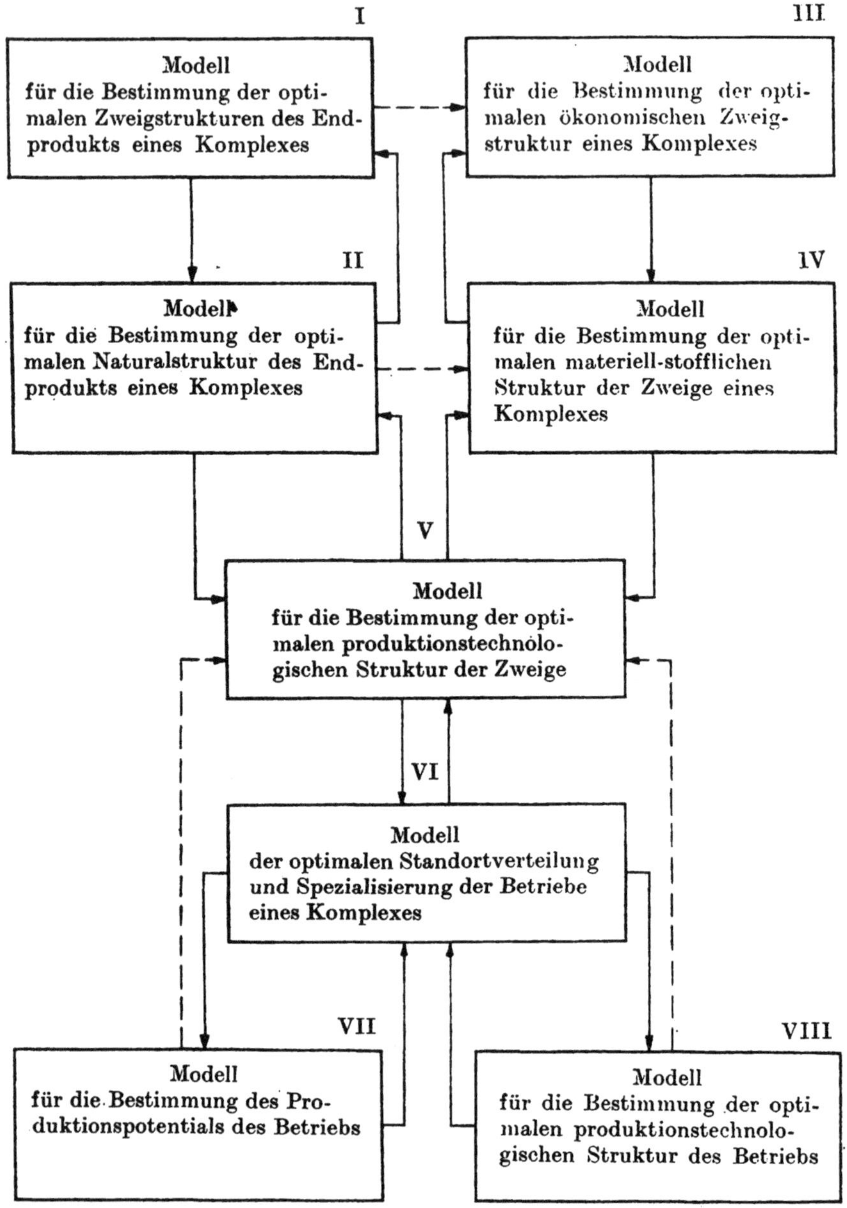


Abb. 13

**Schema für die Ausarbeitung eines optimalen Plans, vorgeschlagen von M. G. Zavel'skij**

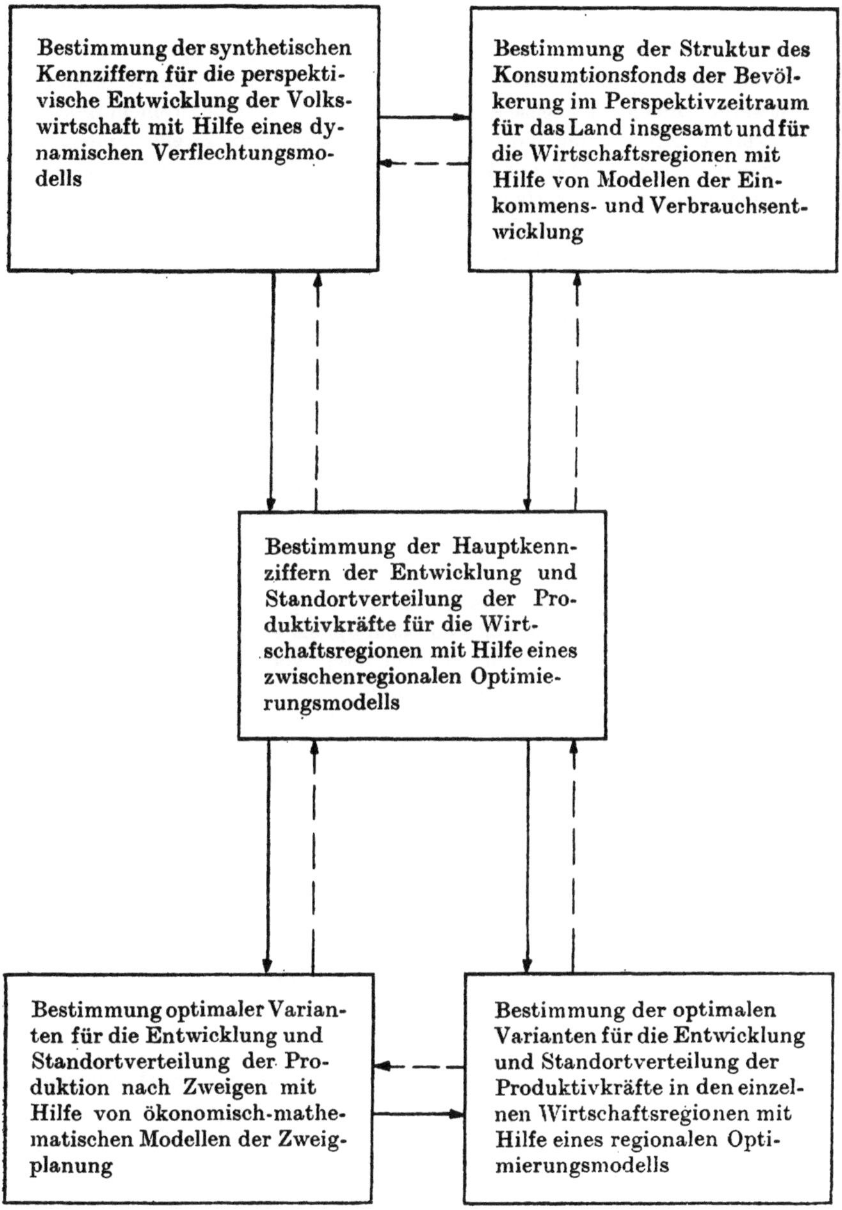


Abb. 14

Schema für die Ausarbeitung eines optimalen Volkswirtschaftsplans, vorgeschlagen von A. G. Aganbegjan wechselseitige Austauschbarkeit der Produkte im dynamischen Verflechtungsmodell und im zwischenregionalen Modell nicht berücksichtigt worden ist ... Die Zweigaufgaben dürfen nicht aufgegliedert, sie müssen vielmehr zusammengefaßt werden, indem die wechselseitig austauschbaren Modelle zu einem Block vereinigt werden. Mit anderen Worten, es ist zweckmäßig, die Zweigaufgaben möglichst geschlossen gegenüber der Volkswirtschaft als Ganzem zu konstruieren"[57].

Ein methodologisches Verfahren, das es ermöglicht, bei der Lösung von Produktionsaufgaben großen Maßstabs hinreichend schnell und zuverlässig gute Annäherung an das ökonomische Optimum zu erzielen, ist von V. F. Pugačov entwickelt worden. Sein Herangehen an das Problem der Aggregation und Desaggregation „... ist mit der unmittelbaren Nutzung der Substituierbarkeit der Ressourcen in der Produktion und der Ausdehnung dieses Prinzips auf alle Stufen der Wirtschaftsleitung verbunden; die Grundlage für eine solche erweiterte Anwendung der Substituierbarkeit in der Produktion bildet die Approximation (d. h. die angenäherte Beschreibung – V. D.) der Wirtschaftsobjekte mit Hilfe einer linearen Beschränkung ... Unter bestimmten Voraussetzungen ermöglicht das Approximationsschema der mehrstufigen Optimierung, eine umkehrbare Aggregation der Ressourcen vorzunehmen und gleichzeitig die inneren Beschränkungen der unteren Wirtschaftsobjekte zu verringern („abzutrennen") ..."[58].

Es ist leicht zu sehen, daß ein nach diesem Prinzip aufgebautes System für die Bildung der Kennziffern des Volkswirtschaftsplans streng der Forderung entspricht, die Planung hierarchisch, „schichtweise" vorzunehmen, ohne daß sich zwei durch eine dritte voneinander getrennte Ebenen berühren. Außer Zweifel steht auch, daß dieses Berechnungssystem sehr leicht an das auf der wirtschaftlichen Rechnungsführung beruhende System der Planung und Leitung der Produktion angepaßt werden kann. Eine experimentelle Überprüfung, die anhand von Daten der Zellulose- und Papierindustrie durchgeführt worden ist, zeigte die praktische Effektivität des Approximationschemas der Produktionsplanung im Zweig.

Der optimale Plan der Zellulose- und Papierindustrie war dabei darauf ausgerichtet, eine rationelle Auslastung der Produktionsausrüstung, und zwar in erster Linie der Papiermaschinen, zu gewährleisten. V. F. Pugačov, der die Ergebnisse der Lösung der Aufgabe kommentierte, unterstrich, „daß sich bei der Lösung der Aufgaben zur Optimierung der Maschinenauslastung automatisch auch eine rationellere Spezialisierung ergibt"[59].

Die ganze umfassende Menge der ökonomisch-mathematischen Modelle, die dazu bestimmt sind, auf der Ebene der Betriebe und der Produktionszweigvereinigungen effektive Entscheidungen zu fällen, kann entsprechend der Zweigspezifik der modellierten Produktionen gegliedert werden. Dann können innerhalb dieser Menge mindestens folgende Modellgruppen unterschieden werden:

Modelle der Produktionsplanung in der Industrie, einschließlich der Industrie mit diskreter Technologie (Maschinenbau und übrige

Zweige)[60] und der Industrie mit kontinuierlicher Technologie (Chemieindustrie, Erdölverarbeitung u. a.).[61]

Modelle der Produktionsplanung im Bauwesen, einschließlich der industriellen Baubetriebe vom Typ der Wohnungsbaukombinate.[62]

Modelle der Produktionsplanung in der Landwirtschaft, darunter im Pflanzenbau[63], in der Viehwirtschaft[64] und im Maschinen- und Traktorenpark.[65]

Modelle der optimalen Planung der Arbeit des Transportwesens[66] und Modelle der optimalen Organisation und Planung im Handel, im Gaststättenwesen, in der materiell-technischen Versorgung und in den übrigen Zweigen der Volkswirtschaft.[67]

Dies alles zeigt, daß die mathematische Ökonomie bereits ein ausreichendes methodisches Potential gesammelt hat, um das ganze System der unteren Produktionsplanung auf eine ökonomisch-mathematische Grundlage zu stellen. Bei der Planung der landwirtschaftlichen Produktion können z. B. folgende Aufgaben gelöst werden.

*Allgemeine Zweigaufgaben*

optimale Standortverteilung der Landwirtschaftsbetriebe innerhalb einer Klimazone;

Optimierung des Staatsplans für den Aufkauf von landwirtschaftlichen Produkten;

Berechnung der optimalen Verteilung der Mineraldünger auf einzelne Betriebe;

Bestimmung der optimalen Struktur des Auto- und Traktorenparks für eine Klimazone.

*Innerbetriebliche Aufgaben:*

Bestimmung der optimalen Spezialisierung der Kolchosen und Sowchosen;

die Aufstellung von optimalen Entwicklungsplänen für den Ackerbau;

die Berechnung der optimalen Futterrationen für das Vieh;

die Aufstellung von optimalen Entwicklungsplänen für die Viehwirtschaft;

die Optimierung der Standortverteilung von Produktionsbauten auf dem Territorium eines Betriebes;

die Bestimmung der optimalen Variante für die Nutzung des Maschinen- und Traktorenparks im Betrieb;

die Aufstellung eines optimalen Plans für die komplexe Mechanisierung der landwirtschaftlichen Arbeiten;

die Berechnung eines optimalen Schemas für die innerbetrieblichen Transporte.[68]

Wie sieht nun das System aus, durch das die Modelle, die für das Auffinden möglichst effektiver Entscheidungen auf allen Ebenen der Wirtschaftstätigkeit bestimmt sind, miteinander verknüpft werden? Und welches sind die Mittel, die die Informationskonvergenz dieser Entscheidungen gewährleisten?

Wir überlassen es dem Leser, unseren Standpunkt zur Lösung dieser Probleme anhand des Schemas 15 zu beurteilen. Zum Schema selbst gestatten wir uns folgende Erläuterungen.

Vor allem gliedert sich das Schema, das eine gewisse geschlossene Einheit darstellt, in drei wechselseitig verbundene Teile. Sie bilden den nordwestlichen, den nordöstlichen und den südlichen Sektor im Koordinatensystem der Darstellung.

Der nordwestliche Sektor, der die Blöcke 1 bis 15 umfaßt, enthält den makroökonomischen Komplex von Modellen, in denen das Volkswirtschaftssystem als Ganzes Objekt der Beschreibung ist; im nordöstlichen Sektor (die Blöcke 16 bis 27) befinden sich die regionalen Modelle der Wirtschaft und im südlichen Sektor (die Blöcke 30, 36 sowie 39 bis 41) die Modelle der untersten Produktionsebene. An der Grenze zwischen dem makroökonomischen Sektor und dem Modellkomplex der unteren Ebenen liegen die Blöcke 37 und 38, an der Grenze zwischen dem nordöstlichen und dem südlichen Sektor schließlich befinden sich die Blöcke 28 und 29.

Durch gestrichelte Pfeile sind die Rückkopplungen im Modellsystem gekennzeichnet. Ein Teil dieser Rückkopplungen entsteht an jenen Verbindungsstellen des Systems, wo die Ergebnisse der Entscheidungen miteinander koordiniert werden, die auf den verschiedenen hierarchischen Ebenen gefällt und folglich in Termini ausgedrückt werden, die in unterschiedlichem Maße detailliert sind. Das betrifft die Rückkopplungen zwischen den Blöcken 6 und 2 (über Block 7), zwisch 11 und 5 (über 14), 12 und 5 (über 15), 21 und 17 (über 22), 25 und 20 (über 26) und schließlich zwischen 25 und 11 (über 27).

Eine andere Gruppe von Rückkopplungen wird zwischen Blöcken hergestellt, die in verschiedenen Sektoren des Systems liegen. Sie müssen ausführlicher behandelt werden.

Es geht darum, das Schema so aufzubauen, daß die Ausgangsentscheidungen in jedem Sektor anfänglich parallel und voneinander unabhängig getroffen werden. Die Ausarbeitung eines optimalen Programms für das Wachstum der gesamten Volkswirtschaft, das dann schrittweise aufgeschlüsselt wird $\left(2 \rightarrow 5 \genfrac{}{}{0pt}{}{\nearrow 9}{\searrow 10}\right)$, erfolgt gleichzeitig mit der Ausarbeitung eben solcher Programme in *jeder* Wirtschaftsregion im einzelnen (17 → 20 → 24). Und dies hindert seinerseits die einzelnen Produktionsbetriebe (die Vereinigungen oder auch noch größere Gliederungen) nicht daran, eigene Berechnungen zur Bestimmung der effektivsten (für sie – rentabelsten) Varianten des Produktionsplans anzustellen. Diese Varianten bilden dann die Grundlage für die primären Zweigplanentwürfe, die als Vorschläge an die übergeordnete Ebene des Apparats der Wirtschaftsleitung übergeben werden. Die Endergebnisse der komplizierten schrittweisen Berechnungen

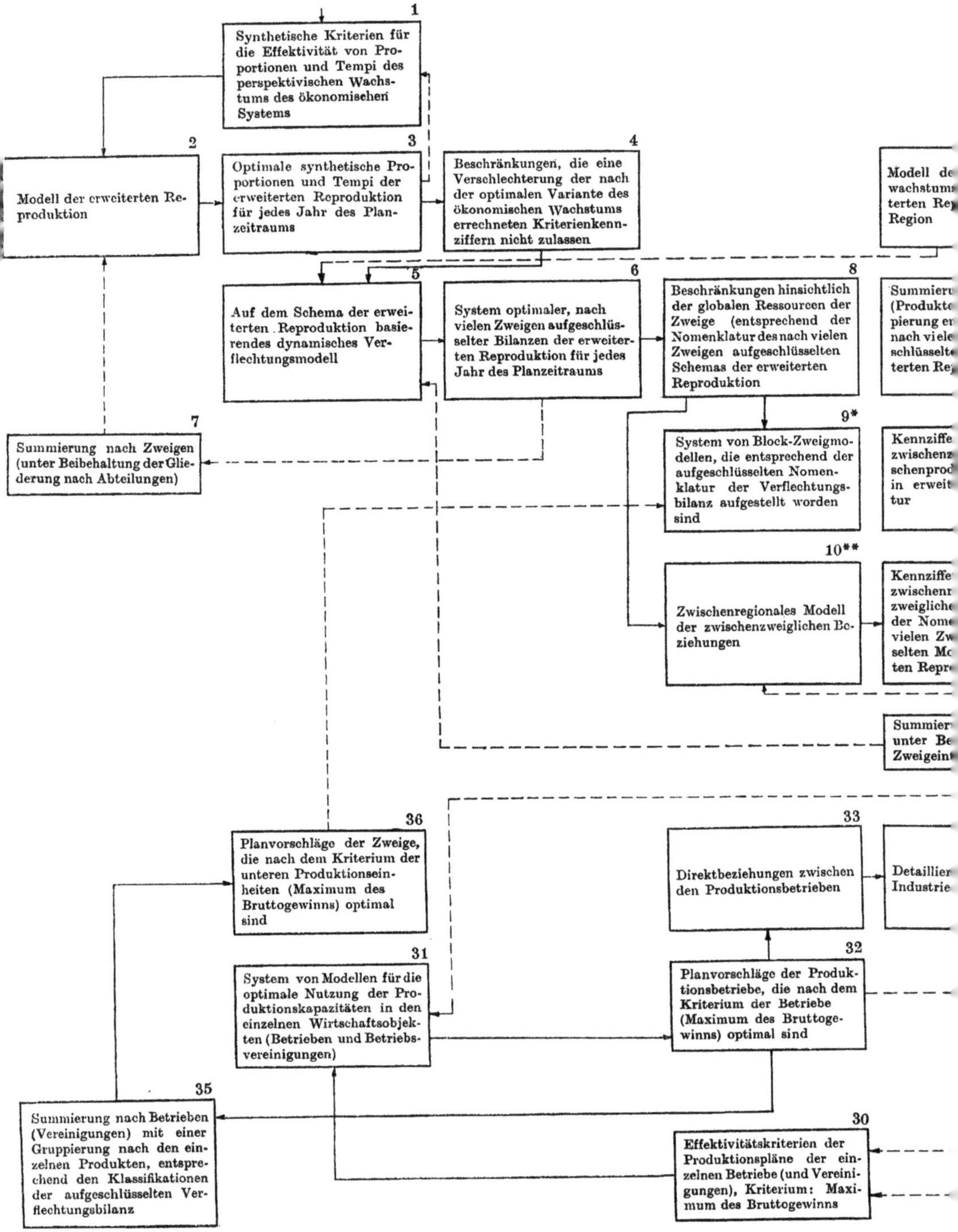


Abb. 15

Allgemeines Schema der wechselseitigen Verknüpfung der Modelle für die Bestimmung effektiver Varianten wirtschaftlicher Entscheidungen

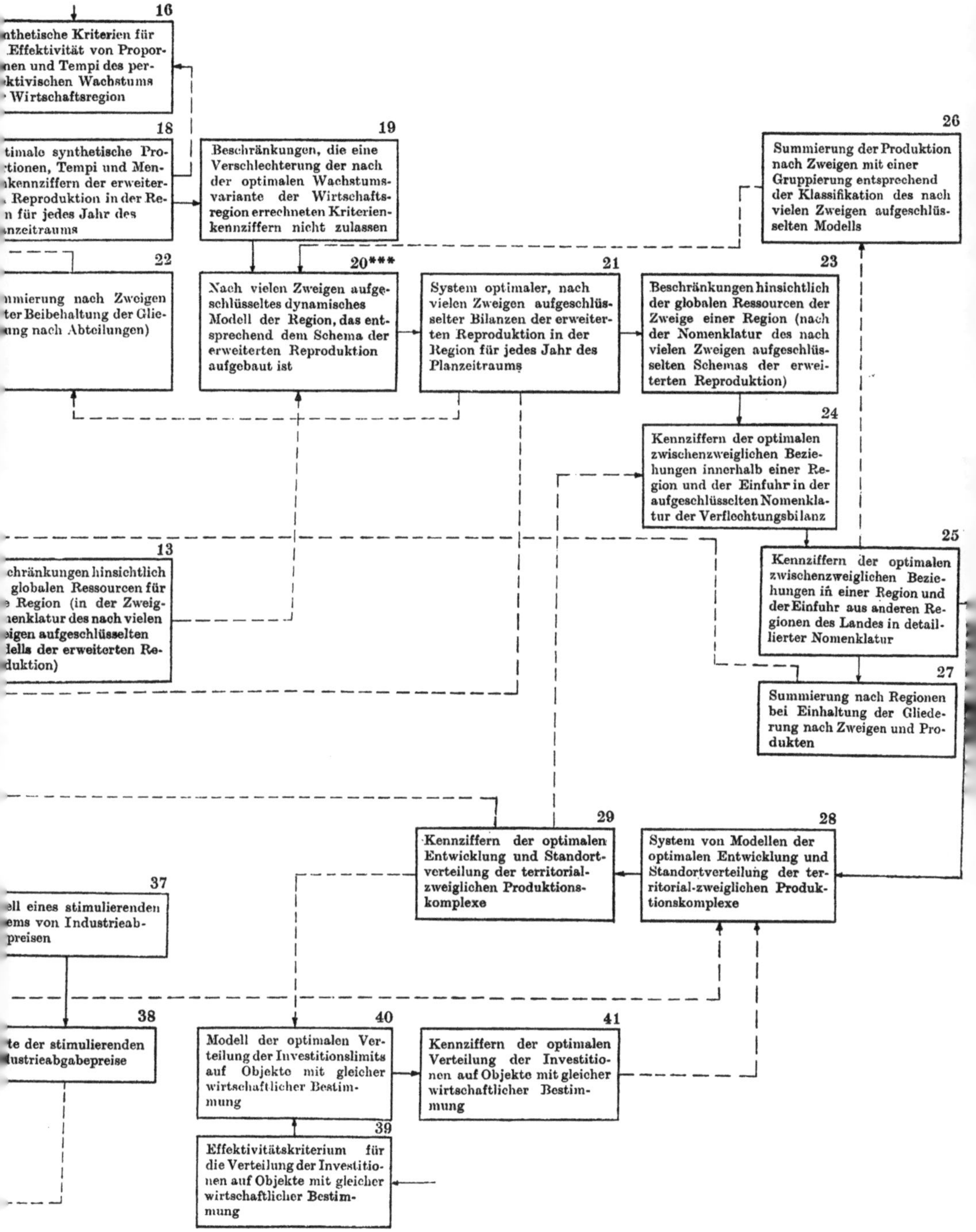


gsebenen der Volkswirtschaft

müssen jedoch vollständig miteinander abgestimmt sein. Deshalb werden in den verschiedenen Ausarbeitungsstadien der drei zunächst unabhängigen Aspekte des einheitlichen Programms effektiver Wirtschaftsentscheidungen Koordinationsverbindungen zwischen ihnen hergestellt. Diese Funktionen übernehmen in dem vorgeschlagenen Schema die Verbindungen zwischen folgenden Blöcken: 13 → 20, 21 → 10, 29 → 24, 38 → 30, 36 → 9, 29 → 31, 29 → 40, 32 → 28, und 41 → 28.

Die Lösung der Aufgabe in Block 10 ermöglicht es, die Kennziffern für das Produktionsprogramm der aggregierten Zweige nach Wirtschaftsregionen festzulegen sowie die Volumina der limitierten Ressourcen zu bestimmen, die jeder Region zur Erfüllung dieses Programms zur Verfügung gestellt werden. Es ist klar, daß die unabhängig von diesen Berechnungen aufgestellten eigenen Entwicklungspläne der Regionen die zwischenregionale Verteilung der Produktionsressourcen berücksichtigen müssen und daher einer Korrektur zu unterziehen sind. Dies wird durch die Einführung der Kennziffern des Blocks 13 in das Modellsystem 20 erreicht.

Andererseits bilden die Ergebnisse der Planung der zwischenzweiglichen Entwicklung in jeder Region die Basis für eine Korrektur des einheitlichen zwischenregionalen Volkswirtschaftsmodells. Diese Aufgabe wird gelöst, indem die Kennziffern des Blocks 21 in das Modell 10 eingeführt werden. Damit wird der Zyklus der sich gegenseitig korrigierenden Berechnungen auf dieser Ebene abgeschlossen.

Zwei Gruppen der im Schema dargestellten autonomen Berechnungen erfolgen außerhalb des Systems der etappenweisen Detaillierung der synthetischen Kennziffern des ökonomischen Systems. Dies betrifft die Festlegung der optimalen Entwicklunsgvarianten der einzelnen territorialen Zweigkomplexe (28–29) und die Verteilung der festgelegten Investitionslimits auf die Objekte mit gleicher wirtschaftlicher Bestimmung (39–41)[69]. Die Ergebnisse dieser Berechnungen müssen ungeachtet ihres relativ unabhängigen, autonomen Charakters ebenso durch das einheitliche Planungssystem absorbiert werden, wie das für die Ergebnisse jeder anderen Berechnung gilt, deren Ziel es ist, ein Rezept für die Erzielung eines maximalen ökonomischen Effekts auszuarbeiten.

Nicht ganz ohne direkten Einfluß auf den Charakter der optimalen Nutzungsvariante der Produktionskapazitäten der Betriebe (32) kann das optimale Schema der Entwicklung und Standortverteilung der territorialen Zweigkomplexe (29) bleiben, denn die Aufgaben, die im Block 28 gelöst werden, sehen neben allem anderen auch vor, daß Angaben über die zweckmäßigste Aufteilung des Produktionsprogramms des Komplexes auf die Betriebe gewonnen werden (vgl. 29 → 31). Andererseits müssen bei der Planung der Produktionskomplexe (28) zweifellos die unmittelbaren materiellen Interessen der zu den Komplexen gehörenden Betriebe berücksichtigt werden. Daraus ergibt sich die Verbindung 32 → 28, die diesen Berechnungszyklus abschließt. Wenden wir analoge Überlegungen auf Objekte an, die sich im Stadium der Projektierung befinden, so kommen wir zum Zyklus 29 → 40 → 41 → 28 → 29.

Bei der Aufstellung des Produktionsprogramms der Zweige in vollständig aufgeschlüsselter Nomenklatur (Block 9) dürfen die materiellen Interessen der lokalen Einheiten (Verbindung 39 → 9) nicht ignoriert werden. Andererseits muß das

Programm für den Produktionsausstoß, das auf Grund von volkswirtschaftlichen Kriterien ausgearbeitet wird, durch ein entsprechendes System von Preisen (11 → 37) stimuliert werden. Diese in das Effektivitätskriterium der Wirtschaftsentscheidungen der unteren Produktionseinheiten eingeführten Preise bestimmen auch den Grad der Übereinstimmung zwischen den Planvorschlägen der Betriebe (36) und dem Produktionsprogramm, das für die Gesamtheit dieser Betriebe vorgesehen ist (11). So wird ein großer und zugleich sehr wichtiger Zyklus abgeschlossen: 32 → 35 → 9 → 11 → 37 → 38 → 30 → 31 → 32. Innerhalb dieses Zyklus schließt sich auch die Kette eines kleineren Zyklus, dessen Inhalt leicht aus dem Schema abzulesen ist: 32 → 33 → 34 → 30 → 31 → 32.[70]

Eine besondere Behandlung verdienen die „Kriterienzyklen" 1 → 2 → 3 → 1 und 16 → 17 → 18 → 16 sowie das Fehlen eines solchen Zyklus im Block 39.

In Kapitel 2 und 3 haben wir gesehen, daß sowohl das Kriterium 1 als auch das Kriterium 16 nicht nur ausgehend von rein ökonomischen Faktoren ausgewählt werden, obwohl die dem Kriterium 16 zugrunde liegenden Überlegungen nicht einmal volkswirtschaftlicher Natur sind. Unter sonst gleichen Voraussetzungen heißt das, daß sich nicht jede Lösung der Aufgaben in den Blöcken 2 und 17 als befriedigend vom Standpunkt eben jener außerökonomischen Forderungen erweisen muß, die in den Formulierungen der Kriterien 1 und 16 nicht unmittelbar zum Ausdruck kommen. Unter diesen Bedingungen ist eine Korrektur der erhaltenen Lösung das einzige Mittel, um diese nichtformalisierbaren Forderungen zu erfüllen. Vom Standpunkt der formalisierten rein ökonomischen Kriterien 1 und 16 ist das gleichbedeutend mit ihrer Ersetzung. Daher wurden von den Blöcken 3 und 18 Rückkopplungen zu den Zielfunktionen 1 und 16 hergestellt.

Das Fehlen eines derartigen Rückkoppplungskanals in Block 39 erklärt sich aus dem universellen Charakter des hier angewendeten Kriteriums für die Qualität der Planentscheidung. Die Auswahl der Variante für die Investitionen in Objekte mit gleicher wirtschaftlicher Bestimmung erweist sich in jedem Falle als um so effektiver, je größer der Zuwachs der gesamten Produktionskapazität für die projektierten Objekte insgesamt ist, der bei gegebenem Investitionslimit durch diese Variante gewährleistet wird. Offensichtlich kann dasselbe mit bestimmten Einschränkungen, die sich aus der Betrachtung des Problems der Kriterien im ersten Teil des Buches ergeben, auch von den Kriterien gesagt werden, die in die Blöcke 5, 9, 10, 20, 24 und 28 eingeführt werden.

Das Berechnungssystem, das in Schema 15 dargestellt wird, beruht auf dem zyklischen Prinzip. Insgesamt enthält es 11 Zyklen, die in Schema 16 beschrieben werden. So ist zum Beispiel der erste Zyklus (Block A) 1 → 2 → 3 → 1* mit der Auswahl des synthetischen Kriteriums in Block 1 verbunden (das Sternchen bezeichnet die Endlösung im jeweiligen Zyklus). Durch die Einführung des Kriteriums 1 in Block 2 (diagonaler Pfeil innerhalb des Blocks A im Schema) wird die Ermittlung der Kennziffern 3 und der Beschränkungen 4 gewährleistet, die ihrerseits in das Modell 5 eingeführt werden. Dies ergibt am Ausgang dieses Zyklus das Kennziffernsystem 6 (s. Verbindung AB im Schema), mit dem dann der zweite Zyklus beginnt, usw. Das übrige wird aus einer Betrachtung des Block-

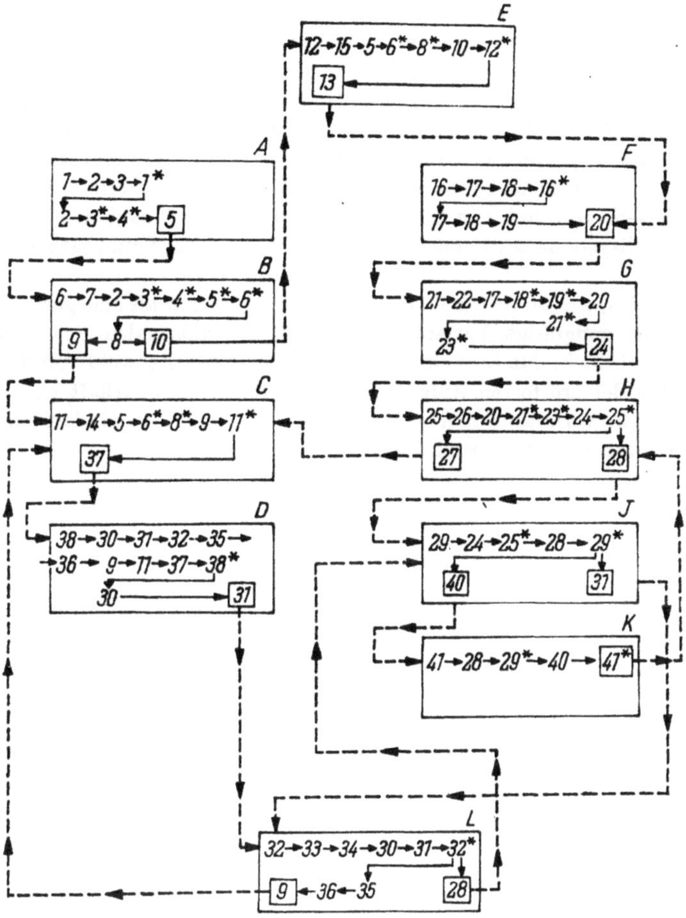


Abb. 16. Blockschema der Wechselbeziehung zwischen den Berechnungszyklen im Modellsystem der optimalen Wirtschaftsplanung

schemas (s. Abb. 16) hinreichend klar (in Quadrate eingefaßt sind die Ausgänge aus den Blöcken).

Sechs der elf Berechnungszyklen bilden ihrerseits vier Metazyklen:

1. C D L C.
2. H J K H.
3. C D L J K H C.
4. J L J.

Berücksichtigt man, daß zur vollständigen Koordinierung der Wirtschaftsentscheidungen, die auf allen Ebenen des Leitungssystems der gesellschaftlichen Produktion gefällt werden, jeder Zyklus (und ebenso jeder Metazyklus) oftmals wiederholt werden muß, wird klar, daß eine der wichtigsten Bedingungen fül die Realisierung des Schemas darin besteht, die Rechen- und Koordinierungsoperationen mit überaus großer Geschwindigkeit auszuführen. Dies ist nur mit modernen elektronischen Datenverarbeitungsanlagen möglich und manuell völlig undenkbar. Für die Lösung eben solcher in ihrem Umfang globaler Aufgaben ist das einheitliche staatliche Netz von Rechenzentren bestimmt, das seit Anfang der sechziger Jahre in unserem Lande projektiert wird. Die Effektivität dieses Netzes wird entscheidend durch den Charakter und die innere funktionale Verknüpfung des Modellsystems bestimmt werden, das durch dieses Netz bearbeitet wird.

Natürlich kann das, was im Schema dargestellt worden ist, nur als eine gewisse Annäherung an die endgültige Variante eines solchen funktionalen Schemas gelten. Wir meinen jedoch, daß dies eine bestimmte Vorstellung sowohl von der qualitativen Natur der erörterten Aufgabe als auch von ihrer wahrhaft phantastischen Dimension vermittelt und es außerdem ermöglicht, zumindest allgemeine Überlegungen über die Lösungswege zu entwickeln.

## *Anmerkungen zu Teil II*

### *Kapitel 5*

[1] Lehrbuch Politische Ökonomie Sozialismus, S. 232 (s. Anmerkung Fußn. 2, Teil I)

[2] Anfang der sechziger Jahre besaß das gesellschaftliche Produkt der UdSSR folgende materiell-stoffliche Struktur (in %):

| | |
|---|---|
| Zwischenprodukt | 50 |
| Endprodukt | 50 |
| Davon: | |
| Ersatz der Produktionsgrundfonds | 3* |
| Akkumulation von Produktionsgrundfonds | 4 |
| Konsumtion | 32 |
| Export | 2 |
| Ersatz und Akkumulation von Grundfonds der nichtproduktiven Sphäre sowie sonstige Bedürfnisse | 9 |

* Diese Größe ist von uns dem Amortisationsfonds gleichgesetzt worden.

Die volkswirtschaftliche Kalkulation des Werts des gesellschaftlichen Produkts hatte folgendes Aussehen:

| | |
|---|---|
| Laufende Produktionsaufwendungen | 51 |
| Davon: | |
| a) Produktion | 50 |
| b) Import | 1 |
| Amortisation | 3 |
| Nationaleinkommen | 46 |
| Davon: | |
| a) Lohnfonds der Werktätigen der materiellen Produktion | 24 |
| b) Reineinkommen der Gesellschaft | 22 |

[3] *А. И. Анчишкин, Ю. В. Яременко,* Темпы и пропорции экономического в развития, М. 1967, стр. 27.

[4] Vgl. ebenda S. 90. Eine detailliertere Analyse der Ursachen für diese Erscheinungen ist Gegenstand einer speziellen Betrachtung. Ein großer Schritt bei der Untersuchung des Problems der Proportionen und Tempi ist in dem bereits erwähnten Buch von A. I. Ančiškin und J. V. Jaremenko getan worden. Darin findet der Leser sowohl tiefgehende Schlußfolgerungen als auch ein strenges Herangehen an das Problem und eine gediegene empirische Basis, von der aus die Analyse vorgenommen wird.

[5] „In unserer ökonomischen Literatur fehlt ebenso wie in der Planungspraxis im Grunde eine Analyse des Einflusses, den die qualitative Seite der Arbeitsressourcen und die entsprechenden Aufwendungen auf das Wachstumstempo des Nationaleinkommens ausüben. Der einzige Versuch in dieser Richtung ist von S. G. Strumilin unternommen worden. Er errechnete, daß jedes Prozent Zunahme der Beschäftigtenzahl in der materiellen Produktion in den Jahren

1950 bis 1961 um etwa 20 bis 25% höher bewertet werden müßte, wenn man die Erhöhung des Qualifikationsniveaus berücksichtigt ... Interessante Berechnungen hat der amerikanische Ökonom F. Denison angestellt. Er kam zu der Schlußfolgerung, daß 23% des Zuwachses an Nationaleinkommen der USA in den Jahren 1929 bis 1957 das Ergebnis eines Erhöhung der Qualifikation der Arbeitskraft sind" (*А. И. Анчишкин, Ю. В. Яременко*, a. a. O. стр. 61–65).

6 Eine ganze Reihe von Erscheinungen der ökonomischen Wirklichkeit kann nicht mit der Wirkung irgendeines der aufgezählten Faktoren erklärt werden und wird infolge dieses Umstands sehr häufig als ein selbständiger Faktor des Wirtschaftswachstums unterschieden. Dazu gehört vor allem ein solcher Faktor wie die Dauer des Investitionsgeschehens in den verschiedenen Zweigen der Volkswirtschaft, besonders in der Industrie. Unserer Meinung nach können jedoch die Fristen des Investitionsgeschehens vollständig durch eine komplizierte Kombination der Gesamtwirkung der obengenannten Faktoren erklärt werden. Dessenungeachtet bestreiten wir nicht die Möglichkeit und Zweckmäßigkeit, diesen Faktor als einen eigenständig wirkenden zu unterscheiden, besonders in jenen Fällen, in denen sein Einfluß auf die Wachstumskennziffern hinreichend groß und daher direkt meßbar ist, wie dies leider bis heute in der UdSSR und einer Reihe anderer sozialistischer Länder vorkommt.

„Die Sache ist die", schreibt der polnische Ökonom M. Kalecki, „daß *bei einem gegebenem Tempo der Investitionen in irgendeinen Industriezweig die Anzahl der im Bau befindlichen Betriebe proportional der Dauer der Bautätigkeit ist* (Hervorhebung – V. D.). Bei langen Bauzeiten und einem hohen Wachstumstempo der Investitionen wächst die Menge der „Bauplätze" in einem solchen Grade, daß das vorhandene technisch-organisatorische Personal für die Bedienung dieser Baustellen nicht mehr ausreicht. Dadurch wird die Bauzeit noch weiter verlängert, und die Folge der übermäßigen Zahl von „Baustellen" ist nicht die schnelle Entwicklung des entsprechenden Industriezweiges, sondern ein Einfrieren der Mittel" (*М. Калецки*, Динамика капиталовложений и национального дохода в социалистическом хозяйстве, in: Очерки по теории социалистического воспроизводства и цен, Перевод с польского, Варшава 1964, стр. 278).

7 „Die Bilanzberechnungen über Umfang und Struktur der gesellschaftlichen Produktion für das Jahr 1970 nach Varianten mit einem unterschiedlichen Anteil der produktiven Akkumulation am Nationaleinkommen haben gezeigt, daß mit einer Vergrößerung des Anteils der Akkumulation von Produktionsgrundfonds am Nationaleinkommen eine Verringerung des Zuwachses an Nationaleinkommen je Rubel Akkumulation einhergeht ... Die rückläufige Abhängigkeit zwischen der Rate der produktiven Akkumulation und ihrer Effektivität ist vor allem dadurch bedingt, daß die Vergrößerung des spezifischen Anteils der produktiven Akkumulation eine solche Veränderung der Zweigstruktur der gesellschaftlichen Produktion nach sich zieht, bei der der Anteil der Zweige der Schwerindustrie zunimmt. Hier aber ist die Fondseffektivität geringer als im Durschschnitt der Volkswirtschaft" (Экономическое планирование в СССР, М. 1967, стр. 123–124).

[8] „Die Proportion zwischen dem gesellschaftlichen Produkt und dem Nationaleinkommen ergibt sich als Resultat der Wechselwirkung einer Vielzahl von Faktoren", bemerken A. N. Efimov und W. N. Kiričenko. „... Im Zeitraum von 1946 bis 1958 sank die Materialintensität der gesellschaftlichen Produktion annähernd um 5%, und in den Jahren 1959 bis 1963 zeigte die Relation zwischen der Dynamik des gesellschaftlichen Gesamtprodukts und des Nationaleinkommens einen umgekehrten Prozeß: die Materialintensität wies gegenüber dem Anfang des Siebenjahrplans eine Tendenz zur Steigerung um annähernd 1% auf" (ebenda стр. 118).

[9] Parameter dieses Typs haben in der Literatur (hauptsächlich in der ökonometrischen) die Bezeichnung *Elastizitäten* erhalten. In unserem Falle mißt der Parameter $\alpha$ die Elastizität des Nationaleinkommens hinsichtlich der Arbeit und wird definiert als

$$\alpha = \frac{\partial Y}{\partial L} : \frac{Y}{L},$$

wobei $\frac{\partial Y}{\partial L}$ die partielle Ableitung der Funktion (19) nach $L$ ist (vgl. *G. Tintner*, a. a. O., S. 90).

[10] *Б. П. Михалевский, Ю. П. Соловьев*, Производственная функция народного хозяйства СССР в 1951–1963 гг., in: Экономика и математические методы, T. 2, №. 6, M. 1966.

S. M. Višnev zählt die ökonomischen und mathematischen Forderungen auf, denen die Produktionsfunktion der Volkswirtschaft genügen muß, und stellt fest: „... im Interesse der Zuverlässigkeit der statistischen Korrelation muß die Anzahl der Argumente der Produktionsfunktion gering sein, das Datenfeld aber, das der Berechnung zugrunde liegt, muß mächtig und homogen sein und die Stabilität der Parameter gewährleisten" (vgl. *С. М. Вишнев*, Экономические параметры, M. 1968, стр. 83–104).

[11] S. M. Višnev hat die Produktionsfunktion von Cobb und Douglas deswegen kritisiert, weil in ihrer Formel die qualitativen Veränderungen der Arbeit und der Fonds ignoriert werden, d. h. weil sie „vom technischen Fortschritt abstrahiert ...". „Man braucht sich deshalb nicht darüber zu wundern", schreibt S. M. Višnev, „daß die Extrapolation der Konstanten in der Formel von Cobb und Douglas auf andere Perioden ... zu offensichtlich falschen Schlüssen führt" (*С. М. Вишнев*, a. a. O., стр. 88–89).

Die Annahme bestimmter, hinreichend realer, wie wir meinen, Voraussetzungen ermöglicht es jedoch, das Problem der Extrapolation (genauer – der Fixierung) der Parameter der Produktionsfunktion auf andere Perioden überhaupt zu umgehen.

[12] *А. И. Анчишкин, Ю. В. Яременко*, a. a. O., стр. 114.

[13] In allgemeiner mathematischer Form wird das so dargestellt:

$$\frac{\partial Y}{\partial L} = \lim_{\Delta L \to 0} \frac{\Delta Y}{\Delta L}; \quad \frac{\partial Y}{\partial F} = \lim_{\Delta F \to 0} \frac{\Delta Y}{\Delta F},$$

wobei $\frac{\partial Y}{\partial L}$ und $\frac{\partial Y}{\partial F}$ die partiellen Ableitungen der Funktion (19) nach den Variablen $L$ (Arbeit) und $F$ (Produktionsgrundfonds) sind; $\Delta$ ist der Zuwachs der entsprechenden Größen.

Dem Leser, der mit dem Apparat der mathematischen Analysis nicht vertraut ist und der wenigstens eine allgemeine Vorstellung davon gewinnen möchte, empfehlen wir, in dem Buch von Bader/Fröhlich „Mathematik für Ökonomen" (Berlin 1965) als einen ersten Schritt dazu wenigstens die Seiten 151–170 und 201–204 zu lesen. (Anm. d. Herausg.)

14 Die Werte der beiden partiellen Ableitungen können sofort aus der Definition (vgl. Fußnote 12) des Parameters $\alpha$ ermittelt werden:

$$\alpha = \frac{\partial Y}{\partial L} : \frac{Y}{L} = \frac{\partial Y}{\partial L} \cdot \frac{L}{Y} = \frac{\partial Y}{\partial L} \cdot \gamma,$$

woraus folgt

$$\frac{\partial Y}{\partial L} = \frac{\alpha}{\gamma}.$$

Ebenso ist

$$1 - \alpha = \frac{\partial Y}{\partial F} : \frac{Y}{F} = \frac{\partial Y}{\partial F} \cdot \frac{F}{Y} = \frac{\partial Y}{\partial F} \beta,$$

woraus folgt

$$\frac{\partial Y}{\partial F} = \frac{1-\alpha}{\beta}.$$

15 Die entsprechenden Schätzungen A. I.487Ančiškins und J. V. Jaremenkos lauten: 505,5 Rubel je zusätzlich Beschäftigtem und 573 Rubel je tausend Rubel Zuwachs der Produktionsgrundfonds. Der relative makroökonomische Koeffizient der Substituierbarkeit der Grundfonds und der Arbeit beträgt 1134 Jahresarbeiter je 1 Million Rubel Grundfonds.

16 Dividieren wir beide Seiten der Gleichung durch $K + I$ und benutzen die Formeln des vorhergehenden Paragraphen (vgl. S. 131), gelangen wir leicht zu dem Ausdruck:

$$\frac{1}{\sigma} \cdot \frac{l^{\mu}}{f^{1-\mu}} = 1$$

oder, was dasselbe ist: 6

$$\frac{l^{\mu}}{f^{1-\mu}} = \sigma.$$

Logarithmieren wir und lösen die so erhaltene Gleichung nach dem Parameter $\mu$ auf, kommen wir zu folgendem Ergebnis:

$$\mu_t = \frac{\ln \sigma_t + \ln f_t}{\ln l_t + \ln f_t}.$$

Der Zeitindex $t$ bei jeder Größe weist darauf hin, daß sie sich in der Zeit verändern kann.

17 Dieses Modell kann zum Beispiel folgendermaßen aufgebaut sein:

$$K_t + I_t = L_t^{\mu_t} \cdot F_t^{1-\mu_t};$$

$$K_t = \varphi (L_{t-1});$$

$$I_t = F_{t+1} - F_t;$$

$$\frac{\sum_{t=1}^{T} K_t}{\sum_{t=1}^{T} L_t} = \text{Max.}$$

Der nichtlineare Charakter zumindestens der ersten Beschränkung und der Zielfunktion der Aufgabe führt zu mathematischen Schwierigkeiten bei der Lösung der letzteren. Außerdem ist offensichtlich, daß die Wahl der Lösungsmethode in gewissem Grade auch vom Charakter der Funktion $\varphi$ abhängen wird, die das Volumen des Konsumtionsfonds des Jahres $t$ mit der Beschäftigtenzahl in der Volkswirtschaft während des vorangegangenen Jahres $t-1$ verknüpft.

## *Kapitel 6*

18 Die Gleichheit von $100 \Delta v_1$ und $100 \Delta c_2$ ist nicht das Ergebnis einer allgemeinen Regel, sondern ein spezieller Fall. Er verdankt seine Entstehung dem Umstand, daß als Akkumulationsrate des Mehrprodukts in der Abteilung I 0,5 gewählt wurde. Unten wird ein Schema angeführt, das für den Fall einer Akkumulationsrate von 0,55 in der Abteilung I aufgestellt worden ist:

$$4000\, c_1 + 440\, \Delta c_1 + \boxed{1000\, v_1 + 110\, \Delta v_1 + 450\, m_{1n}} = 6000\, P_1$$

$$\boxed{1500\, c_2 + 60\, \Delta c_2} \longleftarrow \quad + 750\, v_2 + 30\, \Delta v_2 + 660\, m_{2n} = 3000\, P_2.$$

19 Das erklärt sich daraus, daß in den Schemata von Marx alle Produktionsmittel als eine homogene, monolithe, hinsichtlich der Dauer des Reproduktionszyklus undifferenzierte Masse dargestellt sind: hinsichtlich dieses Merkmals sind alle Produktionsmittel den Arbeitsgegenständen gleichgestellt.

20 Der westdeutsche Wissenschaftler Alfred Ott hat auf die gewaltige Rolle hingewiesen, die die Ideen von Karl Marx bei der Entwicklung wissenschaftlicher Vorstellungen über die ökonomischen Entwicklungsprozesse gespielt haben, und insbesondere auf den Einfluß, den die Marxschen Vorstellungen auf die führenden Vertreter der modernen bürgerlichen ökonomischen Schulen ausgeübt haben. Er schrieb: „Heute beginnt man wieder, Marx zu lesen ... Und man sucht besonders jene Stellen aus dem Marxschen System, die auch heute Gültigkeit besitzen können oder jene Thesen, in denen Marx die heutige Theorie vorweggenommen hat". Weiter weist Ott darauf hin, daß „das Wachstum des

Produktionsvolumens nach Marx ... dem entspricht, wovon Harrod und Domar sprechen. Das aber bedeutet nichts anderes, als daß Marx bereits zu seiner Zeit die Hauptschlußfolgerung der Keynesschen Theorie der Wirtschaftsentwicklung antizipiert hat, welche die Bedingungen eines ausgeglichenen Wachstums ... der Produktion definiert. Besondere Beachtung verdient dabei die Tatsache, daß Marx sofort die Kühnheit besaß, ein Modell aus zwei Abteilungen der gesellschaftlichen Produktion aufzustellen, dasselbe Modell, das vor gar nicht langer Zeit erst seinen Platz in der modernen Theorie gefunden hat" (vgl. O. Reinhold, Die welthistorische Bedeutung des Kapitals, zit. nach: Kommunist, №. 12 (1967), S. 69).

21 Wenn im Ausgangsjahr der gesamte Fonds der Akkumulation von Produktionsmitteln $I = 500$ für die Abteilung II verwendet wird, hat das in Tabelle 9 dargestellte Zahlenschema im folgenden Zyklus das Aussehen:

| | Ersatz | | Akkumulation | | Konsumtion | Insgesamt |
|---|---|---|---|---|---|---|
| | I | II | I | II | | |
| I | $4000\ c_1$ | $2000\ c_2$ | 0 | 0 | — | $6000\ P_1$ |
| II | — | — | 0 | 0 | 4000 | $4000\ P_2$ |
| $v$ | $1000\ v_1$ | $1000\ v_2$ | — | — | $-2000\ v$ | 0 |
| $m$ | $1000\ m_1$ | $1000\ m_2$ | 0 | 0 | $-2000\ m$ | 0 |
| $P$ | $6000\ P_1$ | $4000\ P_2$ | 0 | 0 | 0 | $10000\ P$ |

22 Wenn man die Strukturproportion $P_2 : P_1$ mit $\hat{s}$ bezeichnet, kann man mit Hilfe von elementaren Umwandlungen der erhaltenen Formeln noch einen Ausdruck für die Grenzen des Parameters $n_1$ finden, nämlich:

$$\frac{(a_1 + \alpha_1)(1 - a_1 - a_2 \hat{s})}{a_1 (1 - a_1 - \alpha_1)} \geqslant n_1 \geqslant \frac{(a_1 + \alpha_1)(1 - a_1 - a_2 \hat{s})}{1 - a_1 - \alpha_1}.$$

Setzt man hier die Zahlen aus dem Marxschen Schema (21) ein, so ergibt sich folgendes Resultat:

$$(204) \quad 0{,}625 \geqslant n_1 \geqslant 0{,}417.$$

(Bekanntlich wird im „Kapital" beginnend mit dem zweiten Zyklus der Parameter $n_1$ dem Wert $n_1 = 0{,}500$ gleichgesetzt.)

23 Von den ersten Jahren des sozialistischen Aufbaus an dienten die Marxschen Schemata der Reproduktion als Ausgangspunkt für die Aufstellung von formalisierten Konstruktionen, welche die ökonomische Dynamik in der sozialistischen Wirtschaft beschreiben. V. Pozdnjakov im Jahre 1923 (*В. Поздняков*, Формулы-схемы простого воспроизводства, in: Под знаменем марксизма, № 4–5 (1923)), dann in den Jahren 1928 bis 1930 V. N. Starovskij (*В. Старовский*, Опыт математической интерпретации схемы расширенного воспроизводства, in: Социалистическое хозяйство, цн. 5–6, 1928), G. A. Feldman (Г. *Фельдман*, К теории темпов народного дохода, in: Плановое хозяйство № 11 (1928)), V. Pogonkin (*В. Погонкин*, Алгебраическое оформление марксовой схемы воспроизводства, in: Проблемы экономики,

№ 10–11 (1929)) und A. Orleanskij (*А. Орлеанский*, Формулы схем простого и расширенного воспроизводства, in: Проблемы экономики, № 6 (1930)) widmeten ihre Arbeiten der Aufstellung von ersten mathematischen Analoga der Marxschen Schemata, wobei einige dieser Arbeiten in der Folge weltweite Beachtung fanden.

Ende der fünfziger und Anfang der sechziger Jahre wird diese Untersuchungsrichtung in den Arbeiten von A. J. Bojarskij „Matematika dlja ėkonomistov" (Moskva 1957) und „Matematiko-ėkonomičeskie očerki" (Moskva 1962) sowie in den Werken von V. S. Nemčinov wieder aufgenommen, Dabei geht der Aufbau von allgemeinmathematischen Modellen diesmal Hand in Hand mit der Analyse konkreter statistischer Informationen, die einzelne Seiten des Reproduktionsprozesses charakterisieren. Dies trifft in erster Linie auf die Arbeiten von V. S. Nemčinov zu (vgl. z. B. die Analyse des Grades der finanziellen Ausgeglichenheit der Nationalwirtschaft Englands in den Jahren 1935 und 1950, deren Ergebnisse in der Arbeit „Ėkonomiko-matematičeskie metody i modeli" beschrieben werden). Parallele Prozesse sind auch in einer Reihe von sozialistischen Ländern zu beobachten, vor allem in Polen. So sind in den Arbeiten von O. Lange und seinen Schülern Elemente einer Vereinigung der Schemata der erweiterten Reproduktion, der modernen Modelle des Wirtschaftswachstums und der Modelle vom Typ der Verflechtungsbilanz sichtbar.

24 Diese Abhängigkeit gilt nur dann, wenn die Größe des Imports von Arbeitsinstrumenten und -mitteln kleiner als das in den Berechnungen verwendete Genauigkeitsmaß ist und daher gleich Null gesetzt wird.

25 Dies hat seine Ursache in der Aufrechterhaltung der Ausgangsvoraussetzung, die den betrachteten Schemata der erweiterten Reproduktion zugrunde liegt und derzufolge alle Produktionsmittel ihren Wert nur auf das Produkt eines Jahres übertragen (vgl. *В. С. Дадаян*, Экономико-математическое моделирование социалистического воспроизводства, М. 1963, стр. 53–54).

26 Der Sinn dieser Gleichungen muß beginnend mit folgenden Worten „gelesen" werden: „Entsprechend dem Wachstum der organischen Zusammensetzung jeder Einheit des Akkumulationsfonds an Produktionsmitteln . . ."

27 *Л. И. Довгань*, О темпах роста двух подразделений общественного производства, М. 1965, стр. 64.

28 *W. S. Dadajan*, Ökonomische Berechnungen nach dem Modell der erweiterten Reproduktion, Berlin 1969, S. 63.

29 Bei der Berechnung der optimalen Variante des perspektivischen Wachstums in synthetischen Kennziffern (Tabelle 1) haben wir andere Gewichtskoeffizienten benutzt: $\lambda_1 = 0$; $\lambda_2 = 0{,}04$; $\lambda_3 = 0{,}08$.
Wir verzichten bewußt darauf, ein- und dieselben Parameter zu verwenden, weil selbst bei Benutzung derselben Gewichtskoeffizienten die Ergebnisse der Lösung der Aufgabe auf zwei verschiedenen Ebenen Differenzen zeigen würden; deren Auftreten erforderte die Erläuterung außerordentlich feiner und spezieller Momente, die mit der Aggregation und Desaggregation der Information verbunden sind. Im folgenden Kapitel werden wir die Möglichkeit haben, diese Fragen zu erörtern; hier wäre das verfrüht. Außerdem haben wir es hier

mit einer speziellen Aufgabe zu tun, deren Lösung nicht im geringsten von der Vergleichbarkeit oder Unvergleichbarkeit mit jenen Resultaten abhängt, die wir in der vorangegangenen Etappe gewonnen haben. Ausgehend von diesen Überlegungen haben wir auch einen anderen Ausgangswert des Parameters $r_t$ gewählt.

30 Nachdem wir die rechten Seiten der Ausdrücke für $\Delta P_1$ und $\Delta P_2$ entsprechend durch $P_1$ und $P_2$ dividiert und sie einander gleichgesetzt haben, führen wir die Proportion des Ausgangsjahres $P_2 : P_1 = 40 : 60 = 0{,}667$ ein und lösen die gewonnene Gleichung nach dem Parameter $r$ auf, was zu dem Ergebnis führt:

$$r = 0{,}126,$$

d. h., die Tempi beider Abteilungen sind gleich bei $r = 0{,}126$;
die Abteilung I wächst schneller bei $r > 0{,}126$;
die Abteilung I wächst langsamer bei $r < 0{,}126$.

31 Die *Höhe* der Tempi in unseren Berechnungen ist nicht als eine reale Projektion zu betrachten. Im Vergleich mit den realen Tempi erweist sich z. B. die Größe von 109% bereits als etwas überhöht. Dies erklärt sich hauptsächlich daraus, daß den jährlichen Veränderungen des Steuerparameters keinerlei Beschränkungen auferlegt wurden, und ebenso aus der Annahme der Stabilität der Fondsintensität sowie aus dem Charakter der Zielstellung des Plans. Die beiden ersten Umstände führen dazu, daß die *numerischen* Ergebnisse der angeführten Berechnungen lediglich als rein illustrativ angesehen werden müssen.

## *Kapitel 7*

32 Es ist immer wünschenswert, daß die Summe der Zweigbestandteile des Konsumtionsfonds größer ist als der synthetische Wert. Deshalb müßte die betrachtete Forderung offensichtlich richtiger in Form einer logischen Ungleichung folgender Art ausgedrückt werden: die Wertsumme der Konsumtionsfonds, die in allen Zweigen der Volkswirtschaft geschaffen werden, muß mindestens gleich (d. h. $\geqslant$) der synthetischen Kennziffer des Konsumtionsfonds (desselben Jahres) sein, die in der vorangegangenen Etappe der Berechnungen ermittelt worden ist.

33 Dieses Schema ist nach dem amerikanischen Ökonomen W. W. Leontieff benannt, der diese Bilanzstruktur zum erstenmal in die Praxis der ökonomisch-mathematischen Berechnungen eingeführt hat (vgl. W. W. Leontieff, Studies in the Structure of the American Economy, Oxford 1953).

34 In Tabelle 26 ist nur die obere Hälfte der Verflechtungsbilanz dargestellt worden, die die Bilanz der zwischenzweiglichen Verteilung des gesellschaftlichen Produkts bildet. Um sie zu einer vollständigen Verflechtungsbilanz zu machen, müßten unter den ersten drei Zeilen die Kennziffern des Imports, der Abschreibungen und der beiden Bestandteile des Nationaleinkommens aufgeführt werden (vgl. Tabelle 26 mit Tabelle 31).

35 Beide Annahmen werden ausschließlich deshalb eingeführt, damit es leichter ist, dem Gang der Darlegungen zu folgen. Was nun ihr Wesen angeht, das die

Ergebnisse der Berechnungen mit einer Genauigkeit bis zu unberücksichtigten Veränderungen der Aufwandsnormative und der anteiligen Proportionalitätskoeffizienten zuverlässig macht, so werden in jeder realen Berechnung bezüglich der möglichen Veränderungen dieser Kennziffern gewisse Arbeitshypothesen gemacht, und deshalb ist ihre Größe für den gesamten Planzeitraum so oder so bekannt.

36 In einer strengeren Formulierung wäre natürlich hinzuzufügen: bei einem gegebenen spezifischen Anteil der „sonstigen Bedürfnisse" an der Verteilung der Produktion jedes Zweiges.

37 Wenn der Plan, sagen wir, für 15 Jahre aufgestellt wird, so wird der Index $t$ nacheinander die Werte $t = 1, 2, \ldots, 15$ annehmen. Das bedeutet, ein für den gesamten Fünfzehnjahresplan aufgestelltes System von Ungleichungen würde aus 15 Paaren von Ungleichungen bestehen (vgl. Tabelle 30).

38 Daß die übrigen Bedingungen gleich sind, spielt hier eine überaus wesentliche Rolle, denn eine Verletzung dieser Gleichheit kann sich darin auswirken, daß es unmöglich wird, in der zweiten Etappe selbst eine einfache Übereinstimmung der Größe des produktiven Ausstoßes aus dem System mit der in der vorigen Etappe ermittelten Größe zu gewährleisten.

39 *Н. П. Федоренко,* Экономика и математика, М. 1967.

40 Ein Vergleich der Tabellen 31 und 26 zeigt, daß der erste und der zweite Quadrant der vollständigen Verflechtungsbilanz die Bilanz der zwischenzweiglichen Verteilung des gesellschaftlichen Produkts bilden, die also nur die obere Hälfte der vollständigen Bilanz darstellt.

41 „Die Organisation der Ebenen in der Leitungshierarchie" schreibt N. P. Fedorenko, „verfolgt ein offenkundiges Ziel. Beim Durchlauf der Information von der niederen zur höheren Ebene erfolgt auf jeder Ebene des Leitungssystems ... eine Verdichtung der Informationsmenge. Dabei gibt es zwei Verfahren zur Informationsverdichtung: die direkte Zusammenfassung der Information oder die Verringerung der Ausgangsinformation durch einfaches „Weglassen" ... Es ist offensichtlich, daß eine ungenügende Nutzung der direkten Verbindungen zwischen den Objekten einer Ebene die Notwendigkeit impliziert, entsprechende „horizontale" Verbindungen über das Zentrum herzustellen ... Eine Erweiterung der Positionen ist in diesem Falle praktisch unvermeidlich ...

... Das Staatliche Plankomitee der UdSSR plant gegenwärtig nicht nur die Zusammensetzung der Endproduktion der Volkswirtschaft und nicht nur den zwischenzweiglichen, sondern in erheblichem Umfang auch den innerzweiglichen Austausch. Den Organen der Ministerien ist in erheblichem Maße die Planung des innerzweiglichen und in vielen Fällen des innerbetrieblichen Austausches auferlegt usw. Dabei kann z. B. sogar der zwischenzweigliche Austausch ... auf der Grundlage von direkten Beziehungen zwischen den Zweigen geregelt werden, ohne die übergeordneten Organe in Anspruch zu nehmen (unter der Voraussetzung, daß gewisse Einschränkungen hinsichtlich des Hauptsortiments der Produktion beachtet werden und daß aggregierte Preise vorhanden sind, die vom Staatlichen Plankomitee der UdSSR vorgegeben werden). Denn der

Generalstab der Armee plant die Ausführung strategischer ... Aufgaben auch niemals bis zu den einzelnen Kompanien oder gar Zügen und Abteilungen" (*Н. П. Федоренко*, a. a. O., стр. 26–27).

„Wenn wir dieses oder jenes ... Leitungssystem studieren", stellt V. F. Pugačov fest, „so sollten wir die Aufmerksamkeit nicht so sehr auf die Formen der Unterordnung der unteren Stufen richten, als vielmehr auf die objektiv vorhandene Hierarchie der Wirtschaftsaufgaben, die von den verschiedenen Leitungsebenen gelöst werden" (*В. Ф. Пугачев*, Оптимизация планирования, М. 1968, стр. 29).

42 Die Erzeugnisse einer solchen Gesamtheit von Produktionseinheiten, die unter dem Namen Industrie zusammengefaßt werden, werden in ausnahmslos allen Zweigen der materiellen Produktion benutzt. Wenn man dagegen diese Gesamtheit derart aufgliedert, daß als selbständige Bilanzposition z. B. die Produktion von Ersatzteilen für landwirtschaftliche Maschinen auftritt, dann wird in der Verteilungsbilanz dieser Produktion die Zeile fast leer bleiben.

43 *Ю. Р. Лейбкинд*, Некоторые вопросы приближенных плановых расчетов на основе межотраслевого баланса, М. 1961.

44 *Л. М. Дудкин, Э. Б. Ершов*, Межотраслебой баланс и материальные балансы отдельных продуктов, in: Плановое хозяйство № 5 (1965), стр. 59–64. Die zentrale Idee des Algorithmus von Dudkin und Jeršov erscheint uns außerordentlich produktiv. Sie eröffnet, so meinen wir, weite Möglichkeiten für die Formierung und Bearbeitung von vielstufigen ökonomisch-mathematischen Komplexen, die ein ganzes System von Modellen umfassen, beginnend mit dem Verflechtungsmodell der zwischenregionalen Beziehungen und endend mit den damit verknüpften Modellen lokaler territorialer Produktionskomplexe.

45 Die spezifischen Aufwandsnormative in den Tabellen 38 und 39 wurden aus der Verflechtungsbilanz der Produktion und Verteilung der Produktion der UdSSR für das Jahr 1959 genommen.

46 Beim Übergang von einer Iteration zur anderen verringert sich die Differenz zwischen den gleichnamigen spezifischen Gewichten. So führte der Übergang von der Ausgangsannäherung zur ersten Iteration zu einer Veränderung des spezifischen Gewichtes $d_1^{(0)}$ um 0,051 (von 0,7 auf 0,649), während diese Veränderung in der zweiten Iteration nur 0,003 betrug (von 0,649 auf 0,646). Schon die absolute Größe dieser Differenz erlaubt die Annahme, daß der Prozeß der gegenseitigen Angleichung des synthetischen und des detaillierten Kennziffernsystems schnell konvergiert.

47 Wenn wir dieses Verfahren nicht sofort zur Bestimmung des Produktionsprogramms benutzt haben, so nur deshalb, weil wir von Anfang an meinten, daß unter den Bedingungen des großen Umfangs der Aufgabe dies entweder unmöglich oder jedenfalls unzweckmäßig ist. „Es ist offensichtlich", schreiben L. M. Dudkin und E. B. Jeršov, „daß man zur Ermittlung von Aufwandsnormativen der Produkte der Grobnomenklatur je Erzeugniseinheit nicht nur Normative ... des Aufwands an Produkten der detaillierten Nomenklatur je Erzeugniseinheit derselben Nomenklatur benötigt, sondern auch den Umfang

der Erzeugung von Produkten der detaillierten Nomenklatur, genauer – die spezifischen Anteile . . . der Produkte dieser Nomenklatur an der Gesamtmenge der Erzeugung der Produkte in der Grobnomenklatur. Die Produktionsmengen sind aber genau wie die spezifischen Anteile unbekannt, wenn der bilanzierte Plan noch nicht aufgestellt worden ist . . .

. . . Um die notwendigen Produktionsmengen irgendeines Produkts der detaillierten Nomenklatur festzulegen, muß man die Produktionsmenge anderer Produkte der detaillierten Nomanklatur kennen, für die das gegebene Produkt aufgewendet wird. Um aber die Produktionsmengen dieser Produkte zu bestimmen, müssen wir wiederum die Produktionsmengen noch anderer Produkte der detaillierten Nomenklatur kennen, die ebenfalls unbekannt sind, usw.

Es gibt also hinsichtlich der Produkte der detaillierten Nomenklatur dasselbe Problem der Bestimmung der notwendigen Produktionsmengen, das auch bis zur Berechnung der Verflechtungsbilanz der Volkswirtschaft bestand. Es drängt sich die Schlußfolgerung auf, daß der einzige Ausweg aus dieser Schwierigkeit darin besteht, mit den vorhandenen Methoden eine Zwischenproduktbilanz in detaillierter Nomenklatur zu berechnen, was ohne eine wesentliche Vergrößerung der Rechenkapazitäten der elektronischen Datenverarbeitungsanlagen undurchführbar ist.

In Wirklichkeit kann man einen anderen Weg beschreiten, indem man die empfohlene . . . Iterationsmethode benutzt, die eine Koordinierung der Berechnungen der Verflechtungsbilanz mit den Berechnungen der materiellen Bilanzen in detaillierter Nomenklatur gewährleistet“ (*Л. М. Дудкин, Э. Б. Ершов*, a. a. O.)

Es bleibt zu ergänzen, daß die Autoren den Algorithmus auf die gesamte Matrix der Verflechtungsbilanz angewendet haben; wir dagegen betrachten ihn in bezug auf isolierte Blöcke der mehrdimensionalen Bilanzmatrix.

48 Dieselben Ergebnisse können auch auf einem anderen Wege gewonnen werden, nämlich durch die direkte Aufschlüsselung des Gesamtprodukts des Blocks (mit dem die vorhergehende Berechnung begann) in ein Kennziffernsystem eines aus vier Zweigen bestehenden Blocks. Dann wird im ersten Schritt jeder Iteration ein synthetisches Normativ für den Aufwand des Gesamtprodukts des Blocks bei der Produktion einer Einheit eben dieses Gesamtprodukts des Blocks bestimmt (als gewogenes Durchschnittsnormativ aus den Spaltensummen der Elemente der Matrix $A$ $(4 \times 4)$, wobei als Gewichte die Verhältnisse $x_1$, $x_2$, $x_3$ und $x_4$ am Gesamtprodukt des Blocks dienen); in der zweiten Etappe wird die Gleichung für die Verteilung des Gesamtprodukts des Blocks gelöst. In der dritten Etappe wird mit Hilfe der in der ersten Iteration gefundenen spezifischen Gewichte $\left(\frac{x_1}{x}; \frac{x_2}{x}; \frac{x_3}{x} \text{ und } \frac{x_4}{x}\right)$ das Produktionsvolumen in jedem Zweig des aufgeschlüsselten Blocks errechnet; den vierten Schritt endlich bildet die Berechnung der neuen spezifischen Gewichte usw.

49 Natürlich ist der Fall nicht auszuschließen, daß der gesamte außerhalb des Blocks erfolgende Umsatz nicht in die Zweige der Gruppe II (201 . . . 300) geht, sondern in die Zweige der Gruppe I (1 . . . 100) oder der Gruppe III (301 . . . 400).

In diesen Fällen werden der iterativen Angleichung entweder die Kennziffern für den Export der entsprechenden Produkte, oder im äußersten Fall die Kennziffern der Hauptabschnitte der Programme unterworfen.

50 Modelle, die auf einer derart starren Fixierung des gesamten Netzes der zwischenregional-zwischenzweiglichen Wechselbeziehungen beruhen, kann man vor allem in den Arbeiten des amerikanischen Spezialisten auf dem Gebiet der Untersuchung regionaler Wirtschaftsprobleme Walter Isard finden *У. Изард*, Методы регионального анализа, М. 1966).

51 *A. I. Gladyschewski*, Einige Fragen der Optimierung auf der Grundlage einer zwischenterritorialen zwischenzweiglichen Bilanz, in: Nemtschinow, Kantorowitsch, Die Anwendung der Mathematik bei ökonomischen Untersuchungen, Berlin 1967, S. 195–212.

52 *J. N. Gavrilec, W. S. Dadajan, J. R. Leibkind*, Erfahrungen aus Optimierungsberechnungen auf der Grundlage einer Gebietsverflechtungsbilanz, in: Nemtschinow, Kantorowitsch, Die Anwendung der Mathematik bei ökonomischen Untersuchungen, Berlin 1967, S. 170–194.

53 E. F. Baranov untersucht Methoden der Überführung von Matrizen regionaler Verflechtungsbilanzen in eine Dreiecksform sowie gewisse Anwendungen dieser Form bei der ökonomischen Analyse. Dabei hat der Algorithmus für die Triangulation der Bilanzmatrix iterativen Charakter (vgl. *Э. Ф. Баранов*, К вопросу о приведении межотраслевого баланса к треугольной форме, in: Межотраслевые исследования в экономических районах, М. 1967, стр. 138–211).

54 Der Untersuchung dieser Probleme widmeten ihre Arbeiten: A. Aganbegjan, K. Bagrinovskij, M. Zavel'skij, L. Kantorovič, V. Makarov, V. Pugačov, I. Birman, V. Danilov-Danil'jan, V. Mednickij, V. Maš, V. Volkonskij, D. Kazakevič, L. Kozlov, S. Tolpekin, R. Kravčenko, I. Popov, B. Suvorov, R. Rajackas u. a.

55 *А. Г. Аганбегян*, Система экономико-математических моделей территориально-производственного планирования на перспективу, in: Проблемы народнохозяйственного оптимума Новосибирск 1968, стр. 5–55; *А. Г. Аганбегян, К. А. Багриновский*, Постановка локальных задач с фондированием, глобальных ресурсов, in: Математические методы в экономике, Новосибирск 1968, стр. 8–20.

56 *М. Г. Завельский*, Оптимизация отраслевого планирования, М. 1967, стр. 337; *А. Г. Аганбегян*, а. а. О., стр. 9.

Nicht teilen können wir die Ansicht M. G. Savelskijs, daß ein einheitlicher optimaler Volkswirtschaftsplan auf der Grundlage eines Systems von optimalen Zweigmodellen synthetisiert werden kann. Eine solche Synthese kann unserer Meinung nach nur im Endstadium der Ausarbeitung des Plans erfolgen, und zwar als die verifizierende Herstellung einer rückläufigen Beziehung vom vollständig detaillierten Kennziffernsystem zu den synthetischen Charakteristika der volkswirtschaftlichen Entwicklung.

57 *А. Г. Аганбегян*, а. а. О., стр. 25, 33–34.

58 *В. Ф. Пугачев*, а. а. О., стр. 36–37. „Die Realisierung des Approximationsschemas für die Ausarbeitung eines optimalen Entwicklungsplans der Volks-

wirtschaft", schreibt V. F. Pugačov, „kann man sich folgendermaßen vorstellen.

Entsprechend den allgemeinen Ansätzen für die Planperiode übermitteln die unteren Ebenen der Volkswirtschaft (Betriebe, Vereinigungen) der übergeordneten Ebene (dem Zweig) Ausgangsinformation über ihre Produktionsmöglichkeiten in Form von Aufwandskoeffizienten und Beschränkungen. Auf der Ebene der Zweige erfolgt eine Zusammenfassung dieser Ausgangsdaten (Verdichtung der Information), wobei die innerzweiglichen Beziehungen berücksichtigt werden. Im Ergebnis wird der Zweig schließlich durch eine relativ kleine Anzahl von aggregierten Produkten und Beschränkungen repräsentiert ... Die Aufwandskoeffizienten und Beschränkungen der Zweige, die zwischenzweiglichen Beziehungen und das volkswirtschaftliche Optimalitätskriterium bilden die Ausgangsdaten für die Aufstellung des optimalen Plans auf der Ebene der gesamten Volkswirtschaft ...

Im Ergebnis der Lösung der Extremalaufgabe auf volkswirtschaftlicher Ebene können jedem Zweig die Produktionsmengen und der Ressourcenverbrauch in der Grobnomenklatur der volkswirtschaftlichen Planung angegeben werden ...

Wenn die Zweige die Daten über die Produktionsmengen und den Verbrauch in der Nomenklatur der volkswirtschaftlichen Planung sowie die Daten über die dieser Nomenklatur entsprechenden Durchschnittspreise erhalten haben, treten sie miteinander in direkte Beziehungen und detaillieren die Naturalkennziffern und die Preise bis zur Nomenklatur der Zweigplanung ... In den Zweigen erfolgt also die Desaggregation (Detaillierung) der volkswirtschaftlichen Kennziffern und damit die Rückkehr zu dem vorher verdichteten Feld der Ausgangsinformation über die Produktionsmöglichkeiten der Betriebe des Zweigs; dies bildet die Grundlage für die Ausarbeitung detaillierter Pläne der Betriebe.

Die Betriebe schließlich, die Pläne und Preise in der Nomenklatur der Zweigplanung erhalten haben, detaillieren ihre Produktionsprogramme und Preise für die konkreten Erzeugnisse durch die Herstellung direkter Kontakte mit den Zulieferern und Abnehmern" (ebenda).

Es ist nicht uninteressant, die angeführte Charakteristik des Approximationsschemas der Planung mit der Beschreibung eines hierarchischen Modells der optimalen Produktionsplanung in der erdölverarbeitenden Industrie zu vergleichen, die A. B. Mandel geliefert hat. „... Ein erdölverarbeitendes Werk", schreibt er, „wird von uns als ein kompliziertes, aus Teilsystemen – technologischen Anlagen – bestehendes System betrachtet, das seinerseits zu einem System höherer Ordnung gehört, einem Zweig oder einer territorialen Zweigvereinigung. Wie muß das Modell ... der Planung des erdölverarbeitenden Werkes mit den anderen Modellen des hierarchischen Leitungssystems verknüpft werden?

... Die Zirkulation und Verarbeitung der Information im Glied Betrieb–Zweig kann auf folgende Weise dargestellt werden. Auf der Grundlage eines ökonomisch-mathematischen Modells stellt das Werk seine Möglichkeiten fest und formuliert einen *Antrag in Form von Basisplänen*. Die Zweigvereinigung sammelt die Anträge der Werke und setzt im Rahmen der Beschränkungen des

Volkswirtschaftsplans die Verteilung der Erdölressourcen, das Produktionssortiment und die Bindungen von Zulieferern und Abnehmern so fest, daß der Gesamtaufwand für die Produktion und den Transport minimiert wird. Dem Werk werden Kontrollziffern bezüglich der Rohstoffe und des Produktionsausstoßes sowie ein entsprechendes Bewertungssystem vorgegeben. Setzt man diese Kennziffern in das Modell des Produktionsprogramms des Werkes ein, so können die Auflagen für die einzelnen technologischen Anlagen und die Mischungsrezepte für die Endprodukte errechnet werden.

Betrachten wir das Funktionieren des Gliedes Anlage–Betrieb. Durch eine entsprechende Bearbeitung der statistischen Information (der Daten der laufenden Abrechnung oder spezieller Untersuchungen) oder auf der Grundlage einer Simulation des technologischen Prozesses auf einer EDV wird eine Menge alternativer Regimevarianten, die die Arbeit der technologischen Anlage im Modell des Produktionsprogramms des Betriebes approximieren, bestimmt. Nach der Berechnung des optimalen Plans anhand dieses Modells (im Rahmen der äußeren Beschränkungen, die durch die Zweigvereinigung auferlegt wurden) werden den Anlagen die Produktionsauflagen sowie die dualen (objektiv bedingten) Bewertungen der begrenzten Faktoren vorgegeben ... Die Optimierung des Arbeitsregimes der technologischen Anlagen erfolgt im Rahmen der Kontrollkennziffern des Plans, die sich aus dem optimalen Produktionsprogramm des Betriebes ergeben“ (*А. Б. Мандель*, Линейная модель для расчета производственной программы нефтеперерабатывающего завода, in: Математические методы и модели в планировании нефтеперерабатывающей промышленности, М. 1967, стр. 33–35).

59 *В. Ф. Пугачев*, a. a. O., стр. 142.

60 *М. Г. Завельский*, Оптимизация отраслевого планирования М. 1967; *Б. Г. Келенджеридзе*, Выбор оптимального варианта специализации и кооперирования в машиностроении, in: Экономика и математические методы, М. 1966, Т. 2, № 5, стр. 774–776; *Р. Л. Раяцкас*, Блочная модель оптимального распределения капиталовложений между машиностроительными заводами, in: Моделирование экономических процессов, М. 1966, стр. 56–65; *Р. Л. Раяцкас*, Система моделей оптимальной загрузки технологического оборудования в машиностроении, ebenda, стр. 31–55; *И. С. Телятицкий*, Задача определения оптимальной производственной мощности машиностроительного предприятия, ebenda, стр. 66–81.

61 *Э. М. Поляк*, Расчет основных технико-экономических показателей деятельности нефтеперерабатывающего предприятия на основе матричной модели, in: Математические методы и модели в планировании нефтеперерабатывающей промышленности, М. 1967; *Н. Г. Горбатенко, Б. П. Суворов*, Модель текущего планирования производства и транспортировки нефтепродуктов, ebenda,; *А. Б. Мандель*, a. a. O.; *Н. П. Федоренко*, Планирование химизации народного хозяйства и экономико-математические исследования, in: Вопросы экономики, № 11 (1964), стр. 126–141.

62 *И. В. Нит*, Производственное планирование как многоэтапная система (экономико-математическая интерпретация), М. 1966; *И. К. Михайлов*,

*Т. М. Фатеева,* Расчет оптимальных параметров комплекса кранов на ЭВМ, in: Строительное производство вып. 3. Киев 1966, стр. 178–188; *Л. Т. Онуфриев,* Применение симплексного метода линейного программирования для решения задач оптимальной расстановки монтажных кранов, in: Вычислительная и организационная техника в строительстве и проектировании, вып. 3, М. 1965, стр. 7–20; *В. И. Рыбальский,* Кибернетику – в строительство, in: Экономика строительства, № 12 (1964), стр. 23–26.

63 *Л. Г. Артеменко,* Математический метод решения задачи о сроках начала уборки свеклы, in: Сахарная промышленность, № 9 (1964), стр. 43–46; *Б. И. Искаков-Плюхин, А. В. Тюленев,* Задача максимизации экономической эффективности удобрений, in: Применение математических методов в экономических исследованиях по сельскому хозяйству, М. 1964, стр. 329–344; *Н. В. Лозовский,* Математические методы анализа рентабельности коноплеводства, in: Лен и конопля, № 10 (1965), стр. 19–22.

64 *В. А. Кардаш, А. А. Цуруль,* Модели оборота стада крупного рогатого скота, in: Оптимальное планирование, вып. 3, Новосибирск 1966, стр. 37–49; *Р. Г. Кравченко,* Методика планирования затрат труда и капиталовложений. Расчет кормления и продуктивности скота, in: Применение математических методов в экономических исследованиях по сельскому хозяйству, М. 1964, стр. 72–98; *К. Г. Трегубов, К. В. Колузанов,* Применение математических методов и ЭВМ для решения задач по животиоводству, in: Механизация учета и Вычислительных работ, вып. 3, М. 1966, стр. 119–126.

65 *S. S. Tolpekin,* Eine Methode zur Ermittlung optimaler Einsatzpläne für den Maschinen-Traktoren-Park, in: Nemtschinow, Kantorowitsch, Die Anwendung der Mathematik bei ökonomischen Untersuchungen, Berlin 1967, S. 417 bis 434; *С. З. Толпекин,* Экономико-математические модели и расчеты оптимальной струнтуры машино-тракторного парка, in: Вопросы экономики, № 1 (1964), стр. 100–111; *П. В. Пушкарева,* Оптимальной расчет сельскохозяйственной техники, in: Вестник сельскохозяйственной науки, № 9 (1964), стр. 139–143; *Э. А. Финн, В. В. Шкурба,* Расчет оптимального машино-тракторного парка сельскохозяйственного предприятия, in: Применение математических методов в экономических исследованиях по сельскому хозяйству, М. 1964, стр. 228–240.

66 *И. Я. Бирман,* Транспортная задача линейного программирования, М. 1962; *Е. П. Нестеров,* Транспортные задачи линейного программирования, М. 1962; *Ю. А. Олейник,* Комплексная автоматизированная система управления автомобильными транспортом, in: Труды Всесоюзного совещания по техническим средствам управления автотранспортом, М. 1967; *Ю. А. Олейник,* Решение транспортной задачи с объемами производства, ограниченными верхними и нижними пределами, in: Математические методы и проблемы размещения производства, М. 1963; *В. П. Бахрах,* Постановка динамической задачи определения оптимальной программы строительства и пополнения морского флота, in: Применение математики в экономике, вып. 3 Ленинград 1965, стр. 159–170; *Г. Т. Кальченко,* Критерии качества при сопоставлении планов полетов для совокупности самолетов, in: Труды

Рижского института инженеров гражданской авиации, вып. 84, Рига 1966, стр. 50–53.

[67] *С. Курак*, Решение плановых задач математическими методами, in: Советская торговля, № 5 (1966), стр. 36–38.

[68] Die vorgeschlagene Liste von Modellen ist, wie übrigens jedes Klassifikationsschema, weder als erschöpfend, noch als universell anzusehen. So wird z. B. bei konkreten Berechnungen für Produktionsvereinigungen und mehr noch für territoriale Zweigkomplexe der Charakter der effektiven wirtschaftlichen Entscheidungen stark durch den Transportfaktor beeinflußt.

Dies hat zur Entstehung einer ziemlich großen Klasse von Modellen der Entwicklung und Standortverteilung der Produktion geführt. Andererseits können innerhalb der Zweigklassifikation der mikroökonomischen Modelle einige Gruppen von selbständigen Aufgaben unterschieden werden, die außerordentlich große wirtschaftliche Bedeutung besitzen und nach funktionalen Merkmalen differenziert werden. Dazu gehört in erster Linie die Aufgabe, das gegebene Investitionslimit möglichst effektiv auf die denselben Zwecken dienenden projektierten Objekte zu verteilen. Eine einfache und zugleich elegante und effektive Methode zur Lösung dieser Aufgabe, die auf der graphischen Interpretation der Methode der dynamischen Optimierung beruht, hat B. P. Suvorov vorgeschlagen (vgl. *В. П. Суворов*, Применяя динамическое программирование, in: Плановое хозяйство, № 5 (1963)).

Die Ergebnisse der Produktionsplanung in den einzelnen Betrieben und in den territorialen Zweigkomplexen (ebenso wie auch in den Teilzweigen und Zweigen der Produktion) kann man in einer einheitlichen Tabellenform darstellen, die als Matrixform des Betriebsplans eines Betriebes (Komplexes, Zweiges usw.) bezeichnet wird. Ihr liegt die Idee der orthogonalen Kongruenz der Kennziffern der Verteilung der Produktion und der Aufwendungen für ihre Erzeugung in einer einheitlichen Tabellenform zugrunde, die gleiche Idee, auf der auch die Konstruktion der Verflechtungsbilanz beruht.

[69] Von den Ergebnisblöcken beider Modelle (29 und 41) gehen nur punktierte Pfeile aus, ein Kennzeichen dafür, daß die in diesen Blöcken gewonnenen Ergebnisse ausschließlich zur Korrektur der Berechnungen in den Blöcken dienen, zu denen die punktierten Pfeile hinführen.

[70] „Da die Preise dem Betrieb in mehr oder weniger aggregierter Form vorgegeben worden sind, besitzt dieser ausreichend große Möglichkeiten, diese Preise bei der Herstellung direkter Beziehungen zu den Zulieferern und Abnehmern zu konkretisieren, wobei Veränderungen der Nachfrage nach konkreten Arten von Erzeugnissen sowie notwendige zusätzliche Aufwendungen zur Steigerung der Qualität der Erzeugnisse u. dgl. berücksichtigt werden“ (*Н. П. Федоренко*, Экономика и кибернетика, М. 1966).

TEIL III

# Das Gesetz der materiellen Stimulierung der Produktion und der Arbeit

KAPITEL 8

## Analyse der politökonomischen Konzeptionen der planmäßigen Preisbildung

In der privatkapitalistischen Warenwirtschaft sorgt der spontan und automatisch wirkende Mechanismus des Warenmarktes für die Festsetzung der Preise, wie immer auch die Preise um den Wert schwanken mögen. Wie steht es damit aber im Sozialismus, wo der spontane Marktmechanismus durch die bewußte, vom einheitlichen gesamtwirtschaftlichen Plan gelenkte Tätigkeit der Gesellschaft abgelöst wird? Wenn dem Planpreis der Wert zugrunde liegt, der durch den Aufwand an gesellschaftlich notwendiger Arbeit gemessen wird, so muß dieser Wert irgendwie gemessen werden. Denn sonst könnte jeder willkürlich festgesetzte Preis als objektiv begründet, als eben auf dem Wertniveau liegend usw. ausgegeben werden.

Die Mehrzahl der Ökonomen meint, daß eine Berechnung des Wertes der Waren unmöglich ist. So nahm z. B. A. S. Mendelson an, daß „man den Wert der Ware nicht berechnen kann“. Er stellte fest, daß der Wert „nur durch jene Methode gemessen werden kann, die von der Gesellschaft im Verlauf der tausendjährigen Existenz der Warenform der Produktion entwickelt worden ist“.[1]

### *Die Konzeption der Wertpreise*

Das Wesen dieser Konzeption, deren bekannteste Anhänger S. G. Strumilin und J. A. Kronrod sind, besteht darin, daß in den Preis jedes Produkts neben den Selbstkosten das Reineinkommen eingeht, das als einheitlicher Prozentsatz vom Lohn festgelegt wird. S. G. Strumilin schreibt: „Unter den Bedingungen des Kapitalismus werden die Preise auf dem Markt gebildet, in der sozialistischen Wirtschaft jedoch gelten Planpreise. Sie können nicht dem Markt entlehnt werden. Sie werden aus den Arbeitsbedingungen in der Produktion hergeleitet, insbesondere aus der Erkenntnis, daß „aller Warenwert nur das Maß der in einer Ware enthaltnen, gesellschaftlich notwendigen Arbeit ist“.[2] Bestimmt werden kann dieses Maß in der Planwirtschaft jedoch nur durch eine weitgefaßte gesellschaftliche Buchführung, die nicht nur die „Selbstkosten“ der Herstellung der Produkte in den einzelnen Teilsystemen der Volkswirtschaft errechnen, sondern auch den vollen volkswirtschaftlichen Wert jedes dieser Produkte feststellen kann“. Was die Methode zur Berechnung des „vollen volkswirtschaftlichen Wertes“ angeht, so schreibt Strumilin: „... der Mehrwert wird in seiner zwischenzweiglichen Verteilung auf Grund des Wertgesetzes entsprechend der Formel

$$m_1 : v_1 = m_2 : v_2 = m_3 : v_3 = q \text{ const}$$

geschaffen“[3].

Die innere Logik dieser Konzeption ist offensichtlich. Wenn der Wert der Ware bestimmt wird durch die Menge der zu ihrer Herstellung aufgewendeten gesellschaftlich notwendigen Arbeit und wenn der spezifische Anteil des Arbeitslohns am Preis nichts anderes als das indirekte, in Geldeinheiten ausgedrückte Maß dieses Arbeitsaufwands (das zudem in irgendeinem Grade auch die Reduktion der Arbeit berücksichtigt) ist, dann ist es ganz natürlich anzunehmen, daß auch jener Teil des Arbeitsaufwands, der für den Arbeiter nicht als Individuum, sondern als Mitglied der Gesellschaft bestimmt ist, direkt von diesem indirekten Maß des gesellschaftlich notwendigen Arbeitsaufwands im Maßstab der ganzen Gesellschaft abhängig sein muß. (Daher auch $q$ const bei Strumilin.)

Die Kritik der betrachteten Konzeption ist längst Allgemeingut weiter Kreise von Ökonomen geworden. Jedoch war, so meinen wir, die bisherige Kritik der politökonomischen Konzeptionen der planmäßigen Preisbildung nicht erschöpfend. Mehr noch, sie ließ ein zentrales Problem offen, das mit der Erforschung des Wirkungsmechanismus des Wertgesetzes im Sozialismus verbunden ist: das Problem der Wechselbeziehung zwischen dem Preissystem und dem Kennziffernsystem des Volkswirtschaftsplans, dessen Erfüllung das Preissystem stimulieren soll.

Als nächstes wollen wir deshalb ein solches vereinfachtes quantitatives Modell aufstellen, das es uns ermöglicht, jede der Preisbildungskonzeptionen einer konstruktiven Analyse zu unterziehen. Dabei muß gewährleistet sein, daß die vereinfachenden Voraussetzungen des Modells die wesentlichsten Eigenschaften der zu modellierenden realen

Prozesse nicht verzerren. Wir werden zu zeigen versuchen, daß ein auf der Grundlage der Wertkonzeption gebildetes System von Industrieabgabepreisen sich hinsichtlich einer Stimulierung der unteren Produktionseinheiten zur Erfüllung des auf der zentralen Ebene des Leitungssystem der gesellschaftlichen Produktion aufgestellten Plans im allgemeinen als unbefriedigend erweist.

Nehmen wir an, daß in der Volkswirtschaft nur zwei Produkte erzeugt werden, von denen jedes als Arbeitsmittel, als Arbeitsgegenstand und als Konsumtionsmittel benutzt werden kann. Das bedeutet insbesondere, daß sich sowohl die laufenden Produktionsaufwendungen als auch der Akkumulationsfonds nur aus zwei Produkten zusammensetzen.

*Tabelle 43*

Ausgangsinformation für die Aufstellung des Produktionsplans und die Berechnung des Preissystems in einem Zweigprodukt-Modell

| Aufwandselemente | | Produzierte Waren Produkt 1 ($j = 1$) | Produkt 2 ($j = 2$) | Limits der Ressourcen |
|---|---|---|---|---|
| Elemente der Selbstkosten | A. Elemente der materiellen Aufwendungen | | | |
| | Produkt 1 ($i = 1$) | $a_{11}$ | $a_{12}$ | — |
| | Produkt 2 ($i = 2$) | $a_{21}$ | $a_{22}$ | — |
| Aufwand an limitierten Ressourcen | B. Arbeit (in Lohneinheiten) | $\tilde{v}_1$ | $\tilde{v}_2$ | $\hat{L}$ |
| | C. Produktionsgrundfonds: | | | |
| | Produkt 1 ($s = 1$) | $b_{11}$ | $b_{12}$ | $\hat{F}_1$ |
| | Produkt 2 ($s = 2$) | $b_{21}$ | $b_{22}$ | $\hat{F}_2$ |

Der Einfachheit halber werden sowohl die Arbeitsaufwandsnormative ($\tilde{v}_1$ und $\tilde{v}_2$) als auch die Limits der Arbeitsressourcen ($\hat{L}$) in Lohnfondseinheiten gemessen, während die Materialaufwandsnormative ($a_{ij}$) und die Normative der Fondsintensität ($b_{sj}$) sowie die Mengenkennziffern der verfügbaren Ressourcen an Arbeitsmitteln ($\hat{F}_1$ und $\hat{F}_2$) in Naturaleinheiten ausgedrückt werden. Wir werden im weiteren zeigen, daß sich die Annahme, die Grundfonds würden ohne Verschleiß arbeiten und die Volkswirtschaft bedürfe überhaupt keiner Umlauffonds, nicht auf die Ergebnisse der Analyse auswirkt.[4]

Nehmen wir weiter an, daß die spezifische Materialintensität, Fondsintensität und Arbeitsintensität jedes Produkts sowie die für die Gesellschaft im gegebenen Jahr verfügbaren Limits der Ressourcen an Arbeitsmitteln und Arbeitskräften bekannt sind; dabei seien die Material- und die Fondsintensität beider Produkte auch für ihre Bestandteile gegeben (d. h. durch Matrizen der Dimension $2 \times 2$). (In allgemeiner Form ist dieses Informationssystem in Tabelle 43 dargestellt worden; aus dieser Tabelle ergibt sich auch der Sinn der gewählten Bezeichnungen.)

Das in Tabelle 43 dargestellte Informationssystem soll in Zahlen ausgedrückt so aussehen, wie es die Tabelle 44 zeigt.

*Tabelle 44*

Aufwandsnormative und Limits der Produktionsressourcen im Zwei-Produkt-Modell

| Aufwandselemente | | Produzierte Waren Produkt 1 ($j = 1$) | Produzierte Waren Produkt 2 ($j = 2$) | Limits der Ressourcen |
|---|---|---|---|---|
| Elemente der Selbstkosten | A. Elemente der materiellen Aufwendungen: | | | |
| | Produkt 1 ($i = 1$) | 0,2 | 0,2 | – |
| | Produkt 2 ($i = 2$) | 0,1 | 0,5 | – |
| | B. Arbeit | 0,1 | 0,3 | 150 |
| Aufwand an limitierten Ressourcen | C. Produktionsgrundfonds: | | | |
| | Produkt 1 ($s = 1$) | 0,20 | 0,05 | 80 |
| | Produkt 2 ($s = 2$) | 0,32 | 0,25 | 160 |

Wir bezeichnen das physische Volumen der Erzeugung des Produkts 1 mit $Q_1$, das des Produkts 2 mit $Q_2$. Multiplizieren wir die spezifischen Aufwandsnormative jeder der limitierten Ressourcen (der Arbeit und der beiden Grundfondsarten) mit $Q_1$, so erhalten wir die Kennziffern für den Gesamtaufwand an diesen Ressourcen (bezogen auf das Gesamtvolumen der Produktion und nicht auf eine Einheit des Produkts 1).

| | In allgemeiner Form | In Zahlen |
|---|---|---|
| Aufwand an lebendiger Arbeit (in Einheiten des Lohnfonds) | $\tilde{v}_1 Q_1$ | $0{,}1\, Q_1$ |
| Aufwand an Produktionsgrundfonds der Art 1 | $b_{11} Q_1$ | $0{,}20\, Q_1$ |
| Aufwand an Produktionsgrundfonds der Art 2 | $b_{21} Q_1$ | $0{,}32\, Q_1$ |

Der Aufwand derselben Ressourcen zur Gewährleistung des Produktionsprogramms für die Erzeugung des Produkts 2 ergibt:

| | In allgemeiner Form | In Zahlen |
|---|---|---|
| Aufwand an lebendiger Arbeit (in Einheiten des Lohnfonds) | $\tilde{v}_2 Q_2$ | $0{,}3\ Q_2$ |
| Aufwand an Produktionsgrundfonds der Art 1 | $b_{12} Q_2$ | $0{,}05\ Q_2$ |
| Aufwand an Produktionsgrundfonds der Art 2 | $b_{22} Q_2$ | $0{,}25\ Q_2$ |

Summieren wir die Kennziffern für den Aufwand der gleichen Ressourcen, erhalten wir das Gesamtvolumen des Aufwands an Arbeit und Produktionsgrundfonds (jeder Art) für das gesamte Produktionsprogramm der Volkswirtschaft, d. h. für die Sicherung des Plans $Q_1$, $Q_2$ (wie groß $Q_1$ und $Q_2$ auch immer seien).

| | In allgemeiner Form | In Zahlen |
|---|---|---|
| Gesamtaufwand an lebendiger Arbeit (in Einheiten des Lohnfonds) | $\tilde{v}_1 Q_1 + \tilde{v}_2 Q_2$ | $0{,}1\ Q_1 + 0{,}3\ Q_2$ |
| Gesamtaufwand an Produktionsgrundfonds der Art 1 | $b_{11} Q_1 + b_{12} Q_2$ | $0{,}20\ Q_1 + 0{,}05\ Q_2$ |
| Gesamtaufwand an Produktionsgrundfonds der Art 2 | $b_{21} Q_1 + b_{22} Q_2$ | $0{,}32\ Q_1 + 0{,}25\ Q_2$ |
| | (39) | (39a) |

Natürlich muß das Produktionsprogramm der Volkswirtschaft ($Q_1$, $Q_2$) so aufgestellt werden, daß der Gesamtaufwand an limitierten Ressourcen in keinem Falle den Umfang der verfügbaren Ressourcen überschreitet. Diese einfache Tatsache läßt sich mathematisch durch folgendes Ungleichungssystem ausdrücken:

| Beschränkungen | In allgemeiner Form | In Zahlen |
|---|---|---|
| hinsichtlich der Arbeit ... | $\tilde{v}_1 Q_1 + \tilde{v}_2 Q_2 \leqslant \hat{L}$ | $0{,}1\ Q_1 + 0{,}3\ Q_2 \leqslant 150$ |
| hinsichtlich der Produktionsgrundfonds der Art 1 ... | $b_{11} Q_1 + b_{12} Q_2 \leqslant \hat{F}_1$ | $0{,}20\ Q_1 + 0{,}05\ Q_2 \leqslant 80$ |
| hinsichtlich der Produktionsgrundfonds der Art 2 ... | $b_{21} Q_1 + b_{22} Q_2 \leqslant \hat{F}_2$ | $0{,}32\ Q_1 + 0{,}25\ Q_2 \leqslant 160$ |
| | (40) | (40a) |

Alle drei Ungleichungen zusammen bilden ein System, das die Produktionsmöglichkeiten unserer hypothetischen Volkswirtschaft zur Erzeugung verschiedener Kombinationen der beiden Produkte festlegt. Zum Beispiel kann unschwer überprüft werden, daß folgende vier

Kombinationen durchaus erfüllbar sind:**

| Variante | $Q_1$ | $Q_2$ |
|---|---|---|
| 1 | 0 | 500 |
| 2 | 150 | 450 |
| 3 | 350 | 200 |
| 4 | 400 | 0 |

Wir abstrahieren zeitweilig von der Struktur des hierarchischen Leitungssystems der Produktion und gehen davon aus, daß nur zwei Ebenen unterschieden werden – eine zentrale (die gesamte Volkswirtschaft planende und leitende) und eine untere Ebene (die nur die eigene Produktion plant). Nehmen wir an, die zentrale Ebene hat die zweite Variante des Plans gewählt, derzufolge 150 Einheiten des Produkts 1 und 450 Einheiten des Produkts 2 erzeugt werden sollen. Nehmen wir weiter an, daß *bei sonst gleichen Bedingungen* die untere Ebene immer die Erfüllung jener Planvariante anstrebt, die ihr ein Maximum an Bruttogewinn erbringt. Das bedeutet, wenn wir mit $r_1$ und $r_2$ den spezifischen Anteil des Reineinkommens am Preis der beiden Produkte bezeichnen, daß die ausführende Ebene bestrebt sein wird, bei der Wahl des Produktionsprogramms als Kriterium die Größe der Zielfunktion

$$(*) \qquad Z_e = r_1 Q_1 + r_2 Q_2,$$

zu benutzen, die bei der effektivsten Planvariante ihren maximalen Wert erreichen soll.

Nun gehen wir direkt dazu über, die stimulierenden Eigenschaften eines Systems von Preisen zu analysieren, die auf der Wertkonzeption basieren. Dazu benutzen wir die Daten der Tabelle 44 und berechnen die Preise sowie die spezifische Rentabilität der beiden Produkte ($r_1$ und $r_2$). Danach setzen wir in den Ausdruck (*) die Kennziffern $Q_1$ und $Q_2$ ein, die jeder der vier Planvarianten entsprechen, und überprüfen, welche dieser Varianten für die ausführende Ebene am vorteilhaftesten ist.

Es sei festgestellt, daß die Frage der Bildung der materiellen Selbstkostenkomponenten bei der Preiskalkulation in der ökonomischen

** In den Varianten 2 und 3 benutzt der Autor zur Vereinfachung der Berechnungen gerundete Werte für $Q_1$ und $Q_2$. Dadurch ist für diese Kombinationen ($Q_1$, $Q_2$) in der dritten Ungleichung in (40a) die Summe auf der linken Seite etwas größer als 160. Um zu einem genaueren Ergebnis zu kommen, hätte man in der Variante 2 $Q_1 = 148$, $Q_2 = 451$ zu setzen und in der Variante 3 $Q_1 = 353$, $Q_2 = 188$. (Anm. d. Herausg.)

Literatur in der Regel umgangen wird. Die Summe der materiellen Aufwendungen wird als ein vorgegebenes, einheitliches, nichtgegliedertes Ganzes angenommen, das von der Rückwirkung des gesuchten Preissystems isoliert ist.[5] Indessen ist das Vorhandensein einer solchen Wirkung eine triviale Tatsache. Unter den Bedingungen unseres Modells können die Selbstkosten der beiden Produkte als die Summe folgender Aufwandselemente ausgedrückt werden:

| | In allgemeiner Form | | | In Zahlen | | |
|---|---|---|---|---|---|---|
| | Materielle Aufwendungen | | Lohn | Materielle Aufwendungen | | Lohn |
| | Aufwand des Produkts 1 | Aufwand des Produkts 2 | | Aufwand des Produkts 1 | Aufwand des Produkts 2 | |
| Selbstkosten des Produkts 1 | $a_{11} p_1$ | $+ a_{21} p_2$ | $+ \tilde{v}_1$ | $0{,}2\, p_1$ | $+ 0{,}1\, p_2$ | $+ 0{,}1$ |
| Selbstkosten des Produkts 2 | $a_{12} p_1$ | $+ a_{22} p_2$ | $+ \tilde{v}_2$ | $0{,}2\, p_1$ | $+ 0{,}5\, p_2$ | $+ 0{,}3$ |
| | | | (41) | | | (41a) |

$p_1$ und $p_2$ bezeichnen hier die Preise beider Produkte. Um die Formel für jeden der beiden Preise zu bestimmen, muß zu den Selbstkosten der Umfang des geplanten Gewinns $r_1$ und $r_2$ hinzugefügt werden.

| In allgemeiner Form | In Zahlen |
|---|---|
| $p_1 = a_{11} p_1 + a_{21} p_2 + \tilde{v}_1 + r_1$ | $p_1 = 0{,}2\, p_1 + 0{,}1\, p_2 + 0{,}1 + r_1$ |
| $p_2 = a_{12} p_1 + a_{22} p_2 + \tilde{v}_2 + r_2$ | $p_2 = 0{,}2\, p_1 + 0{,}5\, p_2 + 0{,}3 + r_2$ |
| (42) | (42a) |

Wir setzen voraus, daß die Größe des spezifischen Lohnfondsaufwands ($\tilde{v}_1$ und $\tilde{v}_2$) vor der Berechnung des Preissystems festgelegt wird, und zwar auf Grund spezieller Überlegungen, die wir vorerst nicht betrachten werden.

Wir haben also zwei Gleichungen, in denen vier Variable vorkommen: $p_1$, $p_2$, $r_1$ und $r_2$. Es liegt auf der Hand, daß diese Gleichungen als ein System gelöst werden müssen, weil die Preise für beide Produkte durch direkte und rückläufige Abhängigkeiten miteinander verbunden sind. Nicht weniger klar ist, daß, wenn $r_1$ und $r_2$ unbekannte Größen sind, unser Gleichungssystem dann und nur dann eindeutig lösbar ist, wenn die Größen $p_1$ und $p_2$ irgendwie außerhalb des Systems festgelegt

werden.* Der Wertkonzeption zufolge kann man dies tun, indem man von der Prämisse ausgeht, daß die Verhältnisse $r_1 : \bar{v}_1$ und $r_2 : \bar{v}_2$ gleich sind,
d. h.

$$\frac{r_1}{\bar{v}_1} = \frac{r_2}{\bar{v}_2}.$$

Da uns die relativen Preise interessieren und da in allen folgenden Berechnungen Einheitlichkeit herrschen muß, wählen wir $r_2$ als Maßstabseinheit:

$$r_2 = 1 .$$

Dann erhalten wir, da $\bar{v}_1$ und $\bar{v}_2$ bekannte Größen sind,

| In allgemeiner Form | In Zahlen |
|---|---|
| $r_1 = \frac{\bar{v}_1}{\bar{v}_2}$ | $r_1 = \frac{0{,}1}{0{,}3} = 0{,}33.$ |

Setzen wir diese Werte $r_1$ und $r_2$ in die Gleichungen (42a) ein und übertragen die unbekannten Größen auf die linke und die bekannten auf die rechte Seite der Gleichungen, erhalten wir endgültig folgende Gleichungen für die Bestimmung eines Systems von Wertpreisen:

| In allgemeiner Form | In Zahlen |
|---|---|
| $(1 - a_{11})\, p_1 - a_{21}\, p_2 = \frac{\bar{v}_1}{\bar{v}_2}(1 + \bar{v}_2)$ | $-\,0{,}8\, p_1 - 0{,}1\, p_2 = 0{,}43;$ |
| $-\, a_{12}\, p_1 + (1 - a_{22})\, p_2 = 1 + \bar{v}_2$ | $0{,}2\, p_1 + 0{,}5\, p_2 = 1{,}30;$ |
| | woraus folgt: $p_1 = 2{,}31;$ |
| | $p_2 = 7{,}53.$ |

Die Charakteristika für die Rentabilität jeder der vier Planvarianten im System der gefundenen Wertpreise werden in Tabelle 45 angeführt.

In unserem Beispiel erweist sich, wie wir sehen, die erste Planvariante als rentabelste. Unter diesen Bedingungen kann die zentrale Ebene ihre Entscheidung der unteren Ebene nur durch direkten administrativen Zwang auferlegen.

Natürlich kann man uns den bedingten Charakter der quantitativen Schemata vorwerfen, die wir unseren kritischen Argumenten

* Die eindeutige Lösbarkeit ist mathematisch nur gesichert, wenn keine der Gleichungen (42a) als Vielfaches der anderen darstellbar ist. Das ist bei den gewählten Zahlenwerten der Koeffizienten offensichtlich erfüllt. (Anm. d. Herausg.)

*Tabelle 45*

Rentabilität der Varianten des Volkswirtschaftsplans im Wertpreissystem

| Nr. der Planvariante | Gewinnmasse $0{,}33\,Q_1 + Q_2$ | Verhältnis der gesamten Gewinnmasse zum Lohnfonds $\frac{0{,}33\,Q_1 + Q_2}{0{,}1\,Q_1 + 0{,}3\,Q_2}$ |
|---|---|---|
| 1 | 500,0 | 3,333 |
| 2 | 499,5 | 3,330 |
| 3 | 315,5 | 3,321 |
| 4 | 132,0 | 3,300 |

zugrunde gelegt haben. Im zehnten Kapitel widmen wir deshalb einen besonderen Abschnitt der Analyse jener Folgen, die sich aus einem Verzicht auf die vereinfachenden Ausgangsprämissen ergeben. Unserer Ansicht nach ist es zweckmäßig, dies erst dann zu tun, wenn der Leser bereits die eigentliche Konstruktion kennt, die das gedankliche Rückgrat des benutzten Modells bildet. Er wird dann die inneren Möglichkeiten des Modells vollständiger einschätzen können.

Bei der Aufstellung des Preissystems haben wir also keine einzige Planvariante benutzt, und die Tatsache, daß eine der Planvarianten rentabler als die übrigen ist, war nicht als irgendein Planungsergebnis vorherbestimmt worden. Als rentabelste hat sich zudem keineswegs jene Planvariante erwiesen, die den Bedingungen entsprechend am rentabelsten sein sollte. Das Preissystem hat sich als eine sich selbst genügende Konstruktion erwiesen, der Nachrichtenkanäle fehlen, über die Signale vom Kennziffernsystem des Volkswirtschaftsplans aufgenommen werden könnten.

### *Die Konzeption des „Durchschnittswertes“*

Die Anhänger der zweiten Wertmodifikation, D. D. Kondrašev, A. V. Bačurin u. a., teilen den oben beschriebenen Standpunkt mit Ausnahme eines Punktes. Sie meinen, daß, solange noch kein einheitliches Kriterium für die Effektivität des Preissystems gefunden ist, „die Vervollkommnung der Preise auf einer mehr oder minder gleichmäßigen Verteilung des Gewinns im Verhältnis zu den Selbstkosten basieren muß. Schon diese Orientierung wird bei aller ihrer Unvollkommenheit dazu beitragen, die Preise dem gesellschaftlich notwendigen Arbeitsaufwand anzunähern. Und auf diesem Wege können die Preise wesentlich dem Wert angenähert werden“[6].

Dagegen polemisiert S. G. Strumilin. Den Anteil des Mehrprodukts „als einheitlichen Prozentsatz ... der Selbstkosten $c + v$“ zu bestimmen, schreibt er, „entbehrt jeder Grundlage, denn die vergegenständlichte Arbeit $c$ schafft überhaupt keinen neuen Wert“[7]. D. D. Kondrašev wendet dagen ein, „dies bedeutet nicht, daß auch die vergegenständlichte Arbeit Reineinkommen der Gesellschaft schafft, aber es zeugt davon, daß der Umfang der Akkumulation mit der Einsparung sowohl von lebendiger als auch von vergegenständlichter Arbeit verbunden ist“[8]. Dessen ungeachtet wird die in den stofflichen Komponenten der Selbstkosten vergegenständlichte Arbeit, die keinen neuen Wert schafft, im Herstellungsprozeß des Fertigprodukts, das eine Ware werden soll, mit der lebendigen Arbeit vereinigt. Und da der Preis der Ware innerhalb der Produktionskosten auch die Aufwendungen dieser vergegenständlichten Arbeit ersetzen soll, so erscheint es natürlich und völlig gerechtfertigt, als Gesamtvolumen des Arbeitsaufwands die Summe der Aufwendungen an lebendiger und vergegenständlichter Arbeit anzusehen. Und dann ist es bis zur „Einbringung“ eines den Selbstkosten proportionalen Gewinns in den Preis des Produkts nur noch ein selbstverständlicher Schritt, den auch die Anhänger der Konzeption des „Durchschnittswerts“ tun[9].

Die Einsparung an lebendiger und vergegenständlichter Arbeit Einsparung um jeden Preis, selbst bei der Amortisation – das ist die Zielrichtung dieser Konzeption. Es liegt jedoch auf der Hand, daß, wenn der Gewinn um so höher ist, je größer die Selbstkosten sind, die größte Gewinnmasse bei sonst gleichen Bedingungen auf jene Produkte entfallen wird, deren Selbstkosten besonders hoch sind.

Kehren wir zu unserem Beispiel zurück und berechnen wir mit Hilfe der Daten aus Tabelle 44 die Preise auf der Grundlage des „Durchschnittswerts“.

Der Definition zufolge muß das Verhältnis des spezifischen Gewinns ($r_1$ und $r_2$) zu den Selbstkosten des entsprechenden Produkts gleich demselben Verhältnis für das Gesamtprodukt der Volkswirtschaft sein, d. h.

In allgemeiner Form

$$\frac{r_1}{a_{11} p_1 + a_{21} p_2 + \tilde{v}_1} = \frac{r_2}{a_{12} p_1 + a_{22} p_2 + \tilde{v}_2} = \frac{r_1 + r_2}{(a_{11} + a_{12}) p_1 + (a_{21} + a_{22}) p_2 + \tilde{v}_1 + \tilde{v}_2};$$

In Zahlen

$$\frac{r_1}{0{,}2 p_1 + 0{,}1 p_2 + 0{,}1} = \frac{r_2}{0{,}2 p_1 + 0{,}5 p_2 + 0{,}3} = \frac{r_1 + r_2}{0{,}4 p_1 + 0{,}6 p_2 + 0{,}4}.$$

Berücksichtigen wir, daß wir vorher entschieden haben, $r_2$ als Maßstabseinheit zu benutzen ($r_2 = 1$), so gelangen wir zu folgendem Ausdruck für $r_1$:

In allgemeiner Form

$$r_1 = \frac{a_{11} p_1 + a_{21} p_2 + \tilde{v}_1}{a_{12} p_1 + a_{22} p_2 + \tilde{v}_2}; \qquad r_1 = \frac{0{,}2\, p_1 + 0{,}1\, p_2 + 0{,}1}{0{,}2\, p_1 + 0{,}5\, p_2 + 0{,}3}.$$

Setzen wir den Zahlenausdruck $r_1$ in die erste Gleichung (42a) ein, so nimmt das System (42a) folgendes Aussehen an:

$$p_1 = 0{,}2\, p_1 + 0{,}1\, p_2 + 0{,}1 + \frac{0{,}2\, p_1 + 0{,}1\, p_2 + 0{,}1}{0{,}2\, p_1 + 0{,}5\, p_2 + 0{,}3}$$

(43) $$p_2 = 0{,}2\, p_1 = 0{,}5\, p_2 + 0{,}3 + 1\,.$$

Wir formen die erste Gleichung um:

(44) $$0{,}8\, p_1 (0{,}2\, p_1 + 0{,}5\, p_2 + 0{,}3) - 0{,}1\, p_2 (0{,}2\, p_1 + 0{,}5\, p_2 + 0{,}3)$$
$$- 0{,}1\, (0{,}2\, p_1 + 0{,}5\, p_2 + 0{,}3) - 0{,}2\, p_1 - 0{,}1\, p_2 - 0{,}1 = 0\,.$$

Diese Form der Darstellung zeigt besonders deutlich, daß die erste Gleichung unseres Systems eine quadratische Gleichung ist, in der $p_1$ und $p_2$ in der ersten und zweiten Potenz sowie ihre gemischten Produkte vorkommen. Wir können die zweite Gleichung des Systems (43) benutzen, um $p_2$ durch $p_1$ auszudrücken, dann den gewonnenen Ausdruck in die erste Gleichung einsetzen und so $p_2$ eliminieren. Danach können wir diese Gleichung als gewöhnliche quadratische Gleichung $p_1$ lösen. Wir führen diese unkomplizierte Prozedur durch.

Wenn wir die zweite Gleichung (43) nach $p_2$ auflösen, erhalten wir:

$$p_2 = 0{,}4\, p_1 + 2{,}6\,.$$

Wir setzen diesen Ausdruck in die ausführliche Gleichung (44) ein und erhalten nach entsprechenden Vereinfachungen

$$0{,}30\, p_1^2 + 0{,}83\, p_1 - 0{,}94 = 0\,.$$

Die positive Wurzel dieser Gleichung $p_1 = 0{,}86$ stellt auch die sinnvolle Lösung unserer Aufgabe dar, die nach Einsetzen in die vorhergehende Gleichung $p_2 = 2{,}94$ ergibt.

Die auf der Grundlage des „Durchschnittswerts" gebildete Preisliste lautet demnach in unserem Modell:

$$p_1 = 0{,}86\,;$$
$$p_2 = 2{,}94\,.$$

Mit ihrer Hilfe bestimmen wir die spezifische Rentabilität des Produkts 1 sowie die Selbstkostenkennziffern beider Produkte:

$$r_1 = 0{,}29;$$
$$\pi_1 = 0{,}57;$$
$$\pi_2 = 1{,}94\,.$$

Eine anschauliche Vorstellung von den stimulierenden Eigenschaften dieses Systems von Industrieabgabepreisen vermittelt Tabelle 46.

*Tabelle* 46

Die Rentabilität der Varianten des Volkswirtschaftsplans bei einem System von Preisen, die auf dem Niveau des „Durchschnittswerts" gebildet wurden

| Nr. der Planvariante | Gewinnmasse $0{,}29\,Q_1 + Q_2$ | Verhältnis der Gesamtgewinnmasse zu den Selbstkosten des gesellschaftlichen Produkts $\frac{0{,}29\,Q_1 + Q_2}{0{,}57\,Q_1 + 1{,}94\,Q_2}$ |
|---|---|---|
| 1 | 500,0 | 0,5149 |
| 2 | 493,5 | 0,5147 |
| 3 | 301,5 | 0,5141 |
| 4 | 116,0 | 0,5124 |

Wie wir sehen, ist wiederum nicht die auf der volkswirtschaftlichen Ebene vorgesehene Planvariante am rentabelsten. Die Aufgabe der materiellen Stimulierung ihrer Erfüllung ist erneut nicht lösbar. Zumindest anhand unseres willkürlich gewählten Beispiels ist sichtbar, daß der Effekt der „Mittelung" des Wertes nicht weniger nachteilig ist als die Anwendung der Wertbasis in ihrer primär gegebenen Form.

### *Die Konzeption der Produktionspreise*

Als Karl Marx im dritten Band des „Kapitals" die entwickelte kapitalistische Wirtschaft analysierte, kam er bekanntlich zu dem Schluß, daß in ihr im Unterschied zur einfachen Warenwirtschaft „die Waren nicht einfach als *Waren* ausgetauscht werden, sondern als Produkte von *Kapitalen*, die im Verhältnis zu ihrer Größe . . . Teilnahme an der Gesamtmasse des Mehrwerts beanspruchen"[10]. Auf entsprechende Weise wird auch die Form des Wertes modifiziert, die von Marx als verwandelte Wertform oder als Produktionspreis bezeichnet wird. Die Forderung nach gleichem Gewinn bei gleichem Kapital reguliert automatisch und wie früher spontan die zwischenzweigliche Verteilung der materiellen Ressourcen sowie der Arbeit im Prozeß der zwischenzweiglichen Konkurrenz, und der Produktionspreis, in dem der Gewinn als ein einheitlicher Prozentsatz zum angewandten Kapital festgelegt wird, ist das Hauptinstrument dieses spontan wirkenden Automatismus.

All dies ist für den Kapitalismus und nur für den Kapitalismus charakteristisch. Eben aus dem dritten Band des „Kapitals" jedoch, und zwar ohne irgendwelche Zwischenstadien (außer vielleicht Überlegungen über Methoden einer interpretierenden Verknüpfung der Marxschen Vorstellungen über den Umwandlungsmechanismus des Wertes in die Form des Produktionspreises mit dem sozialistischen Wirtschaftssystem), leiten eine Reihe von Ökonomen ihre Vorstellungen über eine Modifikation des Werts im Sozialismus ab, die Produktionspreise der sozialistischen Wirtschaft genannt wird. Das betrifft insbesondere S. V. Atlas, L. A. Vaag, I. S. Malyšev, W. A. Sobol', V. D. Belkin und andere.

Der Sinn dieser Konzeption ist folgender.

Die objektiven Bedingungen der Entwicklung der Technik, Technologie und Produktionsorganisation versetzen die Betriebe der verschiedenen Volkswirtschaftszweige in eine unterschiedliche Lage, was den Bedarf an Grund- und Umlauffonds sowie an Arbeitsressourcen, was die Länge des Produktionszyklus sowie eine Vielzahl von technologischen und ökonomischen Faktoren angeht. Die sozialistische Gesellschaft als das soziale Subjekt, das die Funktion der Verfügung über die Produktionsmittel ausübt und die Produktionsbetriebe mit Grund- und Umlauffonds ausstattet, muß die planmäßige Leitung der Volkswirtschaft so organisieren, daß die den Betrieben zur Verfügung gestellten Grund- und Umlauffonds mit maximaler ökonomischer Effektivität genutzt werden. Und eben deshalb müssen, der behandelten Konzeption zufolge, auch ausnahmslos alle „Fondsinhaber" auf eine einheitliche Gewinnrate in der Volkswirtschaft orientiert werden, die von jedem Rubel der in der Produktion angewandten Grund- und Umlauffonds „erhoben" wird. „Der Produktionspreis", schrieb I. S. Malyšev, „das ist in Wirklichkeit das Wertgesetz für alle Zweige der Produktion ... Eine Gegenüberstellung von Wert und Produktionspreis ist einfach sinnlos."[11]

„... Das einzig begründete Prinzip für die Verteilung des Mehrprodukts oder, was dasselbe ist, der Gesamtheit der Gewinne der materiellen Produktion", meint er, „ist eine solche Verteilung, bei der die einzelnen Produktionszweige einen Gewinn erhalten, dessen Höhe unter Berücksichtigung der Größe aller Produktionsfonds des jeweiligen Zweiges festgelegt wird ... Die Produktivkraft der Arbeit hängt überall vom Vorhandensein der Produktionsgrundfonds ab. Die Arbeiter eines Zweiges, dessen Grundfonds vergrößert werden, beginnen *bei unveränderter Lohnhöhe* für die Gesellschaft mehr Mehrprodukt zu erzeugen als die Werktätigen eines anderen Zweiges, in dem die Arbeitsmittel unverändert geblieben sind"[12].

Die Konzeption des Produktionspreises besitzt eine überaus anziehende Eigenschaft. Ihre Anhänger verbinden auf die direkteste Weise das für die gesamte Volkswirtschaft einheitliche Gestaltungsprinzip der Planpreise mit dem ebenso einheitlichen Prinzip der Festlegung von Kontrollnormativen für die relative Effektivität von Investitionen. Als Maß für die Zweckmäßigkeit der Investitionen schlagen sie die jährliche Höhe der durch letztere gewährleisteten Rentabilität im Verhältnis zum Gesamtwert aller Grund- und Umlauffonds der Volkswirtschaft vor. Aber das ist auch alles. Die Kette der Wechselbeziehungen zwischen dem Volkswirtschaftsplan und der Liste der Industrieabgabepreise bleibt nach wie vor unterbrochen.

In unserem Zahlenbeispiel wird der Umfang der an der Schaffung der beiden Produkte beteiligten Produktionsfonds als folgende Größe bestimmt:

| In allgemeiner Form | | In Zahlen |
|---|---|---|
| An der Erzeugung des Produkts 1 | $b_{11} p_1 + b_{21} p_2$ | $0{,}20\, p_1 + 0{,}32\, p_2$ |
| An der Erzeugung des Produkts 2 | $b_{12} p_1 + b_{22} p_2$ | $0{,}05\, p_1 + 0{,}25\, p_2$. |

Nach den Bedingungen wird das Verhältnis $r_1 : r_2$ folgendermaßen bestimmt:

In allgemeiner Form

$$\frac{r_1}{b_{11} p_1 + b_{21} p_2} = \frac{r_2}{b_{12} p_1 + b_{22} p_2} = \frac{r_1 + r_2}{(b_{11} + b_{21}) p_1 + (b_{12} + b_{22}) p_2};$$

In Zahlen

$$\frac{r_1}{0{,}20\, p_1 + 0{,}32\, p_2} = \frac{r_2}{0{,}05\, p_1 + 0{,}25\, p_2} = \frac{r_1 + r_2}{0{,}25\, p_1 + 0{,}57\, p_2}.$$

Daraus erhalten wir für $r_1$:

In allgemeiner Form

$$r_1 = \frac{b_{11} p_1 + b_{21} p_2}{b_{12} p_1 + b_{22} p_2};$$

In Zahlen

$$r_1 = \frac{0{,}20\, p_1 + 0{,}32\, p_2}{0{,}05\, p_1 + 0{,}25\, p_2}.$$

Das Einsetzen des Zahlenausdrucks für $r_1$ in die erste Gleichung (42a) führt zur Darstellung des Systems (42a) in einer für die Lösung brauchbaren Form:

$$p_1 = 0{,}2\,p_1 + 0{,}1\,p_2 + 0{,}1 + \frac{0{,}20\,p_1 + 0{,}32\,p_2}{0{,}05\,p_1 + 0{,}25\,p_2};$$

$$p_2 = 0{,}2\,p_1 + 0{,}5\,p_2 + 0{,}3 + 1\,. \tag{45}$$

Es genügt, den äußeren Aufbau der Gleichungssysteme (43) und (45) zu vergleichen, um sich davon zu überzeugen, daß auch (45) eine quadratische Gleichung (die erste) und eine lineare Gleichung enthält. Wenn wir dieselben Rechenoperationen wie im vorigen Fall durchführen, kommen wir zu folgender quadratischer Gleichung für die Variable $p_1$:

$$0{,}114\,p_1^2 + 0{,}112\,p_1 - 1{,}066 = 0\,,$$

und zu folgender linearer Gleichung für $p_2$:

$$p_2 = 0{,}40\,p_1 + 2{,}60\,.$$

Die sukzessive Lösung dieser Gleichungen gestattet es, folgendes Produktionspreissystem zu finden:

$$p_1 = 2{,}605;$$
$$p_2 = 3{,}642\,,$$

woraus

$$r_1 = \frac{0{,}20 \cdot 2{,}605 + 0{,}32 \cdot 3{,}642}{0{,}05 \cdot 2{,}605 + 0{,}25 \cdot 3{,}642} = \frac{1{,}686}{1{,}041} = 1{,}620$$

folgt.

Die Stimulierungsmöglichkeiten des erhaltenen Preissystems können anhand der Tabelle 47 verfolgt werden.

*Tabelle 47*

Die Rentabilität der Varianten des Volkswirtschaftplans in Produktionspreisen

| Nr. der Planvariante | Gewinnmasse $1{,}62\,Q_1 + Q_2$ | Verhältnis der Gesamtgewinnmasse zum Gesamtwert der eingesetzten Produktionsfonds* $\frac{1{,}62\,Q_1 + Q_2}{791}$ |
|---|---|---|
| 1 | 500 | 0,632 |
| 2 | 693 | 0,876 |
| 3 | [767] | [0,969] |
| 4 | 648 | 0,819 |

* Der Gesamtwert der eingesetzten Fonds wurde auf folgende Weise ermittelt: $p_1 \hat{F}_1 + p_2 \hat{F}_2 = 2{,}605 \cdot 80 + 3{,}642 \cdot 160 = 791$. Er ist bei allen Planvarianten natürlich derselbe.

Wieder zeigt sich also, daß die zweite Planvariante nicht stimulierend, sondern administrativ vorgegeben wird. Bei keinem der Preissysteme gehört diese Variante zu den materiell vorteilhaften. Und wieder werden – wie in den beiden vorher untersuchten Fällen – die Plankennziffern nicht mit der Liste der Industrieabgabepreise verbunden. Das ist auch keineswegs verwunderlich, denn entsprechend dem Sinn, den die Anhänger der betrachteten Konzeptionen ihren Argumenten zugrunde legen, soll jede dieser Konzeptionen für *jede* Planvariante geeignet sein. Nach diesem Merkmal eines der drei Preisbildungssysteme als das geeignetste auszuwählen, ist unmöglich – unter ihnen gibt es kein bestes.

Mit Zitaten operierend, führen die Anhänger der drei Preisbildungskonzeptionen bereits eine langjährige Diskussion, in der jeder ausdrücklich vorschlägt, als absolutes Kriterium für die Richtigkeit seiner Konzeption deren volle Übereinstimmung mit der Marxschen Arbeitswerttheorie anzusehen. Die Frage aber, warum eigentlich das Kriterium für die Richtigkeit dieser oder jener Konzeption der Preisbildung in der sozialistischen Wirtschaft eine Konzeption sein soll, die vom genialen Begründer der wissenschaftlichen ökonomischen Theorie zur Erläuterung von Prozessen geschaffen worden ist, die in der einfachen Warenwirtschaft oder im entwickelten ökonomischen System des Kapitalismus ablaufen, – diese Frage wird überhaupt nicht diskutiert. Es ergibt sich eine reichlich seltsame Situation der Art „Am Anfang war das Wort". Nicht zufällig verbindet keine der genannten Konzeptionen das Problem der Gestaltung des Preissystems mit der Ausarbeitung des Volkswirtschaftsplans – bei Marx hat es das nicht gegeben.

In der modernen Physik wird jede theoretische Hypothese unverzüglich als unhaltbar anerkannt, wenn sich auch nur ein Beispiel findet, das ihr widerspricht. Sollte die ökonomische Wissenschaft in diesem Sinne eine Ausnahmestellung beanspruchen, so würde sie damit einen schwer zu korrigierenden Fehler begehen.

KAPITEL 9

# Analyse der ökonomisch-mathematischen Konzeption der planmäßigen Preisbildung

## *Die Vorstellungen der Vertreter der ökonomisch-mathematischen Schule über die Wirkung des Wertgesetzes im Sozialismus*

„Die Identifizierung des Wertgesetzes mit seiner spontanen Erscheinungsform führt unvermeidlich zu dem Schluß, daß das Wertgesetz und das Gesetz der planmäßigen Entwicklung unvereinbar sind", schreibt V. V. Novožilov. „Es ergibt sich eine logische Sackgasse: in der Realität wirken gemeinsam Gesetze, die unvereinbar sind und sich gegenseitig ausschließen"[13]. „Die Planung der Volkswirtschaft kann nicht losgelöst von den Ware-Geld-Beziehungen erfolgen", meinen L. B. Alter und B. I. Braginskij. „Sie muß organisch mit der bewußten Nutzung des Wertgesetzes verbunden sein ... In der Schaffung eines entwickelten Systems der ökonomischen Stimulierung eben besteht die bewußte Nutzung und Anwendung des Wertgesetzes; eine Ignorierung oder Unterschätzung seiner Rolle muß zur Schwächung der ökonomischen Stimuli in der Volkswirtschaft führen"[14]. Was die Frage des Regulators der sozialistischen Produktion betrifft, so wird sie nach der Meinung von V. V. Novošilov „einfach gelöst: Regulator ist *der Plan als Form der Realisierung ökonomischer Gesetze*"[15]. Dabei muß der Plan auf der strengsten Berücksichtigung der verfügbaren Limits an materiellen und Arbeitsressourcen einerseits und des Umfangs und der Struktur der gesellschaftlichen Bedürfnisse andererseits beruhen[16].

So schließen sich die Vorstellungen über den Mechanismus der volkswirtschaftlichen Planung und die Gestaltung eines Systems von Planpreisen zu einer einheitlichen Kette gegenseitiger Abhängigkeiten. „Selbst der ordinäre Ökonom ...", schrieb Marx, „muß zugeben, daß, welches immer der Marktwert, Nachfrage und Zufuhr sich ausgleichen müssen, um ihn herauszubekommen"[17]. In den Modellen nun, die von den Vertretern der ökonomisch-mathematischen Schule konstruiert werden, erfolgt, wie V. V. Novožilov feststellte, „die wertmäßig Berücksichtigung der Beschränkungen im Grunde entsprechend dem Prinzip der Ausgeglichenheit von Angebot und Nachfrage. Dies alles widerspiegelt jene Eigenschaft des Wertgesetzes, derzufolge die Preise der nichtreproduzierbaren Ressourcen zu Höhen neigen, bei denen die Nachfrage dem Angebot entspricht“[18]. Diese Schlußfolgerung ergibt sich organisch aus der realistischen Prämisse, daß das Maximum oder Minimum des gewünschten ökonomischen Effekts unter der Bedingung begrenzter Ressourcen gefunden werden muß und daß der Preis das direkte Instrument zur Auffindung eines solchen extremalen Resultats bildet. Dabei bildet die Angleichung der Wertbewertung der vorhandenen Ressourcen an ihren Gesamtbedarf lediglich ein minimales und absolut notwendiges Merkmal für die Annehmbarkeit dieses oder jenes Systems von Planpreisen.

Oben ist gezeigt worden, daß Preise, die auf der Basis von Prinzipien gebildet werden, von denen jedes hinsichtlich beliebiger Varianten des Volkswirtschaftsplans apriori gegeben ist, über keinerlei stimulierende Eigenschaften verfügen. Es ist leicht zu sehen, daß der gleiche Apriorismus mit derselben Unvermeidlichkeit auch zu einer Störung jener außerordentlich wichtigen Bilanzproportionen der Volkswirtschaft führen muß, die in stark aggregierter Terminologie als das Verhältnis zwischen Angebot und Nachfrage bezeichnet werden. Marx selbst hat darauf verwiesen:

„Das Ganze verkauft sich daher nur, als ob es in der notwendigen Proportion produziert wäre. Diese quantitative Schranke der auf die verschiednen besondren Produktionssphären verwendbaren Quoten der gesellschaftlichen Arbeitszeit ist nur weiterentwickelter Ausdruck des Wertgesetzes überhaupt; obgleich die notwendige Arbeitszeit hier einen anderen Sinn enthält. Es ist nur soundso viel davon notwendig zur Befriedigung des gesellschaftlichen Bedürfnisses. Die Beschränkung tritt hier ein durch den Gebrauchswert.“ [19]

Welche Ansichten bilden nun den gedanklichen Kern der ökonomisch-mathematischen Vorstellungen über den Mechanismus der planmäßigen Preisbildung? Diese Vorstellungen gründen sich auf die Idee: „Die Rolle der Preise . . . besteht darin, den Wert einer Einheit jeder Ressource für die Gesellschaft zu messen oder jenen Beitrag zum allgemeinen Optimalitätskriterium zu vergleichen, den diese Einheit leisten kann.“

„Die Theorie der optimalen Planung zeigt“, schreibt V. A. Volkonskij, „daß in einer großen Klasse von Modellen die objektiv bedingten Bewertungen diese Eigenschaft besitzen“[20]; sie werden errechnet als die Kennziffern des Zuwachses des volkswirtschaftlichen Optimalitätskriteriums, der hervorgerufen wird durch die Grenzzuwächse jeder der limitierten Ressourcen, darunter auch der Ressourcen an lebendiger Arbeit. „Die optimalen Bewertungen und die ihnen entsprechenden Preise", stellt andererseits A. L. Lurje fest, „werden unbedingt den gesellschaftlich notwendigen Arbeitsaufwendungen *proportional* sein, wenn man darunter die Grenzzuwächse der Arbeit im Maßstab der gesamten Volkswirtschaft je Zuwachseinheit dieser oder jener Ressource versteht"[21].

Die Preise sollen also nicht durch die mittleren, sondern durch die gesellschaftlich notwendigen Grenzaufwendungen an Arbeit bestimmt werden, wobei in diese Grenzzuwächse des gesellschaftlich notwendigen Arbeitsaufwands nicht nur der direkte Aufwand an Arbeit für die Erzeugung des jeweiligen Produkts, sondern auch die Aufwendungen in allen Stadien der Verflechtung eingeschlossen werden.[22]

Indes „vollziehen sich im Unterschied zur kapitalistischen Warengesellschaft die Arbeitsbeziehungen der Menschen im Sozialismus unmittelbar, auf der Grundlage der bewußten planmäßigen Leitung der gesamten Wirtschaftstätigkeit. Der Wert hört auf, die einzig mögliche Form für die Festlegung der Produktionsverhältnisse zu sein ... Man kann die Gesetzmäßigkeiten, von denen ausgehend die Probleme der Nutzung der Wertkategorien im Sozialismus gelöst werden müssen, deshalb nur dann verstehen, wenn man ihre neue Aufgabe berücksichtigt, Instrumente zu sein, die der planmäßigen Wirtschaftsführung dienen. Ein anderes Herangehen wäre ebenso falsch wie etwa der Versuch, die kapitalistische Grundrente ausgehend von einer Untersuchung der feudalen Verhältnisse zwischen Bauer und Gutsbesitzer verstehen zu wollen oder eine Theorie des Bankkredits aufzustellen und dabei von einer Untersuchung des Wuchererwesens im Mittelalter auszugehen. Als dem *Geist der ökonomischen Methodologie von Marx* selbst widersprechend erscheinen uns deshalb die dogmatischen Forderungen, die Planpreise auf der Basis des durchschnittlichen Arbeitsaufwands zu berechnen, d. h. sich an den Gesetzmäßigkeiten der einfachen Warenproduktion zu orientieren, oder dies auf der Grundlage der Produktionspreise zu tun, zu denen die Preise im Kapitalismus neigen",[23] schrieb A. L. Lurje.

Im Jahre 1964 trafen sich die führenden sowjetischen Ökonomen am „runden Tisch", der mit den schärfsten Gerichten gedeckt war, über die unsere ökonomische Theorie verfügt.[24] Zum Epizentrum der Diskussion wurde die Konzeption der objektiv bedingten Bewertungen des optimalen Plans.

Im Verlauf der Diskussion äußerte L. V. Kantorovič die Hoffnung, daß „die optimale Planung die Möglichkeit eröffnen wird: a) auf den unteren Ebenen zu wissen, wie eine realistische und vom volkswirtschaftlichen Standpunkt richtige Auswahl der ökonomischen Entscheidungen zu treffen ist; b) durch die Auswahl von Kennziffern, die die Arbeit der Betriebe bewerten, . . . die beste Nutzung der Ressourcen sowie die Auswahl von Lösungen zu stimulieren, die dem allgemeinen Optimum entsprechen; c) die imperativen Weisungen durch elastischere und wirksamere ökonomische Methoden zur Regulierung der Erfüllung . . . des Plans und zur Nutzung der Ressourcen zu ersetzen". Diesen Zielen sollen auch die objektiv bedingten Bewertungen der Ressourcen und der Produktion dienen, in deren System die Betriebe nur dann einen maximalen Gewinn erzielen werden, wenn die gewählten Planvarianten voll mit dem volkswirtschaftlichen Optimum abgestimmt werden. „Diese Bewertungen werden voll dem berücksichtigten Aufwand an Arbeit gerecht, der für die Erzeugung einer Einheit der Produktion benötigt wird . . . Es geht gerade um die gesellschaftlich notwendigen Aufwendungen, und eben deshalb müssen die Industrieabgabepreise an die objektiv bedingten Bewertungen angenähert werden."[25] „Aber Kantorovič macht die maximale Rentabilität zum Prinzip unserer Planung", bemerkte S. G. Strumilin. „Eben dieses Prinzip der maximalen Rentabilität bildet in seinen Schemata das grundlegende Optimalitätskriterium für die von ihm vorgeschlagenen Varianten der Ressourcennutzung. Und damit kommt seine Methode den westlichen Konzeptionen auf demselben Wirtschaftsgebiet besonders nahe. An die Lösung derartiger Optimierungsaufgaben nach dem Prinzip der größten Rentabilität sind im Westen auch die entsprechenden Datenverarbeitungsanlagen angepaßt."[26] In den Äußerungen der Opponenten gegen die Konzeption der objektiv bedingten Bewertungen schimmerte das Wort „Marginalismus" durch. Dies veranlaßte offensichtlich V. S. Nemčinov dazu, an dieser Stelle der Auseinandersetzung deutliche Zeichen zu setzen. „Die Benutzung von Extremwerten und Hilfsfaktoren, die das Verhältnis kleiner Zuwächse der Zielfunktion und der Ressourcen charakterisieren, in den Schemata der optimalen Planung sowjetischer Ökonomen widerspricht in keiner Weise der Werttheorie von Marx, und es gibt keinen Grund anzunehmen, daß es sich hier um einen Übergang auf marginalistische Positionen der Grenznutzentheorie handelt", schrieb er. „Nur Menschen, die über die primitivsten Vorstellungen verfügen, können behaupten, daß sich die mathematische Theorie der Vorfahren und die Differentialquotienten nicht mit der marxistisch-leninistischen Weltanschauung vereinbaren lassen."[27]

Das sind in allgemeinsten Zügen die theoretischen Ansichten der modernen Wirtschaftsmathematiker über den Wirkungsmechanismus des Wertgesetzes in der sozialistischen Volkswirtschaft.

## *Was sind objektiv bedingte Bewertungen?*

Was bedeutet nun die Formulierung einer Aufgabe der linearen Optimierung, auf deren Grundlage die objektiv bedingten Bewertungen des optimalen Plans festgelegt werden?

Folgende volkswirtschaftliche Aufgabe sei zu lösen. Auf der Grundlage von im Verhältnis zur Aufgabe exogenen Überlegungen werden das Volumen und die Zusammensetzung des gesellschaftlichen Endprodukts festgelegt, das im laufenden Jahr produziert werden soll. Dabei gibt es in jedem Zweig eine gewisse Anzahl von technologischen Produktionsverfahren. Gefordert ist, durch die Variation der Kombinationen aus verschiedenen technologischen Verfahren die Auflagen zur Erzeugung der Endprodukte mit minimalem Gesamtaufwand an gesellschaftlicher Arbeit zu erreichen.

Bei der Lösung dieser Aufgabe geht man im allgemeinen davon aus, daß das Gesamtminimum des Arbeitsaufwands im Maßstab der gesamten gesellschaftlichen Produktion nicht als arithmetische Summe der lokalen Minima des Arbeitsaufwands ermittelt werden kann. Außerdem müssen, um das gestellte Ziel zu erreichen, unter den Bedingungen der Begrenztheit der Produktionsressourcen auch solche Varianten der Nutzung mittlerer und schlechterer Ressourcenkategoerien in den optimalen Plan aufgenommen werden, die einen minimalen Zuwachs des Arbeitsaufwands im Maßstab der ganzen Gesellschaft hervorrufen. Kennziffern dieser Art bezeichnete V. V. Novožilov als Differentialaufwendungen.

Der Differentialaufwand wird gebildet als Summe aus dem direkten Aufwand und dem rückläufigen Aufwand oder den minimalen (Grenz-!) Aufwandszuwächsen, die sich aus der Begrenztheit der effektivsten Ressourcen ergeben. Der rückläufige Aufwand wird seinerseits aus Summanden gebildet, von denen jeder die Effektivität der Nutzung einer Art der begrenzten Ressourcen für die Herstellung eines bestimmten Produkts mißt; dabei wird diese Effektivität eben in Einheiten des Grenzzuwachses der Arbeitsaufwendungen ausgedrückt. Wenn $\hat{w}_j$ die Kennziffer des Differentialaufwands ist, der mit der Produktion des Produkts $j$ verbunden ist, $v_j$ – der direkte Aufwand, $\beta_{sj}$ – der Koeffizient des vollen Aufwands der Ressource $s$ bei der Erzeugung des Produkts $j$ (der wie im Modell der Verflechtungsbilanz berechnet wird; vgl. z. B. die Gleichungen (38)) und $w_s$ – die Bewertung der Effektivität der Nutzung der Ressource $s$, dann hat die Formel des Differentialaufwands folgendes Aussehen:

$$(46) \qquad \hat{w}_j = v_j + \sum_s \beta_{sj} w_s.$$

Die Kennziffern $w_s$ hat L. V. Kantorovič objektiv bedingte Bewertungen genannt.

Mit $R_s$ bezeichnen wir das verfügbare Volumen der Produktionsressourcen der Art $s$ (die Gesamtzahl der Arten von Ressourcen sei gleich $l$). Jedes Element des Endprodukts der Gesellschaft kann nicht nur mit einem, sondern mit mindestens einigen gegenseitig substituierbaren Verfahren hergestellt werden; die Nummer jedes dieser Verfahren bezeichnen wir mit $k$, und die Gesamtzahl solcher Verfahren mit $m$ (die Mathematiker benutzen der Kürze halber bekanntlich folgende Schreibweise: $s = 1, 2, \ldots, l$; $k = 1, 2, \ldots, m$). Durch $\beta_{sj}$ bezeichnen wir die vollen Aufwendungen der Ressource $s$, die mit der Produktion des Produkts $j$ verbunden sind; $Y_j$ ist das Volumen des Endprodukts $j$. Wenn über $Y_j$ ein Sternchen steht, so bedeutet dies, daß wir es mit einer obligatorischen minimalen Planauflage zu tun haben.

Die mathematische Konstruktion, die nun gebildet wird, ist dem Leser in *jedem* Detail bereits bekannt. Sie besteht aus einem System von Beschränkungen, die die Form von Ungleichungen haben, sowie der Zielfunktion. Die Ungleichungen unseres Modells werden völlig analog den Ungleichungen (38) (vgl. S. 184) sein. Nur werden sie diesmal nicht in Zahlenform, sondern in allgemeiner Form aufgestellt und werden im Unterschied zu den gleichen Beschränkungen (38) – wir empfehlen, diese beim Lesen der folgenden Seiten als Vergleichsbasis zu benutzen – noch die Kennziffern der technologischen Produktionsvarianten ein und desselben Elements $Y_j$ des Endprodukts enthalten.

Im allgemeinen Fall kann jedes Element $Y_j$ des Endprodukts mit allen technologischen Verfahren erzeugt werden. Wenn es diese Annahme nicht gäbe, so könnte die Forderung, daß das Gesamtvolumen der Nutzung jeder Ressource $s$ deren verfügbares Volumen $R_s$ nicht übersteigen darf, außerordentlich einfach formalisiert werden:

$$\beta_{11} Y_1 + \beta_{11} Y_2 + \cdots + \beta_{1n} Y_n = \sum_{j=1}^{n} \beta_{1j} Y_j \leqslant R_1;$$

$$\beta_{21} Y_1 + \beta_{22} Y_2 + \cdots + \beta_{2n} Y_n = \sum_{j=1}^{n} \beta_{2j} Y_j \leqslant R_2;$$

$$\cdots\cdots\cdots\cdots\cdots\cdots\cdots\cdots\cdots\cdots\cdots\cdots$$

$$\beta_{l1} Y_1 + \beta_{l2} Y_2 + \cdots + \beta_{ln} Y_n = \sum_{j=1}^{n} \beta_{lj} Y_j \leqslant R_l.$$

In noch allgemeinerer Form gilt für jede beliebige Ressource $s$:

$$\beta_{s1} Y_1 + \beta_{s2} Y_2 + \cdots + \beta_{sn} Y_n = \sum_{j=1}^{n} \beta_{sj} Y_j \leqslant R_s.$$

(47) $(s = 1, 2, \ldots, l)$.

Die Einführung der technologischen Produktionsverfahren für ein und dasselbe Produkt vergrößert jedoch die Anzahl der möglichen Varianten der Planentscheidung. Um das Verständnis für die entsprechende mathematische Schreibweise zu erleichtern und ihre logische Ableitung genauer zu zeigen, haben wir sie im zweidimensionalen Raum der Tabelle 48 dargestellt.

*Tabelle 48*

Die Formulierung der Ressourcenbeschränkungen für die Aufgabe der linearen Optimierung*

| Technologische Produktionsverfahren der Endprodukte | Elemente des gesellschaftlichen Endprodukts | | | | Gesamtes Endprodukt |
|---|---|---|---|---|---|
| | Produkt 1 | Produkt 2 | ... | Produkt $n$ | |
| Verfahren 1 | $\beta_{s1}^{(1)} Y_1^{(1)}$ | $\beta_{s2}^{(1)} Y_2^{(1)}$ | ... | $\beta_{sn}^{(1)} Y_n^{(1)}$ | $\sum_{j=1}^{n} \beta_{sj}^{(1)} Y_j^{(1)}$ |
| Verfahren 2 | $\beta_{s1}^{(2)} Y_1^{(2)}$ | $\beta_{s2}^{(2)} Y_2^{(2)}$ | ... | $\beta_{sn}^{(2)} Y_n^{(2)}$ | $\sum_{j=1}^{n} \beta_{sj}^{(2)} Y_j^{(2)}$ |
| ....... | ..... | ..... | ... | ...... | ...... |
| Verfahren $m$ | $\beta_{s1}^{(m)} Y_1^{(m)}$ | $\beta_{s2}^{(m)} Y_2^{(m)}$ | ... | $\beta_{sn}^{(m)} Y_n^{(m)}$ | $\sum_{j=1}^{n} \beta_{sj}^{(m)} Y_j^{(m)}$ |
| Alle Verfahren | $\sum_{k=1}^{m} \beta_{s1}^{(k)} Y_1^{(k)}$ | $\sum_{k=1}^{m} \beta_{s2}^{(k)} Y_2^{(k)}$ | ... | $\sum_{k=1}^{m} \beta_{sn}^{(k)} Y_n^{(k)}$ | $\sum_{k=1}^{m} \sum_{j=1}^{n} \beta_{sj}^{(k)} Y_j^{(k)}$ |

* Jedes $Y_j^{(k)}$ bezeichnet das Volumen der Erzeugung des Endprodukts des Zweiges $j$ nach dem Verfahren $k$.

Lassen wir in der unteren Zeile der Tabelle überall den Index $k$ weg und summieren, so erhalten wir:

$$\beta_{s1} Y_1 + \beta_{s2} Y_2 + \cdots + \beta_{sn} Y_n = \sum_{j=1}^{n} \beta_{sj} Y_j$$

und damit den gleichen Ausdruck wie auf der linken Seite der Ungleichung (47). Es ist offensichtlich, daß der Gesamtaufwand der Ressource $s$ in Tabelle 48 als Summe aller Elemente ermittelt wird. Der mathematische Ausdruck dieser Summe steht in der rechten unteren

Ecke. Es leuchtet ein, daß man insgesamt $l$ solche Tabellen aufstellen kann, wenn es $l$ Arten von Ressourcen gibt ($s = 1, 2, \ldots, l$).

Um sich anschaulich vorzustellen, wie eine solche Begrenzung im einzelnen aussieht, muß man einfach alles, was in der Tabelle 48 steht, in eine Zeile schreiben und rechts davon hinter dem Zeichen $\leqslant R_s$. Natürlich wird die Zahl der Beschränkungen gleich der Anzahl der Ressourcen $l$ sein, und ein Gesamtbild des Beschränkungssystem läßt sich leicht gewinnen, wenn man das Ergebnisfeld der Tabelle 48 benutzt:

$$\text{(48)} \qquad \sum_{k=1}^{m} \sum_{j=1}^{n} \beta_{sj}^{(k)} Y_j^{(k)} \leqslant R_s \; (s = 1, 2, \ldots, l).$$

Die Forderung nach unbedingter Erfüllung der Planauflagen zur Herstellung von Endprodukten läßt sich erheblich einfacher formalisieren.

*Tabelle 49*

Die Formulierung der Beschränkungen für das Endprodukt

| Technologische Produktions-verfahren der Endprodukte | Elemente des Endprodukts Produkt 1 | Produkt 2 | ··· | Produkt $n$ |
|---|---|---|---|---|
| Verfahren 1 | $Y_1^{(1)}$ | $Y_2^{(1)}$ | ··· | $Y_n^{(1)}$ |
| Verfahren 2 | $Y_1^{(2)}$ | $Y_2^{(2)}$ | ··· | $Y_n^{(2)}$ |
| ....... | ..... | ..... | ... | ...... |
| Verfahren $m$ | $Y_1^{(m)}$ | $Y_2^{(m)}$ | ··· | $Y_n^{(m)}$ |
| Alle Verfahren | $\sum_{k=1}^{m} Y_1^{(k)}$ | $\sum_{k=1}^{m} Y_2^{(k)}$ | ··· | $\sum_{k=1}^{m} Y_n^{(k)}$ |

Auf der Grundlage von Tabelle 49 erhalten wir:

$$Y_1^{(1)} + Y_1^{(2)} + \cdots + Y_1^{(m)} = \sum_{k=1}^{m} Y_1^{(k)};$$

$$Y_2^{(1)} + Y_2^{(2)} + \cdots + Y_2^{(m)} = \sum_{k=1}^{m} Y_2^{(k)};$$

.............................

$$Y_n^{(1)} + Y_n^{(2)} + \cdots + Y_n^{(m)} = \sum_{k=1}^{m} Y_n^{(k)}.$$

In allgemeinerer Form:

$$Y_j^{(1)} + Y_j^{(2)} + \cdots + Y_j^{(m)} = \sum_{k=1}^{m} Y_j^{(k)} = Y_j \quad (j = 1, 2, \ldots, n).$$

Die Forderung, mindestens die Planauflagen $Y_j^*$ zur Produktion der Endprodukte zu erfüllen, wird auf folgende Weise dargestellt:

$$\sum_{k=1}^{m} Y_1^{(k)} \geqslant Y_1^*;$$

$$\sum_{k=1}^{m} Y_2^{(k)} \geqslant Y_2^*;$$

. . . . . . . . . . . . .

$$\sum_{k=1}^{m} Y_n^{(k)} \geqslant Y_n^*.$$

In allgemeiner Form:

$$(49) \qquad \sum_{k=1}^{m} Y_j^{(k)} \geqslant Y_j^* \qquad (j = 1, 2, \ldots, n).$$

Wenn man das spezifische Normativ des vollen Arbeitsaufwands für die Produktion einer Einheit des Endprodukts $j$ mit dem Verfahren $k$ als $l_j^k$ bezeichnet, dann sind die Gesamtaufwendungen an gesellschaftlicher Arbeit gleich der Summe aller Elemente der Tabelle 50.

*Tabelle 50*

**Die Bestimmung des Gesamtaufwands an gesellschaftlicher Arbeit**

| Technologische Verfahren zur Erzeugung der Endprodukte | Elemente des Endprodukts Produkt 1 | Produkt 2 | ... | Produkt $n$ | Gesamtes Endprodukt |
|---|---|---|---|---|---|
| Verfahren 1 | $l_1^{(1)} Y_1^{(1)}$ | $l_2^{(1)} Y_2^{(1)}$ | ... | $l_n^{(1)} Y_n^{(1)}$ | $\sum_{j=1}^{n} l_j^{(1)} Y_j^{(1)}$ |
| Verfahren 2 | $l_1^{(2)} Y_1^{(2)}$ | $l_2^{(2)} Y_2^{(2)}$ | ... | $l_n^{(2)} Y_n^{(2)}$ | $\sum_{j=1}^{n} l_j^{(2)} Y_j^{(2)}$ |
| ........ | ...... | ...... | ... | ....... | ...... |
| Verfahren $m$ | $l_1^{(m)} Y_1^{(m)}$ | $l_2^{(m)} Y_2^{(m)}$ | ... | $l_n^{(m)} Y_n^{(m)}$ | $\sum_{j=1}^{n} l_j^{(m)} Y_j^{(m)}$ |
| Alle Verfahren | $\sum_{k=1}^{m} l_1^{(k)} Y_1^{(k)}$ | $\sum_{k=1}^{m} l_2^{(k)} Y_2^{(k)}$ | ... | $\sum_{k=1}^{m} l_n^{(k)} Y_n^{(k)}$ | $\sum_{k=1}^{m} \sum_{j=1}^{n} l_j^{(k)} Y_j^{(k)}$ |

Die Zielfunktion der Aufgabe besitzt folgendes Aussehen:

$$(50) \qquad Z_1 = \sum_{k=1}^{m} \sum_{j=1}^{n} l_j^{(k)} Y_j^{(k)} \to \text{Min.}$$

Das Wesen der zu lösenden Aufgabe besteht darin, solche Kennziffern des Endprodukts $Y_j$ zu finden, die allen Beschränkungen (48) und (49) genügen und ein Minimum des Gesamtaufwands an gesellschaftlicher Arbeit (50) gewährleisten[28]. Wir stellen ihre Formulierung vollständig dar, nachdem wir sie durch die ganz natürliche Forderung ergänzt haben, daß die Werte $Y_j$ nur positiv sein dürfen. (Sonst würde ein Minimum der Zielfunktion erreicht werden, wenn alle $Y_j$ gleich minus Unendlich sind; ein ökonomisch völlig absurdes Ergebnis.)

$$\sum_{k=1}^{m} \sum_{j=1}^{n} \beta_{sj}^{(k)} Y_j^{(k)} \leqslant R_s;$$

$$\sum_{k=1}^{m} Y_j^{(k)} \geqslant Y_j^*, \quad \text{wobei } Y_j^{(k)} \geqslant 0;$$

$$\text{(51)} \qquad \sum_{k=1}^{m} \sum_{j=1}^{n} l_j^{(k)} Y_j^{(k)} \to \text{Min.}$$

In der Theorie der linearen Optimierung hat diese Aufgabe die Bezeichnung primale Aufgabe der linearen Optimierung gefunden, im Unterschied zu einer anderen Aufgabe, die zu der ersteren in gewissem Sinne symmetrisch ist und daher konjugierte oder duale Aufgabe der ersteren genannt wird. Beide Aufgaben sind durch eine außerordentlich enge wechselseitige Abhängigkeit miteinander verknüpft. Und obwohl historisch die Schaffung der formal-mathematischen Konstruktion eines dualen Aufgabenpaares den Versuchen, diese Aufgaben zur Lösung von volkswirtschaftlichen Problemen zu benutzen, vorausging, so zeichnen sich doch die modernen, in qualitativer, rein ökonomischer Sprache gehaltenen Interpretationen durch die bestechende Eleganz ihrer Architektur und die Strenge ihres logischen Aufbaus aus.

Der Dualitätssatz behauptet, daß jene Information, die in der primalen Aufgabe enthalten ist, *selbst vor der Lösung dieser Aufgabe* völlig ausreicht, um jene speziellen Kennziffern zu errechnen, die die Abhängigkeit des gesuchten ökonomischen Effekts von jenen einschränkenden Grenzen messen, in welche das modellierte ökonomische System durch objektive äußere Bedingungen gestellt ist. In unserem Falle sind dies die Kennziffern für die Abhängigkeit des Minimums des Gesamtaufwands an gesellschaftlicher Arbeit von den Limits der Produktionsressourcen sowie von der Höhe der Planauflagen zur Herstellung von Endprodukten (s. die rechten Seiten der Beschränkungen der primalen Aufgabe (51)).

Es ist klar, daß diese Kennziffern dieselbe Dimension besitzen wie die Zielfunktion der primalen Aufgabe (in unserem Falle sind dies Einheiten des Arbeitsaufwands). Das heißt, man kann mit Hilfe dieser Kennziffern klären, wie sich das Gesamtvolumen des Arbeitsaufwands in der Volkswirtschaft verändert, wenn die verfügbaren Ressourcen erhöht oder die Planauflagen für die Produktion von Endprodukten nach dieser oder jener Seite verändert werden.

Mehr noch. Die zentrale These des Dualitätssatzes lautet, daß es die auf der Basis der Lösung der dualen Aufgabe der linearen Optimierung bestimmten Berechnungskennziffern ermöglichen, die Größe der reinen Produktivität des modellierten Systems zu maximieren[29], wobei – und das ist das Wichtigste – das Maximum der Zielfunktion der dualen Aufgabe gleich dem Minimum der Zielfunktion der primalen Aufgabe ist. In unserem Falle bedeutet das, daß die rechnerisch ermittelten Bewertungsgrößen gestatten, ein solches „paritätisches" Verhältnis zwischen dem Gesamtaufwand an gesellschaftlicher Arbeit und der reinen Produktivität der Volkswirtschaft (die in Arbeitsaufwandseinheiten des *optimalen Plans* gemessen wird) zu finden, bei dem das Minimum der ersten Größe gleich dem Maximum der zweiten ist.

Die Zielfunktion der Dualaufgabe besitzt also folgendes Aussehen:

$$Z_2 = \sum_{j=1}^{n} Y_j^* \hat{w}_j - \sum_{s=1}^{l} R_s w_s \rightarrow \text{Max.}$$

Sie ist uns bereits aus dem zweiten Kapitel bekannt (s. (3) auf Seite 42), wir haben lediglich einen ihrer Bestandteile ($Y^*$) präzisiert. Wie früher, so sind auch hier mit $\hat{w}_j$ und $w_s$ die errechneten Bewertungen der Planlimits für das Endprodukt und die verfügbaren Ressourcen bezeichnet.

Dem Dualitätssatz zufolge gilt

$$\text{Min}\left(\sum_{k=1}^{m} \sum_{j=1}^{n} l_j^{(k)} Y_j^{(k)}\right) = \text{Max}\left(\sum_{j=1}^{n} Y_j^* \hat{w}_j - \sum_{s=1}^{l} R_s w_s\right).$$

„Das bedeutet", schrieb V. V. Novožilov, „daß das in Arbeit ausgedrückte Nationaleinkommen (die rechte Seite der Gleichung – W. D.) den zu seiner Herstellung notwendigen Arbeitszeitaufwand nicht zu übersteigen vermag.* Das Maximum des Nationaleinkommens entspricht dem minimalen Arbeitszeitaufwand zu seiner Erzeugung." Nicht auszuschließen ist jedoch der Fall, daß einzelne Komponenten des so gedeuteten Nationaleinkommens den gesellschaftlichen Bedürfnissen nicht entsprechen. Diese Möglichkeit ist in der Darstellung der Beschränkungen für das Endprodukt selbst enthalten: sie besitzen nicht die Form strenger Gleichungen, sondern die Form von Ungleichungen, die eine Übererfüllung der Planauflagen zulassen.

Wir werden jetzt nicht bis ins einzelne analysieren, ob das gut oder schlecht ist. Wir bemerken nur, daß V. V. Novožilov die mögliche Ver-

* Siehe Anmerkung zur Seite 41 (Anm. d. Herausg.)

letzung einer Gleichung vom Typ

$$\sum_{k=1}^{m} Y_j^{(k)} \geqslant Y_j^*$$

(genauer – die Erfüllung dieser Beschränkung in Form einer Ungleichung) als eine Disproportion zwischen der Produktion und der Konsumtion gedeutet hat. In diesem Falle erweist sich ein Teil der gesellschaftlichen Arbeit als nutzlos aufgewendet, und in der Dualaufgabe ist die mathematische Bewertung des Faktors beim entsprechenden Element des Endprodukts gleich Null.[30] Überhaupt ist $\hat{w}_j = 0$ für alle Endprodukte $j$, bei denen

(52) $$\sum_{k=1}^{m} Y_j^{(k)} > Y_j^*$$

gilt.**

Genau so, wenn die Gesamtnutzung irgendeiner Ressourcenart im optimalen Plan geringer ist als ihr verfügbares Volumen, erhält dieser Faktor des relativen Überflusses (die Bewertung $w_s$ der Ressource $s$) in der Dualaufgabe den Wert Null.

Allgemein ist $w_s = 0$ für alle Ressourcen $s$, bei denen gilt

(53) $$\sum_{k=1}^{m} \sum_{j=1}^{m} \beta_{sj}^{(k)} Y_j^{(k)} < R_s.$$

Die Forderung, daß jedes Element des Nationaleinkommens im Arbeitsausdruck nicht den Gesamtarbeitsaufwand für seine Erzeugung übersteigen darf, bildet das Fundament des Beschränkungssystems der Dualaufgabe. Das in Anlehnung an V. V. Novožilov gedeutete Nationaleinkommen, das im Zweig $j$ geschaffen wird, ist die Differenz zwischen der Bewertung des Endprodukts dieses Zweiges $\hat{w}_j$ und der Summe der limitierten Ressourcen, die in allen Stadien der Verflechtung mit dem Zweig $j$ bei der Nutzung aller technologischen Produktionsverfahren verausgabt werden, wobei jede Ressource in ihrer Bewertung gemessen wird:

$$\hat{w}_j - \sum_{k=1}^{m} \sum_{s=1}^{l} \beta_{sj}^{(k)} w_s.$$

Der volle Arbeitsaufwand dagegen, der mit der Produktion des Elements $j$ des Endprodukts nach allen technologischen Verfahren

** Hier ist schon Novožilov ein Fehler unterlaufen. Es läßt sich beweisen, daß auf Grund der Struktur des angegebenen Optimierungsmodells in der optimalen Lösung die linke Seite von (52) stets gleich dem vorgegebenen Wert $Y^*$ ist. (Vgl. auch R. Meier, H. Schilar, Objektiv bedingte Bewertungen (Schattenpreise) und Volkswirtschaftsmodelle, Wirtschaftswissenschaft 15 (1967), Heft 8)– (Anm. d. Herausg.)

verbunden ist, wird als $\sum_{k=1}^{m} l_j^{(k)}$ bestimmt. Auf diese Weise kann die genannte Forderung in Form folgender Ungleichung dargestellt werden:

$$\hat{w}_j - \sum_{k=1}^{m} \sum_{s=1}^{l} \beta_{sj}^{(k)} w_s \leqslant \sum_{k=1}^{m} l_j^{(k)} \quad (j = 1, 2, \ldots, n). \tag{54}$$

Nun können wir die Beschränkungen der zur Aufgabe (51) dualen Aufgabe der linearen Optimierung vollständig aufschreiben:

$$\hat{w}_j - \sum_{k=1}^{m} \sum_{s=1}^{l} \beta_{sj}^{(k)} w_s \leqslant \sum_{k=1}^{m} l_j^{(k)}$$

$$\hat{w}_j \geqslant 0$$

$$w_s \geqslant 0$$

$$\sum_{j=1}^{n} Y_j^* \hat{w}_j - \sum_{s=1}^{l} R_s w_s \to \text{Max.} \tag{55}$$

Da in der optimalen Lösung der Dualaufgabe nur die unvollständig genutzten Ressourcen und die überproduzierten Erzeugnisse eine Nullbewertung erhalten, gehen diese Ressourcen und Produkte als Nullen in die Ungleichungen (54) und (55) ein, so daß diese Beschränkungen zu einer Gleichung werden:

$$\hat{w}_j - \sum_{k=1}^{m} \sum_{s=1}^{l} \beta_{sj}^{(k)} w_s = \sum_{k=1}^{m} l_j^{(k)}.$$

Übertragen wir den Subtrahenden auf die rechte Seite, so kommen wir zu folgendem Ausdruck:

$$\hat{w}_j = \sum_{k=1}^{m} \left( l_j^{(k)} + \sum_{s=1}^{l} \beta_{sj}^{(k)} w_s \right) \text{ oder } \hat{w}_j = l_j + \sum_{s=1}^{l} \beta_{sj} w_s.^{**}$$

Vergleichen wir diesen Ausdruck mit (46), so sehen wir, daß wir wieder zur Formel des Differentialaufwands gelangt sind.

Die Ergebnisse der Lösung der Dualaufgabe sind also dieselben Faktoren, die man objektiv bedingte Bewertungen nennt. Welcher Art sind ihre Möglichkeiten? Geben wir A. G. Aganbegjan und K. A. Bagrinovskij das Wort. Sie sehen folgende Möglichkeiten zur Nutzung dieser Bewertungen: „. . . für Naturschätze – Rentenzahlungen (die Entstehung dieser Rentenzahlungen ist komplizierter als in den Marxschen Schemata der Bildung der Differentialrente, denn im optimalen Plan wird eine kompliziertere Situation untersucht, in der die natür-

** Die letzte Gleichung gilt wieder unter der Bedingung, daß es für jedes Element $Y_j$ des Endprodukts nur ein technologisches Verfahren gibt. (Anm. d. Herausg.)

lichen Ressourcen, z. B. der Boden, bei der Produktion nicht einer, sondern vieler Erzeugnisarten benutzt werden);
für Produktionsgrundfonds – Fondsabgabe oder Mietpreis; für Investitionen – die Effektivitätsnorm dieser Investitionen; für defizite Materialien – Bewertung des Defizits; für Beschränkungen hinsichtlich der Arbeitskräfte (nach Geschlecht, Alter, Berufen usw.) – Bewertung des Mangels an Arbeitskräften (nach Arten)“[31].

Außerdem können auf Grund der Relationen zwischen den Bewertungen Verrechnungsnormen für die Substituierbarkeit der Ressourcen (Erzeugnisse) ermittelt werden, bei deren Beachtung sich die auszuführenden Substitutionen nicht auf die Gesamtgröße der Effektivität des optimalen Plans auswirken.[32]

Die Frage, ob die objektiv bedingten Bewertungen die Rolle von Preisen übernehmen können, wird von den Vertretern der beschriebenen Konzeption in der Regel bejaht. „Wenn es richtig ist“, schreibt zum Beispiel L. L. Terechov, „daß der optimale Plan die beste aller zulässigen Planvarianten ist, so ist es nicht minder richtig, daß ein diesem Plan entsprechendes System von objektiv bedingten Bewertungen das beste aller möglichen Preissysteme ist“[33].

Eine solche Schlußfolgerung erscheint uns jedoch nicht ganz überzeugend.

Wie gerade gezeigt worden ist, ist das System der objektiv bedingten Bewertungen fest an den optimalen Plan gebunden. Darin liegt sein unbestreitbarer Vorzug, der dieses System weit in der Reihe der modernen Konzeptionen einer planmäßigen Preisbildung aufrücken läßt. Der Apriorismus der Preise gegenüber dem Plan hat hier endlich einer vollständigen Verknüpfung Platz gemacht: verändert sich der optimale Plan, so werden auch seine objektiv bedingten Bewertungen verändert.

Aus welchen Gründen kann sich jedoch bei sonst gleichen Bedingungen eine optimale Planentscheidung ändern? Es liegt auf der Hand, daß bei ein und denselben Ressourcen und unveränderten Auflagen für die Herstellung von Endprodukten als einzige Ursache eine Veränderung der Zielstellung (oder des Optimalitätskriteriums) in Frage kommt. Wir haben bereits im zweiten Kapitel unsere Zweifel an der Zweckmäßigkeit geäußert, in der primalen Aufgabe ein Kriterium vom Typ (50) zu benutzen.

Ein neues Kriterium bedeutet eine neue Kennziffer $Y_j$, eine neue Variante der Nutzung der Ressourcen und damit ein neues System objektiv bedingter Bewertungen, in dem die vorige Variante der Ressourcennutzung nicht mehr das ökonomische Optimum bedeutet. In der betrachteten Formulierung wird die Aufgabe der optimalen

Planung nirgends explizit als eine Aufgabe zweier Ebenen formuliert, die auch die direkten materiellen Interessen der unteren Ebene berücksichtigen muß. Deshalb erweist sich das Problem der Stimulierung der unteren Ebenen zur Erfüllung des nach dem volkswirtschaftlichen Kriterium besten Plans als lediglich in der Voraussetzung gelöst. Und schließlich die Hauptsache. Die objektiv bedingten Bewertungen werden nach spezifischen Formeln errechnet, die von den gewöhnlichen Formeln für die buchhalterische Kalkulation der Planpreise weit entfernt sind.

### *Analyse der preisbildenden Eigenschaften der objektiv bedingten Bewertungen*

Bei der Analyse der preisbildenden Möglichkeiten objektiv bedingter Bewertungen benutzen wir das Zahlenmaterial, das wir im vorigen Kapitel zusammengetragen haben. Auf der Grundlage der Daten der Tabelle 44 formulieren wir zuerst die primale Aufgabe der linearen Optimierung und danach die Dualaufgabe.

Obwohl das in Tabelle 44 enthaltene Informationssystem die Benutzung wechselseitig substituierbarer technologischer Verfahren ein und desselben Produkts nicht vorsieht, gab es für den auf der Basis dieses Systems aufgestellten Plan mehrere Varianten. Wie konnte dies geschehen? Verbirgt sich hier vielleicht eine übersehene Bedingtheit, durch die die reale Lage der Dinge verzerrt wird?

Bevor wir diese Fragen beantworten, wollen wir den Charakter der Nutzung der Produktionsressourcenlimits in jeder der vier Planvarianten untersuchen (s. Tabelle 51).

Es zeigt sich, daß unter den vier Varianten des Volkswirtschaftsplans keine einzige ist, bei der die Limits aller Produktionsressourcen voll ausgeschöpft werden. Die Ausrichtung der Produktionskapazitäten der Volkswirtschaft auf eine einzige Kombination der Ressourcennutzung (und folglich des Produktionsausstoßes) stellt eine Annahme dar, die mit der realen Lage der Dinge schlecht zu vereinbaren ist. In diesem Falle wird die Möglichkeit des wirtschaftlichen Manövrierens völlig ausgeschlossen, und die Variierung des Plans kann nur durch eine streng proportionale *Verringerung* der Herstellung aller Produkte gleichzeitig erreicht werden.

Auf die Frage, woher beim Fehlen von wechselseitig austauschbaren technologischen Produktionsverfahren ein und derselben Produkte die Varianten des Plans genommen werden, kann so geantwortet werden:

*Tabelle 51*

Charakteristik der Nutzung der Produktionsressourcen bei verschiedenen Varianten des Volkswirtschaftsplans

| Nr. der Planvariante | Art der Produktionsressourcen | Gesamtaufwand an Ressourcen für das Produktionsprogramm der Volkswirtschaft* | Ressourcenlimit | Charakter der Nutzung der Ressourcen |
|---|---|---|---|---|
| 1 | Arbeit ...... | $0{,}10 \cdot 0 + 0{,}30 \cdot 500 = 150$ | 150 | Limit ausgeschöpft |
| | Produktionsgrundfonds der Art 1.... | $0{,}20 \cdot 0 + 0{,}05 \cdot 500 = 25$ | 80 | 55 ungenutzt |
| | Produktionsgrundfonds der Art 2.... | $0{,}32 \cdot 0 + 0{,}25 \cdot 500 = 125$ | 160 | 35 ungenutzt |
| 2 | Arbeit ...... | $0{,}10 \cdot 150 + 0{,}30 \cdot 450 = 150$ | 150 | Limit ausge- |
| | Produktionsgrundfonds der Art 1.... | $0{,}20 \cdot 150 + 0{,}05 \cdot 450 = 52$ | 80 | 28 ungenutzt |
| | Produktionsgrundfonds der Art 2.... | $0{,}32 \cdot 150 + 0{,}25 \cdot 450 = 160$ | 160 | Limit ausgeschöpft |
| 3 | Arbeit ..... | $.0{,}10 \cdot 350 + 0{,}30 \cdot 200 = 95$ | 150 | 55 ungenutzt |
| | Produktionsgrundfonds der Art 1.... | $0{,}20 \cdot 350 + 0{,}05 \cdot 200 = 80$ | 80 | Limit ausgeschöpft |
| | Produktionsgrundfonds der Art 2.... | $0{,}32 \cdot 350 + 0{,}25 \cdot 200 = 160$ | 160 | Limit ausgeschöpft |
| 4 | Arbeit ...... | $0{,}10 \cdot 400 + 0{,}30 \cdot 0 = 40$ | 150 | 110 ungenutzt |
| | Produktionsgrundfonds der Art 1.... | $0{,}20 \cdot 400 + 0{,}05 \cdot 0 = 80$ | 80 | Limit ausgeschöpft |
| | Produktionsgrundfonds der Art 2.... | $0{,}32 \cdot 400 + 0{,}25 \cdot 0 = 128$ | 160 | 32 ungenutzt |

* Siehe Anmerkung zur Seite 244 (Anm. d. Herausg.)

Dies wird durch ein Manövrieren mit den Produktionskapazitäten erreicht (und das ist auch die Antwort auf die zweite Frage), die ihrer objektiven Natur entsprechend so aufgebaut sind, daß sie eine Veränderung ihrer Auslastung zulassen.[34]

Für die Formulierung der primalen Aufgabe der linearen Optimierung muß ein System von Beschränkungen aufgestellt und ein Optimalitätskriterium des Plans vorgegeben werden. Was die Beschränkungen betrifft, so sind sie bereits in fertiger Form vorhanden – in der Darstellung (40a) (s. S. 243). Nehmen wir an, daß die Zielstellung des Plans darin besteht, die Erzeugung eines maximalen Volumens des gesellschaftlichen Produkts in folgender Zusammensetzung zu gewährleisten:

$$Q_1 : Q_2 = 1 : 3.$$

Unter dieser Voraussetzung kann man von der Maximierung der Anzahl gleichartiger „Sortimentssätze" des gesellschaftlichen Produkts sprechen, von denen jeder vom Produkt 2 genau dreimal so viel wie vom Produkt 1 enthält. Der Einfachheit halber nehmen wir an, daß beide Komponenten des gesellschaftlichen Produkts in denselben physikalischen Einheiten gemessen werden.

Da man weiß, daß $Q_2 = 3\,Q_1$ oder, was dasselbe ist, $3\,Q_1 - Q_2 = 0$ (dies ist eine zusätzliche Beschränkung zu den Bedingungen der Aufgabe), so kann man nun die Maximierung der Summe $Q_1 + Q_2$ fordern. Im ganzen kann die primale Aufgabe folgendermaßen dargestellt werden:

*Primale Aufgabe*

$$\begin{aligned} 0{,}10\,Q_1 + 0{,}30\,Q_2 &\leqslant 150; \\ 0{,}20\,Q_1 + 0{,}05\,Q_2 &\leqslant 80 \\ 0{,}32\,Q_1 + 0{,}25\,Q_2 &\leqslant 160. \end{aligned}$$

$$\begin{aligned} 3\,Q_1 - Q_2 &= 0 \\ Q_1 &\geqslant 0; \\ Q_2 &\geqslant 0 \end{aligned}$$

$$Z_1 = Q_1 + Q_2 \rightarrow \text{Max.} \tag{56}$$

Setzen wir in alle drei Ungleichungen $3\,Q_1$ anstelle von $Q_2$ ein, so erhalten wir nach entsprechenden Vereinfachungen:

$$\begin{aligned} Q_1 &\leqslant 150; \\ 0{,}35\,Q_1 &\leqslant 80; \\ 1{,}07\,Q_1 &\leqslant 160. \end{aligned}$$

Davon ausgehend, finden wir, daß jede der drei limitierten Ressourcenarten die Möglichkeit bietet, $Q_1$ in folgendem Umfang zu produzieren:

| | |
|---|---|
| Arbeitsressourcen | $Q_1 \leqslant 150$; |
| Produktionsgrundfonds der Art 1 | $Q_1 \leqslant 229$;* |
| Produktionsgrundfonds der Art 2 | $Q_1 \leqslant 150$.* |

Es scheint so, als ob die Größe $Q_1 = 229$ in den optimalen Plan eingehen muß. Sie ist jedoch wegen der Begrenztheit der Arbeitsressourcen und der Produktionsgrundfonds der Art 2 unerreichbar. In der Lösung geht deshalb die Kennziffer $Q_1 = 150$ ein, was unverzüglich zur Feststellung $Q_2 = 3 \cdot 150 = 450$ führt. Ein Teil des Ressourcenlimits von Produktionsfonds der Art 1 bleibt ungenutzt.

Das Einsetzen der gefundenen Werte für $Q_1$ und $Q_2$ in die Zielfunktion der primalen Aufgabe ergibt für diese folgenden Wert:

$$Z_1 = 150 + 450 = 600.$$

Die Lösung der Dualaufgabe muß zur Bestimmung solcher Werte für die objektiv bedingten Bewertungen führen, die, multipliziert mit den Kennziffern der verfügbaren Volumina der entsprechenden Ressourcen, in der Summe ebenfalls den Wert 600 ergeben. Wir bezeichnen die Bewertung der Arbeitsressourcen mit $w_v$, die der Fonds der Art 1 mit $w_1$ und die der Fonds der Art 2 mit $w_2$. Die genannte Bedingung bedeutet dann, daß folgende Gleichung erfüllt werden muß:

$$150\, w_v + 80\, w_1 + 160\, w_2 = 600.$$

Da die Summe der Produkte aus den objektiv bedingten Bewertungen und den Ressourcenvolumina nichts anderes als die Gesamtbewertung des Ressourcenaufwands für die Erfüllung des optimalen Produktionsprogramms der Volkswirtschaft ist, muß natürlich gefordert werden, daß diese Summe minimiert wird. Wenn der optimale Plan aufgestellt ist, so darf der Gesamtaufwand an Ressourcen, gemessen in objektiv bedingten Bewertungen, 600 nicht überschreiten. Ist nun das Ergebnis der Lösung der primalen Aufgabe noch unbekannt, so wird die Zielfunktion der Dualaufgabe so aussehen:

$$Z_2 = 150\, w_v + 80\, w_1 + 160\, w_2.$$

Bei der Erzeugung jeder Einheit des Produkts 1 werden folgende Ressourcen aufgewendet:

Arbeit in der Menge 0,10;
Produktionsgrundfonds der Art 1 in der Menge 0,20;
Produktionsgrundfonds der Art 2 in der Menge 0,32.

* Es handelt sich wieder um gerundete Werte. (Anm. d. Herausg.)

In ihren Bewertungen gemessen, ergeben diese Aufwendungen eine Summe, die gleich

$$0{,}10\ w_v + 0{,}20\ w_1 + 0{,}32\ w_2$$

ist. Diese Summe kennzeichnet auch die *Effektivität der spezifischen Nutzung der aufgezählten Ressourcen bei der Produktion des Produkts 1, die gemessen wird in Einheiten der Zielfunktion der primalen Aufgabe, d. h. in Einheiten des physischen Volumens des gesellschaftlichen Gesamtprodukts.* Die analoge Summe für das Produkt 2 hat folgendes Aussehen:

$$0{,}30\ w_v + 0{,}05\ w_1 + 0{,}25\ w_2.$$

Natürlich ist zu fordern, daß die Gesamteffektivität (oder der gesellschaftliche Nutzen) der Ausnutzung der Ressourcen bei der Herstellung einer Einheit jedes Produkts nicht geringer ist als jene spezifische Effektivität, die diesem Produkt in der Formulierung der Zielfunktion des Volkswirtschaftsplans zugeschrieben wurde.

Obwohl der *Bedarf* am Produkt 2 den Bedarf am Produkt 1 um das Dreifache übertrifft ($Q_2 = 3\ Q_1$), geht die Gesellschaft in unserem Beispiel davon aus, daß beide Produkte für sie die gleiche Effektivität (den gleichen Nutzen) besitzen. Diese Schlußfolgerung kann daraus gezogen werden, daß in der Formulierung der Zielfunktion des Volkswirtschaftsplans beide Produkte mit gleichem Gewicht vertreten sind. Wenn wir deshalb fordern, daß jede der oben angegebenen Summen nicht kleiner als Eins sein darf, so erhalten wir das Beschränkungssystem der Dualaufgabe in vollständiger Darstellung.

*Duale Aufgabe*

$$\begin{aligned} 0{,}10\ w_v + 0{,}20\ w_1 + 0{,}32\ w_2 &\geqslant 1; \\ 0{,}30\ w_v + 0{,}05\ w_1 + 0{,}25\ w_2 &\geqslant 1; \\ w_v &\geqslant 0; \\ w_1 &\geqslant 0; \\ w_2 &\geqslant 0; \end{aligned}$$

(57) $$Z_2 = 150\ w_v + 80\ w_1 + 160\ w_2 \rightarrow \text{Min.}$$

Ihre Lösung lautet:

$$w_v = 0{,}099;\ w_1 = 0;\ w_2 = 0{,}282.$$ [35]

Das Einsetzen der gefundenen Werte der objektiv bedingten Bewertungen in die Zielfunktion der Dualaufgabe ergibt:

$$Z_2 = 150 \cdot 0{,}099 + 80 \cdot 0 + 160 \cdot 0{,}282 = 600.$$

Wir weisen noch einmal darauf hin, daß die Zielfunktionen der primalen ($Z_1$) und der dualen Aufgabe ($Z_2$) nur dann gleich sind, wenn sowohl in die eine als auch in die andere die optimalen Werte der Variablen eingesetzt werden.

Was ist nun der ökonomische Sinn der erhaltenen Lösung?

Er ergibt sich aus der allgemeinen Definition der objektiv bedingten Bewertungen. Bei den gegebenen Limits der materiellen und der Arbeitsressourcen sichert die Nutzung jeder der 150 Einheiten von lebendiger Arbeit die Erzeugung von 0,099 Mengeneinheiten des gesellschaftlichen Produkts; die Nutzung jeder der 160 Einheiten Produktionsfonds der Art 2 gewährleistet 0,282 Einheiten des gesellschaftlichen Produkts. Das Vorhandensein von 80 Einheiten der Produktionsfonds der Art 1 erweist sich *unter dem Gesichtspunkt des Strebens nach dem Maximum der ungewogenen Summe beider Produkte* (s. $Z_1$) als überflüssig. Diese Ressourcen sind zwar bei der Herstellung beider Produkte notwendig, aber wenn man sie noch um eine Einheit vergrößert (oder um einige Einheiten, allgemein gesagt: um eine sehr geringe Anzahl von Einheiten), so ändert sich dadurch gar nichts: Das Maximum von $Z_1$ ist nach wie vor gleich 600.

Tabelle 51 zeigt, daß bei der zweiten Planvariante, zu der uns auch die Lösung der primalen Aufgabe geführt hat, von den Produktionsfonds der Art 1 28 Einheiten ungenutzt bleiben. Vom Standpunkt *dieser* Planvariante ist es notwendig und hinreichend, 52 Einheiten der Fonds der Art 1 zu besitzen. Wenn jedoch die Volkswirtschaft über eine solche Produktionskapazität verfügte, die bei den gegebenen spezifischen Aufwandsnormativen begrenzt würde durch Arbeitsressourcen im Umfang von 150 Einheiten, Fonds der Art 1 im Umfang von 52 Einheiten und Fonds der Art 2 im Umfang von 160 Einheiten, so verlöre die Volkswirtschaft damit jede Möglichkeit, ihr Produktionsprogramm zu variieren.

Versuchen wir, diese Behauptung zu überprüfen. Zu diesem Zwecke schreiben wir noch einmal die ersten drei Beschränkungen der primalen Aufgabe (40a) auf, die ja die Möglichkeiten kennzeichnen, das Produktionsprogramm zu variieren. Nur setzen wir diesmal auf der rechten Seite der zweiten Ungleichung 52 statt 80.

$$\begin{aligned} 0{,}10\, Q_1 + 0{,}30\, Q_2 &\leqslant 150; \\ 0{,}20\, Q_1 + 0{,}05\, Q_2 &\leqslant 52; \\ 0{,}32\, Q_1 + 0{,}25\, Q_2 &\leqslant 160. \end{aligned}$$

Löst man diese Beschränkungen gemeinsam als Gleichungen, so zeigt sich, daß das System *eine einzige* Lösung besitzt:

$$Q_1 = 150; \quad Q_2 = 450.$$

Eine andere Lösung kann es nicht geben. Planvarianten sind ausgeschlossen.

Nun verändern wir die Zielstellung des Plans und nehmen an, daß der relative Wert oder der Nutzen, den die Gesellschaft beiden Produkten zuschreibt, nicht wie bislang gleich ist, sondern daß der Nutzen des Produkts 1 dreimal höher als der des Produkts 2 bewertet wird. Wie wir am Beispiel der vorhergehenden Aufgabe sehen konnten, bedeutet dies keineswegs, daß das gesellschaftliche Gesamtprodukt in einem solchen Verhältnis zusammengesetzt sein muß.[36]

Nehmen wir an, daß auf jede Einheit des Produkts 2 nun 1,75 Einheiten des Produkts 1 entfallen. Die Zielfunktion der direkten Aufgabe lautet:

$$Z_1 = 3\,Q_1 + Q_2 \rightarrow \text{Max.}$$

Als zusätzliche Beschränkung hinsichtlich des Sortiments wird den drei ersten Ungleichungen des Systems (40a) die Gleichung

$$Q_1 = 1{,}75\,Q_2$$

hinzugefügt oder, was dasselbe ist,

$$Q_1 - 1{,}75\,Q_2 = 0.$$

Zusammengefaßt sieht die primale Aufgabe folgendermaßen aus:

*Primale Aufgabe (zweite Formulierung)*

$$\begin{aligned} 0{,}10\,Q_1 + 0{,}30\,Q_2 &\leqslant 150;\\ 0{,}20\,Q_1 + 0{,}05\,Q_2 &\leqslant 80;\\ 0{,}32\,Q_1 + 0{,}25\,Q_2 &\leqslant 160;\\ Q_1 - 1{,}75\,Q_2 &= 0;\\ Z_1 = 3\,Q_1 + Q_2 &\rightarrow \text{Max.} \end{aligned} \tag{58}$$

Ihre Lösung lautet:*

$$Q_1 = 350; \quad Q_2 = 200.$$

Analog dem vorhergehenden Beispiel gelangen wir zur Formulierung der Dualaufgabe.

*Duale Aufgabe (zweite Formulierung)*

$$\begin{aligned} 0{,}10\,w_v + 0{,}20\,w_1 + 0{,}32\,w_2 &\geqslant 3;\\ 0{,}30\,w_v + 0{,}05\,w_1 + 0{,}25\,w_2 &\geqslant 1;\\ Z_2 = 150\,w_v + 80\,w_1 + 160\,w_2. \end{aligned} \tag{59}$$

Ihre Lösung lautet:

$$w_v = 0; \quad w_1 = 1{,}265; \quad w_2 = 0{,}147.$$

* Siehe Anmerkung zu Seite 244 (Anm. d. Herausg.)

Setzen wir die Lösung der primalen Aufgabe in $Z_1$ und die Lösung der dualen Aufgabe in $Z_2$ ein, so erhalten wir:

$$Z_1 = 3 \cdot 350 + 200 = 1250;$$
$$Z_2 = 150 \cdot 0 + 80 \cdot 1{,}265 + 160 \cdot 0{,}147 = 1250.$$

Die Arbeitsressourcen, die sich in dieser Planvariante als relativ überschüssig erwiesen haben, erhielten eine Nullbewertung (s. die dritte Planvariante in Tabelle 51). Produktionsfondsressourcen der Art 2 sind genau so viele vorhanden, wie zur Erfüllung des neuen optimalen Plans notwendig sind, nämlich 80 Einheiten. Verfügte die Gesellschaft über 52 dieser Einheiten – so viele sind für die Erfüllung des vorigen optimalen Plans notwendig und ausreichend –, dann wäre die gerade gefundene Variante unausführbar. Dagegen erwiesen sich diese Ressourcen jetzt als effektivste: jede Einheit dieser Ressourcen erbringt für die Zielfunktion der primalen Aufgabe 1, 265 Einheiten von deren Wert.

Doch nun zur Dimension der Zielfunktionen. Im letztgenannten Fall stellt $Z_1$ eine gewogene Summe beider Komponenten des gesellschaftlichen Produkts dar, eine Größe also, die rein rechnerisch ist und einen überaus undurchsichtigen ökonomischen Sinn besitzt. Eine ebensolche, wenn nicht noch nebelhaftere Bedeutung besitzt infolgedessen auch die Dimension der objektiv bedingten Bewertungen. Würde die Zielfunktion der primalen Aufgabe die Anzahl von „Komplekten" des gesellschaftlichen Produkts angeben, wobei jedes Komplekt eine Einheit des Produkts 2 und 1,75 Einheiten des Produkts 1 enthielte, entfiele die genannte Schwierigkeit offenkundig. Dies wollen wir nun versuchen, zumal sich ein Verfahren zur Modifikation sowohl von $Z_1$ und $Z_2$ als auch der objektiv bedingten Bewertungen von selbst anbietet.

In der Tat – wenn der optimale Plan 200 Einheiten des Produkts 2 enthält und wenn in jedem „kompletten Satz" je eine Einheit dieses Produkts enthalten ist, muß die optimale Anzahl dieser Komplekte folglich 200 betragen. Wenn die Zielfunktion des Volkswirtschaftsplans als Forderung formuliert wird, die Anzahl der Sortimentssätze des gesellschaftlichen Produkts zu maximieren, nähme sie unter diesen Umständen nach der Aufstellung des optimalen Plans den Wert

$$Z_1 = 200$$

an.

Die objektiv bedingten Bewertungen des optimalen Plans müssen, multipliziert mit den Ressourcenmengen, in der Summe im optimalen Falle ebenfalls diesen Wert annehmen:

$Z_2 = 200$, d. h. einen Wert, der den 6,25ten Teil von 1250 ausmacht. Dividieren wir $w_1$ und $w_2$ durch 6,25, so erhalten wir deren neue Werte:

$w_1 = 0{,}202$; $w_2 = 0{,}024$ ($w_v$ ist natürlich wie vorher gleich Null). Jetzt besitzt jede der Bewertungen einen völlig klaren ökonomischen Inhalt. Die Bewertungen geben an, wieviel „Standardkomplekte“ des gesellschaftlichen Produkts für die Volkswirtschaft produziert werden können, wenn jede Art der Produktionsfonds optimal genutzt wird.

Wir entwickeln unser Beispiel weiter und belassen die Ausarbeitung eines optimalen Preissystems in der Kompetenz des zentralen Planungsapparats, während die untere Produktionseinheit das uneingeschränkte Recht haben soll, ihr Produktionsprogramm selbst auszuarbeiten und sich dabei von den eigenen materiellen Interessen leiten zu lassen. Das letztere bedeutet, daß die untere Produktionseinheit immer einen solchen Produktionsplan anstreben wird, der ihm ein Maximum an Bruttogewinn sichert. Dieses wird gemessen durch die Größe

(60) $$Z_1 = r_1 Q_1 + r_2 Q_2 \rightarrow \text{Max.}$$

Entsprechend den Regeln der üblichen buchhalterischen Kalkulation wird die spezifische Rentabilität $r_1$ und $r_2$ der Produkte bei gegebenen Preisen als die Differenz zwischen Preis und Selbstkosten definiert. Wir benutzen die vorliegenden Formeln für die Selbstkosten beider Produkte aus dem vorigen Kapitel (vgl. (42a)) und finden:

$$r_1 = p_1 - (0{,}2\, p_1 + 0{,}1\, p_2 + 0{,}1);$$
$$r_2 = p_2 - (0{,}2\, p_1 + 0{,}5\, p_2 + 0{,}3).$$

Schreibt die zentrale Ebene der unteren als Preissystem eines der Systeme der objektiv bedingten Bewertungen vor, so wären diese Formeln wie folgt umzubilden:

$$r_1 = w_1 - (0{,}2\, w_1 + 0{,}1\, w_2 + 0{,}1);$$
(61) $$r_2 = w_2 - (0{,}2\, w_1 + 0{,}5\, w_2 + 0{,}3).$$

Prüfen wir nach, was die Folgen wären.

In (61) setzen wir die Ergebnisse aus der Lösung der letzten Dualaufgabe ein: $w_1 = 1{,}265$ und $w_2 = 0{,}147$. Dann gelangen wir zu folgendem Resultat:

$$r_1 = 1{,}265 - (0{,}2 \cdot 1{,}265 + 0{,}1 \cdot 0{,}147 + 0{,}1) = 0{,}897;$$
$$r_2 = 0{,}147 - (0{,}2 \cdot 1{,}265 + 0{,}5 \cdot 0{,}147 + 0{,}3) = -\,0{,}480.$$

Stellt die untere Produktionseinheit, der derartige Industrieabgabepreise vorgegeben worden sind, ihre Zielfunktion auf, hat diese folgendes Aussehen:

$$Z_1 = 0{,}897\, Q_1 - 0{,}480\, Q_2 \rightarrow \text{Max.}$$

Aber das ist gleichbedeutend mit der Forderung, die Produktion allein des ersten Produkts zu maximieren; das zweite Produkt verursacht Verluste. Optimal ist die Variante: $Q_1 = 400$; $Q_2 = 0$ (vgl. die vierte Planvariante in Tabelle 51). Die Interessen des zentralen Planungsapparats und die der unteren Produktionsebene divergieren.

Aber das ist noch nicht alles. Unverständlich bleibt, wie man in dieser Situation die Nullbewertung der Arbeitsressourcen behandeln soll. Aus der Kalkulation ist sie ausgeschieden, und das versteht sich von selbst: In welchem Umfang bei einer gegebenen Planvariante die Arbeitsressourcen auch überschüssig sein mögen, diejenigen, die beschäftigt sind, erhalten den vollen Lohn. Welche Beziehung kann diese Bewertung nun zur Bildung des Preissystems haben? Es ist offensichtlich, daß es hier im direkten Sinne überhaupt keine Beziehung gibt. Weiter. Wie steht es mit der Nullbewertung, die im ersten Beispiel die Produktionsfonds des Typs 1 erhalten haben? Soll auf dieser Grundlage für das *gesamte* Volumen des Produkts 1 der Preis gleich Null festgelegt und es folglich unentgeltlich verteilt werden? In diesem Falle aber würde sich die Produktionsebene, die nach maximalem Gewinn strebt, ganz auf die maximale Erzeugung des Produkts 2 konzentrieren (erste Planvariante).

Es drängt sich die Schlußfolgerung auf, daß entweder die Formeln (61) zur Berechnung der Rentabilität der Produktion ungeeignet sind, oder aber die objektiv bedingten Bewertungen nicht als Preise genutzt werden können.

Nehmen wir an, die erste Schlußfolgerung sei richtig und die Formeln (61) seien ungeeignet. Es leuchtet ein, daß bei einer Stimulierung der unteren Ebene zur Erfüllung des auf der höheren Leitungsebene ausgearbeiteten Plans das Verhältnis der spezifischen Rentabilitäten $r_1 : r_2$ exakt mit dem Verhältnis der Koeffizienten der Zielfunktion jener Aufgabe übereinstimmen muß, die diese Leitungsebene löst. Das heißt, wenn im ersten Falle $r_1 : r_2 = 1 : 1$ und im zweiten Falle $r_1 : r_2 = 3 : 1$ angenommen wird, sind für die untere Ebene eben jene Planvarianten am günstigsten, die sich in den oben gefundenen Lösungen tatsächlich als optimal erwiesen haben.

Aber auch in diesem Falle muß die Frage nach der Zulässigkeit der Anwendung objektiv bedingter Bewertungen als Preise negativ beantwortet werden. Denn die Preise, die entsprechend den Kalkulationsformeln festgelegt worden sind:

$$p_1 = 0{,}2\, p_1 + 0{,}1\, p_2 + 0{,}1 + r_1;$$
$$p_2 = 0{,}2\, p_1 + 0{,}5\, p_2 + 0{,}3 + r_2$$

stimmen nicht mit den Preisen überein, die aus den Beziehungen

$$w_1 = 0{,}2\, w_1 + 0{,}1\, w_2 + 0{,}1 + r_1;$$
$$w_2 = 0{,}2\, w_1 + 0{,}5\, w_2 + 0{,}3 + r_2$$

ermittelt werden. Dabei sind $w_1$ und $w_2$ die *Zahlenwerte* der objektiv bedingten Bewertungen, die den Lösungen der entsprechenden Dualaufgaben entnommen werden. Von dieser Divergenz kann man sich mühelos überzeugen.

Vielleicht jedoch reicht es aus, einfach $r_1 : r_2$ auf die gerade beschriebene Weise vorzugeben, um dann sofort zu den Kalkulationsformeln für die Festlegung des Systems von Planpreisen überzugehen? Es ist jedoch offenkundig, daß dieses Verfahren in keiner Weise mit der Bestimmung objektiv bedingter Bewertungen verbunden ist.

Die Tatsache, daß einzelne Ressourcen im optimalen Plan eine Nullbewertung erhalten, bedeutet außerdem noch nicht, daß neu geschaffene Produkte der gleichen Art zu Preisen realisiert werden müssen, die gleich Null sind. Wenn zum Beispiel heute bei den Produktionsausrüstungen Drehmaschinen relativ überschüssig vorhanden wären, so dürfte daraus keineswegs geschlossen werden, daß es nicht notwendig sei, solche Ausrüstungen weiter zu produzieren. Neue Betriebe und alte, die erweitert werden, können die Struktur der Produktionskapazitäten in den Zweigen, die Drehmaschinen benutzen, wesentlich verändern, so daß Ausrüstungen, die heute überschüssig sind, schon im folgenden Jahr zu den limitierten Ressourcen gehören können.

Die objektiv bedingten Bewertungen können also nicht die Funktion von Preisen übernehmen. Ihre Bestimmung liegt darin, die Effektivität der Nutzung von begrenzten materiellen und Arbeitsressourcen in Einheiten der Zielfunktion des Volkswirtschaftsplans zu messen sowie den in der optimalen Planvariante erreichten maximalen Effekt mit dem minimalen Aufwand dieser Ressourcen zu bilanzieren. „Die objektiv bedingten Bewertungen von L. V. Kantorovič", schreibt V. S. Nemčinov, „besitzen zweifellos ihre Berechtigung als ein Instrument der optimalen Planung einzelner Bereiche der Volkswirtschaft. Bei der Aufstellung eines Modells der planmäßigen Preisbildung ist hingegen von einem makroökonomischen Modell der optimalen Planung auszugehen, dem ein Schema der gesellschaftlichen Arbeitsteilung zugrunde liegen muß, das die wichtigsten ökonomischen Gesetzmäßigkeiten der kommunistischen Produktionsweise berücksichtigt. In einem solchen Schema werden die objektiv bedingten Bewertungen die Rolle von mathematischen *Hilfs*faktoren spielen, die es erlauben, eine Reihe von Beschränkungen bei den Ressourcen und den gesellschaftlichen Bedürfnissen zu berücksichtigen"[37].

Im Hinblick auf die Strittigkeit der These von der Möglichkeit, die objektiv bedingten Bewertungen als ein System von Planpreisen zu nutzen, und ohne den Anspruch zu erheben, dieses Problem endgültig gelöst zu haben, versuchen wir im folgenden Kapitel, einen der möglichen theoretischen Wege zur Verwirklichung dieser, wie wir meinen, in höchstem Grade produktiven Idee zu untersuchen.

KAPITEL 10

# Ein theoretisches Modell eines stimulierenden Preissystems

## *Das Ausgangsmodell*

Eine der wichtigsten Funktionen des Preissystems in der sozialistischen Wirtschaft besteht darin, die verschiedenen materiell-stofflichen Komponenten des gesellschaftlichen Produkts vergleichend zu messen und die zwischenzweiglichen Produktionsbeziehungen zu bilanzieren, die im Prozeß der erweiterten sozialistischen Reproduktion entstehen. Zugleich sollen die Industrieabgabepreise die Produktionsbetriebe materiell stimulieren. Die Einzelhandelspreise ihrerseits sollen die als zahlungsfähige Nachfrage in Erscheinung tretende Geldmasse in strenge Übereinstimmung mit dem Gesamtwert jener materiellen Güter bringen, die den individuellen Konsumtionsfonds der Mitglieder der Gesellschaft bilden.

Unabhängig von der Variante des Volkswirtschaftsplans, auf deren Grundlage der Plan für die Verteilung der Produktion ausgearbeitet wird, hat das allgemeine Bilanzschema für die Verteilung des gesellschaftlichen Gesamtprodukts (für den Fall zweier Zweige) folgendes Aussehen (s. Tabelle 52).

Wenn das geplante Lohnvolumen im nichtproduktiven Bereich zusammen mit den Renten, Beihilfen, Stipendien und sonstigen unentgeltlichen Zahlungen aus staatlichen Mitteln an die Bevölkerung mit $W$ bezeichnet wird, stellt sich das Gesamtvolumen der Geldeinnahmen der Bevölkerung ($D$) wie folgt dar:

(62) $$D = \tilde{v}_1 Q_1 + \tilde{v}_2 Q_2 + W,$$

wobei $\tilde{v}_1$ und $\tilde{v}_2$ die Normative des spezifischen Lohnfondsaufwands zur Herstellung der beiden Produkte sind.

Der Einfachheit halber wurden die Spalten Ersatz der Arbeitsmittel, Akkumulation von Arbeitsgegenständen und Konsumtionsmitteln sowie Export weggelassen.

*Tabelle 52*

**Prinzipielles Bilanzschema der Verteilung der materiell-stofflichen Bestandteile des gesellschaftlichen Gesamtprodukts (Zweig-Zweig-Modell) ***

| Elemente des gesellschaftlichen Produkts | Produktionsaufwand | | Endprodukt | | | Gesamtumfang der Verteilung |
|---|---|---|---|---|---|---|
| | Produkt 1 | Produkt 2 | Akkumulationsfonds | Konsumtionsfonds | | |
| | | | | individueller | gesellschaftlicher | |
| Produkt 1 | $Q_{11}$ | $Q_{12}$ | $I_1$ | $K_1^i$ | $K_1^k$ | $Q_1$ |
| Produkt 2 | $Q_{21}$ | $Q_{22}$ | $I_2$ | $K_2^i$ | $K_2^k$ | $Q_2$ |

* Die Bedeutung der verwendeten Bezeichnungen ergibt sich aus den Kopfzeilen und -spalten der Tabelle.

Abstrahiert man der Einfachheit halber von den Steuern und den Geldersparnissen der Bevölkerung und berücksichtigt man, daß sich der Einzelhandelspreis vom Industrieabgabepreis durch eine positive Größe $\varepsilon$ unterscheidet, so führt die Bedingung der Ausgeglichenheit der Geldeinnahmen und -ausgaben der Bevölkerung zu folgender Gleichung:

$$(63) \qquad \tilde{v}_1 Q_1 + \tilde{v}_2 Q_2 + W = K_1^i (p_1 + \varepsilon_1) + K_2^i (p_2 + \varepsilon_2).$$

Die Einhaltung dieser Bedingung stellt, unabhängig davon, welche Werte $Q$ und $\varepsilon$ annehmen, eine der notwendigen Voraussetzungen für die Ausgeglichenheit des Prozesses der erweiterten Reproduktion in Wertkennziffern dar.

Wir benutzen nun die Zahlenwerte der spezifischen Normative des laufenden Aufwands aus Tabelle 44 sowie das allgemeine Verteilungsschema des gesellschaftlichen Produkts (Tabelle 52) und stellen eine Verflechtungsbilanz der Produktion und Verteilung des gesellschaftlichen Produkts (im Wertausdruck) auf (s. Tabelle 53).

Die Elemente der Ergebnisspalte werden hier durch Addition der in der Zeile stehenden Kennziffern ermittelt. Danach wird der Umfang des Reineinkommens in jedem Zweig errechnet, und zwar als Differenz zwischen der Realisierungssumme ($P_1$ und $P_2$) und dem Gesamtvolumen der Produktionsaufwendungen.

Nehmen wir an, es sei entsprechend der zweiten Planvariante eine materielle Bilanz der Verteilung des gesellschaftlichen Gesamtprodukts aufgestellt worden (s. Tabelle 54).

*Tabelle 53*

**Prinzipielles Schema einer Verflechtungsbilanz der Produktion und Verteilung des gesellschaftlichen Produkts im Wertausdruck (Zweig-Zweig-Modell)***

| | Produktionsaufwand für Produkt 1 | für Produkt 2 | Lohn in der nichtproduktiven Sphäre Renten usw. | Akkumulationsfonds | Konsumtionsfonds individueller | gesellschaftlicher | insgesamt |
|---|---|---|---|---|---|---|---|
| Produkt 1 | $0{,}2\,Q_1\,p_1$ | $0{,}2\,Q_2 p_1$ | – | $I_1\,p_1$ | $K_1^i\,(P_1+\varepsilon_1)$ | $K_1^k\,p_1$ | $P_1$ |
| Produkt 2 | $0{,}1\,Q_1\,p_2$ | $0{,}5\,Q_2\,p_2$ | – | $I_2\,p_2$ | $K_2^i\,(P_2+\varepsilon_2)$ | $K_2^k\,p_2$ | $P_2$ |
| Arbeitslohn | $0{,}1\,Q_1$ | $0{,}3\,Q_2$ | $W$ | – | $-K^i$ | – | 0 |
| Gewinn | $M_1$ | $M_2$ | $-W$ | $-I$ | – | $-K^k$ | 0 |
| Insgesamt | $P_1$ | $P_2$ | 0 | 0 | 0 | 0 | $P$ |

* $I_1$ und $I_2$ – physisches Volumen der Akkumulation des ersten und des zweiten Produkts;
$K_1^i$ und $K_2^i$ – physisches Volumen der individuellen Konsumtion;
$K_1^k$ und $K_2^k$ – physisches Volumen der gesellschaftlichen Konsumtion;
$I$, $K^i$ und $K^k$ – Wertkennziffern.

*Tabelle 54*

Materielle Bilanz der Verteilung des gesellschaftlichen Gesamtprodukts nach der zweiten Variante des Volkswirtschaftsplans

| Elemente des gesellschaftlichen Produkts | Produktionsaufwendungen für Produkt 1 | für Produkt 2 | Endprodukt Akkumulationsfonds | Konsumtionsfonds individueller | gesellschaftlicher | Gesamtvolumen der Verteilung |
|---|---|---|---|---|---|---|
| Produkt 1 | 30 | 90 | 10 | 15 | 5 | 150 |
| Produkt 2 | 15 | 225 | 40 | 105 | 65 | 450 |

Gegeben sei außerdem die Gesamtsumme des Lohnfonds in der nichtproduktiven Sphäre und der Renten, Stipendien und sonstigen unentgeltlichen Zahlungen aus den staatlichen Fonds in Höhe von $W = 60$.

Wir errechnen die Gesamtsumme der Geldeinnahmen der Bevölkerung

$$D = 0{,}1 \cdot 150 + 0{,}3 \cdot 450 + 60 = 210$$

und formulieren die Bedingung für die Ausgeglichenheit zwischen den Geldeinnahmen und -ausgaben der Bevölkerung:

$$(64) \qquad 15\,(p_1 + \varepsilon_1) + 105\,(p_2 + \varepsilon_2) = 210.$$

Damit die stimulierenden Preise die Funktionen der Bilanzierung und Messung wahrnehmen können, müssen sie den Forderungen gerecht werden, die sich aus den Wechselbeziehungen der in Tabelle 55 dargestellten Bilanz ergeben.[38]

*Tabelle 55*

Verflechtungsbilanz der Produktion und Verteilung des gesellschaftlichen Produkts in einem willkürlichen Preissystem (entsprechend der zweiten Variante des Volkswirtschaftsplans) *

| | Produktionsaufwand für Produkt 1 | Produktionsaufwand für Produkt 2 | Lohn in der nichtproduktiven Sphäre, Renten usw. | Akkumulationsfonds | Konsumtionsfonds individueller | Konsumtionsfonds gesellschaftlicher | Insgesamt |
|---|---|---|---|---|---|---|---|
| Produkt 1 | $30\,p_1$ | $90\,p_1$ | — | $10\,p_1$ | $15(p_1+\varepsilon_1)$ | $5\,p_1$ | $150\bar{p}_1$ |
| Produkt 2 | $15\,p_2$ | $225\,p_2$ | — | $40\,p_2$ | $105(p_2+\varepsilon_2)$ | $65\,p_2$ | $450\,\bar{p}_2$ |
| Arbeitslohn | 15 | 135 | 60 | — | — 210 | — | 0 |
| Gewinn | $M_1$ | $M_2$ | — 60 | $-I$ | — | $-K^k$ | 0 |
| Insgesamt | $P_1$ | $P_2$ | 0 | 0 | 0 | 0 | $P$ |

* $\bar{p}_1$ und $\bar{p}_2$ — durchschnittliche Verkaufspreise

Wir haben nun die reglementierenden Konturen unserer Untersuchungen umrissen, innerhalb derer sich solche Lösungen bewegen müssen, die das Modell in maximalem Grade seinem realen Urbild annähern. Jetzt wenden wir uns unmittelbar dem Aufbau eines stimulierenden Preissystems zu. Wir werden die Aufgabe als gelöst ansehen, wenn es uns gelingt, solche Preise zu finden, die den Gleichungen

$$Q_1^e = Q_1^d; \quad Q_2^e = Q_2^d$$

genügen, wenn die untere Ebene sein Produktionsprogramm $Q_1^e$; $Q_2^e$ aufstellt, das ihm ein Maximum an Bruttogewinn sichert:

$$(65) \qquad Z_e = r_1 Q_1^e + r_2 Q_2^e \rightarrow \text{Max.}$$

(Mit $Q^e$ und $Q^d$ werden die Kennziffern des Produktionsprogramms bezeichnet, das von der unteren, der ausführenden, und der zentralen, der planenden, Ebene ausgearbeitet wird.)

Es ist für uns in diesem Zusammenhang ohne Interesse, von welchen Überlegungen sich der zentrale Planungsapparat hat leiten lassen, als er gerade diese und nicht irgendeine andere Planvariante gewählt hat. Wichtig ist nur zu wissen, daß eine solche Variante bereits ausgewählt worden ist und daß diese Auswahl unter jenen vier Varianten getroffen worden ist, die wir schon kennen.

Die Aufgabe, die wir zu lösen haben, könnte man eine „umgekehrte Aufgabe der linearen Optimierung" nennen. In der normalen Aufgabe sind die Beschränkungen der Ressourcen bekannt, und es ist die Zielfunktion vorgegeben. Hier dagegen ist diese Information auf der Leitungsebene bereits „vor unserem Kommen" genutzt worden: der optimale Plan ist bereits aufgestellt, nun ist es an der Zeit, ihn zu erfüllen.

Der Plan ist bekannt, die Beschränkungen der unteren Ebene sind bekannt – nun muß für letztere eine solche Zielfunktion aufgestellt werden, die von ihr als formaler Ausdruck ihrer materiellen Interessen benutzt wird und die (und das ist die Hauptsache!) die Entscheidung der unteren Ebene zu dem gleichen Ergebnis führt, das „von oben" vorgegeben worden ist.[39]

Nehmen wir an, daß wie bisher die zweite Variante des Volkswirtschaftsplans ausgeführt werden soll:
$Q_1^d = 150$; $Q_2^d = 450$. Wie die Tabelle 51 zeigt, werden bei dieser Variante die Limits der Arbeitsressourcen und der Produktionsgrundfonds der Art 2 voll ausgeschöpft. Die spezifischen Aufwandsnormative dieser Ressourcen für die Herstellung der beiden Produkte betragen: bei der Arbeit – 0,1 und 0,3, bei den Fonds der Art 2–0,32 und 0,25. Das bedeutet, bei den vorhandenen Arbeitsressourcen (150) können *entweder* 150 : 0,1 = 1500 Einheiten des Produkts 1 *oder* 150 : 0,3 = 500 Einheiten des Produkts 2 erzeugt werden. Das Verhältnis zwischen den alternativen Produktionsgrößen beträgt also $Q_2 : Q_1 = 0{,}33$. Man kann sich leicht davon überzeugen, daß der Quotient der Normative des Arbeitsaufwands (0,1 : 0,3 = 0,33) den gleichen Wert ergibt. Das analoge Verhältnis der alternativen Produktionsmengen, die durch das verfügbare Limit an Fonds der Art 2 ermöglicht werden, beträgt 0,32 : 0,25 = 1,28.

Da nur eine Planvariante existiert, bei der sowohl die Arbeitsressourcen als auch die Ressourcen an Fonds der Art 2 voll ausgeschöpft werden, muß das Verhältnis der spezifischen „Rentabilitäten" der beiden Erzeugnisse für den Produzenten innerhalb folgender Grenzen liegen:

$$(66) \quad 1{,}28 > (r_1 : r_2) > 0{,}33.$$

In diesem und nur in diesem Falle wird eine vollständige Ausnutzung beider Ressourcen erreicht, wobei nicht irgendeine der möglichen Alternativen realisiert wird, sondern eine einzige Kombination der Produktion beider Erzeugnisse, nämlich $Q_1 = 150$; und $Q_2 = 450$.

Nehmen wir $r_1 : r_2$ gleich Eins an und setzen wir $r_1 = 0{,}1$, $r_2 = 0{,}1$. Setzen wir nun diese Werte in das Gleichungssystem (42a) ein, so erhalten wir:

$$p_1 = 0{,}2\, p_1 + 0{,}1\, p_2 + 0{,}2;$$
$$p_2 = 0{,}2\, p_1 + 0{,}5\, p_2 + 0{,}4.$$

Lösen wir dieses System nach den stimulierenden Industrieabgabepreisen $p_1$ und $p_2$ auf, finden wir:

$$p_1 = 0{,}368; \; p_2 = 0{,}947.$$

Um Einzelhandelspreise zu errechnen, welche die Geldeinnahmen und -ausgaben der Bevölkerung ausgleichen sollen, setzen wir $p_1$ und $p_2$ in die Gleichung (64) ein. Wir erhalten eine neue Bedingung:

$$\varepsilon_1 = 7 - 7\, \varepsilon_2.$$

Unter Berücksichtigung der Tatsache, daß $\varepsilon_1$ und $\varepsilon_2$ nichtnegative Größen sein müssen, wählen wir: $\varepsilon_1 = \varepsilon_2 = 0{,}875$. Das führt zu folgenden Werten für die Einzelhandelspreise:

$$\hat{p}_1 = 0{,}368 + 0{,}875 = 1{,}243;$$
$$\hat{p}_2 = 0{,}947 + 0{,}875 = 1{,}822.$$

Setzt man die ermittelten Industrieabgabepreise und Einzelhandelspreise in die Tabelle 55 ein, so erhält man eine Verflechtungsbilanz im Wertausdruck, in der die stimulierenden Preise ihre messende und ihre bilanzierende Funktion wahrnehmen (s. Tabelle 56).

Wir haben noch die stimulierenden Eigenschaften der Industrieabgabepreise zu überprüfen. Versetzen wir uns in die Lage der unteren Ebene und verfolgen die Berechnungen zur Aufstellung des Produktionsprogramms unter der Bedingung, daß das zentrale Planungsorgan das Preissystem $p_1 = 0{,}368$; $p_2 = 0{,}947$ vorgibt.

a) *Berechnung der Selbstkosten einer Erzeugniseinheit*

$$\pi_1 = 0{,}2 \cdot 0{,}368 + 0{,}1 \cdot 0{,}947 + 0{,}1 = 0{,}268;$$
$$\pi_2 = 0{,}2 \cdot 0{,}368 + 0{,}5 \cdot 0{,}947 + 0{,}3 = 0{,}847.$$

*Tabelle 56*

Verflechtungsbilanz der Produktion und Verteilung des gesellschaftlichen Produkts im Wertausdruck
(Nach der zweiten Planvariante in einem stimulierenden Preissystem)

| | Produktionsaufwendungen für Produkt 1 | für Produkt 2 | Insgesamt | Lohn in der nichtproduktiven Sphäre, Renten usw. | Akkumulationsfonds | Konsumtionsfonds individueller | gesellschaftlicher | Insgesamt |
|---|---|---|---|---|---|---|---|---|
| Produkt 1 | 11,0 | 23,1 | 34,1 | — | 3,7 | 18,7 | 1,8 | 58,3 |
| Produkt 2 | 14,2 | 213,1 | 227,3 | — | 37,9 | 191,3 | 61,6 | 518,1 |
| Arbeitslohn | 15,0 | 135,0 | 150,0 | 60 | — | — 210,0 | — | 0 |
| Gewinn | 18,1 | 146,9 | 165,0 | — 60 | — 41,6 | — | — 63,4 | 0 |
| Insgesamt | 58,3 | 518,1 | 576,4 | 0 | 0 | 0 | 0 | 576,4 |

b) ***Bestimmung der spezifischen Rentabilität der Produkte***

$$r_1 = 0{,}368 - 0{,}268 = 0{,}1$$
$$r_2 = 0{,}947 - 0{,}847 = 0{,}1.$$

c) ***Aufstellung des Beschränkungssystems und der Zielfunktion des optimalen Plans nach dem Kriterium des maximalen Bruttogewinns***

$$0{,}10\,Q_1 + 0{,}30\,Q_2 \leqslant 150;$$
$$0{,}20\,Q_1 + 0{,}05\,Q_2 \leqslant 80;$$
$$0{,}32\,Q_1 + 0{,}25\,Q_2 \leqslant 160.$$
$$Z_e = 0{,}1\,Q_1 + 0{,}1\,Q_2 \to \text{Max.}$$

Lösung: $Q_1^e = 150$; $Q_2^e = 450$.

Die allgemeine Regel für die Auswahl des Verhältnisses zwischen den spezifischen Rentabilitätsnormativen bei der Bestimmung stimulierender Preise läßt sich für den Fall zweier Produkte in folgenden zwei Punkten zusammenfassen:

1. Es kommen nur die Aufwandsnormative jener Ressourcen in Betracht, die im optimalen Plan der Leitungsebene völlig ausgeschöpft werden.

2. Die Aufwandsnormative der jeweiligen Ressource für die Herstellung der beiden Produkte werden durcheinander dividiert, und die er-

haltenen Quotienten gelten als Grenzwerte für das Verhältnis zwischen den Rentabilitätskoeffizienten.

Natürlich wird diese Regel für den Fall dreier Produkte komplizierter, und wenn gar mehrere hundert oder gar einige tausend Produkte in Betracht gezogen werden, so würde der Versuch, die Regel verbal zu formulieren, unvermeidlich zu einem mehrbändigen Werk auswachsen. Dessenungeachtet kann bei der Lösung von Aufgaben zur Bestimmung stimulierender Preise eine charakteristische Gesetzmäßigkeit sichtbar gemacht werden, die es erlaubt anzunehmen, daß bei der Lösung einer größeren Klasse derartiger Aufgaben (darunter auch mit umfassenderer Sortimentsbreite) ein außerordentlich einfaches Verfahren zur Bestimmung der spezifischen Rentabilität der verschiedenen Produkte benutzt werden kann.

Selbstverständlich können beliebige, auf scharfsinnigste Weise konstruierte Beispiele überhaupt *nichts beweisen*, sobald es nicht um die Widerlegung, sondern um die positive Bestätigung einer These geht. Dennoch besitzen wir die Kühnheit, noch ein Beispiel anzuführen, das seinem Inhalt nach dem ersten verwandt ist und es ermöglicht, im Rahmen unseres vereinfachten Modells jene Gesetzmäßigkeit zu verfolgen, von der gerade die Rede war.

Nehmen wir an, die Leitungsebene habe sich nicht für die zweite, sondern für die dritte Planvariante entschieden, bei der die Limits an Produktionsfonds beider Arten voll ausgeschöpft werden. Nach der angeführten Regel finden wir, daß sich das stimulierende Verhältnis zwischen $r_1$ und $r_2$ in diesem Falle in den Grenzen $0{,}20 : 0{,}05 > (r_1 : r_2) > 0{,}32 : 0{,}25$ oder

(67) $$4 > (r_1 : r_2) > 1{,}28.$$

bewegen muß.

Wenn man (67) und (66) miteinander vergleicht, wird der Sinn der unmittelbaren Aufeinanderfolge beider Beispiele offenbar. Die obere Grenze $r_1 : r_2$, die im vorigen Fall bei 1,28 lag, ist zur unteren Grenze geworden, und als obere Grenze erhält man jenen Wert, über den hinaus die Kombination $Q_1 = 350$; $Q_2 = 200$ unrentabel wird und sich die ausschließliche Produktion des Erzeugnisses 1 (vierte Planvariante) als maximal rentabel erweist.

Wir wählen in den durch die Ungleichungen (67) festgelegten Grenzen $r_1 : r_2 = 3$ und nehmen $r_1 = 0{,}3$ und $r_2 = 0{,}1$ an. Das führt zu neuen Werten für die Industrieabgabepreise: $p_1 = 0{,}631$; $p_2 = 1{,}053$.

Es kann leicht überprüft werden, daß sich die materielle Bilanz der Verteilung des gesellschaftlichen Produkts (Tabelle 57) in eine

*Tabelle 57*

Materielle Bilanz der Verteilung des gesellschaftlichen Produkts (nach der dritten Planvariante)

| Elemente des gesellschaftlichen Produkts | Produktionsaufwand für Produkt 1 | für Produkt 2 | Endprodukt Akkumulationsfonds | Konsumtionsfonds individueller | gesellschaftlicher | Gesamtvolumen der Verteilung |
|---|---|---|---|---|---|---|
| Produkt 1 | 70 | 40 | 4 | 200 | 36 | 350 |
| Produkt 2 | 35 | 100 | 16 | 10 | 39 | 200 |

Verflechtungsbilanz im Wertausdruck verwandelt, wenn zum Beispiel folgendes Einzelhandelspreissystem eingeführt wird:*

$$\hat{p}_1 = 0{,}718; \qquad \hat{p}_2 = 1{,}410.$$

Diese Preise gleichen die Geldeinnahmen und -ausgaben der Bevölkerung vollständig aus (Tabelle 58).

Wieder versetzen wir uns in die Situation der ausführenden Ebene, der die Industrieabgabepreise $p_1 = 0{,}631$ und $p_2 = 1{,}053$ vorgegeben worden sind, und führen folgende Operationen aus:

a) *Berechnung der Selbstkosten einer Erzeugniseinheit:*

$$\pi_1 = 0{,}2 \cdot 0{,}631 + 0{,}2 \cdot 1{,}053 + 0{,}1 = 0{,}331;$$
$$\pi_2 = 0{,}2 \cdot 0{,}631 + 0{,}5 \cdot 1{,}053 + 0{,}3 = 0{,}953.$$

b) *Bestimmung der spezifischen Rentabilität der Produkte:*

$$r_1 = 0{,}631 - 0{,}331 = 0{,}3;$$
$$r_2 = 1{,}053 - 0{,}953 = 0{,}1.$$

c) *Aufstellung des Beschränkungssystems und der Zielfunktion der optimalen Planungsaufgabe nach dem Kriterium des maximalen Bruttogewinns:*

$$0{,}10\, Q_1 + 0{,}30\, Q_2 \leqslant 150;$$
$$0{,}20\, Q_1 + 0{,}05\, Q_2 \leqslant 80;$$
$$0{,}32\, Q_1 + 0{,}25\, Q_2 \leqslant 160\,.$$
$$Z_e = 0{,}3\, Q_1 + 0{,}1\, Q_2 \to \text{Max.}$$

Lösung: $Q_1^e = 350$; $Q_2^e = 200$.

Ganz am Anfang dieses Abschnitts haben wir verabredet, daß uns nicht interessieren wird, von welchen Kriterien sich das zentrale Planungsorgan bei der Auswahl seiner Planvariante leiten läßt. Allerdings

* Vgl. die Berechnung der Planpreise auf S. 253 (Anm. d. Herausg.)

*Tabelle 58*

**Verflechtungsbilanz der Produktion und Verteilung des gesellschaftlichen Produkts im Wertausdruck**
**(Nach der dritten Planvariante im stimulierenden Preissystem)**

| | Produktionsaufwendungen | | | Lohn in der nichtproduktiven Sphäre, Renten usw. | Akkumulationsfonds | Konsumtionsfonds | | Insgesamt |
|---|---|---|---|---|---|---|---|---|
| | für Produkt 1 | für Produkt 2 | Insgesamt | | | individueller | gesellschaftlicher | |
| Produkt 1 | 44,2 | 25,2 | 69,4 | — | 2,5 | 143,6 | 22,7 | 238,2 |
| Produkt 2 | 36,9 | 105,3 | 142,2 | — | 16,8 | 11,4 | 41,1 | 211,5 |
| Arbeitslohn | 35,0 | 60,0 | 95,0 | 60,0 | — | − 155,0 | — | 0 |
| Gewinn | 122,1 | 21,0 | 143,1 | − 60,0 | − 19,3 | — | − 63,8 | 0 |
| Insgesamt | 238,2 | 211,5 | 449,7 | 0 | 0 | 0 | 0 | 449,7 |

haben wir die Einschränkung gemacht, daß dies auf jeden Fall solche Varianten sein sollen, bei denen mindestens eine Art der limitierten Ressourcen vollständig genutzt wird.[40] Damit haben wir solche Varianten des Produktionsprogramms der Volkswirtschaft aus der Betrachtung ausgeschlossen, die offensichtlich nach beliebigen vernünftigen Kriterien nicht effektiv sind.

Diese Voraussetzung weist auf den Gedanken hin, daß die Leitungsebene ihre Variante auf der Grundlage der Lösung einer Optimierungsaufgabe auswählt. Die Beschränkungen der durch das Planungsorgan zu lösenden Aufgabe sind dabei dieselben wie in den Aufgaben der ausführenden Ebene. Unterscheiden kann sich *nur* das Kriterium für die Bewertung der Effektivität der Planentscheidung: Das Maximum des Bruttogewinns im Maßstab der Volkswirtschaft als das Ziel der gesellschaftlichen Produktion anzustreben, ist zumindestens sinnlos. Damit jedoch die *optimale* Entscheidung der zentralen Ebene mit der (nach einem anderen Kriterium!) *optimalen* Entscheidung der ausführenden Ebene übereinstimmt, müssen beide über eine gewisse Gemeinsamkeit verfügen, sonst ist eine Übereinstimmung der beiden Optima unmöglich. Diese Gemeinsamkeit kann nichts anderes sein als die Form der Zielfunktionen beider Aufgaben. *In den Stimulierungs-*

*aufgaben dient ein und dieselbe Zielfunktion, betrachtet vom Standpunkt der ausführenden oder der Leitungsebene, als formaler Ausdruck für qualitativ verschiedene Effektivitätskriterien der Planentscheidungen, die auf jeder dieser Ebenen getroffen werden.*

In unserem Beispiel drückt bei der zweiten Planvariante ein und dieselbe Zielfunktion

$$Z = Q_1 + Q_2 \rightarrow \text{Max}$$

das Bestreben der Leitungsebene aus, das physische Volumen der Produktion zu maximieren (unter der Bedingung, daß beide Produkte für die Volkswirtschaft gleichwertig sind), und zugleich das Bestreben der ausführenden Ebene, ihren Bruttogewinn zu maximieren (unter der Voraussetzung, daß die Leitungsebene, nachdem sie ihren optimalen Plan aufgestellt hat, ein stimulierendes Verhältnis zwischen den Kennziffern für die spezifische Rentabilität der produzierten Erzeugnisse gefunden hat, das gleich Eins ist). Es ist hier ohne jegliche Bedeutung, ob die Zielfunktion in der eben oben angegebenen Form oder wie folgt dargestellt wird:

$$Z = 0{,}1\,Q_1 + 0{,}1\,Q_2 \rightarrow \text{Max}.$$

Dieser Umstand ist lediglich für die Bestimmung des Preis*niveaus* von Bedeutung und übt keinerlei Einfluß auf den Charakter der Stimulierung der unteren Ebenen oder auf die Auswahl des besten Plans durch die Leitungsebene aus.

Aus dem Gesagten ergibt sich, daß, wenn der *Volkswirtschaftsplan auf der Leitungsebene auf der Grundlage der Lösung einer linearen Optimierungsaufgabe aufgestellt wird, folgende Feststellungen gelten:*

1. *wie auch die Zielstellung des Plans formuliert wird, sie kann immer auf die mathematisch ausgedrückte Forderung reduziert werden, die gewogene Summe der einzelnen Produkte zu maximieren;*

2. *um ein stimulierendes Preissystem aufzubauen, ist es notwendig und hinreichend, Kennziffern der spezifischen Rentabilität der produzierten Erzeugnisse vorzugeben, die den Gewichtskoeffizienten der auf diese Weise interpretierten Zielfunktion des Volkswirtschaftsplans direkt proportional sind*[41].

Die Richtigkeit dieser Schlußfolgerung wird auch durch das folgende Beispiel bestätigt. Bewertet das zentrale Planungsorgan z. B. den volkswirtschaftlichen Wert des Produkts 1 dreifach höher als den Wert des Produkts 2 und wird die Zielfunktion des Volkswirtschaftsplans in der Form

$$Z_d = 3\,Q_1 + Q_2 \rightarrow \text{Max}$$

dargestellt, so genügt es für die Stimulierung des nach diesem Kriterium optimalen Plans, in die Preise Gewinnanteile einzufügen, die sich wie $r_1 : r_2 = 3 : 1$ verhalten. Die Frage der Normierung der Rentabilitätskennziffern $r_1$ und $r_2$ (und folglich der Normierung des Preissystems) wird außerhalb der Stimulierungsaufgabe gelöst, wenn dazu übergangen wird, die stimulierenden Preise an ihre messende und bilanzierende Funktion anzupassen.

Dieses Beispiel ist noch in einer anderen Hinsicht charakteristisch. Es zeigt, daß durch das vorgeschlagene Verfahren für den Aufbau eines stimulierenden Preissystems gewährleistet wird, daß mit einer Veränderung der Kennziffern des optimalen Volkswirtschaftsplans zugleich eine Veränderung des Preissystems erfolgt. Einer der wichtigsten Vorzüge der objektiv bedingten Bewertungen bewahrt also hier seine volle Gültigkeit, jedoch sind die stimulierenden Preise im Unterschied zu den Bewertungen imstande, alle übrigen Preisfunktionen wahrzunehmen. Dazu genügt es, die Rentabilitätskoeffizienten $r_j$ in der richtigen Weise zu normieren.

### *Analyse der vereinfachenden Voraussetzungen des Ausgangsmodells*

Wie real ist die Möglichkeit, das beschriebene Modell für die praktische Ausarbeitung einer Industrieabgabepreisliste zu benutzen? Uns scheint, eine solche Nutzung des Modells hängt von der Bedingtheit jener Ausgangsprämissen ab, die der einfachsten Variante des Modells zugrunde liegen.

Wir gehen davon aus, daß unser Modell entsprechend seinen objektiven Möglichkeiten dazu beigetragen hat, den Charakter jener analytischen Aufgaben zu klären, die wir uns vorher gestellt hatten. Nun wollen wir das Modell nicht als ein Instrument der theoretisch-methodologischen Analyse, sondern als ein Werkzeug des praktischen Eingreifens in den Wirtschaftsverlauf untersuchen. Wir werden nacheinander die vereinfachenden Voraussetzungen abbauen, die wir in der ersten Etappe benötigten, um die Aufmerksamkeit auf die prinzipiellen Möglichkeiten des vorgeschlagenen Modells zu konzentrieren, und die praktische Verwendbarkeit jeder der allmählich komplizierter werdenden Varianten des Modells analysieren.

Zunächst zur Einbeziehung fertiger Kennziffern des spezifischen Lohnfondsaufwands in den Preis jedes Produkts. Wie vorher gezeigt worden ist, wird durch dieses Vorgehen die Grundlage für die Umwandlung des Debetteils der Bilanz der Geldeinnahmen und -ausgaben der Bevölkerung in einen Hauptfaktor geschaffen, der das absolute Niveau der Einzelhandelspreise reglementiert (vgl. die Gleichungen (62) und (63)). Das bedeutet jedoch nicht, daß jene andere Deutung dieser Abhängigkeit ihre Berechtigung verliert, die eine rückläufige Beziehung vom Niveau der Einzelhandelspreise zum Lohnniveau herstellt. Ohne diese alternative Möglichkeit eingehend zu betrachten, stellen wir fest, daß die Vorgabe von Kennziffern des spezifischen Lohnfondsaufwands sowie die Vorgabe von Kennziffern über das Bruttovolumen des Lohns in der nichtproduktiven Sphäre zusammen mit den Renten, Beihilfen, Stipendien und den sonstigen unentgeltlichen Zahlungen an die Bevölkerung aus den staatlichen Fonds in Form *exogener* Variabler (d. h. als Kennziffern, die außerhalb des untersuchten Systems von Abhängigkeiten gebildet werden) sich als eine hinreichende Bedingung sowohl für die Bildung des Systems der Einzelhandelspreise als auch für den Ausgleich der Bilanz der Geldeinnahmen und -ausgaben der Bevölkerung erweist.

Wir sehen keine Gründe, die zu der Forderung führen, in der Ökonomie bestimmte Bilanzrelationen aufrechtzuerhalten, welche die Notwendigkeit der Herstellung rückläufiger Beziehungen vom Preissystem zum Lohnniveau diktieren würden. Preise und Lohnsätze haben ihren Platz in verschiedenen Teilen des ökonomischen Raumes. Die Einzelhandelspreise verwirklichen die allgemeine Bilanzierung der gegenläufigen Geldströme und zum Teil die lokale Stimulierung der Konsumenten zum Kauf von diesen oder jenen Warengruppen. Die spezifischen Lohnsätze stimulieren das Gesamtwachstum der Arbeitsproduktivität der unmittelbaren Produzenten dieses Erzeugnisses. Dabei wird kein Produzent mit dem Platz identifiziert, den er in der Reihe der Facharbeiter ein- und desselben Profils (und, möglicherweise, ein- und derselben Qualifikation) einnimmt, die mit der Herstellung eben dieses Produkts in verschiedenen Betrieben beschäftigt sind.

*Der in den Preis eingefügte spezifische Lohnfondsaufwand ist ein Durchschnittswert, der nach zwei Merkmalen ermittelt wird: nach den Produktionsbedingungen des jeweiligen Produkts in verschiedenen Betrieben und nach den Lohnsätzen der Werktätigen verschiedener Berufe, die längs des gesamten Weges verteilt sind, den das Produkt entsprechend seiner Technologie in ein und demselben Betrieb zurücklegt.*

Deshalb müssen die spezifischen Lohnsätze als integrale Charakteristika gestaltet werden, die sich aus einer Vielzahl primärer Informationen zusammensetzen, die das preisbildende Organ von der tiefsten Ebene der hierarchischen Informationspyramide erhält.

In der allgemeinen Preisformel (42), (42a) fehlen Kennziffern der Amortisation. Jedenfalls werden sie nicht in expliziter Form ausgewiesen. Wir wollen sie in diese Formel einführen, wobei wir eine überaus einfache, nämlich lineare Abhängigkeit zwischen der Nutzungsdauer der Grundfonds und der Höhe der Abschreibungen benutzen. Die Nutzungsdauer der Fonds der Art 1 sei $\tau_1 = 10$ Jahre, die der Fonds der Art 2 $\tau_2 = 20$ Jahre. Dann entfällt auf eine Einheit jedes der erzeugten Produkte folgende Größe der Abschreibungen:

| Abschreibung | in allgemeiner Form | | in Zahlen | |
|---|---|---|---|---|
| | je Einheit des Produkts 1 | je Einheit des Produkts 2 | je Einheit des Produkts 1 | je Einheit des Produkts 2 |
| der Fonds der Art 1 | $\frac{b_{11}}{\tau_1} p_1$ | $\frac{b_{12}}{\tau_1} p_1$ | $\frac{0{,}20}{10} p_1$ | $\frac{0{,}05}{10} p_1$ |
| der Fonds der Art 2 | $\frac{b_{21}}{\tau_2} p_2$ | $\frac{b_{22}}{\tau_2} p_2$ | $\frac{0{,}16}{20} p_2$ | $\frac{0{,}25}{20} p_2$ |
| Insgesamt | $\frac{b_{11}}{\tau_1} p_1 + \frac{b_{21}}{\tau_2} p_2$ | $\frac{b_{12}}{\tau_1} p_1 + \frac{b_{22}}{\tau_2} p_2$ | $0{,}020\, p_1 + 0{,}008\, p_2$ | $0{,}005\, p_1 + 0{,}013\, p_2$ |

Setzen wir diese Werte in die Gleichungen (42), (42a) ein, erhalten wir:

*In allgemeiner Form*

$$p_1 = \left(a_{11} + \frac{b_{11}}{\tau_1}\right) p_1 + \left(a_{21} + \frac{b_{21}}{\tau_2}\right) p_2 + \tilde{v}_1 + r_1;$$

(68) $$p_2 = \left(a_{12} + \frac{b_{12}}{\tau_1}\right) p_1 + \left(a_{22} + \frac{b_{22}}{\tau_2}\right) p_2 + \tilde{v}_2 + r_2.$$

*In Zahlen*

$$p_1 = 0{,}220\, p_1 + 0{,}108\, p_2 + 0{,}100 + r_1;$$

(68a) $$p_2 = 0{,}205\, p_1 + 0{,}513\, p_2 + 0{,}300 + r_2\,.$$

Wir sehen, daß die Gleichungen des Preissystems keinerlei prinzipielle Veränderungen erfahren haben. Lediglich die Koeffizienten bei den Variablen haben sich – und dabei sehr geringfügig – verändert. Was die eigentliche Stimulierungsfunktion der Preise angeht, so wird sie durch diese Veränderungen überhaupt nicht berührt.

Bei der Einführung der Umlauffonds in das Modell ergibt sich ein umgekehrtes Bild. In den Kalkulationsformeln (41), (41a) sind die Umlauffonds implizit auf den rechten Seiten enthalten, Beschränkungen hinsichtlich der materiellen Elemente der Umlauffonds fehlen jedoch in der Formulierung der Stimulierungsaufgabe. (In den Ungleichungen der primalen Aufgabe der linearen Optimierung gibt es nur eine Beschränkung hinsichtlich des Lohnfonds.)

Wenn die Normative des spezifischen Bedarfs an den für die Produktion jedes Erzeugnisses notwendigen Rohstoffen, Materialien, Brennstoffen (alles nach Arten) usw. bekannt sind und wenn weiter die absoluten Ausmaße der verfügbaren Vorräte an den entsprechenden Umlauffonds bekannt sind, muß das Beschränkungssystem der Aufgabe durch neue Ungleichungen vervollständigt werden. Wir bezeichnen mit $d_{11} = 0{,}3$; $d_{12} = 0$; $d_{21} = 0$; $d_{22} = 0{,}1$ die spezifischen Normative des Bedarfs an stofflichen Elementen der Umlauffonds und mit $\Phi_1 = 120$ sowie $\Phi_2 = 50$ die verfügbaren Vorräte an diesen Elementen. Dann werden die zusätzlichen Beschränkungen hinsichtlich der Umlauffonds folgende Form annehmen:

| In allgemeiner Form | In Zahlen |
|---|---|
| $\begin{cases} d_{11} Q_1 + d_{12} Q_2 \leqslant \Phi_1 \\ d_{21} Q_1 + d_{22} Q_2 \leqslant \Phi_2 \end{cases}$ | $\begin{cases} 0{,}3\, Q_1 + 0 \leqslant 120 \text{ oder } Q_2 \leqslant 400 \\ 0 + 0{,}1\, Q_2 \leqslant 50,\ Q_2 \leqslant 500. \end{cases}$ |

Insgesamt haben die Beschränkungen der Aufgabe dann folgendes Aussehen:

| *In allgemeiner Form* | *In Zahlen* |
|---|---|
| $\tilde{v}_1 Q_1 + \tilde{v}_2 Q_2 \leqslant \hat{L}$ | $0{,}10\, Q_1 + 0{,}30\, Q_2 \leqslant 150$ |
| $b_{11} Q_1 + b_{12} Q_2 \leqslant \hat{F}_1$ | $0{,}20\, Q_1 + 0{,}05\, Q_2 \leqslant 80$ |
| $b_2 Q_1 + b_{22} Q_2 \leqslant \hat{F}_2$ | $0{,}32\, Q_1 + 0{,}25\, Q_2 \leqslant 160$ |
| $d_{11} Q_1 + d_{12} Q_2 \leqslant \Phi_1$ | $Q_1 \leqslant 400$ |
| $d_{21} Q_1 + d_{22} Q_2 \leqslant \Phi_2$ | $Q_2 \leqslant 500$ |
| (69) | (69a) |

Wiederum gibt es keine *prinzipiellen* Veränderungen. Das Auftreten der neuen Ungleichungen kann nur dazu führen, daß die ursprünglichen Varianten des Plans geändert werden. (Im Zahlenbeispiel haben wir solche Daten gewählt, bei denen diese Varianten unverändert bleiben.) Dies wirkt sich jedoch nicht auf den Mechanismus der Suche nach dem stimulierenden Verhältnis zwischen den spezifischen Gewinnsätzen $r_1$ und $r_2$ aus; die Regel zur Bestimmung der Grenzen, innerhalb derer die Proportion $r_1 : r_2$ ihre stimulierende Funktion wahrnimmt, bleibt unverändert.

Wesentlich ernster steht es um die noch verbliebenen, stärksten Vereinfachungen unseres Modells. Dabei handelt es sich um die Annahme, daß im Leitungssystem der gesellschaftlichen Produktion nur zwei Ebenen unterschieden werden, und um die Reduktion der ganzen Vielzahl produzierter Erzeugnisse auf nur zwei Produkte, von denen jedes als Arbeitsmittel, als Arbeitsgegenstand und als Konsumtionsmittel fungieren kann. Die Wege zur Überwindung der Schwierigkeiten, die sich beim Verzicht auf diese beiden (unser Modell auf die theoretisch-analytische Nutzung beschränkenden) Annahmen ergeben, führen zu jenem einheitlichen methodologischen Verfahren, das wir in Kapitel 7 kennengelernt haben. Wir meinen die Möglichkeit, ein kompliziertes und durch außerordentliche Dimensionen gekennzeichnetes ökonomisches System in Form einer gewissen Blockstruktur darzustellen.

Benutzt man dazu die in Blockform dargestellte und in detaillierter Nomenklatur entwickelte Verflechtungsbilanz, so kann man auf ihrer Grundlage Systeme von durchschnittlichen Gruppenpreisen errechnen. Dabei wird die Detaillierung dieser Systeme bis zur Herausarbeitung der Preise für einzelne Typensätze von Erzeugnissen den Produktionsebenen selbst überlassen, die diese Detaillierung im Prozeß des unmittelbaren, auf der wirtschaftlichen Rechnungsführung beruhenden Zusammenwirkens vornehmen.

Wie wir bereits gesehen haben, vereinen die Makroblöcke der Verflechtungsbilanz in ihren Bestandteilen solche Produkte, die eine gleiche ökonomische Bestimmung besitzen (s. Schema 10). Dies ermöglicht es, die Preise für Arbeitsmittel, Konsumtionsmittel, Elemente der Grundfonds der nichtproduktiven Sphäre und die Verteidigungsproduktion nicht „frontal" mit Hilfe eines gewissen Gleichungssystems, das den Modus der Preisbildung beschreibt [vgl. z. B. die Gleichungen (68)], sondern in einer bestimmten Reihenfolge zu berechnen. Die Festlegung der letzteren wird dadurch erleichtert, daß weder die Konsumtionsmittel, noch die Elemente der Grundfonds der nichtproduktiven Sphäre und um so weniger die Verteidigungsproduktion an der Bildung der Aufwandspositionen in der Preiskalkulation beteiligt sind und ihrer ökonomischen Natur entsprechend auch nicht sein können. Eine rückläufige Beziehung von den Preisen dieser Bestandteile des gesellschaftlichen Produkts zu den Preisen der Arbeitsmittel und Arbeitsgegenstände fehlt. Folglich kann man zunächst die Preise für die Produktionsmittel errechnen und dann – *in willkürlicher Reihenfolge* – die Preise für die übrigen Elemente des gesellschaftlichen Produkts.

Nehmen wir an, wie wir das schon früher getan haben, daß in der Zweigklassifikation der Produktion 500 Positionen unterschieden werden. Davon seien die Positionen 1 bis 100 für Arbeitsgegenstände,

101 bis 200 für Arbeitsmittel*, 201 bis 300 für Konsumtionsmittel, 301 bis 400 für die Elemente der Grundfonds der nichtproduktiven Sphäre und die Positionen 401 bis 500 für die Verteidigungsproduktion vorgesehen. Dann besitzt die Preisformel für jedes Produkt $j$ (d. h. ein Produkt, das in dieser Klassifikation eine beliebige Nummer $j$ trägt) folgendes Aussehen:

$$p_j = a_{1j} p_1 + a_{2j} p_2 + \cdots + a_{100j} p_{100} + \frac{b_{101j}}{\tau_{101}} p_{101} +$$
$$+ \frac{b_{102j}}{\tau_{102}} p_{102} + \cdots + \frac{b_{200j}}{\tau_{200}} p_{200} + \tilde{v}_j + r_j,$$

oder

$$(70) \qquad p_j = \sum_{i=1}^{100} a_{ij} p_i + \sum_{s=101}^{200} \frac{b_{sj}}{\tau_s} p_s + \tilde{v}_j + r_j, \qquad (j = 1, 2, \cdots, 500)$$

Dabei sind:

$a_{ij}$ – das spezifische Aufwandsnormativ der $i$-ten Art von Arbeitsgegenständen bei der Herstellung des Produkts $j$;

$b_{sj}$ – das spezifische Normativ der Fondsintensität des Produkts $j$ nach den Fonds der Art $s$;

$\tau_s$ – die Nutzungsdauer der Art $s$ der Grundfonds;

$p_i$ – der Preis des Arbeitsgegenstandes $i$;

$p_s$ – der Preis des Arbeitsmittels $s$;

$\tilde{v}_j$ – der spezifische Lohnfondsaufwand bei der Herstellung des Produkts $j$;

$r_j$ – die spezifische Rentabilität des Produkts $j$.

Neben der Abhängigkeit von $r_j$ bei vorgegebenen Lohnanteilen $\tilde{v}_j$ sind die Preise für Arbeitsmittel und Arbeitsgegenstände auch noch voneinander abhängig (der Index $i$ durchläuft die Werte:

$$i = 1, 2, \cdots, 100;$$

der Index $s$ die Werte:

$$s = 101, 102, \cdots, 200),$$

während die Preise für die Konsumtionsmittel, die Elemente der Grundfonds der nichtproduktiven Sphäre und die Verteidigungsproduktion bei vorgegebenen Preisen für Produktionsmittel *allein* von der spezifischen Rentabilität (d. h. von $r_j$) abhängen. Die Aufstellung der Industrieabgabepreisliste für Produktionsmittel impliziert die Möglichkeit, daß die Industrieabgabepreise der übrigen Elemente des gesellschaftlichen Produkts ihre messende und bilanzierende Funk-

* Die Numerierung der Positionen der Arbeitsgegenstände und -mittel weicht hier von der im zweiten Teil des Buches angegebenen ab. (Anm. d. Herausg.)

tion wahrnehmen können; offen bleibt lediglich die Frage der Stimulierungsfunktion.

Ist das Produktionsprogramm für die Produktionsmittel erzeugenden Zweige aufgestellt, wird die Aufgabe der Stimulierung auf derselben prinzipiellen Grundlage wie in dem einfachsten Zwei-Produkt-Modell gelöst, d. h. *unabhängig* von irgendwelchen Preissystemen, *vor* der Ausarbeitung des Preissystems und mehr noch – eben *dafür*, daß ein zweckmäßiger Aufbau eines solchen Preissystems möglich wird. Auf der Grundlage der optimalen Pläne der Zweige, die Arbeitsmittel und Arbeitsgegenstände herstellen, werden die stimulierenden Proportionen zwischen den spezifischen Gewinnsätzen festgestellt:

$$r_1 : r_2 : \cdots : r_{100};$$
$$r_{101} : r_{102} : \cdots : r_{200}.$$

Um die Industrieabgabepreise zu errechnen genügt es nun, auf irgendeine Weise die Rentabilitätsrate zu normieren oder, mit anderen Worten, die absolute Gewinnmasse zu reglementieren, die von beiden Abteilungen gemeinsam erwirtschaftet werden soll. Dies kann auf der Basis vorläufiger Berechnungen des Finanzplans in Form folgender Bilanzbeziehung geschehen:

$$r_1 Q_1 + r_2 Q_2 + \cdots + r_{100} Q_{100} + r_{101} Q_{101} + r_{102} Q_{102} +$$
$$+ \cdots + r_{200} Q_{200} + R,$$

wobei $Q_j$ – das Produktionsvolumen in Naturalkennziffern und
$R$ – der Gewinnplan ist, der für die Produktionsmittel erzeugenden Zweige vorgesehen ist.

Indem wir auf genau dieselbe Weise die Stimulierungsaufgabe in den übrigen Sphären der gesellschaftlichen Produktion lösen und in die übrigen 300 Gleichungen des Systems (70) die entsprechenden Kennziffern $r_j$ sowie die in der vorigen Etappe gefundenen Preise der Produktionsmittel einsetzen, bestimmen wir durch direkte Berechnung die stimulierenden Industrieabgabepreise für die Konsumtionsmittel, die Elemente der Grundfonds der nichtproduktiven Sphäre und die Verteidigungsproduktion.

Innerhalb der Gruppe von Zweigen, die Produktionsmittel erzeugen, können die Berechnungen zur Bestimmung der stimulierenden Preise in einer bestimmten Reihenfolge vorgenommen werden. So können wir die Matrizen der Verflechtungsbilanz in Dreiecks- und Blockform bringen und dann den Aufbau des Preissystems mit jenen Zweigen beginnen, die in der Bilanztabelle die längsten Zeilen besitzen, also mit jenen Zweigen, die ihre Produkte an einen besonders großen Kreis von Abnehmern liefern. Dazu gehören die Brennstoff- und

Energiezweige, das Transportwesen, die materiell-technische Versorgung und einige andere.

An dieser Stelle ergibt sich wieder die Möglichkeit, einen Iterationsprozeß in Gang zu setzen, um ein Preissystem z. B. für alle in der Volkswirtschaft erzeugten Arbeitsgegenstände zu errechnen. In die Preiskalkulation für die Erzeugnisse der Brennstoff- und Energiezweige gehen natürlich auch Elemente des materiellen Aufwands von Produkten ein, die nicht in den genannten Zweigen geschaffen wurden, sondern von außen eingeführt werden. Dessenungeachtet kann man in einer ersten Annäherung stimulierende Preise für die Produkte der Brennstoff- und Energieindustrie berechnen und dabei die von außen bezogenen Elemente des materiellen Aufwands im gültigen Preissystem bewerten (selbst dann, wenn die letztgenannten Preise keine stimulierenden Preise sein sollten).

Ein Einsetzen der gefundenen Stimulierungspreise in die Kalkulationsformeln für die Preise der übrigen Produkte führt dazu, daß im zweiten Berechnungszyklus die Preise für Brennstoffe und Energie neu berechnet werden müssen, wobei die von außen bezogenen Arbeitsgegenstände nicht in geltenden Preisen, sondern in Preisen gemessen werden, die als erste Annäherung an die Stimulierungspreise ermittelt worden sind. So wird eine zweite Annäherung an die stimulierenden Preise für Brennstoff- und Energieprodukte erreicht. Darauf werden diese Preise wiederum in die Preisformeln für die übrigen Produkte eingesetzt, dann erfolgt eine Neuberechnung der Preise für Brennstoffe und Energie usw. Es leuchtet ein, daß der so durchgeführte Prozeß der gegenseitigen Preispräzisierung sehr bald zum Abschluß kommen muß.

In den übrigen Zweigen der materiellen Produktion kann die Prozedur der Berechnung von stimulierenden Preisen entsprechend der Struktur der Blöcke in der Verflechtungsbilanz organisiert werden. So können z. B. die Preise für die Erzeugnisse der Landwirtschaft sowie der Leicht- und Nahrungsgüterindustrie unabhängig von den Preisen für Schwarz- und Buntmetalle errechnet werden (jedenfalls in einer ersten Annäherung). Andererseits nimmt der Aufwand von Brennstoffen und Energie in den Selbstkosten der Produktion dieser Zweige einen erheblichen Platz ein, während in den Zweigen der Brennstoff- und Energieproduktion überhaupt keine Produkte des vorher genannten Blocks verbraucht werden.

Der im Rahmen der Verflechtungsmatrix ablaufende Iterationsprozeß dringt in das durch die Grenzen des Blocks bezeichnete Territorium also nur in einer Richtung ein: von den Preisen für Brennstoffe

| | 1 | 2 | 3 | 4 | 5 | 6 | 7 | 8 | 9 | 10 |
|---|---|---|---|---|---|---|---|---|---|---|
| 1 | $a_{11}\,p_1\,Q_1$ | $a_{12}\,p_1\,Q_2$ | $a_{13}\,p_1\,Q_3$ | $a_{14}\,p_1\,Q_4$ | $a_{15}\,p_1\,Q_5$ | $a_{16}\,p_1\,Q_6$ | $a_{17}\,p_1\,Q_7$ | $a_{18}\,p_1\,Q_8$ | $a_{19}\,p_1\,Q_9$ | $a_{1,10}\,p_1\,Q_{10}$ |
| 2 | $a_{21}\,p_2\,Q_1$ | $a_{22}\,p_2\,Q_2$ | $a_{23}\,p_2\,Q_3$ | $a_{24}\,p_2\,Q_4$ | $a_{25}\,p_2\,Q_5$ | $a_{26}\,p_2\,Q_6$ | $a_{27}\,p_2\,Q_7$ | $a_{28}\,p_2\,Q_8$ | $a_{29}\,p_2\,Q_9$ | $a_{2,10}\,p_2\,Q_{10}$ |
| 3 | $a_{31}\,p_3\,Q_1$ | | $a_{33}\,p_3\,Q_3$ | | $a_{35}\,p_3\,Q_5$ | | | $a_{38}\,p_3\,Q_8$ | | |
| 4 | | | | $a_{44}\,p_4\,Q_4$ | $a_{45}\,p_4\,Q_5$ | $a_{46}\,p_4\,Q_6$ | | | | |
| 5 | | | | $a_{54}\,p_5\,Q_4$ | $a_{55}\,p_5\,Q_5$ | $a_{56}\,p_5\,Q_6$ | | | | |
| 6 | | | | $a_{64}\,p_6\,Q_4$ | $a_{65}\,p_6\,Q_5$ | $a_{66}\,p_6\,Q_6$ | | | | |
| 7 | | $a_{72}\,p_7\,Q_2$ | | | | | $a_{77}\,p_7\,Q_7$ | | | |
| 8 | | | | $a_{84}\,p_8\,Q_4$ | | | | $a_{88}\,p_8\,Q_8$ | | |
| 9 | | | | | | $a_{96}\,p_9\,Q_6$ | | | $a_{99}\,p_9\,Q_9$ | |
| 10 | | | | | | | | | | $a_{10,10}\,p_{10}\,Q_{10}$ |

Abb. 17

und Energie zu den Preisen für die Produkte der Landwirtschaft sowie der Leicht- und Nahrungsgüterindustrie. Es ist offensichtlich, daß dieser Umstand die Lösung der Gesamtaufgabe wesentlich erleichtert.

Eine vollständigere und anschaulichere Vorstellung von den behandelten Problemen vermittelt das Schema 17.

Nehmen wir an, daß der Brennstoff- und Energieblock, der in der Verflechtungsbilanz eine der „längsten" Zeilen besitzt, im Schema durch die beiden ersten Zweige dargestellt ist und der Block, der die Landwirtschaft mit der Leicht- und Nahrungsgüterindustrie verbindet, durch drei Zweige, die entsprechend die Nummern 4 bis 6 tragen.

Untersuchen wir das Fragment der Verflechtungsmatrix, in dem der zweite Block und der entsprechende Teil der ersten enthalten sind, und das auch die einzelnen Elemente der zwischenzweiglichen Lieferungen enthält, die außerhalb der Grenzen beider Blöcke liegen. In den Feldern des Schemas wird der Umfang jeder zwischenzweiglichen Lieferung als Produkt dreier Größen dargestellt: des spezifischen Normativs des aufgewendeten Produkts, seines Preises und des Produktionsvolumens im Verbraucherzweig. Um diese Kennziffern auf eine Erzeugniseinheit umzurechnen und in den Spalten die entsprechenden Kalkulationsteile zu erhalten, muß jede Spalte durch ihr $Q_j$ dividiert werden. Dann zeigt sich, daß bei gegebenen spezifischen materiellen Aufwandsnormativen $a_{ij}$ der Preis für jedes der in unsere Betrachtung einbezogenen Produkte in einer bestimmten Weise vom gesamten Preissystem abhängig ist.

Diese Tatsache kann durch folgende allgemeine Formel ausgedrückt werden:

$$p_j = f_j(p_1, p_2, \cdots p_n),$$

wobei der Buchstabe $f$ im rechten Teil darauf hinweist, daß das Produkt $j$ als eine bestimmte Funktion der Preise für alle an der Untersuchung beteiligten Produkte (darunter auch des Produkts $j$ selbst) definiert wird. Der Index $j$ bei $f$ bedeutet, daß sich die Abhängigkeit jedes einzelnen Preises vom gesamten Preissystem für jedes Produkt $j$ in besonderer Weise darstellt (eigene Aufwandsnormative u. dgl.).

Für den im Schema beschriebenen Fall läßt sich unsere allgemeine Schreibweise folgendermaßen konkretisieren:

$$\begin{aligned}
p_1 &= f_1(p_1, p_2, p_3, \ldots\ldots\ldots) \\
p_2 &= f_2(p_1, p_2, \qquad\qquad p_7, \ldots\ldots) \\
p_3 &= f_3(p_1, p_2, p_3, \ldots\ldots\ldots) \\
p_4 &= f_4(p_1, p_2, \quad p_4, p_5, p_6, \quad p_8, \ldots\ldots) \\
p_5 &= f_5(p_1, p_2, p_3, p_4, p_5, p_6, \ldots\ldots) \\
p_6 &= f_6(p_1, p_2, \quad p_4, p_5, p_6, \qquad p_9, \ldots\ldots) \\
p_7 &= f_7(p_1, p_2, \qquad\qquad p_7, \ldots\ldots) \\
p_8 &= f_8(p_1, p_2, p_3, \qquad\qquad p_8, \ldots\ldots) \\
p_9 &= f_9(p_1, p_2, \qquad\qquad\quad p_9, \ldots\ldots) \\
p_{10} &= f_{10}(p_1, p_2, \qquad\qquad\qquad p_{10}, \ldots\ldots)
\end{aligned}$$

Wie wir sehen, endet jede Klammer hier mit Punkten. Sie bedeuten, daß der Preis für jedes Produkt nicht nur von den Preisen für jene zehn Produkte abhängt, die im Schema 17 dargestellt sind, sondern auch von den Preisen der übrigen Produkte, denen in der Zweigklassifikation der Bilanz die Nummern von 11 aufwärts zugeordnet sind. Charakteristisch ist, daß die Preise für die Produkte des zweiten Blocks (4–6) nicht nur voneinander, sondern auch von den Preisen der übrigen Produkte abhängen, während kein Preis der Produkte außerhalb des Blocks 4 bis 6 von den Preisen dieses Blocks abhängt.

Unserer Meinung nach eröffnet die Ausnutzung der Blockstruktur der zwischenzweiglichen Wechselbeziehungen, verbunden mit einem auf richtige Weise ausgearbeiteten Iterationsprozeß, große Möglichkeiten, den Gedanken des Aufbaus eines stimulierenden Preissystems praktisch zu verwirklichen. Ein endgültiges Urteil über die Richtigkeit dieser Annahme kann natürlich erst dann gefällt werden, wenn sie experimentell überprüft worden ist. Doch auch hinsichtlich der Möglichkeiten eines Experiments mit den stimulierenden Preisen darf man nicht minder optimistisch sein. Die Verwendung von Blockstrukturen ermöglicht es, die globale und gleichzeitige Lösung der Aufgabe bei der Berechnung des Preissystems zu umgehen. Man kann die stimulierenden Preise für eine gewaltige Vielzahl von Produkten festlegen, die ein für allemal den Bereich der materiellen Produktion verlassen und sofort in die Endverbrauchssphäre übergehen.

Wir sind weit davon entfernt, allein auf Grund der Betrachtung eines abstrakt-theoretischen Modells sowie der Analyse seiner vereinfachenden Voraussetzungen sofort zu praktischen Empfehlungen methodischer Art überzugehen. Aber der Weg, der beschritten werden muß, scheint uns hinreichend deutlich zu sein. Der Aufbau eines Systems von stimulierenden Preisen ist unserer Überzeugung nach ein realer Weg, der einen überaus spürbaren Effekt verspricht.

### *Die Verbindung des Modellsystems der optimalen Perspektivplanung mit dem System der laufenden Stimulierungspreise*

Planberechnungen für die Perspektive werden in unveränderten Preisen ausgeführt. Stimulierungspreise sind ihrer Bestimmung nach grundsätzlich laufende Preise, die im allgemeinen an eine bestimmte Planvariante gebunden sind. Die Frage nach ihrer Stabilität wird wie die umgekehrte Frage nach ihrer Beweglichkeit in der Zeit über ein System dynamischer Kennziffern des Produktionsplans gelöst: diese

Preise sollen nur die Herstellung der Produkte stimulieren, deren Produktion vorgesehen ist. Folglich müssen die Stimulierungspreise jedesmal geändert werden, wenn die Plankennziffern verändert werden. Aber es ergibt sich ein Widerspruch. Selbst wenn in den Berechnungen der optimalen Entwicklungsvarianten der Wirtschaft für die Perspektive als unveränderte Preise die Stimulierungspreise des ersten Planjahres benutzt werden, so beginnen sich doch bereits vom zweiten Jahre an dieselben Kennziffern, gemessen in verschiedenen Preissystemen, voneinander zu unterscheiden.

Wird die Berechnung in detaillierter Nomenklatur in den Grenzen eines einzelnen Zweigblocks vorgenommen, so ist das Problem leicht zu lösen, denn die einzelnen Gebrauchswerte, die in dieser Nomenklatur figurieren, bleiben im Verlauf der gesamten Planperiode gleich. Anders sieht es bei der Berechnung der Kennziffern des dynamischen Verflechtungsmodells aus, das entsprechend dem Schema der erweiterten Reproduktion aufgebaut ist (gar nicht zu reden vom hochaggregierten Modell des Wirtschaftswachstums). Dem Wesen nach stellt jedes der in diesem Modell unterschiedenen „Produkte" eine bestimmte Kombination von realen Produkten der detaillierten Nomenklatur dar, die in unveränderten Preisen gewichtet werden. Die Desaggregierung einer solchen Kombination in die sie bildenden Bestandteile kann auf die verschiedenste Weise erfolgen, denn ein und demselben Wertumfang eines solchen Postens können verschiedene Varianten der Detaillierung entsprechen. Es ist offenkundig zweckmäßig, eine solche Aufgliederung als eine Konkretisierung der Perspektivplanauflagen im Kennziffernsystem des laufenden Plans für das folgende Jahr vorzunehmen. Die Annahme, daß die Summe der Naturalkennziffern, gemessen im Basis-Preissystem, gleich der Summe derselben Kennziffern, gemessen in einem völlig anderen Preissystem (in stimulierenden Preisen des folgenden Planjahres) sein muß, ist einfach unnatürlich.

Aller Wahrscheinlichkeit nach muß dieser Widerspruch im Rahmen der Lösung einer umfassenderen Aufgabe überwunden werden. Die Konturen dieser Aufgabe erlauben es, von einer Synthese der oben beschriebenen Modelle, die einerseits für die Ausarbeitung von optimalen Produktionsplänen und andererseits für die Bildung von Stimulierungspreisen bestimmt sind, zu einem einheitlichen System zu sprechen. Eine mögliche Variante einer derartigen Synthese scheint uns die folgende zu sein.

In der ersten und entsprechend „höchsten" Etappe der Planungsarbeit wird ein synthetisches Effektivitätskriterium vom Typ (1) oder (8) festgelegt, mit dessen

Hilfe die Varianten des Wirtschaftswachstums, die in einem unveränderlichen Preissystem ausgearbeitet werden, miteinander verglichen werden. Beim Übergang zum nach vielen Zweigen gegliederten dynamischen Modell, das entsprechend dem Reproduktionsschema aufgebaut ist, erfolgt die Auswahl der besten Variante nicht nach dem Kriterium des maximalen Nutzens S. (5), sondern der maximalen Anzahl von „Komplekten" des Konsumtionsfonds, die im Verlauf des gesamten Planzeitraums geschaffen werden. Möglicherweise muß die Anzahl der Komplekte, die in jedem Jahr geschaffen werden, mit einem Gewichtskoeffizienten in die Formel des Kriteriums eingehen. Die gleichen Etappen der Planaufstellung werden zur gleichen Zeit in jeder der großen Wirtschaftsregionen des Landes durchlaufen (s. Schema 15). Es ist anzunehmen, daß es in dieser Phase der Aufstellung des Plans nach den wichtigsten Produkten zweckmäßig ist, in der Zweigklassifikation des Modells einzelne Positionen hervorzuheben, die den Positionen der detaillierten Nomenklatur entsprechen würden (z. B. Elektroenergie, Stahl, Walzmaterial, Schuhe, Textilien – in unveränderlichen Preisen je Naturaleinheit, was gleichbedeutend mit der Messung von Stahl in Millionen Tonnen, von Schuhen in Millionen Paar usw. ist).

Damit schließt die Ausarbeitung der ersten, der Ausgangsvariante des Perspektivplans ab, und es erfolgt nun die Aufschlüsselung der Kennziffern auf die Jahre. Es ist nicht zweckmäßig, die Perspektivpläne für die Zweigblöcke innerhalb des vorgeschlagenen Schemas aufzustellen, denn die Koordinierung der in den verschiedenen Blöcken erzielten Ergebnisse ist, wie das Schema zeigt, unmöglich, ohne bis auf die Ebene der einzelnen Betriebe hinunterzugehen, wobei der Mechanismus der direkten, auf der wirtschaftlichen Rechnungsführung beruhenden Beziehungen zwischen ihnen einbezogen werden müßte (vgl. den Zyklus 9–11–37–38–30– · · · –35–36–9 in Schema 16).

Nach der Aufschlüsselung wird nun der Plan für das erste Jahr des Planzeitraums neu berechnet. Dabei beginnt die Berechnung beim Verflechtungsmodell, das entsprechend dem Schema der erweiterten Reproduktion aufgebaut ist. Nur werden dieses Mal seine Kennziffern lediglich für ein Jahr bestimmt, wobei als Kriterium schon nicht mehr die maximale Anzahl der „Komplekte" an Konsumtionsgütern benutzt wird, sondern das Maximum der Nutzenfunktion, deren Parameter offensichtlich nur für sehr kurze Zeiträume zuverlässig bestimmt werden können.

Die Veränderung des Kriteriums beim Übergang zur laufenden Planung erklärt sich dadurch, daß es, ausgehend von allgemeinen Überlegungen schwer (wenn überhaupt möglich) ist, apriori eine solche Zusammensetzung des Konsumtionsfonds vorzugeben, die sich letzten Endes auch unter dem Gesichtspunkt des maximalen Nutzens als optimal erweist. Es ist deshalb zu erwarten, daß die Neuberechnung der Plankennziffern zu Veränderungen der ursprünglichen Basisvariante für das erste Planjahr führen kann.

Danach wird das Ergebnis der statischen Maximierung der Nutzenfunktion entsprechend Schema 15 weiter detailliert. In jeder Wirtschaftsregion wird dasselbe getan. Im Ergebnis der Durchführung aller Zyklen wird der laufende Plan der Produktion und der Verteilung der Erzeugnisse in detaillierter Nomenklatur aufgestellt, und es wird ein System von Stimulierungspreisen ausgearbeitet, die zu laufenden Preisen des ersten Planjahres werden. Danach werden die Naturalkennziffern des laufenden Plans neu im konstanten Preissystem bewertet, um eine Korrektur des Perspektivplans für alle Jahre des Planzeitraums außer dem ersten vorzunehmen, wobei die Veränderungen berücksichtigt werden, die sich bei der Aufstellung des Plans für das erste Planjahr ergeben haben. Beim Übergang zum zweiten Jahr wird dessen laufender Plan neu aufgestellt, worauf der „Rest" des Perspektivplans korrigiert wird usw.

Selbstverständlich ist das nur eine der möglichen Varianten der Organisation der Planungsarbeit ausgehend vom Streben nach maximaler ökonomischer Effektivität dieser Arbeit. Mehr noch, das Problem der Erreichung des objektiven ökonomischen Ziels der gesellschaftlichen Produktion kann nicht dadurch gelöst werden, daß lediglich diese Seite des Wirtschaftslebens der Gesellschaft optimiert wird. Um dieses Problem lösen zu können, muß ein *entwickeltes System von Bedingungen für ein optimales Funktionieren der sozialistischen Wirtschaft* geschaffen werden, ein System, das weitaus umfassender als das hier beschriebene ist. Die adäquate Definition dieser Bedingungen, die ihrer Natur nach nicht statisch sein können, bildet den Gegenstand der vollendeten ökonomischen Theorie des Sozialismus.

## Anmerkungen zu Teil III

### *Kapitel 8*

1 *А. С. Мендельсон*, Стоимость и цена, М. 1963, стр. 29–30.

2 *Marx/Engels* Werke, Bd 25, Berlin 1964, S. 859.

3 *С. Г. Струмилин*, Очерки социалистической экономики в СССР (1929–1959), М. 1959, стр. 45.

4 Diese Annahme kann man durch die weniger starke Annahme ersetzen, daß der Bedarf an Umlauffonds integral in den Normativen der Fondsintensität $b_{sj}$ berücksichtigt wird, ebenso wie in den Koeffizienten des laufenden materiellen Aufwands $a_{ij}$ das jährliche Volumen des physischen Verschleißes der Arbeitsinstrumente berücksichtigt wird.

5 Selbst in einem der letzten Bücher, die den Problemen der Preisbildung gewidmet sind (im Buch von J. B. Turčins, wo diese Probleme unter dem Gesichtswinkel des ökonomischen Optimums untersucht werden), besitzt die allgemeine Preisformel folgendes Aussehen:

$$Z = M + (L \cdot m + F \cdot e),$$

wobei

$Z$ – den Preis;
$M$ – den materiellen Aufwand;
$L$ – den Lohnfonds;
$F$ –die eingesetzten Produktionsfonds;
$m$ – den Koeffizienten der absoluten Effektivität des Aufwands an lebendiger Arbeit;
$e$ – den Koeffizienten der absoluten Effektivität der Produktionsfonds

bezeichnet. (*Я. Б. Турчинс*, Цены и оптимизация народного хозяйства, Рига 1961, стр. 48.)

6 *Д. Д. Кондрашев*, Система цен и задачи коммунистического строительства, in: Товарно-денежные отношения в период перехода к коммунизму, М. 1963, стр. 129.

7 *С. Г. Струмилин*, Проблемы социализма и коммунизма в СССР, М. 1961. стр. 87.

8 *Д. Д. Кодрашев*, а. а. О., стр. 99.
D. D. Kondrašev kritisierte seinerseits S. G. Strumilin aus folgendem Grund: „Akademiemitglied Strumilin schlägt vor, bei der Bestimmung des Wertes eines Produktionserzeugnisses die Akkumulation in Höhe von 75% des Lohns anzunehmen. Es ergibt sich folgende Formel für den Wert des Produkts:

$$c + v + m,$$

wobei $m$ gleich 0,75 $v$ ist.
... Dieses Kriterium ist dazu geeignet, den wirklichen Wert des Produkts zu bestimmen, sie ist jedoch ungeeignet für die Bestimmung des Preises. Wenn der Preis proportional dem Wert in dessen reiner Form ist, dann wird er um so

höher sein, je mehr manuelle Arbeit aufgewendet wird. In diesem Falle würde der Gewinn in erheblichem Maße als eine Prämierung der technischen Rückständigkeit erscheinen" (*Д. Д. Кондрашев*, a. a. O., стр. 93).

[9] „Ökonomisch wird dies durch die Notwendigkeit gerechtfertigt, gleich sorgsam mit der lebendigen wie mit der vergangenen Arbeit umzugehen. Die Erfahrungen der sowjetischen Wirtschaftspraxis zeigen, daß die sozialistische Gesellschaft in gleichem Maße nach der Einsparung von Produktionsmitteln (Rohstoffe, Brennstoffe, Abschreibungen) wie nach der Einsparung von Arbeitslohn (durch die Steigerung der Arbeitsproduktivität) strebt" (*Д. Д. Кондрашев*, a. a. O., стр. 99).

[10] *Marx/Engels*, Werke, Bd 25, Berlin 1964, S. 184–185.

[11] *И. С. Малышев*, Общественный учет и цена при социализме, М. 1960, стр. 235.

[12] *И. С. Малышев*, Некоторые вопросы ценообразования в социалистическом хозяйстве, in: Вопросы экономики, М. 1960, стр. 103–104.

## *Kapitel 9*

[13] *В. В. Новожилов*, Новый этап развития системы управления советской экономикой, in: Экономика и математические методы, т. 3, № 5 (1967), стр. 660–671.

[14] *А. Б. Альтер, Б. И. Брагинский*, Научные осноовы планирования народного хозяйства, in: Экономическое планирование в СССР, М. 1967, стр. 34.

[15] *W. W. Novoshilow*, Die Messung von Aufwand und Ergebnis, Berlin 1970, S. 274.

[16] „Um die Planpreise richtig festzusetzen, hat man – in der Sprache der Kybernetik ausgedrückt – zwei im Preis verschlüsselte Signale mit hinreichender Genauigkeit aufzufangen: das Signal vom gesellschaftlich notwendigen Arbeitsaufwand ... und jenes vom Verhältnis zwischen den vorhandenen Ressourcen und den gesellschaftlichen Bedürfnissen ..." (W. S. Nemtschinow, Ökonomisch-mathematische Methoden und Modelle, Berlin 1965, S. 13).

[17] *Marx/Engels*, Werke, Bd. 25, Berlin 1964, S. 201–202.

[18] *В. В. Новажилов*, Новый этап развития системы управления советской экономикой, a. a. O., стр. 660–671.

[19] *Marx/Engels* Werke, Bd 25, Berlin 1964, S. 649.

[20] *В. А. Волконский*, Товарно-денежный механизи в оптимальном управлении хозяйством и ценообразование, in: Экономика и математические методы, Т. 3, № 4, 1967, стр. 489.

[21] *А. Л. Лурье*, О математических методах решения задач на оптимум при планировании социалистического хозяйства, М. 1964, стр. 261. „Unter den Ökonomen", schreibt V. A. Volkonskij, „gibt es oft Streit um die Natur der Preise: Sind die Aufwendungen (z. B. der Arbeitsaufwand) oder der Effekt (Verbraucherbewertungen) die Grundlage der Preise? Eine der Errungenschaften der ökonomisch-mathematischen Wissenschaft ist es, diesen Widerspruch gelöst zu haben. Optimal können die Preise bekanntlich nur dann sein, *wenn*

*die voll berücksichtigten Aufwendungen für die Produktion des Erzeugnisses mit seiner Verbraucherbewertung übereinstimmen.* Wenn es um den Prozeß der Ausarbeitung des optimalen Plans und des Preissystems geht, dann müssen die Bewertungen sowohl hinsichtlich der Aufwendungen als auch hinsichtlich der Ergebnisse errechnet werden, und Plan und Preise müssen im Falle ihrer Nichtübereinstimmung korrigiert werden" (*В. А. Волконский*, a. a. O., стр. 493).

22 „Die Produktionserhöhung jedes Erzeugnisses", lesen wir bei A. L. Lur'e, „ist immer mit Veränderungen der Menge der im jeweiligen Zweig genutzten reproduzierbaren und nichtreproduzierbaren (natürliche Ressourcen) Produktionsmittel verbunden, die im jeweiligen Moment in begrenzter Menge vorhanden sind. Damit verringern sich die Möglichkeiten, diese Produktionsmittel in anderen Bereichen der Volkswirtschaft zu nutzen. Und dies führt zu der Notwendigkeit, in diesen Bereichen weniger vollkommene technische Mittel oder ärmere natürliche Ressourcen einzusetzen, wodurch die Gesamtsumme des Arbeitsaufwands wächst" (*А. Л. Лурье*, Абстрактная модель оптимального хозяйственного процесса и объективно обусловленные оценки, in: Экономика и математические методы, т. 2, № 1, (1966), стр. 27).

23 *А. Л. Лурье*, ebenda, стр. 28–29. „Wir sind jedoch bereit anzuerkennen", schreibt er, „daß der zweite Vorschlag begründeter ist, denn bei Beachtung bestimmter Voraussetzungen könnte er eine Annäherung der Preise an die Relation der optimalen Bewertungen fördern" (ebenda), V. A. Volkonskij äußert sich dazu bestimmter: „Unter den Bedingungen der Unveränderlichkeit der Preise in der Zeit entspricht das Prinzip der Produktionspreise (einheitliche Gewinnrate) dem Prinzip der Optimalität" (*В. А. Волконский*, a. a.O., стр. 495).

Dieser Standpunkt wird jedoch nicht von L. V. Kantorovič geteilt. „Das Prinzip der Aufstellung von Preisen dieser Art", meint er, „ist nicht bis zu Ende geklärt. Es wird nicht befriedigend angegeben, was für ein prozentualer Koeffizient und wie er bei der Aufstellung der Preise festgesetzt werden soll. Wenn man die Preise auf die von L. A. Vaag empfohlene Weise aufstellt, d. h. die Grundfonds in laufenden Preisen bewertet, so bleibt eine gewisse Vermischung der Prinzipien bestehen. Ist eine fortschreitende Umbewertung der Fonds gemeint, obwohl die Autoren dies nicht mit völliger Klarheit sagen, so ist der faktische Weg des Aufbaus solcher Preise nicht geklärt" (*А. В. Канторович*, Экономический расчет наилучшего использования ресурсов, М. 1960, стр. 254).

So steht es also um die Einstellung der Anhänger der ökonomisch-mathematischen Richtung zum Produktionspreis.

Zugleich „bemühen sich manche Ökonomen und Mathematiker, die die erstrangige Bedeutung der Theorie der optimalen Bewertungen für das sozialistische Wirtschaftssystem anerkennen, und in erster Linie der Begründer dieser Theorie, L. V. Kantorovič, zu beweisen, daß die Bewertungen . . . Wertgrößen gleich sind, wobei sie den Begriff der durchschnittlichen gesellschaftlich notwendigen Arbeit selbst auf eine entsprechende Weise auslegen", stellt

A. L. Lur'e fest. „Derartige Versuche stehen, wie uns scheint, im Zusammenhang mit derselben vereinfachten Auffassung der Marxschen Werttheorie, die sich auch bei den Kritikern der objektiv bedingten Bewertungen findet, d. h. mit der Anerkennung der Notwendigkeit einer angeblichen genauen Übereinstimmung der Preise oder mindestens ihrer durchschnittlichen Größen mit den Wertgrößen" (*А. Л. Лурье*, a. a. O., стр. 29; vgl. auch *Л. В. Канторович*, a. a. O., стр. 296–300).

„Wenn wir uns daran erinnern", schreibt V. V. Novožilov, „daß bei gleichen Arbeitsbedingungen die Grenz- und mittleren gesellschaftlich notwendigen Aufwendungen übereinstimmen, finden wir sofort das allgemeine Gesetz der Preisbildung. Die Preise tendieren immer zu Differential-(Grenz-)Aufwendungen an gesellschaftlich notwendiger Arbeit. Mit anderen Worten, im Unterschied zum Wert spiegelt der Preis die gesellschaftlich notwendigen Aufwendungen zur Erhöhung der Produktion des gegebenen Produkts wider, aber nicht die mittleren Aufwendungen zur Produktion des Gesamtumfangs des jeweiligen Produktes. Denn bei der Warenproduktion wird bei der Lösung der Frage der Produktion jedes einzelnen Produkts nicht die Gesamtproduktion der Ware betrachtet, sondern nur sein verhältnismäßig kleiner Zuwachs. Für die Bestimmung der Wirtschaftlichkeit des Produktionszuwachses einer beliebigen Ware ist es notwendig, nicht die Größe der mittleren Aufwendungen je Wareneinheit zu kennen, sondern die Aufwendungen je Einheit Produktionszuwachs" (W. W. Nowoshilow: Die Messung von Aufwand und Ergebnis, Berlin 1970, S. 308f.).

24 Vgl. Экономисты и математики за круглым столом, М. 1965.

25 Ebenda, стр. 83.

26 Ebenda, стр. 93.

27 Ebenda, стр. 108–111. Diesen Standpunkt unterstützten auch andere Ökonomen. L. B. Alter z. B. bemerkte: „Man darf den ökonomischen Marginalismus nicht mit der mathematischen Grenzwerttheorie verwechseln, die in der ökonomischen Wissenschaft umfassend angewendet werden muß, aber auf einer prinzipiell anderen Grundlage – auf der Grundlage der marxistisch-leninistischen Methodologie" (ebenda).

28 Vgl. W. W. Nowoshilow, a. a. O., S. 309–319.

29 Wird in der primalen Aufgabe das Minimum gesucht, so wird in der dualen Aufgabe das Maximum gesucht, und umgekehrt.

30 Da das Modell V. V. Novožilovs nach seinen eigenen Worten „nur eine Planperiode umfaßt" (*W. W. Nowoshilow*, Die Messung von Aufwand und Ergebnis, Berlin 1970, S. 314), „drückt es die Nichtbewertung überflüssiger Produkte in extremer Form aus, denn die Möglichkeit ihrer Ausnutzung außerhalb der gegebenen Periode wird nicht berücksichtigt".

31 *А. Г. Аганбегян, К. А. Багриновский*, О задачах народнохозяйственного оптимума, in: Вопросы экономика, № 10 (1967), стр. 38. Werden im Modell mehrere Arbeitskräftegruppen unterschieden, so „bestimmen die Relationen zwischen den Bewertungen spezifische Normen für den Austausch von Arbeitsressourcen der verschiedenen Gruppen. Natürlich ist nicht irgendein realer

Ersatz von Drehern durch Maurer oder von Chauffeuren durch Stahlwerker gemeint. Bei der Lösung von Fragen der Kaderausbildung müssen die Bewertungen jedoch in die Berechnung einbezogen werden (*Л. Л. Шерехов*, Оценки в оптимальном плане, М. 1967, стр. 51), zumindestens in indikativer Hinsicht.

32 Л. Л. Шерехов, a. a. O., стр. 39

33 Ebenda, стр. 116.

34 „Es fällt auf, daß die Kategorie der Produktionskapazität nicht als eine Größe aufgefaßt . . . wird, die durch den innerhalb eines bestimmten Zeitraums maximal möglichen Produktionsausstoß bestimmt wird, sondern als eine Größe, welche durch das Vorhandensein mehrerer alternativer Varianten des Produktionsprogramms gekennzeichnet wird" (Н. П. Федоренко, Vorwort zum Buch von А. С. Манн, Г. М. Марковица u. a., Отраслевые экономико-математические модели, М. 1967, стр. 7).

35 Uns ist bereits bekannt, daß die Ressourcen an Fonds der Art 1 in der optimalen Planvariante nicht voll genutzt werden. Sie erhalten deshalb eine Nullbewertung. Setzen wir in die ersten zwei Ungleichungen $w_1 = 0$ ein (was diese zu Gleichungen macht) und lösen wir die erhaltenen Gleichungen nach $w_v$ und $w_2$ auf, so finden wir die angeführten Werte dieser Variablen.

36 Mehr noch, in der vorangegangenen Aufgabe genügt es, entweder nur das Sortimentsverhältnis ($Q_1 : Q_2$), oder nur die Kennziffern des relativen „Werts" beider Produkte für die Gesellschaft vorzugeben, oder aber, was dasselbe ist, ihre spezifischen Gewichte in der Zielfunktion des Plans. In einigen Fällen (einen davon sehen auch die Bedingungen unseres Beispiels vor) erweisen sich beide Verfahren als gleichwertig. Dann ergibt sich eine solche Tautologie, die wir aus rein methodischen Gründen in der vorigen Aufgabe zugelassen haben und die wir noch einmal wiederholen wollen. Die Mathematiker sagen, daß die Aufgabe überbestimmt ist, d. h. mehr Angaben enthält, als für ihre Lösung gebraucht werden.

37 Экономисты и математики за круглым столом, стр. 24 (Hervorhebung – V. D.). „Ich gehöre nicht zu denen, die die Bedeutung dieser Bewertungen für ökonomische Berechnungen überhaupt bestreiten", sagte L. B. Alter in dieser Diskussion, „aber ich halte es für notwendig, ihren ökonomischen Inhalt und ihren Anwendungsbereich klar zu definieren. Meiner Meinung nach stellen sie eine nützliche Methode für die Berechnung des Optimums der Ressourcen dar. In jedem Falle aber darf man sie nicht als irgendein universelles System ansehen, welches das Wertgesetz ablöst" (ebenda).

## *Kapitel 10*

38 Diesen Forderungen muß jedes Preissystem gerecht werden, unabhängig davon, auf welcher theoretischen Konzeption es beruht – ein Umstand, der den Untersuchern des Preisbildungsproblems zu oft entgeht.

39 In dieser Überlegung kann man unschwer die Enträtselung des Problems „vorausahnen". Offenkundig muß die untere Ebene in solche Bedingungen ver-

setzt werden, daß sie bei der Formulierung ihrer Zielfunktion (65) zu derselben Funktion gelangt, nach der auch die Leitungsebene gearbeitet hat. In diesem Falle werden beide Punkte der optimalen Entscheidungen exakt übereinstimmen.

40 Vom mathematischen Standpunkt bedeutet das, daß die angenommene Wahl der zentralen Ebene immer in einem Eckpunkt des Polyeders liegen wird, der die Menge der zulässigen Lösungen begrenzt. Damit wird eine Situation ausgeschlossen, bei der das planende Organ eine Variante wählt, der ein Punkt innerhalb dieses Polyeders entspricht. Der Fall, daß diese Wahl nicht auf einen Eckpunkt, sondern auf eine der Kanten trifft, verdient eine spezielle Untersuchung, die offenkundig nicht rein formal sein darf. In diesem Falle stimuliert ein und dasselbe Preissystem die untere Ebene zur Wahl einer ganzen Menge von Planvarianten (besonders, wenn die Kante ziemlich „lang" ist). Deshalb wird es notwendig, die Stimulierung durch den Preis wesentlich durch Zusatzbedingungen zu ergänzen, die speziell verabredet werden können, z. B. in Wirtschaftsverträgen oder Planaufträgen mit den Produzenten.

41 Hier ist eine Aufgabenstellung gemeint, die völlig in den Rahmen der linearen Optimierung paßt. Aber in diesem Falle wird die Hyperebene der Zielfunktion streng durch eine lineare Kombination der Variablen der Aufgabe (Kennziffern der Produktionsmengen der verschiedenen Erzeugnisse) mit bekannten Koeffizienten beschrieben. Da in jeder Aufgabe der linearen Optimierung die Zielfunktion eben in dieser Form aufgebaut werden kann, so ermöglicht die (im Hinblick auf die Wahl der unteren Ebene) apriorische Auswahl eines der Eckpunkte des Polyeders die Bestimmung einer gewissen Menge von Gewichtskoeffizientensystemen, die dem Aufbau eines Systems stimulierender Preise zugrunde gelegt werden müssen.

# SCHLUSSWORT

Die Analyse der Probleme der optimalen Leitung der sozialistischen Ökonomie, die auf den voranstehenden Seiten vorgenommen wurde, erlaubt es, wie uns scheint, einige Ausführungen über den axiomatischen Aufbau eines Systems jener Kenntnisse oder genauer, eines gewissen Teils dieses Systems zu machen, die von der ökonomischen Wissenschaft gewonnen wurden.

In unseren Tagen wenden sich die Theoretiker vieler der sich täglich enger und manchmal bizarr verflechtenden Wissenschaftszweige immer häufiger dem Problem zu, ihre Theorie auf axiomatischer Grundlage aufzubauen. Vom Gesichtspunkt der Methode des Aufbaus der Theorie ist dies gleichbedeutend damit, die Postulate der Theorie in eine formale Sprache zu übersetzen. Diese Sprache braucht natürlich nicht die Sprache der mathematischen Symbole zu sein, sie muß jedoch notwendig so streng sein, daß in allen in dieser Sprache möglichen Aussagen die Regeln der formalen Logik unbedingt gewahrt bleiben.

Natürlich ist in den sozialen Bereichen des Wissens die Schaffung axiomatischer Theorien im Maßstab einer ganzen Wissenschaft kaum möglich. Dies hat unserer Ansicht nach zwei Ursachen. Der erste Grund sind die prinzipiellen Schwierigkeiten, die mit der Übertragung ganzer Klassen von sozialen Kategorien und ihren Beziehungen in eine formale Sprache verbunden sind (gegenwärtig müssen wir offenkundig generell die Unmöglichkeit einer solchen Übertragung konstatieren). Der zweite Grund ist das Vorhandensein von außerordentlich großen Bereichen, die im Überschneidungsfeld verschiedener Zweige der Sozialwissenschaften liegen. Dadurch wird es praktisch unmöglich, eine abgeschlossene Theorie eines dieser Zweige aufzustellen, ohne die Erscheinungen adäquat zu interpretieren, die *gleichzeitig* in die Kompetenzen anderer Zweige fallen. Die Schaffung gar einer axiomatischen Theorie der gesamten Sozialwissenschaft überhaupt stellt eine Aufgabe dar, die sicherlich nicht realer ist als die Schaffung einer einheitlichen axiomatischen Theorie aller Naturwissenschaften. Der formallogischen Interpretation auf axiomatischer Grundlage können folglich nur einzelne Gebiete der Sozialwissenschaften, darunter auch der Ökonomie, unterzogen werden. Dabei können diese Gebiete sicherlich durchaus eine Problematik einschließen, die von fundamentaler Bedeutung für die Entwicklung der Theorie und Methode der jeweiligen Wissenschaft ist.

Uns scheint, daß man das System der Axiome der ökonomischen Theorie als eine gewisse Zusammenfassung von Aussagen darstellen kann, innerhalb derer unterschieden werden: Axiome, die das ökonomische System insgesamt betreffen (1); Axiome, die auf die Produktionskomponenten des Systems zutreffen – auf Betriebe, Firmen, Zweigvereinigungen, ganze Zweige oder territoriale Produktionskomplexe im Umfang großer Wirtschaftsregionen oder Unionsrepubliken (2) und, schließlich, Axiome, die die Verbrauchereinheiten berühren, zu einzelnen Personen, Gruppen und vor allem Familien (3). In seiner vollständigsten und strengsten Form muß das Axiomensystem der ökonomischen Theorie auch solche Aussagen enthalten, die selbstverständlich und trivial sind, ohne die das Axiomensystem jedoch logisch unvollständig wäre. (Dazu gehören Aussagen von der Art „Jeder Produzent ist zugleich auch Konsument" u. dgl. m.) In spezielleren Fällen können solche selbstverständlichen Wahrheiten allerdings in den Formulierungen des Axiomensystems weggelassen werden, wodurch dem System eine übersichtliche Form mit deutlich gezeichneten Konturen gegeben werden kann.

Um verschiedene Lesarten und damit schon am Ausgangspunkt mögliche Mißverständnisse auszuschließen, müssen ausnahmslos alle inhaltlichen Termini, mit deren Hilfe die Axiome, Sätze und Korollare formuliert werden, eine einheitliche Definition im Wörterbuch der Theorie erhalten. Hier müssen im allgemeinsten Fall solche Kategorien wie „Eigentumsform", „Wirtschaftstätigkeit", „Information" und eine große Vielzahl anderer definiert werden. In den allerersten Vorstufen der Schaffung einer allgemeinen Axiomatik kann man jedoch Begriffe und Kategorien benutzen, die in der ökonomischen Theorie bereits allgemein anerkannt sind, und sich darauf beschränken, nur einige Begriffe in das Wörterbuch aufzunehmen, und zwar besonders solche, denen die Autoren der jeweiligen axiomatischen Konstruktion einen spezifischen Inhalt zuschreiben.

Unter Berücksichtigung der obengenannten Überlegungen könnte man ein Axiomensystem, ausgehend von Elementen des Wörterbuchs, die unserer Meinung nach unbedingt definiert werden müssen, auf folgende Weise aufbauen.

*Elemente des Wörterbuchs*

*Effektivitätskriterium* – quantitative Form besitzender und der inhaltlichen, qualitativen Interpretation zugänglicher Ausdruck der Effektivität der Wirtschaftstätigkeit, der dem Vergleich verschiedener Varianten dieser Tätigkeit zugrunde gelegt wird.

*Maß des Ziels* (der Wirtschaftstätigkeit) – eindeutiger quanitativer Ausdruck des Ziels der Wirtschaftstätigkeit (des sozialen Subjekts, der Produktionseinheit oder der Verbrauchereinheit). Die Auswahl des Maßes des Ziels der Wirtschaftstätigkeit verwandelt dieses Ziel in ein *Effektivitätskriterium* der Wirtschaftstätigkeit.

*Ökonomische Ressourcen* – Gesamtheit der verfügbaren personellen und stofflichen Faktoren, welche den Umfang der Wirtschaftstätigkeit limitieren;

a) *ökonomische Ressourcen der Volkswirtschaft* – Gesamtheit der erschlossenen Naturschätze, der aktiven Grundfonds, Reserve-Umlauffonds sowie der in der Volkswirtschaft beschäftigten und zur Beschäftigung vorbereiteten Menschen;

b) *ökonomische Ressourcen der Produktionseinheit* – Gesamtheit der aktiven Grundfonds, Reserve-Umlauffonds, der in der jeweiligen Produktionseinheit eingesetzten und zum Einsatz vorbereiteten Menschen sowie der freien Finanz- und Geldaktiva;

c) *ökonomische Ressourcen der Verbrauchereinheit* – verfügbare Geldmittel, die für Konsumtionszwecke zur Verfügung stehen.

*Soziales Subjekt* – auf der Grundlage der geltenden juristischen und gesellschaftlichen Festlegungen personifizierter sozialer Wille des Menschen.

*Funktionsbedingungen* – Gesamtheit der Faktoren, die den Umfang und den Charakter der Wirtschaftstätigkeit regeln:

a) *Funktionsbedingungen der Produktionseinheit* – werden gebildet als die Gesamtheit ihrer inneren ökonomischen Ressourcen und der äußeren reglementierenden Faktoren, unter denen die wichtigste Rolle spielen: das System der Industrieabgabepreise; die Normative, welche die Wechselbeziehungen mit den übergeordneten Ebenen regeln (Gewinnabführungen, Fondsabgabe, Prämiensätze u. dgl.); sowie die wirtschaftliche Lage der Umwelt (der Lieferanten und Abnehmer, der Banken u. dgl.);

b) *Funktionsbedingungen der Verbrauchereinheit* – werden gebildet als die Gesamtheit ihrer inneren ökonomischen Ressourcen und der äußeren reglementierenden Faktoren, unter denen die wichtigste Rolle spielen: das System der Einzelhandelspreise für materielle Güter und Dienstleistungen sowie die Normative, welche die Wechselbeziehungen mit der Umwelt regeln (Steuersätze, Mieten, das Strafsystem usw.).

*Das Axiomensystem*

I. *Die Volkswirtschaft insgesamt*

1. Das Ziel der Wirtschaftstätigkeit des *sozialen Subjekts* besteht in der ständigen Gewährleistung der Bedingungen für die integrale (nach Verbrauchereinheiten) Erreichung der Ziele der Verbrauchereinheiten.
2. Das Ziel (1) kann ein verschiedenes *Maß* besitzen.
3. Die Auswahl des Maßes (2) wird durch das *soziale Subjekt* getroffen.
4. Die ökonomischen Ressourcen der Gesellschaft sind zu jedem Zeitpunkt begrenzt.
5. In jedem Zeitpunkt verfügt die Gesellschaft über eine gewisse endliche Zahl von Freiheitsgraden für die Nutzung ihrer ökonomischen Ressourcen.
6. Das System der Einwirkung der Gesellschaft auf die Produktion ist als eine Hierarchie mit einer endlichen Zahl von Rangstufen aufgebaut.
7. Jede übergeordnete Ebene der Hierarchie (6) verfügt über vollständige Informationen hinsichtlich der *Funktionsbedingungen* der nächsten untergeordneten Ebene.

II. *Die Produktionseinheit*

8. Das ökonomische Ziel der Wirtschaftstätigkeit der Produktionseinheit besteht darin, die maximale Effektivität dieser Tätigkeit zu erreichen.
9. Die ökonomischen Ziele der Wirtschaftstätigkeit einzelner Produktionseinheiten hängen weder voneinander, noch vom Ziel der ökonomischen Tätigkeit des *sozialen Subjekts* ab.
10. *Die Funktionsbedingungen* der Produktionseinheit werden vom sozialen Subjekt bestimmt.
11. Das Ziel (8) kann unter sonst gleichen Bedingungen (10) ein verschiedenes *Maß* besitzen.
12. Die Auswahl des *Maßes* (11) trifft die Produktionseinheit selbst.
13. Die *ökonomischen Ressourcen* der Produktionseinheit sind in jedem Zeitpunkt begrenzt.

14. In jedem Zeitpunkt verfügt die Produktionseinheit über eine gewisse endliche Zahl von Freiheitsgraden für die Nutzung ihrer ökonomischen Ressourcen.

III. *Die Verbrauchereinheit*

15. Das Ziel der Wirtschaftstätigkeit der Verbrauchereinheit besteht in der maximal möglichen (zeitlich) integralen Befriedigung der eigenen materiellen und geistigen Bedürfnisse.
16. Die Ziele der Wirtschaftstätigkeit einzelner Verbrauchereinheiten hängen nicht voneinander und nicht von den Zielen der Wirtschaftstätigkeit der Produktionseinheiten oder des *sozialen Subjekts* ab.
17. Die äußeren *Funktionsbedingungen* der Verbrauchereinheit werden durch das soziale Subjekt bestimmt.
18. Das Ziel (15) kann bei sonst gleichen Bedingungen (17) ein verschiedenes *Maß* besitzen.
19. Die Auswahl des *Maßes* (18) trifft die Verbrauchereinheit selbst.
20. Die *ökonomischen Ressourcen* der Verbrauchereinheit sind in jedem Zeitpunkt begrenzt.
21. In jedem Zeitpunkt verfügt die Verbrauchereinheit über eine gewisse endliche Zahl von Freiheitsgraden für die Nutzung ihrer ökonomischen Ressourcen.

Auf der Grundlage des beschriebenen Axiomensystems kann eine Reihe von konstruktiven Sätzen und Korollaren aufgestellt und bewiesen werden. Wir werden uns nicht damit beschäftigen, ein vollständiges System solcher Sätze zu suchen – diese Aufgabe geht über die Grenzen unserer Aufgabe hinaus –, und werden uns darauf beschränken, einige Formulierungen als Illustration anzuführen.

*Satz 1.* Das Ziel der Wirtschaftstätigkeit des sozialen Subjekts besteht in der ständigen Gewährleistung der Bedingungen für eine maximal mögliche, integrale (hinsichtlich der Verbrauchereinheiten und der Zeit) Befriedigung der materiellen und geistigen Bedürfnisse der Menschen.

Der Beweis folgt direkt aus den Axiomen 1 und 15 sowie aus der selbstverständlichen Feststellung, daß alle Mitglieder der Gesellschaft Konsumenten sind.

*Satz 2.* Das soziale Subjekt kann das Maß der Erreichung des Ziels seiner Wirtschaftstätigkeit nach verschiedenen *Kriterien* der Effektivität dieser Tätigkeit bewerten.

Der Beweis ergibt sich aus den Axiomen 2 und 3 sowie aus der Definition des Begriffs „Effektivitätskriterium“ im Wörterbuch.

*Korollar aus den Sätzen 1 und 2.* Das Niveau der nach einem beliebigen Kriterium bewerteten integralen (hinsichtlich der Verbrauchereinheiten) Befriedigung der materiellen und geistigen Bedürfnisse der Menschen wird zu jedem Zeitpunkt (unter sonst gleichen Bedingungen) durch den Umfang der verfügbaren ökonomischen Ressourcen der Gesellschaft bestimmt.

Der Beweis folgt aus den Sätzen 1 und 2 sowie aus Axiom 4.

*Satz 3.* Unter den Varianten der Nutzung der ökonomischen Ressourcen der Gesellschaft gibt es solche, von denen jede mindestens einem der Kriterien gerecht wird, nach denen das soziale Subjekt die Effektivität seiner Wirtschaftstätigkeit bewertet.

Der Beweis beruht auf Satz 2 und Axiom 5.

*Korollar A aus Satz 3.* Für jedes der Kriterien, nach denen das soziale Subjekt die Effektivität seiner Wirtschaftstätigkeit bewertet, gibt es mindestens eine Variante des Produktionsplans, die durch die ökonomischen Ressourcen vollständig gesichert ist.

*Definition.* Am effektivsten oder optimal werden wir eine solche Variante des Produktionsplans nennen, die einerseits durch die ökonomischen Ressourcen vollständig gesichert ist und die andererseits die Erzielung eines maximalen ökonomischen Effekts ermöglicht, der entsprechend dem gewählten Kriterium bestimmt wird.

Angesichts dieser Definition kann das Korollar A aus Satz 3 so formuliert werden: Für jedes der Kriterien, nach denen das soziale Subjekt die Effektivität seiner Wirtschaftstätigkeit bewertet, existiert mindestens ein optimaler Plan.

*Korollar B aus Satz 3.* Die Maximierung des Maßes, mit dem das soziale Subjekt die Effektivität seiner Wirtschaftstätigkeit bewertet, führt bei den gegebenen Limits der ökonomischen Ressourcen der Gesellschaft zum gleichen Ergebnis wie die Minimierung des Ressourcenaufwands für die Erreichung eines fixierten Wertes dieses Maßes, wenn diese Fixierung auf maximalem Niveau erfolgt.

*Satz 4.* Die Produktionseinheit kann das Maß der Erreichung des ökonomischen Ziels seiner Wirtschaftstätigkeit nach verschiedenen Effektivitätskriterien bewerten.

*Korollar aus Satz 4.* Die absolute Größe des ökonomischen Effekts, die die Produktionseinheit nach jedem der Optimalitätskriterien erzielt, wird bei sonst gleichen Bedingungen durch den Umfang der verfügbaren ökonomischen Ressourcen der gegebenen Einheit bestimmt.

*Satz 5.* Unter den Varianten der Nutzung der ökonomischen Ressourcen der Produktionseinheit gibt es solche, von denen jede mindestens einem der Kriterien gerecht wird, nach denen die Produktionseinheit die ökonomische Effektivität ihrer Wirtschaftstätigkeit bewertet.

*Korollar A aus Satz 5.* Für jedes der Kriterien, nach denen die Produktionseinheit die ökonomische Effektivität ihrer Wirtschaftstätigkeit bewertet, gibt es mindestens einen optimalen Plan.

*Korollar B aus Satz 5.* Die Maximierung des Maßes, mit dem die Produktionseinheit die Effektivität ihrer Wirtschaftstätigkeit bewertet, führt bei den gegebenen Limits der ökonomischen Ressourcen der Produktionseinheit zum gleichen Ergebnis wie die Minimierung des Ressourcenaufwands für die Erreichung eines fixierten Wertes dieses Maßes, wenn diese Fixierung auf maximalem Niveau erfolgt.

*Lemma zu Satz 5.* Die Kriterien der ökonomischen Effektivität der Wirtschaftstätigkeit von Produktionseinheiten können sich von den Effektivitätskriterien unterscheiden, nach denen das soziale Subjekt die Effektivität seiner Wirtschaftstätigkeit bewertet.

Der Beweis ergibt sich aus den Sätzen 2 und 4 sowie aus den Axiomen 8, 9, 11 und 12.

*Korollar.* Der optimale Plan der Produktionseinheit kann in Widerspruch zu den Interessen der Erreichung des Optimums gemäß dem volkswirtschaftlichen Kriterium geraten, so daß die Summe der Optima aller Produktionseinheiten im allgemeinen nicht der Variante entspricht, die sich auf Grund der vom sozialen Subjekt gewählten Kriterien als optimal erweist.

*Satz 6.* Jede übergeordnete Ebene in der Leitungshierarchie der gesellschaftlichen Produktion kann die Funktionsbedingungen der nächsten untergeordneten Ebene so modifizieren, daß die Summe der in dieser untergeordneten Ebene getroffenen optimalen Entscheidungen mit der optimalen Entscheidung vereinbar ist, die auf der nächsthöheren Hierarchieebene getroffen wird.

*Korollar aus Satz 6.* Unter den Bedingungen der Unvereinbarkeit der unmittelbaren ökonomischen Interessen der Produktionseinheiten und des sozialen Subjekts kann das letztere die Erreichung des Zieles seiner Wirtschaftstätigkeit dadurch gewährleisten, daß es auf die Funktionsbedingungen der Produktionseinheiten einwirkt; diese Einwirkung wird durch das vielstufige hierarchische Leitungssystem vermittelt, so daß die Summe der optimalen Entscheidungen der Produktionseinheiten dann mit der optimalen Entscheidung des sozialen Subjekts vereinbar ist.

Der Aufbau eines abgeschlossenen Systems von Sätzen gehört nicht zu unserer Aufgabe. Daher beschränken wir uns auf die angeführten Konstruktionen und lassen insbesondere die Gruppe von Sätzen außer acht, die die Verbrauchereinheit betreffen (deren ökonomisches Verhalten nicht auf deterministischer Grundlage vorausgesagt werden kann, da sie einem starken Einfluß zufälliger Faktoren ausgesetzt ist). Eine abschließende Bemerkung sei noch hinzugefügt.

Ein großer Teil der oben formulierten Aussagen gehört zur Klasse der sogenannten Existenzsätze. Das sind Sätze, die, ohne den Entwicklungsmechanismus der beschriebenen Erscheinung aufzuklären, lediglich die Tatsache ihrer Existenz selbst konstatieren. Das bedeutet jedoch nicht, daß nicht auch „Bewegungssätze" formuliert und bewiesen werden könnten, die auch diesen Mechanismus beschreiben. Solche Sätze können jedoch schon infolge der objektiven Eigenschaften der durch sie beschriebenen Prozesse nur unter außerordentlichen Schwierigkeiten rein verbal, ohne die verkürzenden Möglichkeiten der mathematischen Sprache, aufgestellt werden.

Die Axiomatisierung und Mathematisierung jener von der ökonomischen Wissenschaft gewonnenen Erkenntnisse, die den Mechanismus der Einwirkung der Gesellschaft auf ihr ökonomisches Teilsystem betreffen, wird ein überaus wichtiger Schritt dazu sein, diese Einwirkung maximal effektiv zu gestalten, d. h. eine solche Einwirkung zu erreichen, bei der die sozialistische Gesellschaft in maximalem Grade das objektive Ziel ihrer ökonomischen Entwicklung verwirklichen kann.

## Zusammenstellung der wichtigsten verwendeten Symbole

| | |
|---|---|
| $A$ | Wert des jährlichen Ersatzes ausgesonderter und verschlissener Produktionsgrundfonds |
| $A_i$ | Gesamtsumme der Abschreibungen in der Abteilung $i$ |
| $a_i$ | Materialintensität in der Abteilung $i$ ($a_i = c_i : P_i$) |
| $a_{ij}$ | materieller Aufwandskoeffizient (direkter Aufwand des Arbeitsgegenstandes $j$ bzw. der Produktion des Zweiges $j$ für die Herstellung einer Einheit des Produkts $i$) |
| $B$ | staatlicher Finanzfonds |
| $b_i$ | Fondsintensität in der Abteilung $i$ ($b_i = F_i : P_i$) |
| $b_{sj}$ | Fondsintensität (Aufwand an Produktionsgrundfonds der Art $s$ je Einheit des Produkts $j$) |
| $C$ | Fonds der gesellschaftlichen Konsumtion |
| $c_i$ | Ersatzfonds in der Abteilung $i$ |
| $D$ | Gesamtvolumen der Geldeinnahmen der Bevölkerung |
| $D_i$ | sonstige Elemente des Endprodukts der Abteilung $i$ (Endprodukt abzüglich Konsumtion, Akkumulation und Export) |
| $d_j$ | Gewichtskoeffizient des Endprodukts $j$ |
| $d_{qj}$ | Aufwand des Umlauffondselements $q$ je Einheit des Produkts $j$ |
| $E_i$ | Export der Abteilung $i$ |
| $e_i$ | Anteil der sonstigen Elemente des Endprodukts am Gesamtprodukt ($e_i = D_i : P_i$) |
| $F$ | in der Volkswirtschaft verfügbarer Umfang der Produktionsgrundfonds |
| $F_i$ | im Zweig $i$ verfügbarer Umfang der Produktionsgrundfonds |
| $F_s$ | in der Volkswirtschaft (bzw. Produktionseinheit) verfügbarer Umfang der Produktionsgrundfonds der Art $s$ |
| $f_t$ | Fondsquote im Jahre $t$ |
| $G_t$ | Fond der Bedürfnisbefriedigung im Jahre $t$ |

| | |
|---|---|
| $g$ | Anteil des staatlichen Finanzfonds am gesellschaftlichen Produkt ($g = B : P$) |
| $\Delta H$ | Zuwachs der zahlungsfähigen Nachfrage je Einheit zusätzlich geschaffenen gesellschaftlichen Produkts |
| $h_i$ | organische Zusammensetzung in der Abteilung $i$ ($h_i = c_i : v_i$) |
| $I$ | Gesamtsumme der Investitionen in der Volkswirtschaft |
| $I_i$ | Gesamtsumme der Investitionen in der Abteilung $i$ |
| $\hat{I}_r$ | Investitionssumme bei der Investitionsvariante $r$ |
| $i$ | Index zur Bezeichnung der Abteilung (des Zweiges bzw. des Produkts) |
| $j$ | Index zur Bezeichnung des Zweiges bzw. des Produkts |
| $K$ | Gesamtumfang der Konsumtion |
| $k$ | Index zur Bezeichnung der technologischen Produktionsverfahren |
| $l_j^{(k)}$ | voller Arbeitsaufwand für die Herstellung einer Einheit des Produkts $j$ nach dem technologischen Verfahren $k$ |
| $\hat{l}_j^{(k)}$ | voller Arbeitsaufwand bei der Herstellung des Produkts $j$ nach dem technologischen Verfahren $k$, wenn letzteres mit der Intensität 1 genutzt wird |
| $L$ | volkswirtschaftlicher Gesamtaufwand an lebendiger Arbeit (wird zum Teil in Lohnfondseinheiten gemessen) |
| $\hat{L}$ | in der Volkswirtschaft (im Zweig) verfügbare Arbeitskräfteressourcen |
| $l_t$ | Arbeitsaufwand je Einheit gesellschaftlichen Produkts im Jahre $t$ (Arbeitsintensität: $l_t = L_t : P_t$) |
| $M_t$ | Koeffizient zur Reduzierung der Aufwendungen auf einen Zeitpunkt ($M_t = 1 : (1 + \lambda)^t$) |
| $m_j$ | Gewinn je Einheit des Produkts $j$ |
| $n$ | Verhältnis zweier Wachstumstempi |
| $n_i$ | Akkumulationsrate in der Abteilung $i$ $\left(n_i = \frac{\Delta c_i + \Delta v_i}{m_i}\right)$ |
| $\hat{n}_t$ | Investitionsrate im Jahre $t$ ($\hat{n}_t = I_t : B_t$) |
| $P$ | gesellschaftliches Gesamtprodukt |
| $P_i$ | Produktionsvolumen der Abteilung $i$ (des Zweiges $i$) |
| $p_j$ | Industrieabgabepreis des Produkts $j$ |
| $\hat{p}_j$ | Einzelhandelspreis des Produkts $j$ |
| $P_j^{(t)}$ | im Jahre $t$ hergestellte Menge des Produkts $j$ der Verteidigungsindustrie |
| $Q_j$ | Produktionsvolumen des Produkts $j$ (in Naturalkennziffern) |
| $q$ | Steuerparameter (Anteil der Investitionen in Abteilung I an den Gesamtinvestitionen: $q = \Delta c_1 : I$) |

$R$ Gewinnplan für die Produktionsmittel erzeugenden Zweige
$R_s$ in der Volkswirtschaft verfügbares Volumen an Ressourcen der Art $s$
$R_a$ reduzierter Investitionsaufwand
$r$ Steuerparameter (Verhältnis des Investitionszuwachses zum Konsumtionszuwachs: $r = \Delta I : \Delta K$)
$\bar{r}_t$ Steuerparameter (Verhältnis der Investitionen zur Konsumtion im Jahre $t$: $\bar{r}_t = I_t : K_t$)
$r_i$ Anteil des Reineinkommens am Preis des Produkts $i$
$S_r$ laufende Aufwendungen bei der Investitionsvariante $r$
$s$ Index zur Bezeichnung der Ressourcenart
$\bar{s}$ mittleres Einkommen des Verbrauchers
$\hat{s}$ Verhältnis der Produktion des Zweiges 2 zu der des Zweiges 1 ($\hat{s} = P_2 : P_1$)
$T$ Dauer der Planperiode
$t$ Index zur Bezeichnung der Zeitabschnitte (Jahre)
$u(\cdot)$ Nutzensfunktion
$u_i$ Aufwand an inländischen Arbeitsgegenständen in der Abteilung $i$
$\hat{u}_i$ Aufwand an importierten Arbeitsgegenständen in der Abteilung $i$
$V_r$ direkter Lohnfondsaufwand zur Herstellung des Investitionsobjekts $r$
$\hat{V}_r$ voller Lohnfondsaufwand zur Herstellung des Investitionsobjektes $r$
$v_i$ Lohnfondsaufwand in der Abteilung $i$
$\hat{v}$ Steuern und Spareinlagen der in der Abteilung $i$ Beschäftigten
$\bar{v}$ die zahlungsfähige Nachfrage bildender Teil des Lohnfonds der in der Abteilung $i$ Beschäftigten
$\tilde{v}_i$ Anteil des Lohnfonds je Erzeugniseinheit des Zulieferzweiges $i$
$W$ Arbeitslohn in der nichtproduktiven Sphäre
$w_s$ (objektiv bedingte) Bewertung der Ressourcenart $s$
$\hat{w}_j$ (objektiv bedingte) Bewertung des Produkts $j$
$w_v$ (objektiv bedingte) Bewertung der Ressource „Arbeitskraft"
$X_i$ Produktionsvolumen des Zweiges $i$
$x_j^{(k)}$ Intensität der Nutzung des technologischen Verfahrens $k$ zur Herstellung des Endprodukts $j$
$Y$ Gesamtvolumen des Nationaleinkommens (oder des Endprodukts)
$Y_i$ produzierte Menge des Endprodukts $i$
$Y_i^*$ vom Endprodukt $i$ zu produzierende Mindestmenge
$Z$ Zielfunktion
$Z_1$ Zielfunktion der primalen linearen Optimierungsaufgabe

$Z_2$ Zielfunktion der dualen linearen Optimierungsaufgabe
$Z_v$ Zielfunktion der Verteidigungsindustrie
$Z_e$ Zielfunktion der unteren Produktionseinheiten
$Z_d$ Zielfunktion des zentralen Planungsorgans
$Z_k$ Zielfunktion der Konsumtionsindustrie
$z$ Anzahl der Standardsortimentssätze
$z_i$ Rate des Mehrprodukts der Abteilung $i$ ($z_i = m_i : v_i$)
$\alpha$ Parameter der Produktionsfunktion
$\alpha_i$ Lohnfondsintensität in der Abteilung $i$ ($\alpha_i = v_i : P_i$)
$\beta$ je Einheit Nationaleinkommen aufgewendete Produktionsgrundfonds ($\beta = F : Y$)
$\beta_{sj}$ volle materielle Aufwandskoeffizienten (Aufwand der Ressourcenart $s$ je Einheit des Endprodukts $j$)
$\gamma$ je Einheit Nationaleinkommen aufgewendete lebendige Arbeit ($\gamma = L : Y$)
$\Delta$ Symbol zur Kennzeichnung von Zuwachsgrößen
$\partial$ Symbol zur Kennzeichnung partieller Anleitungen von Funktionen mehrerer Veränderlicher
$\lambda$ Zinssatz
$\lambda^*$ normativer Effektivitätskoeffizient der Investitionen
$\lambda_j^{(t)}$ spezifischer Arbeitsaufwand zur Herstellung einer Einheit des Produkts $j$ der Verteidigungsindustrie im Jahre $t$
$\mu_r^{(t)}$ Zahl der im Jahre $t$ mit dem Investitionsobjekt $r$ hergestellten Typensätze
$\Pi$ produktiver Ausstoß des Produktionssystems
$\pi_i$ Anteil der Selbstkosten am Preis des Produkts $i$
$\varrho_r^{(t)}$ Lohnfondsaufwand im Jahre $t$ je Typensatz, der mit dem Investitionsobjekt $r$ hergestellt wird
$\sigma$ Anteil der Investitionen und der Konsumtion am gesellschaftlichen Produkt ($\sigma = (I + K) : P$)
$\tau$ Zeitindex
$\tau_s$ Nutzungsdauer der Grundfonds der Art $s$ (bzw. des Investitionsobjekts $s$)
$\Phi_q$ verfügbares Volumen des Elements $q$ der Umlauffonds
$\omega$ durchschnittliche volkswirtschaftliche Investitionsmittelintensität des Zuwachses des gesellschaftlichen Produkts ($\omega = I : \Delta P$)
$\varepsilon_i$ Differenz zwischen Einzelhandelspreis und Industrieabgabepreis ($\varepsilon_i = \hat{p}_i - p_i$)

# Personenregister

# Sachwortregister

## Berichtigung

S. 87, Anmerkungen zu Kapitel 2, Ziffer 35, muß es heißen:

$$Z = \sum_{t=1}^{T-1} \frac{1}{(1+\lambda)^t} u_t (K(t)) + f(Y_T) \to \text{Max},$$

S. 124, Tabelle 9, erste Kolumne, nicht: $m_3$, sondern: $m_2$

S. 227, Anmerkungen zu Kapitel 6, Ziffer 18, muß es heißen:

$$4000\, c_1 + 440\, \Delta c_1 + \boxed{1000\, v_1 + 110\, \Delta v_1 + 450\, m_{1K}} = 6000\, P_1$$

$$\boxed{1500\, c_2 + 60\, \Delta c_2} \leftarrow\!\!\uparrow \quad + 750\, v_2 + 30\, \Delta v_2 + 660\, m_{2K} = 3000\, P_2.$$

S. 241, 11. Zeile v. u., nicht: $\bar{v}_1$ und $\bar{v}_2$, sondern: $\tilde{v}_1$ und $\tilde{v}$

S. 249, Formel 43 muß lauten:

$$p_2 = 0{,}2\, p_1 + 0{,}5\, p_2 + 0{,}3 + 1.$$

S. 260, 3. Zeile v. u., nicht: $\beta_{11}\, Y_2$, sondern: $\beta_{12}\, Y_2$

6011 – Dadajan, Ökon. Gesetze